# LANGAGE ET COMMUNICATION CHEZ LES HANDICAPES MENTAUX
## Théorie, évaluation et intervention

## Du même auteur

*Langage et éducation*, Liège, Mardaga, 1978.
*Votre enfant apprend à parler*, Liège, Mardaga, 1979.
*Le mongolisme*, Liège, Mardaga, 1979.
*Manuel de psychologie de l'enfant* (3 volumes), Liège, Mardaga, 1981.
*Psycholinguistique et handicap mental*, Liège, Mardaga, 1981.
*L'analyse du langage chez l'enfant*, Liège, Mardaga, 1982.
*Questions et réponses sur le mongolisme*, Québec, Paris, Editions La Liberté, Maloine, 1982.
*Troubles du langage. Diagnostic et rééducation*, Liège, Mardaga, 1982.
*L'interaction adulte-enfant et la construction du langage*, Liège, Mardaga, 1982.
*Eléments de psychologie: une introduction à la psychologie générale*, Bruxelles, Paris, Labor, Nathan, 1983.
*Psychologie de l'enfant et de l'adolescent*, Bruxelles, Paris, Labor, Nathan, 1984.
*Le langage des signes*, Liège, Mardaga, 1985.
*Adult-child interaction and the acquisition of language*, New York, Praeger Press, 1985.
*Psychopédagogie de l'enseignement spécial*, Bruxelles, Paris, Labor, Nathan, 1985.

 *PSYCHOLOGIE ET SCIENCES HUMAINES*

Jean A. Rondal

Université de Liège

# langage et communication chez les handicapés mentaux

Théorie, évaluation et intervention

PIERRE MARDAGA, EDITEUR
2, GALERIE DES PRINCES, 1000 BRUXELLES

© Pierre Mardaga, éditeur
37, rue de la Province, 4020 Liège
2, Galerie des Princes, 1000 Bruxelles
D. 1985-0024-3

*Ce livre est dédié aux enfants, aux adolescents, aux adultes handicapés mentaux et à leurs familles, en modeste tribut pour le farouche combat qu'ils mènent dans une société souvent indifférente.*

*It is also dedicated with great respect and admiration to our friend RICHARD SCHIEFELBUSCH who has done so much for constructing the scientific basis on which this applied field now rests.*

# Introduction

On entend par handicapé mental, arriéré mental, retardé mental ou déficient mental — nous utiliserons les quatre expressions de façon interchangeable dans ce livre —, tout individu dont le niveau général de fonctionnement intellectuel (mesuré au moyen du Quotient Intellectuel ou QI) est inférieur à plus de deux déviations standards à la moyenne de la population et dont le comportement adaptatif présente un déficit démontrable. Il est nécessaire qu'il existe un déficit à la fois dans le fonctionnement intellectuel et dans le comportement adaptatif pour qu'on puisse parler de handicap mental. Les deux tests d'intelligence générale les plus utilisés sont le test de Wechsler et le Stanford-Binet. A ces deux tests, les limites inférieures de la normalité psychométrique sont respectivement QI 69 et 67. On distingue plusieurs niveaux de handicap mental (Tableau 1).

*Tableau 1*
*Niveaux psychométriques de handicap mental*[1]

| Handicap mental | QI | |
|---|---|---|
| | Wechsler | Stanford-Binet |
| Léger (débilité mentale) | 55-69 | 52-67 |
| Modéré | 40-54 | 36-51 |
| Sévère | 25-39 | 20-35 |
| Profond | 24 et en dessous | 19 et en dessous |

[1] D'après le *Manual on terminology and classification in mental retardation* publié par l'American Association on Mental Deficiency (H. Grossman, éditeur), 1977. La révision 1983 du «Manual» de l'American Association on Mental Deficiency (H. Grossman, éditeur) ne modifie les chiffres ci-dessus que de façon mineure (une unité dans un sens ou dans l'autre le cas échéant).

Le comportement adaptatif est défini selon la capacité de l'individu à vivre de façon autonome en assurant la satisfaction de ses besoins et en exerçant la responsabilité sociale attendue par son groupe social sur la base de l'âge chronologique (âge civil) (Grossman, 1977, 1983). Le comportement adaptatif concerne les catégories de comportement suivantes: capacités sensori-motrices, communicatives, socialisation, activités et savoir-faire journaliers, jugement et raisonnement concret, activités de groupe et relations interpersonnelles. On évalue le déficit éventuel dans ces secteurs sur la base du retard en nombre d'années. Un profil du déficit adaptatif est alors établi qui emprunte les mêmes catégories (léger, modéré, sévère, profond) que l'évaluation psychométrique du retard mental (Grossman, 1977, 1983; Fogelman, 1974; Magerotte, 1977).

L'étiologie du handicap mental représente un problème très complexe. L'Association Américaine du Retard Mental (Grossman, 1983) a établi une liste qui comporte plus de 90 catégories étiologiques tout en laissant une large place à des influences non encore spécifiées à ce jour. Certaines de ces catégories commencent à être connues du public, comme le mongolisme ou trisomie 21 (ou encore syndrome de Down), la galactosémie, la phénylcétonurie, les effets des épisodes hypoxiques péri- ou post-nataux, les effets des intoxications maternelles durant la grossesse (par exemple, le plomb), et les désordres consécutifs aux infections maternelles virales ou bactériennes pendant la même période. Il existe cependant un grand nombre d'autres causes biologiques de la déficience mentale. Sur le plan des études effectuées, on a surtout établi des distinctions selon les niveaux intellectuels du handicap mental et nous procédons de la même façon dans le présent ouvrage, notamment en ce qui concerne la distinction entre handicap mental modéré et sévère, d'une part, et handicap mental léger ou débilité mentale, d'autre part. Nous n'ignorons pas, certes, que cette distinction qui correspond à la dichotomie retard mental organique et non-organique est parfois discutée. On lui reproche de masquer l'absence empirique de différences qualitatives dans le fonctionnement psychologique des sujets retardés à ces différents niveaux. Il nous semble cependant que les distinctions de niveau sont assez claires intuitivement pour clarifier une présentation descriptive des données sans préjuger des problèmes de fond portant sur le bien-fondé ou le mal-fondé d'une approche catégorielle du retard mental. Sur un plan purement étiologique, on n'a guère distingué dans la littérature qu'entre les sujets retardés trisomiques 21 (c'est l'expression que nous utiliserons et non celle plus lourde et moins familière au public de langue française de «Syndrome de Down») et les sujets retardés d'autres étiologies (considérés indistinctement dans la plupart des cas). Les sujets trisomiques

21, dont le handicap mental est attribuable aux effets d'une aberration chromosomique (qui peut prendre plusieurs formes; cf. Lambert & Rondal, 1980) sont facilement identifiables à la naissance. Ils représentent épidémiologiquement, en outre, un groupe important. L'incidence de la trisomie 21 est, en effet, d'un nouveau cas toutes les 600 à 650 naissances. Ces deux raisons font que les sujets trisomiques 21 représentent la catégorie de handicap mental de loin la plus étudiée dans tous les domaines du handicap (physiologique, physique, cognitif, linguistique). Dans l'ensemble de la population handicapée mentale, les trisomiques 21 se situent parmi les arriérés modérés et sévères (Lambert, 1978). Leur niveau intellectuel est distribué selon une courbe normale avec un QI moyen de 40-45, mais il existe des trisomiques 21 arriérés mentaux légers. Dans ce livre, nous établirons aussi souvent que possible l'identité du groupe étiologique de référence en présentant et en discutant les données pertinentes.

Qu'entendons-nous par communication, langage, langue et parole? La *communication*, ou plus concrètement les actes de communication, visent à la mise en commun d'une information. Celle-ci est formulée par un émetteur, ou locuteur, transmise et reçue et décodée par un récepteur. Les rôles d'émetteur et de récepteur sont interchangeables et plus d'un émetteur et d'un récepteur peuvent participer à l'épisode communicatif. Le medium, ou moyen de communication, varie, mais il s'agit le plus souvent, entre êtres humains, de paroles ou de gestes. Sur cette base, on distingue entre communication verbale et non verbale. Le langage implique l'existence d'un système de règles — *la langue* — qui assure une correspondance systématique entre les signifiés transmis et les moyens formels (les signifiants au sens large) utilisés à cette fin et un répertoire d'actes concrets — *la parole*, c'est-à-dire les sons et les combinaisons de sons qui servent à construire les syllabes, les syllabes servant à former des mots, les mots des séquences de mots ou énoncés, et les énoncés le discours. La parole est orale (verbale) et la langue et le langage sont parlés (ou écrits si l'on fait usage d'un système particulier de signes). Il existe aussi des systèmes gestuels. On parle alors de langage gestuel comme le langage gestuel des sourds. Le langage dont nous nous occupons dans cet ouvrage est *le langage oral*. Les données sur le langage et la communication écrite chez les handicapés mentaux, modérés et sévères particulièrement, sont éparses et très limitées. Il est sans doute prématuré d'entreprendre d'en faire une synthèse à l'heure actuelle.

L'intérêt pour le handicap mental n'est pas nouveau dans le monde occidental. Il s'est considérablement accru dans les années soixante et tout indique qu'on continue dans cette voie malgré les difficultés économiques rencontrées par la plupart des pays occidentaux depuis le début des années 1970. Les études sur le langage et la communication chez les handicapés mentaux n'échappent pas à cette observation. Il n'est pas exagéré de dire qu'elles en constituent à plusieurs égards, avec les applications des travaux en psychologie de l'apprentissage, le fer de lance. La pertinence et le dynamisme de ces travaux ne sont évidemment pas étrangers aux progrès importants réalisés en psycholinguistique, et notamment en psycholinguistique développementale, depuis une vingtaine d'années. On dénombrait en 1975 plus de 700 publications en langue anglaise sur le sujet «langage et retard mental» à la fois dans ses aspects descriptifs-explicatifs et dans ses aspects interventionnistes (éducation et rééducation — Rondal, 1975). Les publications en langue française étaient extrêmement peu nombreuses à cette époque. Leur nombre s'est accru aujourd'hui dans une certaine mesure. On dénombre à ce jour plus de 1.500 publications en langue anglaise et française sur le sujet «langage et communication chez les handicapés mentaux» pour la période comprise entre 1900 et la première moitié de l'année 1984.

L'objectif du livre est triple. Nous entendons, premièrement, *présenter une information de qualité* sur le secteur de la connaissance qui constitue le sujet de l'ouvrage à la fois dans ses aspects empiriques et théoriques; deuxièmement, *discuter*, le cas échéant en détail, *les données et les éléments de théorisation* présentés, et, troisièmement, *faire œuvre heuristique* en signalant les secteurs et les orientations de recherche en développement ou à développer.

L'ouvrage est découpé de la façon suivante. Un chapitre consacré aux aspects phonétiques et phonologiques du langage des handicapés mentaux suit l'introduction. On y envisage les principales malformations, dysfonctionnements organiques et les problèmes auditifs qui gênent considérablement ces sujets dans la maîtrise productive et réceptive du système des sons. Le développement phonétique et phonologique est également envisagé dans ce chapitre. Le chapitre 2 porte sur les aspects sémantiques lexicaux du langage des sujets handicapés. Il s'agit d'un secteur où on s'est contenté pendant longtemps de comptabiliser le nombre de mots connus par les sujets retardés et de tenter d'établir les caractéristiques des associations verbales qu'ils pouvaient faire. Il existe cependant à l'heure actuelle un petit nombre de recherches développementales davantage centrées sur les processus en jeu dans l'acquisition du lexique par les individus arriérés mentaux. Le chapitre 3 envisage les développements morphologique et sémantico-syntaxique. On y présente et discute les principales données sur la constitution de ce qu'on pourrait appeler une morpho-syntaxe de base dans le langage des sujets retardés, de même que les données (malheureusement trop rares) disponibles sur le développement linguistique ultérieur observable chez certains au moins de ces sujets. Cette partie du chapitre débouche sur le problème important du plafond du développement linguistique chez les sujets retardés mentaux. Le chapitre 4 présente le problème dit «délai-différence» et revoit la littérature pertinente. Il s'agit de savoir si le développement linguistique des sujets retardés procède de la même manière, toute chronologie mise à part, que celui des enfants normaux ou s'il en va autrement, et dans ce cas comment? La question est importante et comporte, comme on le devine, des implications pour la démarche d'intervention. Le chapitre 5 revoit et discute les données principales sur la communication et l'interaction verbales entre adultes normaux et sujets retardés, entre enfants normaux et enfants arriérés mentaux, et entre sujets arriérés mentaux eux-mêmes. Il s'agit d'un secteur de recherche en pleine expansion et dont la pertinence est évidente dans la perspective d'une meilleure compréhension des moyens de communication des sujets handicapés mentaux et d'une meilleure intégration sociale de ces personnes. Le chapitre 6, sur la communication et l'interaction non verbales, constitue le pendant non verbal du chapitre 5. On y présente une définition et une analyse théorique du problème avec revue et discussion des données disponibles en matière d'intervention communicative non verbale. Le chapitre 7 introduit et discute les résultats pertinents sur le problème de l'imitation spontanée et provoquée, verbale et non verbale, chez les sujets arriérés mentaux. Une revue théorique portant sur le problème général de l'imitation dans le développement du langage est également intégrée au chapitre. On y analyse principalement les positions théoriques de Piaget et surtout celle de Bandura dans sa théorie de «l'apprentissage social». Les instruments d'évaluation de la communication, du langage et de la parole des sujets retardés sont présentés au chapitre 8. Il s'agit plus spécifiquement du testing auditif, de l'examen phonologique, lexical, morpho-syntaxique, et de l'évaluation plus récente de la communication chez les handicapés mentaux. Plusieurs problèmes délicats se posent dans le cadre de la démarche d'évaluation. Ces problématiques sont abordées et discutées.

Enfin, l'important chapitre 9 reprend, en détail, les principes et les techniques d'intervention langagière à notre disposition. Il s'agit d'un domaine extrêmement dynamique et constamment en mouvement depuis une dizaine d'années. Ce chapitre discute, d'abord, la notion d'une période critique pour le développement du langage telle qu'elle s'applique au cas des sujets retardés mentaux. On expose ensuite les principes et les nécessités d'une intervention précoce et même «précocissime». Les techniques disponibles pour favoriser le développement lexical, le développement morpho-syntaxique (et sa base sémantique structurale) sont exposées. Les fondements théoriques et les justifications empiriques et logiques des différentes techniques d'intervention sont analysés. Le chapitre discute également les principes d'une intervention communicative totale (verbale et non verbale) particulièrement pertinente en ce qui concerne les sujets handicapés sévères mais également exploitable mutatis mutandis à d'autres niveaux du handicap mental. Les principes d'une intervention langagière continue sont énoncés et viennent compléter la discussion sur l'intervention précoce. Le chapitre se termine par l'examen de quelques questions techniques comme celle de l'utilité et des limites des modèles d'intervention ponctuelle et le problème de la généralisation des résultats obtenus aux autres contextes que les milieux rééducatifs immédiats. Une brève conclusion suit le chapitre 9 qui constitue en fait plus une ouverture prospective qu'un retour aux pages précédentes. On y mentionne les secteurs d'études et de recherches actuellement en transformation et les divers points chauds de la problématique générale du retard mental dans ses aspects sociaux, juridiques et politiques, et leurs implications plus proprement langagières. Une bibliographie fait suite à chaque chapitre.

Nous avons laissé de côté dans l'élaboration et la rédaction du livre les recherches et les théorisations portant spécifiquement sur la médiation verbale, l'apprentissage des paires associées et l'élaboration verbale au sens de Turnure (par exemple, Turnure, 1981). Ces travaux ressortissent plus aux études sur l'apprentissage verbal, aux activités de mémorisation et au rôle du langage dans le développement cognitif qu'à une approche des problèmes communicatifs et linguistiques des sujets handicapés à proprement parler. Le lecteur intéressé trouvera une excellente synthèse des travaux se rapportant à cette veine empirique notamment dans Borkowski & Wanschura (1974), Baumeister & Kellas (1972), Goulet (1970) et Turnure (1981), sans oublier les travaux classiques de Luria & Vinogradova (1959) et d'O'Connor & Hermelin (1959, 1963). En langue française, on se reportera surtout à Denhière (1969, 1971, 1974, 1976).

# ELEMENTS BIBLIOGRAPHIQUES

BAUMEISTER A. & KELLAS G., Process variables in the paired-associate learning of retardates. In N. Ellis (Ed.), *International review of research in mental retardation* (vol. 5). New York: Academic Press, 1972, pp. 221-270.

BORKOWSKY J. & WANSCHURA P., Mediational processes in the retarded. In N. Ellis (Ed.), *International review of research in mental retardation* (vol. 7). New York: Academic Press, 1974, pp. 1-54.

DENHIERE G., Niveau mental et apprentissage verbal. I - Apprentissage de série. *L'Année Psychologique*, 1969, *69*, 543-559.

DENHIERE G., Niveau mental et apprentissage verbal. II - Apprentissage de couples associés. *L'Année Psychologique*, 1971, *71*, 235-270.

DENHIERE G., Apprentissages intentionnels à allure libre: étude comparative d'enfants normaux et débiles mentaux. *Enfance*, 1974, *3-4*, 149-174.

DENHIERE G., Influence de la composition sémantique de phrases sur le temps d'étude: étude comparative d'enfants normaux et de débiles mentaux. *Journal de Psychologie Normale et Pathologique*, 1976, *76*, 217-235.

FOGELMAN C., (Ed.), *AAMD adaptive behavior scale, 1974 revision*. Washington, D.C.: American Association on Mental Deficiency, 1974.

GOULET L., Verbal learning and memory research with retardates: an attempt to assess developmental trends. In N. Ellis (Ed.), *International review of research in mental retardation* (vol. 3). New York: Academic Press, 1970, pp. 150-196.

GROSSMAN H., (Ed.), *Manual on terminology and classification in mental retardation*. Washington, D.C.: American Association on Mental *Deficiency*, 1977, 1983.

LAMBERT J.L., *Introduction à l'arriération mentale*. Bruxelles: Mardaga, 1978.

LAMBERT J.L. & RONDAL J.A., *Le mongolisme*. Bruxelles: Mardaga, 1980.

LURIA A.R. & VINOGRADOVA O.S., An objective investigation in the dynamics of the semantic systems. *British Journal of Psychology*, 1959, *50*, 89-105.

MAGEROTTE G., *L'échelle du comportement adaptatif*. Bruxelles: Editest, 1977.

O'CONNOR N. & HERMELIN B., Some effects of word learning in imbeciles. *Language and Speech*, 1959, *2*, 63-71.

O'CONNOR N. & HERMELIN B., *Speech and thought in severe subnormality*. New York: McMillan, 1963.

RONDAL J.A., Développement du langage et retard mental: une revue critique de la littérature en langue anglaise. *L'Année Psychologique*, 1975, *75*, 513-547.

RONDAL J.A. & RONDAL R., *Bibliography on speech and language in mental retardation: 1900-1975*. Arlington, Virginia: Educational Resources Information Center, 1975.

TURNURE J.E., Imagery and verbal elaboration with retarded children: effects on learning and memory. In N. Ellis (Ed.), *International review of research in mental retardation* (vol. 9). New York: Academic Press, 1981.

# Chapitre 1
# Aspects phonétiques et phonologiques

La parole, ou l'émission des sons et des combinaisons de sons qui servent à construire le langage, n'est pas un phénomène unitaire. Elle comporte plusieurs niveaux mettant en action des structures anatomiques et des mécanismes physiologiques distincts : la soufflerie vocale, la phonation et l'articulation.

*La soufflerie vocale* est l'étage situé en dessous du larynx. Pour parler, il faut de l'air en provenance des poumons. Cet air est expulsé par l'effet de contractions musculaires abdominales (le diaphragme) et costales (les muscles intercostaux).

*La phonation* est la composante de la parole située au niveau du larynx, le générateur des vibrations sonores. Le larynx comporte un ensemble de membranes, muscles et cartilages indispensables à son fonctionnement. Il est relié au système nerveux périphérique et central.

*L'articulation* fait intervenir les cavités de résonance supra-laryngées que sont le pharynx, le nez, la bouche et les lèvres lorsqu'il y a labialisation. Les modifications de volume et de forme de ces cavités permettent de faire varier les propriétés sonores des émissions verbales et d'accroître ainsi le registre expressif.

La mise en action de ces niveaux de la parole obéit à une hiérarchisation physiologique : l'articulation implique l'intégrité de la phonation et de la soufflerie vocale, tandis que la phonation implique la participation de la soufflerie vocale.

*Le rythme* de la parole est également une dimension importante à prendre en considération. L'articulation des sons et des groupes de sons — la co-articulation — doit se distribuer à l'intérieur de limites temporelles acceptables pour l'auditeur.

Enfin, pour arriver à une reproduction adéquate des sons de la langue, il est nécessaire d'entendre. L'étude de l'articulation implique la prise en considération des mécanismes de *l'audition*.

## 1. Contraintes anatomo-physiologiques

Toute atteinte d'une des composantes mentionnées ci-dessus détermine invariablement une ou plusieurs anomalies de la parole.

### A. *Malformations et dysfonctionnements*

Un grand nombre de sujets handicapés mentaux présentent des problèmes anatomiques et/ou physiologiques qui affectent soit séparément, soit conjointement la soufflerie vocale, la phonation et l'articulation.

*La soufflerie pneumo-glottique.* Bien que de nombreuses études mentionnent les difficultés d'organisation et de contrôle de l'activité respiratoire rencontrées chez les handicapés mentaux (cf. Spradlin, 1963; Lloyd, 1976, pour des revues de la littérature), un seul syndrome a été jusqu'à présent l'objet d'hypothèses explicatives quant aux causes des troubles respiratoires. Il s'agit de la trisomie 21. La trisomie 21 est le résultat d'une aberration chromosomique: les cellules du corps contiennent trois chromosomes 21 au lieu de deux normalement. Comme nous l'avons signalé, nombre d'études sur la parole et le langage des handicapés mentaux ont été effectuées avec des individus trisomiques 21. La raison de cet intérêt est double. D'une part, le diagnostic de la trisomie 21 est porté dès la naissance; cela implique la possibilité d'études longitudinales précoces. Ce fait contraste avec un ensemble d'autres syndromes responsables d'une arriération mentale où le diagnostic est soit porté tardivement, soit inconnu dans l'état actuel de la science (Lambert, 1978). D'autre part, l'importance numérique de la trisomie 21 dans les sociétés permet des études sur des échantillons numériquement importants. En fait, 25 à 30 % des enfants et adultes arriérés mentaux modérés, sévères et profonds sont des trisomiques 21 (Lambert & Rondal, 1980).

Les dysfonctionnements présents au niveau des mécanismes de soufflerie vocale chez les trisomiques 21 sont attribués à des anomalies anatomiques et physiologiques de la moëlle épinière, ainsi qu'à l'hypotonie des muscles contrôlant la fonction respiratoire (Benda, 1960; Carr, 1975). L'hypotonie généralisée, c'est-à-dire une insuffisance dans l'organisation et le maintien du tonus musculaire, est une réalité clinique associée à la trisomie 21. De ce fait, les individus atteints présentent des déficits dans la mise en action des mécanismes de la soufflerie vocale. Ce dysfonctionnement peut cependant être minimisé par une intervention adéquate, comme nous le verrons au chapitre 9.

*Le larynx*. Les données sur les caractéristiques phonatoires des arriérés mentaux sont quasi inexistantes. En utilisant les techniques contemporaines de l'analyse oscillographique et spectrographique des sons, Moran & Gilbert (1978) ont comparé les fréquences vocales de 16 adultes trisomiques 21 et de 16 adultes normaux appariés pour l'âge chronologique. Les résultats indiquent une tendance à l'utilisation d'un registre vocal plus aigu chez les adultes trisomiques 21 des deux sexes. Les raisons expliquant ces différences par rapport aux normaux ne sont pas claires. Cela est d'autant plus vrai qu'il existe des données contradictoires. C'est ainsi que Montague & al. (1974) n'observent aucune différence significative dans les fréquences vocales d'enfants trisomiques 21 et normaux âgés de 7 à 13 ans. De même, les descriptions cliniques plus anciennes ayant trait à la raucité vocale du trisomique 21 n'ont jamais été confirmées ni infirmées expérimentalement. Benda (1960) postule des problèmes de positionnement du larynx dans la gorge, une position plus élevée que la normale, et un épaississement anormal du mucus laryngé. S'agit-il de caractéristiques générales ou bien de particularités individuelles? La question reste ouverte. On ne dispose d'aucune description similaire pour les autres syndromes formant l'arriération mentale.

Quoi qu'il en soit, il n'y a aucune raison d'exagérer les troubles phonatoires des individus arriérés mentaux pour ce qui est de la capacité à communiquer. Ces troubles sont traitables en grande partie. De plus, ils ne sont pas présents en tant que facteurs déterminants uniques des dysfonctionnements de la parole. Ils font partie d'un tableau plus général dans lequel interviennent des atteintes des autres composantes.

*L'étage supra-laryngé*. Les malformations des cavités de résonance vocales rencontrées chez les arriérés modérés, sévères et profonds sont abondamment illustrées dans la littérature (Berg, 1974; Carter, 1978; Wortis, 1978). Ces malformations touchent sélectivement ou en association les organes suivants:
- *les maxillaires*: non-développement d'un des deux maxillaires (syndrome d'Apert, syndrome du Cri du Chat), prognatisme;

- *la cavité buccale* : division palatine, abaissement ou élèvement anormal du voile du palais (syndrome de Patau, trisomie 13-15), taille réduite de la cavité buccale empêchant les mouvements de la langue (trisomie 21), anomalies musculaires du palais (trisomie 21). En ce qui concerne le problème plus général des troubles articulatoires chez des enfants atteints de division palatine, le lecteur se réfèrera à Goldsmit (1978);
- *la langue* : longueur anormalement importante (mucopolysaccharose et autres anomalies génétiques du métabolisme);
- *les dents* : implantations dentaires anarchiques présentes chez la grande majorité des arriérés d'origine organique (Berg, 1974): espacements trop importants entre les dents, chevauchements dentaires touchant plus particulièrement les canines et les incisives;
- *les cavités nasales* : obturations partielles ou totales dues à des anomalies osseuses et cartilagineuses (Carter, 1978).

Les dysfonctionnements de la parole doivent être analysés non seulement au niveau des malformations anatomiques et physiologiques des différentes composantes, mais aussi dans l'organisation nerveuse déficitaire, périphérique, sous-corticale et corticale. Les syndromes à étiologie organique de l'arriération mentale se caractérisent par des atteintes du système nerveux périphérique et central, atteintes diffuses touchant à la fois la masse nerveuse, sa configuration et les processus physiologiques et biochimiques (Ajuriaguerra, 1974). Il et certain que ces atteintes conditionnent le fonctionnement des organes de la parole dans la transmission des informations sensorielles, la projection centrale et la mise en action des circuits moteurs. Mais sur ce plan, les données anatomiques et fonctionnelles font singulièrement défaut, les arriérés mentaux n'étant pas des sujets «privilégiés» pour la neuroradiologie et la neuropsychologie; en effet, les atteintes corticales diffuses présentées par les arriérés se prêtent peu aux schémas d'interprétation classiques analysant les relations entre une atteinte cérébrale localisée et des déficits comportementaux spécifiques. Il existe là tout un domaine qui demande à être investigué.

Certains auteurs avancent des hypothèses précises sur l'importance des déficits nerveux — sensoriels et moteurs — dans l'explication des troubles de la parole. Ici également, la trisomie 21 est le seul syndrome sur lequel portent ces spéculations. Dodd (1975) postule que les déficits articulatoires des trisomiques 21 sont une manifestation particulière d'un dérèglement anatomo-physiologique plus général dans l'organisation de la motricité fine. La coordination des mouvements articulatoires est rendue moins efficace par l'hypotonie musculaire. Celle-ci affecte le réglage des mouvements dans une double direction: la mise en action de la masse musculaire et le feedback kinesthésique. Ce feedback est également un élément indispensable dans la mesure où les muscles doivent recevoir en retour une information des centres nerveux réglant les mouvements. Cette hypothèse peut être mise en relation avec l'observation de Crome & Stern (1967) qui signalent chez les trisomiques 21 l'existence d'un cervelet de taille inférieure à la normale, une réduction susceptible de perturber le rôle de cet organe dans la coordination et l'intégration motrices fines.

### B. Les troubles du rythme de la parole

Les deux problèmes majeurs associés à cette dimension de la parole sont le bégaiement et le bredouillement.

*Le bégaiement*

La fréquence exacte du bégaiement à l'intérieur de la population arriérée mentale présentant des quotients intellectuels inférieurs à 50-55 n'est pas connue (Bensberg & Sigelman, 1976). A titre indicatif, Preus (1972) rapporte que 35 % des enfants trisomiques 21 vivant en institution sont bègues. On distingue généralement deux formes de bégaiement. Dans la forme *clonique*, le sujet répète plusieurs fois une syllabe ou un phonème avant d'articuler le reste du mot (par exemple : « t... t... tomate », « je, je, je v... v... vais à l'école »). Dans le bégaiement *tonique*, le sujet s'arrête, soit au moment de commencer un énoncé, soit en cours d'émission (par exemple : « i... i... i... il est... heu... heu... parti »). Généralement, chaque bègue exhibe dans son discours les deux formes de bégaiement selon des proportions variables.

*Le bredouillement*

Le fait de bredouiller — encore appelé tachylalie ou «parler trop rapide» — est également présent dans la population arriérée mentale, mais selon des fréquences mal définies (Bensberg & Sigelman, 1976). Le bredouilleur raccourcit la durée des sons et des syllabes prononcés, il «mange ses mots», s'arrête, répète ce qu'il vient de dire, repart dans son discours, s'arrête à nouveau, etc.

Une controverse oppose les spécialistes pour déterminer si les troubles du rythme de la parole chez les sujets arriérés mentaux sont de l'ordre du bégaiement, du bredouillement ou de la confusion idéo-verbale (déficience profonde au niveau de l'organisation cognitive du discours). Preus (1972) clarifie le problème en montrant qu'au sein d'une population d'individus trisomiques 21 le bégaiement d'une part, la bredouillement et la confusion mentale d'autre part, sont des troubles différents qui affectent le plus souvent *de manière séparée* la parole de ces sujets. En d'autres termes, il faut distinguer des sujets handicapés mentaux bègues, bredouilleurs et confus idéo-verbaux. Les causes des troubles du rythme de la parole chez les arriérés mentaux ne sont pas clairement établies. Cela est également vrai chez les sujets non retardés intellectuellement. Le lecteur se référera avec profit à l'ouvrage de Gregory (1979) pour une analyse des connaissances actuelles relatives à la diversité étiologique de ces affections.

## C. Les troubles de l'audition

L'incidence des troubles auditifs chez les retardés mentaux est un fait reconnu depuis longtemps dans de nombreux travaux. Selon les études, les critères utilisés et le niveau d'arriération présentée par les sujets, entre 15 et 56 % de cas d'acuité auditive insuffisante ont été rapportés, contre 5 à 8 % dans la population normale (cf. Rondal, 1975, pour une revue de la littérature). Des études plus récentes confirment cette haute proportion de troubles de l'audition, plus particulièrement chez les arriérés ayant des quotients intellectuels (QI) inférieurs à 50-55. Niswander & Ruth (1977), utilisant une procédure de stimulation du réflexe acoustique de l'oreille moyenne, montrent que chez 32 arriérés adultes (âge chronologique — AC — moyen = 35 ans; QI moyen = 40), 24 sujets présentent une perte de la sensibilité acoustique due à des troubles de la conduction sensorielle et nerveuse ou à une élévation du seuil de conduction osseuse de l'onde sonore. Givens & Seidemann (1977) observent que chez 38 arriérés mentaux adultes (QI inférieurs à 35), 24 sujets ont des tympanogrammes anormaux (cf. chapitre 8), symptomatologiques d'une pathologie de l'oreille moyenne. A partir des réponses à des questionnaires soumis au personnel éducatif, Reynolds & Reynolds (1979) montrent que chez 518 adultes arriérés mentaux non institutionnalisés (AC moyen = 35 ans; QI moyen = 50), 14,6 % d'entre eux présentent des déficits auditifs. En outre, il existe une relation directe entre la gravité des troubles de l'audition et le niveau de l'arriération mentale: 24 % des sujets ayant un QI inférieur à 35 présentent des pertes importantes de l'acuité auditive, contre 2 % chez les arriérés mentaux légers.

L'analyse des déficiences auditives des arriérés mentaux pose une série de problèmes méthodologiques quant au choix des techniques d'évaluation et aux critères utilisés pour définir la perte de capacité auditive. Nous aurons l'occasion de revenir sur ce point au chapitre 8 consacré à l'évaluation. Néanmoins, en utilisant comme critère une perte supérieure à 20 décibels couvrant au moins deux fréquences dans la zone de la parole (1.000 à 4.000 HZ), on estime à 15 % la fréquence des déficits auditifs dans une population d'individus arriérés mentaux (Bensberg & Sigelman, 1976).

*Eléments d'explication*

On établit généralement une distinction entre deux composantes des déficiences auditives: les troubles *de conduction* touchant l'oreille externe et/ou l'oreille moyenne (tympan, chaîne des osselets, muscles associés et trompe d'Eustache) et les troubles *sensori-nerveux* affectant la cochlée et/ou la région rétrocochléaire, c'est-à-dire l'oreille interne, le nerf auditif et le cerveau auditif (essentiellement les circonvolutions temporales). Les causes exactes des déficits auditifs des sujets arriérés mentaux restent encore mal connues et ce pour deux raisons. D'une part, les retardés constituent une population difficilement testable au moyen des procédures traditionnelles d'audiométrie (cf. chapitre 8). La plupart de ces techniques requièrent, en effet, la coopération des sujets, principalement au niveau verbal. Les retards de langage présentés par de nombreux arriérés mentaux limitent les possibilités de réponses aux consignes. D'autre part, les procédures audiométriques «objectives» disponibles depuis quelques années restent l'apanage de quelques centres spécialisés. Leur introduction dans la clinique quotidienne ne s'est pas encore effectuée. Néanmoins, il est possible d'inférer plusieurs facteurs étiologiques à partir d'études réalisées sur les relations entre les atteintes organiques et les déficiences auditives qui leur sont habituellement associées (Lloyd, 1970; Bensberg & Sigelman, 1976).

Un certain nombre de conditions pathologiques peuvent entraîner des déficits auditifs de type *sensori-nerveux*. Ces conditions sont: la rubéole, la rougeole et divers virus grippaux contractés par la mère durant les trois premiers mois de la grossesse, l'ictère nucléaire grave, les méningites et toutes les formes d'agressions extérieures entraînant des lésions cérébrales.

Outre les anomalies congénitales touchant la configuration de l'oreille moyenne (Lloyd, 1970), deux facteurs interdépendants dominent les étiologies des déficits *de conduction*: les infections et les mauvaises conditions d'hygiène. Tout groupe d'arriérés mentaux présentant une résistance réduite aux infections (par exemple, les trisomiques 21) est particulièrement sensible aux atteintes de l'oreille moyenne. Dans ce cas, les otites répétées sont la cause principale des pertes auditives. Etant donné que ces sujets, notamment les enfants, n'ont pas encore acquis des habitudes d'hygiène corporelle, il existe là un terrain favorable aux agressions infectieuses.

Enfin, les connaissances dont on dispose chez les adultes retardés sont très parcellaires et ne permettent pas de préciser la vitesse d'involution des structures anatomiques et nerveuses sous-tendant les mécanismes de l'audition. Il s'agit d'un domaine de recherches dont les résultats pourraient expliquer, du moins en partie, la haute incidence des atteintes auditives chez les retardés plus âgés.

*Incidence des déficits auditifs sur la parole*

Bien que la perception auditive ait reçu l'attention de disciplines comme l'audiologie, la pathologie du langage et la psychologie développementale, les relations entre les déficits auditifs non massifs (c'est-à-dire les troubles autres que la surdité sévère et profonde) et les retards de langage ne sont pas clairement définies. Les données manquent quant à la manière dont les enfants normaux utilisent leurs expériences auditives dans le cours du développement (Eisenberg, 1976). De même, les données développementales relatives à l'évolution des capacités auditives d'enfants présentant des troubles autres que la surdité profonde sont quasi inexistantes (Davis, 1978). On en est réduit à spéculer sur l'influence des troubles auditifs dans le développement du langage des arriérés mentaux. Rien a priori n'interdit de fonder ces hypothèses sur les connaissances dont on dispose chez l'enfant normal.

Dans les modèles traditionnels (Liberman & al., 1967), la perception des sons du langage est considérée comme procédant en séquence : l'auditeur entend le signal acoustique, opère une segmentation de ce signal en unités phonémiques, puis combine ces unités pour former des monèmes. Les monèmes sont ensuite combinés en mots, puis les mots en phrases. Les opérations effectuées par l'auditeur à chacun de ces niveaux sont considérées comme indépendantes des autres opérations. Une telle approche ne rend pas compte des relations entre les différentes étapes nécessaires pour transformer le signal acoustique en unités abstraites que sont les monèmes, les mots et les phrases. Actuellement, on considère que les capacités auditives requises pour l'acquisition du langage ne constituent pas une fonction unitaire. Les théoriciens envisagent ces capacités sous la forme d'une hiérarchie de processus, innés et acquis pendant la maturation développementale, processus permettant d'extraire l'information encodée dans les propriétés physiques des sons. Chaque étape de cette hiérarchie est construite à partir d'éléments provenant des stades antérieurs, d'une manière analogue aux processus d'intégration observés dans la motricité et dans d'autres systèmes sensoriels (Eisenberg, 1976). Davis (1978) envisage la perception langagière comme un processus dynamique dans lequel les opérations phonologiques, syntaxiques et sémantiques surviennent simultanément et en parallèle. L'étape initiale inclut l'analyse auditive par le système sensoriel périphérique. Cette information acoustique est utilisée par l'auditeur pour émettre des hypothèses sur la structure du message. Les attentes de l'auditeur et sa connaissance du langage contribuent à la formation de ces hypothèses. En d'autres termes, l'auditeur perçoit les éléments phonétiques de la langue sans être conscient de la structure acoustique fine du signal. Il n'y a pas d'isomorphisme entre les segments acoustiques des signaux de la parole et les phonèmes. Ce que l'auditeur doit comprendre, c'est la signification encodée dans le signal en plus de l'information convoyée par les facteurs contextuels. Cette démarche requiert des processus d'encodage et d'analyse complexes.

Les données permettant d'expliquer comment se développent ces processus auditivo-perceptifs sont peu abondantes. Dans une revue exhaustive de la littérature, Eisenberg (1976) apporte les éléments suivants :
- il est établi que les jeunes enfants normaux âgés de 3 mois peuvent discriminer entre de nombreux sons du langage (*s-ch, s-v*). De même, certaines distinctions entre des paires contrastées sont présentes dès l'âge d'un mois (*sa-va*), tandis que d'autres paires contrastées ne sont pas différenciées avant 14-15 mois (*sa-za, as-az*);
- les travaux utilisant les techniques d'écoute dichotique (cf. chapitre 9) montrent chez l'enfant normal une évolution des capacités à convertir les signaux acoustiques en éléments phonémiques. Il s'agit d'*un processus maturationnel* atteignant un niveau d'efficacité comparable à celui de l'adulte entre 11 et 13 ans;
- les capacités de discrimination temporelle des signaux acoustiques s'affinent avec l'âge. Dans certaines expériences, on demande à des sujets d'indiquer le moment à partir duquel deux sons purs semblables séparés par un silence sont perçus comme un seul ou comme deux sons. La perception d'un son unique est appelée le point de fusion. La séparation temporelle nécessaire pour atteindre le point de fusion est en relation inverse avec l'âge chronologique chez l'enfant normal.

C'est sur la base de telles données qu'il serait nécessaire d'entreprendre des recherches chez les arriérés mentaux pour commencer à cerner les relations entre les déficits auditifs et les retards de la parole et du langage.

## 2. Le développement phonétique

Nous utilisons le terme « développement phonétique » comme synonyme de babillage. Ce développement couvre à peu près la première année de la vie de l'enfant normal. L'enfant produit alors une variété de sons dont une partie, et cela à partir de 6 mois environ, peuvent être identifiés comme étant proches de ceux qui font partie de la langue parlée dans son entourage. Le babillage est considéré comme une activité vocale permettant à l'enfant d'entraîner à la fois ses systèmes phonatoire, articulatoire et auditif en vue de l'émission des mots de la langue (Jacobson, 1969). Il est toutefois nécessaire de nuancer cette position lorsque l'on considère le développement de l'enfant à la fin de la première année (Rondal, 1978). Aux environs de l'âge de 9-10 mois, l'enfant commence à produire des formes phonétiquement stables paraissant contenir quelques éléments de signification. C'est, par exemple, le cas des contours vocaux ascendants, c'est-à-dire l'élévation de la voix en fin de production verbale. Chez l'adulte, ce type de contours marque généralement l'interrogation. De telles formes apparaissent comme des intermédiaires entre le babillage et les mots de la langue. Leur étude a été entreprise par Dore & al. (1975). Elles sont regroupées sous l'appellation expression verbale par opposition à l'expression vocale, le babillage des premiers mois, d'une part, et à l'expression linguistique respectant les règles de la langue, d'autre part. Leur décodage par l'adulte exige la prise en considération du contexte dans lequel ces formes sont émises.

L'étude du babillage chez les jeunes enfants arriérés mentaux est encore très limitée. Un seul syndrome a été étudié : la trisomie 21. A partir d'observations réalisées chez des bébés trisomiques 21 âgés de 3 à 9 mois, Fisichelli (Fisichelli & al., 1966; Fisichelli & Karelitz, 1966) rapportent les constatations suivantes. En premier lieu, les pleurs des bébés trisomiques 21 sont plus brefs et contiennent en moyenne moins de sons que ceux des bébés normaux de même sexe et de mêmes âges chronologiques. Deuxièmement, le niveau tonal des sons produits par les bébés trisomiques 21 varie davantage que chez les bébés normaux. On peut penser ici à l'influence de l'hypotonie musculaire empêchant une expulsion uniforme de l'air et entraînant ainsi des modifications du niveau tonal. Il n'existe cependant *aucune « lacune » spectrale* dans les pleurs et les vocalisations associées des enfants trisomiques 21. L'éventail des fréquences des sons est identique dans cette population et dans la population des sujets normaux. Les sons produits sont compris dans l'intervalle de 400 à 8.000 cycles par seconde.

Le développement du babillage des enfants trisomiques 21 a été étudié ultérieurement par Dodd (1972) et Smith (1977). Dodd (1972) compare les enregistrements de vocalisations spontanées (durée d'enregistrement = 15 minutes) de 10 enfants trisomiques 21 et de 10 enfants normaux âgés de 9 à 13 mois et appariés pour l'âge chronologique. L'analyse montre qu'il n'y a pas de différence sensible entre les deux groupes d'enfants en ce qui concerne les dimensions suivantes: le nombre, le type et la longueur d'émission des voyelles et des consonnes, ainsi que le temps passé à vocaliser durant 15 minutes. Cette dernière donnée est peut-être à mettre en relation avec les travaux de Fisichelli. Si les pleurs des bébés trisomiques 21 sont moins fréquents que ceux des normaux, il est possible que les bébés trisomiques 21 aient rattrapé leur retard, en termes de durée des vocalisations, à la fin de la première année.

Les données de Smith (1977) obtenues avec des bébés trisomiques 21 âgés de moins de 13 mois sont en tous points comparables à celles de Dodd. Elles confirment que les jeunes enfants normaux et trisomiques 21 appariés pour l'âge chronologique émettent des vocalisations relativement identiques en termes du nombre de voyelles, de consonnes et de sons n'appartenant pas à la langue. Le Tableau 1 illustre le développement des consonnes et des voyelles dans le babillage des enfants normaux et trisomiques 21.

*Tableau 1*
*Les sons dans le babillage des enfants normaux et trisomiques 21 (d'après Smith, 1977)*

| Types | Sous-types | Point d'articulation | Exemples | Fréquence |
|---|---|---|---|---|
| Consonnes | vélaires | en arrière de la bouche | k, g | dominantes de 0 à 6 mois |
| | alvéolaires | derrière les dents | t, d, n | dominantes de 6 à 12 mois |
| | labiales | lèvres | p, b, m | constantes de 0 à 12 mois |
| Voyelles | | médianes | u, eu, a | dominantes de 0 à 12 mois |
| | | antérieures | i, é, è | |
| | | postérieures | ou, o | rares de 0 à 12 mois |

Une autre donnée importante fournie par Smith (1977) concerne l'âge d'apparition des redoublements de syllabes, c'est-à-dire la répétition successive de syllabes formées d'une voyelle et d'une consonne (par exemple: *mamama, dadada*). Ce phénomène vocal particulier est enregistré aux mêmes âges chronologiques chez les bébés trisomiques 21 et normaux, soit vers 8 mois.

Ces deux études indiquent que s'il existe des différences anatomo-physiologiques entre les organes phonatoires et articulatoires des bébés normaux et trisomiques 21, elles n'ont pas d'impact sur le développement du babillage durant la première année de la vie. *Les structures vocales produites par les deux groupes d'enfants sont sensiblement identiques sur les plans quantitatif et qualitatif.* Il est évident que ces données, bien qu'importantes, sont encore trop restreintes pour permettre une généralisation à l'ensemble des sujets arriérés mentaux. De nombreuses études restent à faire avec notamment l'introduction de la variable étiologie. A côté du nombre et du type de vocalisations, nous ne savons rien sur bien des points et en particulier sur la perception et l'utilisation des contours intonatoires par les retardés mentaux. Ces contours représentent des aspects supra-segmentaires des émissions vocales et interviennent très vraisemblablement dans l'installation des schèmes de communication entre l'enfant et son entourage (Menyuk, 1974). Chez l'enfant normal, l'évolution des aspects productifs et réceptifs des contours intonatoires est connue sous ses diverses formes : narration, assertion, requête, commande (Leroy, 1973). Une orientation possible de la recherche en arriération mentale serait l'analyse des contextes dans lesquels ces contours sont émis, leurs structures et les réponses de l'entourage à ces émissions.

### 3. Le développement phonologique

Certains théoriciens séparent nettement le babillage, ou développement phonétique, et le développement phonologique (par exemple, Jacobson, 1969). Les données que nous venons de présenter se rapportent au développement phonétique. Le développement phonologique couvre une période située entre 1 et 7 ans chez l'enfant normal. C'est en effet à partir d'un an que l'enfant normal commence à produire des mots conventionnels au moyen des sons propres à la langue. Ces sons sont appelés des *phonèmes*. Le développement phonologique s'étend sur un intervalle temporel relativement long. Deux aspects interdépendants caractérisent l'acquisition des phonèmes : les sons doivent être produits correctement à l'état isolé et être combinés selon les critères de la langue pour former les monèmes et les mots. Les raisons généralement invoquées pour distinguer le babillage de l'acquisition des phonèmes sont les suivantes (Lambert & Rondal, 1980).

- Durant le babillage, les sons et les combinaisons de sons ne visent pas à la transmission d'unités conventionnelles de la langue; par contre, les phonèmes produits dès l'âge d'un an servent à constituer les monèmes et les mots, unités significatives de la langue.

- L'ordre d'apparition des sons durant le babillage est irrégulier et difficilement prédictible dans le détail, contrairement à l'ordre d'apparition des phonèmes.
- Certains sons émis par l'enfant durant le babillage, soit ne font pas partie de la langue parlée autour de l'enfant (exemples: *bzz, dzz*), soit disparaissent, parfois durant plusieurs années, pour réapparaître en tant que phonèmes (exemples: *ch, vr, cr*).

C'est à partir d'observations de ce type que certains auteurs proposent de séparer les deux développements. C'est le cas, notamment, de Jacobson (1969) qui estime que le babillage n'a aucune influence sur le développement phonologique. Nous renvoyons le lecteur à Rondal (1978, 1981) pour prendre connaissance des nuances qu'il convient d'apporter à la position trop radicale de Jacobson. Si la pertinence d'une séparation nette entre les développements phonétique et phonologique est remise en question chez l'enfant normal, il semble qu'une telle distinction puisse garder sa signification chez les enfants arriérés mentaux modérés et sévères. En effet, comme nous allons le voir, le développement phonologique de ces enfants est retardé par rapport à celui des normaux. Si durant la première année le babillage des retardés présente un profil très semblable à celui des normaux en termes du type de sons produits et du déroulement temporel du développement, le tableau se transforme radicalement lorsque l'on aborde le développement des phonèmes. Ceux-ci, par définition, figurent au sein des mots. Or, l'apparition des premiers mots conventionnels est très retardée chez les arriérés modérés et sévères (cf. chapitre 2). Ce retard, évident dès la deuxième année, est tel que l'on peut caractériser cette période comme la première étape-clé qui va définitivement séparer les arriérés des normaux sur le plan développemental. C'est pourquoi nous estimons que le maintien d'une différenciation nette entre développements phonétique et phonologique se justifie en arriération mentale. Avant de caractériser ce développement phonologique, il convient de présenter ce que l'on connaît actuellement de celui de l'enfant normal.

### A. *Données sur le développement phonologique normal*

Comment l'enfant normal acquiert-il les phonèmes de sa langue ? A ce jour, la réponse à cette question est encore incomplète. On peut distinguer deux composantes dans le développement phonologique. La première correspond aux propriétés du système des sons à acquérir. La seconde concerne les relations entre les émissions de l'enfant et le parler adulte.

Les sons ont entre eux un certain nombre de relations qu'il est possible de décrire sous la forme de règles. Dans cette perspective, le modèle d'acquisition des phonèmes proposé par Jacobson (1969) est certainement le plus connu. Jacobson émet l'hypothèse d'un processus de développement s'effectuant à partir de *contrastes phonémiques*. Il suggère que les enfants acquièrent les phonèmes selon une direction allant des plus aux moins contrastés. Les contrastes entre voyelles et consonnes sont acquis en premier lieu. Viennent ensuite, à l'intérieur du champ des consonnes, les contrastes entre phonèmes nasaux et oraux. Enfin, l'enfant acquiert les autres consonnes selon des contrastes au point d'articulation : de l'avant vers l'arrière (contrastes entre labiales et dentales, vélopalatales et dentales, palatales et vélaires). La seconde composante du développement phonologique renvoie aux relations entre la perception et la production des sons, aux rapports entre le babillage et le développement ultérieur, ainsi qu'à l'utilisation par les enfants d'un ensemble de règles de *simplification du parler adulte*. Ces simplifications consistent en *substitutions* de sons (par exemple, le remplacement d'une constrictive par une occlusive d'articulation plus aisée : *toup* pour *soupe*), en *assimilations* (sonorisation de la consonne sourde *p* devant une voyelle : *beignoir* pour *peignoir*), en suppressions de sons (*pa* pour *partir*, *ci* pour *merci*), etc. Le lecteur se référera à Rondal (1978) pour une présentation plus détaillée du modèle de Jacobson et une discussion des thèses opposées ou complémentaires (par exemple, Stampe, 1972; Ingram, 1976a) en présence.

Bien des points restent obscurs. En ce qui concerne l'identification des stratégies de simplification du parler adulte, Ingram (1976a) présente un modèle du développement phonologique qui prétend s'intégrer dans la perspective plus générale du développement cognitif. Ingram distingue une série de stades d'acquisition des phonèmes correspondant aux principales étapes du développement cognitif proposé par Piaget. La hiérarchisation des stades procède d'une capacité croissante chez l'enfant à éliminer des stratégies de simplification phonémiques qui vont amener progressivement son langage à correspondre à celui de l'adulte. Le Tableau 2 présente les stades proposés par Ingram.

*Tableau 2*
*Le modèle de développement phonologique proposé par Ingram (1976a)*

| Stades piagétiens[1] | Stades phonologiques |
|---|---|
| Période sensori-motrice (0 à 18 mois) | 1. Vocalisations préverbales et perception des phonèmes (0-12 mois). 2. Phonologie des 50 premiers mots (12 à 18 mois). |
| Période préopératoire Préconceptuelle (18 mois à 4 ans) | 3. Phonologie des morphèmes[2] simples (18 mois à 4 ans). Développement systématique des phonèmes. Utilisation des processus de simplification. |
| Intuitive (4 ans à 7 ans) | 4. Complètement de l'inventaire phonétique. |
| Période des opérations concrètes (7 ans à 12 ans) | 5. Développement morpho-phonémique : les règles deviennent productives (exemple : changement de voyelle (e) - (è) de *jeter - jette*). |

[1] Les âges et le découpage des périodes piagétiennes sont fidèlement reproduits d'après Ingram.
[2] *Morphème* est utilisé ici dans le sens de *monème* (cf. chapitre 2).

Ingram postule à la fois la prédominance temporelle des capacités de perception des sons sur les capacités de production, et l'existence (à l'encontre de Jacobson) d'un continuum structurel et fonctionnel entre le babillage et le développement phonologique ultérieur. Rappelons qu'il s'agit d'un modèle proposé pour le développement de l'enfant normal. Le stade 3 est caractérisé par l'utilisation de processus phonologiques ou procédures de simplification. Dans ses tentatives pour produire les mots du langage adulte, l'enfant utilise séparément ou en association une série de règles de simplification (substitution, assimilation, suppression de sons, reduplication de syllabes, etc.). Le stade 4 est une période de transition : l'enfant complète son bagage de sons et restreint quantitativement l'utilisation des processus de simplification. Au cours du stade 5, l'enfant utilise les règles de construction phonologique du langage adulte. Cette phase correspond à ce qu'Ingram appelle le développement morpho-phonémique, c'est-à-dire la saisie et la réalisation des modifications de sens résultant de la substitution d'un phonème à un autre (par exemple, le changement de voyelle dans «*jeter*» par rapport à «*jette*»). L'originalité du modèle d'Ingram réside dans le rapprochement entre le développement phonologique et le développement cognitif général tel qu'il est proposé par Piaget. La validité du modèle reste cependant entièrement à établir.

*Tableau 3*
*Evolution de la capacité de discriminer les différents phonèmes chez l'enfant normal entre 10 et 23 mois (d'après Rondal, 1979)*

| ORDRE DEVELOPPEMENTAL | CAPACITE DISCRIMINATIVE | EXEMPLE |
|---|---|---|
| 1 | - a est distingué des autres voyelles | |
| 2 | - Les voyelles antérieures sont distinguées des voyelles postérieures | i/ou |
| 3 | - Les voyelles fermées sont distinguées des voyelles mi-ouvertes | i/è ou/o |
| 4 | - Repérage des consonnes | |
| 5 | - Les consonnes nasales sont distinguées des consonnes occlusives orales | m/b |
| 6 | - Les consonnes nasales sont distinguées des liquides (l, r) | m/l m/r |
| 7 | - Distinction entre les consonnes nasales | m/n |
| 8 | - Les consonnes nasales et les liquides sont distinguées des consonnes constrictives sifflantes | m/s m/z l/s l/z |
| 9 | - Les consonnes articulées avec les lèvres sont distinguées de celles articulées avec la langue | b/d f/s |
| 10 | - Les consonnes dont l'articulation implique la pointe de la langue sont distinguées de celles dont l'articulation implique la partie postérieure de la langue | d/g t/k |
| 11 | - Les consonnes sonores sont distinguées des consonnes sourdes | z/s v/f ch/j |

Les Tableaux 3 et 4 repris à Rondal (1979) fournissent une chronologie approximative du développement phonologique normal à la fois dans ses aspects réceptifs et productifs. On notera que la capacité de discriminer les sons est nettement antérieure à la capacité de les produire.

*Tableau 4*
*Chronologie du développement phonologique (aspect productif) chez l'enfant normal*
*(d'après Rondal, 1979)*

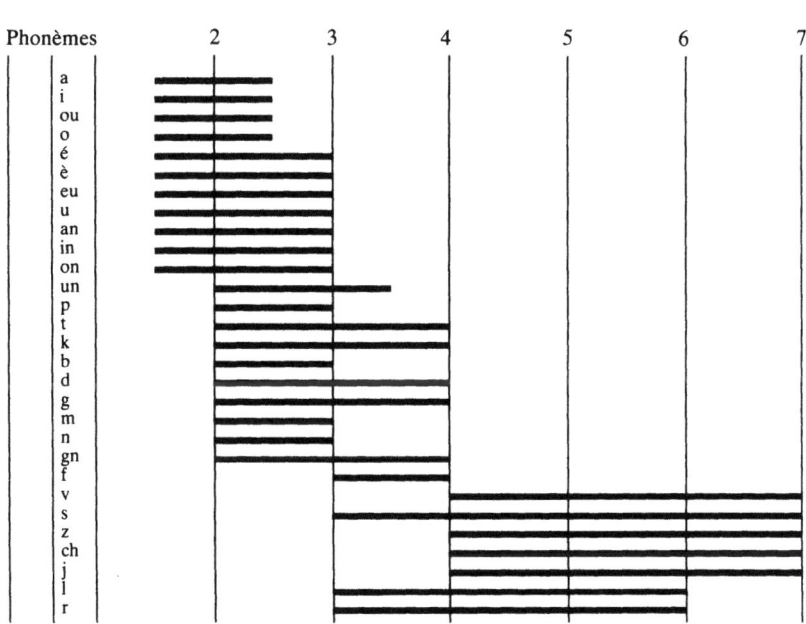

Nous venons d'envisager la production de sons isolés. Cette manière de présenter le développement phonologique est essentiellement didactique. En effet, dans la réalité, nous ne prononçons pas, la plupart du temps, des sons isolés. Nous les enchaînons les uns aux autres afin de former des syllabes et des mots, dans un processus de *co-articulation*. Les sons s'influencent les uns les autres du fait de leur vicinité articulatoire. C'est de l'intégrité de la co-articulation que dépend l'intelligibilité des émissions verbales. Le développement des règles de la co-articulation reste cependant un domaine peu exploré chez l'enfant normal (Mc Lean, 1976) et donc a fortiori chez l'enfant handicapé.

## B. Données sur le développement phonologique des arriérés mentaux

Dans une revue consacrée au développement phonologique des retardés mentaux, Ingram (1976b) ne relève que 4 études, toutes antérieures à 1955. Ces travaux, parmi lesquels celui de Bangs (1942) est le plus documenté, indiquent que les arriérés mentaux présentent un développement phonologique semblable dans sa structure, mais non dans ses paramètres temporels, à celui des normaux. En réanalysant les données à partir des processus de simplification utilisés par les normaux, Ingram conclut que le nombre d'erreurs de substitution est le même chez les normaux et les retardés. Il signale toutefois que les retardés présentent des erreurs d'omission plus nombreuses que les normaux (21 % de l'ensemble des erreurs). Il a fallu attendre plus de 30 ans, avec les études de Dodd et de Smith pour obtenir un contrôle des données recueillies par Bangs.

En poursuivant ses travaux sur le langage des enfants trisomiques 21 (Dodd, 1975), Dodd (1976) étudie le nombre et le type d'erreurs phonologiques — omissions, substitutions, simplifications de phonèmes — produites par trois groupes d'enfants dans des tâches de dénomination et de répétition de mots. Les groupes d'enfants sont appariés pour l'âge mental et se répartissent comme suit : 10 enfants normaux (AC moyen = 3 ans 6 mois), 10 enfants trisomiques 21 (AC moyen = 10 ans 7 mois; AM moyen = 3 ans 6 mois) et 10 enfants arriérés mentaux non trisomiques 21 d'étiologies organiques diverses (AC moyen = 10 ans 7 mois; AM moyen = 3 ans 5 mois). Les résultats au niveau de chaque groupe montrent que les enfants trisomiques 21 présentent significativement plus d'erreurs phonologiques que les enfants normaux et retardés mentaux non trisomiques 21. Par contre, il n'existe aucune différence significative entre les normaux et les retardés non trisomiques 21. En ce qui concerne le type d'erreurs, Dodd observe que les enfants trisomiques 21 présentent une grande inconstance dans leurs performances articulatoires : 14,4 % de leurs erreurs sortent du cadre des catégories habituellement utilisées pour décrire le développement phonologique des enfants normaux. Cette caractéristique ne se rencontre pas chez les sujets retardés non trisomiques 21 qui, tout comme les enfants normaux, n'ont que 5,2 % d'erreurs qualifiées d'aléatoires par Dodd, à défaut d'une meilleure définition. Si on peut conclure que le développement phonologique des enfants arriérés non trisomiques 21 est semblable dans ses grandes lignes à celui des enfants normaux de même âge mental, on ne possède aucune explication concernant le manque apparent de constance articulatoire propre aux enfants trisomiques 21. Dodd n'ayant pas analysé les variations individuelles, on ne peut savoir si cette variabilité est l'apanage de tous les enfants trisomiques 21 ou seulement d'une partie d'entre eux.

Bartolucci & Pierce (1976) comparent les capacités de production de 24 phonèmes chez des enfants normaux (AC = 6 ans 2 mois), autistes (AC moyen = 10 ans 8 mois; AM moyen = 6 ans 5 mois) et arriérés mentaux légers (AC moyen = 10 ans 5 mois; AM moyen = 6 ans) appariés pour l'âge mental.

Les auteurs n'observent aucune différence entre les résultats des trois groupes en ce qui concerne le nombre de phonèmes correctement prononcés, le nombre et le type d'erreurs. Le développement phonologique des enfants autistes et arriérés mentaux légers est certes retardé, mais procède néanmoins selon les lignes du développement normal. Ces résultats sont confirmés dans une seconde étude (Pierce & Bartolucci, 1976).

Lambert & al. (1980) ont analysé les troubles articulatoires présentés par 38 enfants arriérés mentaux modérés et sévères dans la dénomination et la répétition de 40 mots reprenant l'éventail des phonèmes de la langue française. Les sujets étaient répartis en deux groupes de 19 enfants chacun appariés pour l'âge chronologique et le QI: un groupe d'enfants trisomiques 21 (AC moyen = 9 ans 5 mois; QI moyen = 46) et un groupe d'enfants retardés mentaux non trisomiques 21 d'étiologies organiques diverses (AC moyen = 9 ans 3 mois; QI moyen = 45). Les scores de prononciation correcte obtenus par les enfants non trisomiques 21 sont significativement supérieurs à ceux des enfants trisomiques 21, tant au test de dénomination qu'à l'épreuve de répétition. Cependant, le nombre des substitutions et des omissions est pratiquement identique dans les deux groupes. Comme l'indique le Tableau 5, la hiérarchisation de la difficulté des phonèmes évaluée en comparant la fréquence des erreurs articulatoires est la même pour les sujets trisomiques 21 et les sujets non trisomiques 21. Cet ordre de difficultés correspond en outre à celui enregistré dans le développement phonologique des enfants normaux.

*Tableau 5*
*Hiérarchisation des difficultés de prononciation des phonèmes du français*
*(d'après Lambert, Sohier & Rondal, 1980)*

| Phonèmes | Sujets | | |
|---|---|---|---|
| | Trisomiques 21 | Non trisomiques 21 | Normaux[1] |
| *Voyelles* | | | |
| a, i, ou, o | 86.7 | 96.4 | 2 ans 6 mois |
| é, è, eu, u, an, in on, un | 89 | 96.2 | 3 ans - 3 ans 6 mois |
| *Consonnes* | | | |
| *Occlusives* | | | |
| p, t, k, d, b, g m, n, gn | 72.2 | 82.5 | 4 ans |
| *Constrictives* | | | |
| f, l, r, v, s, z ch, j | 63.6 | 73.5 | 4 à 7 ans |

[1] Age terminal auquel les phonèmes sont acquis par les enfants normaux (Rondal, 1979).

Tout comme chez les sujets normaux, les enfants retardés mentaux prononcent mieux les voyelles que les consonnes. Concernant les consonnes, les occlusives sont mieux prononcées que les constrictives. L'analyse des phonèmes montre que chez les enfants arriérés mentaux, il y a une tendance nette à mieux prononcer les phonèmes antérieurs par rapport aux postérieurs. Les labiales sont plus faciles à articuler que les apico-dentales et les dorso-palatales — cela, indépendamment des confusions pouvant survenir entre les sourdes et les sonores. Enfin, les sujets arriérés mentaux ont de notables difficultés à prononcer correctement les consonnes constrictives et notamment celles dont l'acquisition est plus tardive chez les enfants normaux.

Il existe une paucité étonnante de données concernant le développement phonologique des sujets arriérés mentaux en relation avec le développement du répertoire lexical. Seule la recherche de Smith (1977) apporte quelques éléments de réponse et cela dans le cadre du seul syndrome de la trisomie 21. A notre connaissance également, aucune étude n'a abordé le développement phonologique des retardés sous l'angle d'une analyse de la co-articulation.

Par définition, les phonèmes figurent au sein des mots. Smith (1977) étudie l'apparition des mots dans un groupe d'enfants normaux et d'enfants arriérés mentaux. Comme le montre le Tableau 6, dans le groupe normal, la première indication stable d'un langage significatif apparaît vers 14 mois. A ce moment, 13 % des émissions verbales des enfants sont chargées de sens conventionnel.

*Tableau 6*
*Développement du langage significatif chez les enfants normaux et les enfants trisomiques 21 (d'après Smith, 1977)*

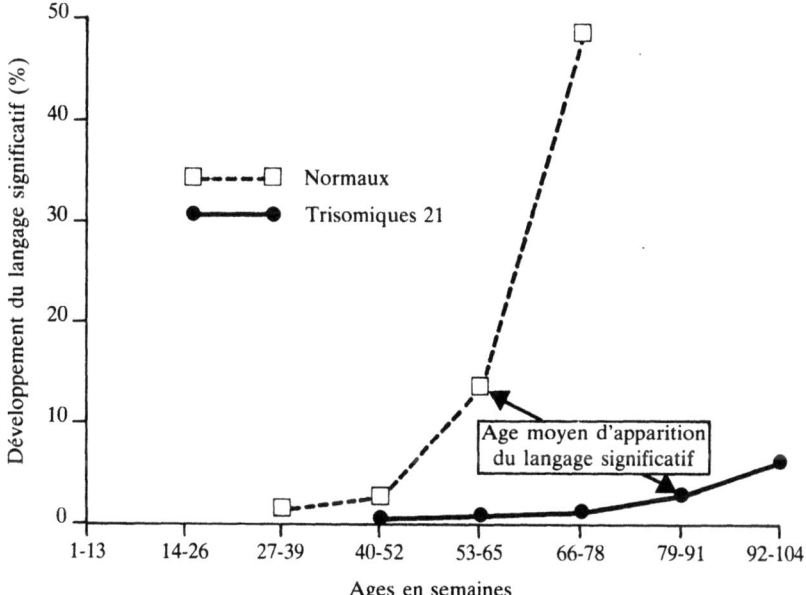

Chez les enfants trisomiques 21, il faut attendre l'âge de 21 mois pour obtenir seulement 2 % de productions significatives en utilisant les mêmes critères. En 6 mois, l'accroissement du langage significatif des enfants normaux est considérable : à 18 mois, la moitié de leurs énoncés verbaux environ a un sens. Par contre, chez les enfants trisomiques 21, on n'enregistre qu'une faible augmentation du nombre de mots significatifs pendant une période d'un an. En plus du retard important dans l'apparition des premiers mots, le rythme même du développement lexical est notablement réduit chez les enfants trisomiques 21.

Smith (1977) a poursuivi l'étude du développement phonologique des enfants trisomiques 21 possédant un répertoire d'énoncés verbaux significatifs. Il analyse plus particulièrement l'ordre d'acquisition de 3 phonèmes: *k, f* et *th* (le son anglais qui figure, par exemple, à l'initiale dans *«that»*). L'ordre d'apparition des phonèmes chez les enfants trisomiques 21 est le suivant: *k* (vers 3 ans), puis *f* (vers 4 ans) et enfin *th* (vers 5 ans). Cet ordre est identique à celui observé chez les enfants normaux. En ce qui concerne les erreurs articulatoires, les enfants trisomiques 21, comme les normaux, tendent à substituer des phonèmes plus faciles, c'est-à-dire acquis plus tôt, aux phonèmes plus difficiles: par exemple, *k* à *f* et *th*. Smith note également que la variabilité des erreurs articulatoires est plus grande chez les enfants trisomiques 21, rejoignant ainsi les observations de Dodd (1976), sans toutefois fournir, lui non plus, d'éléments d'explication de ce phénomène.

Les données actuelles sur le développement phonologique des sujets arriérés mentaux permettent d'avancer *deux conclusions générales*. La première est évidente: le développement *phonologique* des enfants retardés mentaux légers, modérés et sévères est notablement en retard par rapport à celui des enfants normaux. Ce qui est moins évident, mais semble néanmoins ressortir des études disponibles, c'est que le développement *phonétique* des mêmes enfants ne diffère pas sensiblement de celui des normaux, ni en temps, ni en composition phonétique. C'est donc dès qu'il y a *sens et fonction contrastive*, c'est-à-dire réalisation linguistique à proprement parler, que se manifeste avec acuité le décalage entre enfants normaux et enfants retardés. Deuxièmement, l'ordre dans lequel les phonèmes apparaissent, ainsi que les caractéristiques articulatoires du développement phonologique sont identiques chez les sujets normaux et arriérés mentaux. L'essentiel des problèmes articulatoires des enfants retardés semble donc tenir à la chronologie du développement et non, ou beaucoup moins, aux aspects structuraux de ce dernier. La démarche éducative (cf. chapitre 9) se centrera donc, au niveau des objectifs, de préférence sur une accélération du développement du répertoire phonologique. Un point reste non étudié, cependant, c'est la question de savoir si les adolescents et les adultes arriérés mentaux, ou certains d'entre eux, arrivent avec le temps à une meilleure maîtrise du système articulatoire ou si le développement articulatoire reste nécessairement incomplet, et dans quelle mesure alors, chez ces sujets.

# ELEMENTS BIBLIOGRAPHIQUES

AJURIAGUERRA J. de, *Manuel de psychiatrie de l'enfant.* Paris: Masson, 1974.
BANGS J., A clinical analysis of the articulatory defects of the feebleminded. *Journal of Speech and Hearing Disorders,* 1942, 7, 343-356.
BARTOLUCCI G. & PIERCE S.J., A preliminary comparison of phonological development in autistic, normal and mentally retarded subjects. *British Journal of Disorders of Communication,* 1976, *12*, 137-147.
BENDA C., *The child with mongolism.* New York: Grune and Stratton, 1960.
BENSBERG G.J. & SIGELMAN C.K., Definitions and prevalence. In L.L. Lloyd (Ed.), *Communication assessment and intervention strategies.* Baltimore: University Park Press, 1976, pp. 37-72.
BERG J.M., Aetiological aspects of mental subnormality: pathological factors. In A.M. Clarke and A.D.B. Clarke (Eds.), *Mental deficiency, the changing outlook.* London: Methuen, 1974, pp. 82-117.
CARR J., *Young children with Down's syndrome.* Londres: Butterworth, 1975.
CARTER C.H., (Ed.). *Medical aspects of mental retardation.* Springfield, Ill.: Charles Thomas, 1978.
CROME L. & STERN J., *The pathology of mental retardation,* Londres: Churchill, 1967.
DAVIS S.M., Audition and speech perception. In R.L. Schiefelbusch (Ed.), *Bases of language intervention.* Baltimore: University Park Presse, 1978, pp. 43-66.
DODD B.J., Comparison of babbling patterns in normal and Down's syndrome infants. *Journal of Mental Deficiency Research,* 1972, *16*, 35-40.
DODD B.J., Recognition and reproduction of words by Down's syndrome and non-Down's syndrome retarded children. *American Journal of Mental Deficiency,* 1975, *80*, 306-311.
DODD B.D., A comparison of the phonological systems of MA matched, normal, severely subnormal and Down's syndrome children. *British Journal of Disorders of Communication,* 1976, *11*, 27-42.
DORE J., FRANKLIN M.B., MILLER R.I. & RAMER A.L., Transitional phenomena in early language acquisition. *Journal of Child Language,* 1975, *3*, 13-28.
EISENBERG R.B., *Auditory compentence in early life.* Baltimore: University Park Press, 1976.
FISICHELLI V. & KARELITZ S., Frequency spectra of the cries of normal infants and those with Down's syndrome. *Psychonomic Science,* 1966, *6*, 195-196.
FISICHELLI V., HABER A. & DAVIS J., Audible characteristics of the cries of normal infants and those with Down's syndrome. *Perceptual and Motor skills,* 1966, *23*, 744-746.
GIVENS G.D. & SEIDEMAN M.F., Middle-ear measurements in a difficult-to-test mentally retarded population. *Mental Retardation,* 1977, *15*, 40-42.
GOLDSMIT L., Problèmes articulatoires et de résonance nasale chez les enfants atteints de division labio-palatine ou de déficience vélaire. *Le Langage et l'Homme,* 1978, *36*, 10-20.
GREGORY H.H., *Controversies about stuttering therapy.* Baltimore: University Park Press, 1979.
INGRAM D., Current issues in child phonology. In D.M. Morehead and A.E. Morehead (Eds.), *Normal and deficient child language.* Baltimore: University Park Press, 1976, pp. 3-27 (a).
INGRAM D., *Phonological disability in children.* Londres: Arnold, 1976 (b).
JACOBSON R., *Langage enfantin et aphasie.* Paris: Editions de Minuit, 1969.
LAMBERT J.L., *Introduction à l'arriération mentale.* Bruxelles: Mardaga, 1978.

LAMBERT J.L. & RONDAL J.A., *Le mongolisme*. Bruxelles: Mardaga, 1980.
LAMBERT J.L., RONDAL J.A. & SOHIER C., Analyse des troubles articulatoires chez des enfants arriérés mentaux mongoliens et non mongoliens. *Bulletin d'Audiophonologie*, 1980, *10*, 13-20.
LEROY C., Intonation et syntaxe chez l'enfant français à partir de 18 mois. *Linguistique Appliquée*, 1973, *9*, 125-142.
LLOYD L.L., Audiologic aspects of mental retardation. In N.R. Ellis (Ed.), *International review of research in mental retardation* (vol. 4), New York: Academic Press, 1970, pp. 311-374.
LLOYD L.L., (Ed.). *Communication assessment and intervention strategies*. Baltimore: University Park Press, 1976.
LIBERMAN A.M., COOPER, F.S., SHANKWEILER D.P. & STUDDERT-KENNEDY M., Perception of the speech code. *Psychological Review*, 1967, *74*, 431-461.
MC LEAN J.E., Articulation. In L.L. Lloyd (Ed.), *Communication assessment and intervention strategies*. Baltimore: University Park Press, 1976, pp. 325-370.
MENYUK P., Early development of receptive language: from babbling to words. In R.L. Schiefelbusch and L.L. Loyd (Eds.), *Language perspectives - acquisition, retardation and intervention*. Baltimore: University Park Press, 1974, pp. 213-236.
MONTAGUE J.C., BROWN W.S. & HOLLIEN H., Vocal fundamental frequency characteristics of institutionalized Down's syndrome children. *American Journal of Mental Deficiency*, 1974, *78*, 414-418.
MORAN M.J. & GILBERT H.R., Speaking fundamental characteristics of institutionalized adults with Down's syndrome. *American Journal of Mental Deficiency*, 1978, *83*, 248-252.
NISWANDER P.S. & RUTH R.A., Prediction of hearing sensitivity from acoustic reflexes in mentally retarded persons. *American Journal of Mental Deficiency*, 1977, *81*, 474-481.
PIERCE S. & BARTOLUCCI G., Phonological production and perception in verbal autistic, normal and mentally retarded subjects. *Papers and Reports on Child Language Development*, 1976, *12*, 189-198.
PREUS A., Stuttering in Down's syndrome. *Scandinavian Journal of Educational Research*, 1972, *16*, 89-100.
REYNOLDS W.M. & REYNOLDS S., Prevalence of speech and hearing impairment of noninstitutionalized mentally retarded adults. *American Journal of Mental Deficiency*, 1979, *84*, 62-66.
RONDAL J.A., Développement du langage et retard mental: une revue critique de la littérature en langue anglaise. *L'Année Psychologique*, 1975, *75*, 513-547.
RONDAL J.A., *Langage et éducation*, Bruxelles: Mardaga, 1978.
RONDAL J.A., *Votre enfant apprend à parler*. Bruxelles: Mardaga, 1979.
RONDAL J.A., *Développement linguistique*. In J.A. Rondal et M. Hurtig (sous la direction de) *Manuel de psychologie de l'enfant* (vol. 2). Bruxelles: Mardaga, 1981, pp. 455-510.
SMITH B.L., *Phonological development in Down's syndrome children*. Paper presented at the 85th Annual Convention of the American Psychological Association, Washington, 1977.
SPRADLIN J.E., Language and communication of mental defectives. In N.R. Ellis (Ed.), *Handbook of mental deficiency: psychological theory and research*. New York: Mc Graw-Hill, 1963, pp. 512-555.
STAMPE D., *A dissertation on natural phonology*. Thèse de doctorat. Université de Chicago, 1972. Résumé par Ingram, 1976 (a).
WORTIS J. (Ed.), *Mental retardation and developmental disabilities: an annual review (Vol. 9)*. New York: Brunner/Mazel, 1978.

# Chapitre 2
## Aspects sémantiques lexicaux

La langue assure une correspondance systématique entre signifiés et moyens formels, ou signifiants. Il est coutumier de distinguer entre sémantique lexicale et sémantique structurale ou relationnelle. La première regroupe ce qui se rapporte aux mots. Elle concerne la fonction référentielle au sens strict, c'est-à-dire l'étiquetage des objets. La seconde concerne la description des états, actions et processus (au sens de Chafe, 1970), des relations d'attribution, de possession, de location, de bénéfice, de temporalisation, de quantification, etc., qui constituent la structure sémantique des énoncés. Dans ce chapitre, nous nous intéressons à la première fonction sémantique. L'examen de la seconde fonction est renvoyé au chapitre suivant.

Bien qu'on puisse dire (en simplifiant) qu'on parle en mots, le mot n'est pas l'unité terminale d'analyse sémantique. L'unité minimale de sens est le *monème* (dans la terminologie de Martinet, 1970). Un monème est un mot ou une partie de mot auquel est attachée une signification : par exemple, *hier, oui, bleu, magasin* et *-ier* dans *magasinier, fleur, bleu* et *-e* dans *fleur bleue*, etc. On distingue encore parmi les monèmes ceux qui trouvent leur place dans le lexique, à savoir les *lexèmes* (les exemples ci-dessus à l'exception de *-ier* de *magasinier* et du *-e* de *bleue*) et ceux qui apparaissent dans les grammaires, les *morphèmes* (le *-e*, ci-dessus, qui marque le féminin, le *-ons* de *travaillons, mangeons*, etc., qui désigne celui qui parle et une ou plusieurs autres personnes). En deçà de la structure de surface des énoncés, pour ainsi dire, les lexèmes sont encore décomposables en un certain nombre de *traits sémantiques* ou *sèmes* (Cordier & Le Ny, 1975; Le Ny, 1979), c'est-à-dire d'éléments de sens en principe hiérarchisables et qui constituent le noyau sémantique du lexème. Par exemple, le lexème *cheval* reprend les éléments de sens suivants: mammifère, quadrupède, grand, à crinière, herbivore, sauvage/domestiqué, chevauchable, etc.

On peut envisager les aspects sémantiques lexicaux du langage, et notamment le développement qui s'y rapporte, à plusieurs points de vue et c'est ce que nous faisons dans ce chapitre pour les sujets arriérés mentaux. On peut, à un niveau très superficiel, simplement relever le nombre et la diversité des mots compris et produits par les enfants avec l'évolution en âge et selon les capacités intellectuelles exprimées, par exemple, en termes d'âge mental. Allant un peu plus loin dans l'abstraction, on peut répartir les mots compris et produits en catégories grammaticales ou classes formelles et documenter ainsi le développement de ces classes dans le langage de l'enfant. On peut également s'intéresser à l'organisation lexicale en traits sémantiques et aux aspects développementaux de cette organisation. Peu d'études sur cette question importante sont disponibles chez les enfants handicapés mentaux. Il faut se demander également, dans une perspective fondamentale aussi bien qu'interventionniste, quelles sont les raisons principales des importants retards observés chez les sujets retardés mentaux dans le développement lexical. Certains aspects (également déficients) du développement cognitif chez ces sujets sont en cause, comme le développement de l'intelligence sensori-motrice, les débuts de la représentation et le jeu symbolique.

## 1. Aspects quantitatifs du développement lexical

La variable «âge mental» — AM — semble déterminante en ce qui concerne les aspects quantitatifs du développement lexical. Des différences notoires, entre sujets retardés mentaux et normaux de mêmes âges chronologiques, ont été rapportées dans toutes les études et pour tous les niveaux de retard mental en ce qui concerne *le nombre de mots compris et produits*. Cependant, lorsque les sujets normaux et retardés sont appariés pour l'âge mental — les premiers sont alors nécessairement plus jeunes chronologiquement —, les différences tendent à disparaître ou à s'atténuer considérablement. Les sujets retardés sont capables de désigner nominalement des stimuli picturaux et de définir correctement à peu près autant de mots que les sujets normaux d'âges mentaux correspondants (Papania, 1954; Waters, 1956; Lyle,

1961; Bartel & al., 1973; Winters & Brozska, 1975), bien que les sujets retardés tendent à définir les mots avec un degré moindre d'abstraction (Papania, 1954).

On a étudié *le vocabulaire de base* utilisé par des groupes de sujets retardés. Plusieurs études (par exemple, Mein & O'Connor, 1960; Beier & al., 1969; Lozar & al., 1972) rapportent que le vocabulaire de base des sujets retardés correspond sensiblement, à âge mental équivalent, à celui des sujets normaux. Mein & O'Connor (1960) sont arrivés à cette conclusion après avoir comparé systématiquement la fréquence de toute une série de mots (plus de 1.500) identifiés dans les échantillons recueillis auprès d'un groupe de sujets retardés institutionnalisés, le recueil couvrant une période de plusieurs mois, et en comparant ces fréquences aux fréquences correspondantes recueillies par Burroughs (1957) auprès d'enfants normaux d'âges mentaux correspondants. Mein & O'Connor (1960) ajoutent que les sujets retardés, en tant que groupe, semblent faire usage d'un vocabulaire légèrement plus stéréotypé que celui des sujets normaux. Ces chercheurs ont observé que le nombre de mots utilisés par tous les sujets retardés («core vocabulary») du groupe étudié est plus important que celui des normaux mais que les premiers, par contre, ont un «vocabulaire marginal» («fringe vocabulary») — le reste des mots dans le corpus considéré — inférieur en nombre à celui des seconds. Par exemple, le groupe de mots utilisés par tous les sujets au moins une fois couvre 23,8 % du corpus chez les sujets retardés, contre 18 % chez les sujets normaux. On serait donc amené à penser, sur la base des données rapportées par Mein & O'Connor, qu'à âges mentaux correspondants les sujets normaux emploient un vocabulaire légèrement plus diversifié que celui des sujets retardés. Il convient de prendre cette indication avec réserve. En effet, premièrement, les données de Mein & O'Connor portent sur des comparaisons de groupes et les notions de «core» et de «fringe vocabulary» n'ont qu'une signification et une portée limitées à ce niveau. Deuxièmement, la comparaison avec les sujets normaux au moyen des données collationnées par Burroughs est indirecte et la correspondance en âges mentaux entre les deux populations seulement approximative. Enfin, troisièmement, aucun test n'a été appliqué aux données de façon à établir la signification statistique des différences observées.

Nous avons recueilli des données qui vont à l'encontre de la supposée moindre diversité lexicale des productions verbales des sujets retardés par rapport aux normaux d'âges mentaux correspondants (Rondal, 1978a). A longueur moyenne de production verbale (LMPV, cf. chapitre 8) équivalente — un indice fiable de développement linguistique, au moins dans certaines limites temporelles de développement (Brown, 1973; Rondal, 1978a) —, la diversité du vocabulaire utilisé est en fait supérieure chez les enfants trisomiques 21 par rapport à un groupe d'enfants normaux chronologiquement plus jeunes. Cet indice de diversité lexical, le TTR (« Type-Token-Ratio », cf. chapitre 8) est calculé en divisant le nombre de mots présents dans un échantillon de langage par le nombre de mots différents dans ce même échantillon — par mots « différents », on entend habituellement les « entrées » dans le dictionnaire (Rondal, 1978a). Se pose la question de savoir comment se situent l'un par rapport à l'autre les appariements normaux-retardés sur la base de l'âge mental et sur la base de la longueur moyenne de production verbale. Certains chercheurs sont d'avis que les deux formes d'appariements sont grossièrement équivalentes: appariés pour LMPV, les sujets le seraient approximativement pour AM, et inversement. On notera que la question est empirique et en principe facile à vérifier. Mais peu de données sont actuellement disponibles sur ce point[1].

Comment expliquer la supériorité relative des sujets retardés sur les sujets normaux quant à la diversité du vocabulaire utilisé à LMPV égal? A LMPV égal, les sujets retardés présentent nécessairement des âges chronologiques (AC) supérieurs à ceux des normaux. Un AC notablement plus élevé (dans l'étude de Rondal, 1978a, mentionnée ci-dessus, l'âge moyen général des sujets trisomiques 21 était de 6 ans 9 mois, contre 2 ans 2 mois pour les sujets normaux) va sans doute de pair avec une expérience de vie plus grande et implique l'exposition à des contextes de vie plus variés. Dans l'étude mentionnée ci-dessus, les jeunes enfants normaux ne sortaient guère du milieu familial, tandis qu'une bonne partie des enfants trisomiques 21 examinés étaient scolarisés, certains, les plus âgés, depuis plusieurs années, et fréquentaient un ou plusieurs milieux extra-scolaires comme un centre récréatif, une organisation sportive ou religieuse. Cette différence d'âge chronologi-

---

[1] Lambert & Sohier (1979) ont recueilli simultanément des données sur LMPV et AM, en situation de conversation avec un groupe de 38 enfants retardés mentaux modérés et sévères pris individuellement. Ce groupe était constitué pour moitié d'enfants trisomiques 21 et d'enfants non trisomiques 21 (AC = 5 à 13 ans). La corrélation (rho de Spearman) entre LMPV et AM s'élève à + .79 (significatif à $p \leq .001$) pour les sujets retardés non trisomiques 21, ce qui implique que les deux indices ont en commun une proportion de la variance estimée à .62 (coefficient de détermination). La même corrélation s'élève à + .77 (significatif à $p \leq .001$) — coefficient de détermination = .59 — pour les sujets trisomiques 21. L'association statistique entre LMPV et AM semble donc bonne, ce qui n'implique pas évidemment que les deux variables se ramènent simplement l'une à l'autre.

que entraîne-t-elle l'utilisation d'un vocabulaire relativement plus diversifié pour décrire ces expériences et ces contextes? Cela semble probable. On s'étonne alors des observations faites par Mein & O'Connor (1960). Les sujets observés par ces auteurs vivaient en institution depuis plusieurs années. La restriction sévère du champ d'expérience qu'implique ce type d'expérience peut suffire à expliquer les différences entre leur étude et celle de Rondal sur le point de la diversité lexicale du langage utilisé.

Les épreuves de *répétition et de reconnaissance de mots* présentés auditivement ne fournissent pas de différences notables entre sujets normaux et sujets retardés. Pour les retardés comme pour les normaux, la répétition et la reconnaissance des mots sont influencées par le sens et la familiarité du matériel verbal (Jones & Spreen, 1967). Le caractère éventuellement abstrait du référent semble interférer davantage avec le processus de reconnaissance chez les retardés que chez les normaux (Spreen & al., 1966). En ce qui concerne la reconnaissance des mots présentés par écrit, il faut signaler avec O'Connor & Hermelin (1960) l'effet marqué de la familiarité du matériel verbal présenté sous cette forme. Les mots les plus fréquents dans l'inventaire compilé par Mein & O'Connor (1960) pouvaient être lus par la majorité d'un groupe de sujets retardés sévères, tandis que des mots plus rares ne pouvaient être lus que par une minorité de sujets. Ce résultat indique peut-être que le déchiffrage du matériel écrit chez ces retardés ne peut procéder au-delà d'une saisie relativement globale des formes écrites auxquelles il est possible de faire correspondre directement une signification familière.

## 2. Aspects grammaticaux de l'organisation lexicale

Vers 7 ou 8 ans, chez l'enfant normal, se produit un changement dans l'organisation lexicale. Du moins, c'est ce qui semble ressortir d'un ensemble de recherches portant sur les associations de mots par paires (par exemple, on donne à l'enfant un mot «stimulus» — chat — et on lui demande de fournir immédiatement un mot «réponse»). Le changement porte sur la nature des associations. L'enfant qui tendait jusque-là à associer principalement les mots selon *un principe séquentiel ou syntagmatique* — par exemple, «chat-mange», «chien-aboie», «table-manger», «encore-un peu» —, associe dorénavant des mots en provenance de la même classe grammaticale — par exemple, «chat-chien», «dormir-se lever», «grand-petit», etc. L'enfant procède alors à des *associations dites paradigmatiques* (Brown & Berko, 1960; Erwin, 1961; Entwistle, 1966; Entwistle & al., 1964). Il est vraisemblable que ce changement marque une étape importante dans l'organisation du lexique, peut-être une phase avancée de la structuration progressive du lexique sur une base de disponibilité proprement grammaticale.

En langue française, une étude de Noizet & Pichevin (1966) — voir aussi Pichevin & Noizet (1968) — fait état de la dominance relative des associations verbales de type paradigmatique sur les associations de type syntagmatique chez des écoliers français, normalement intelligents, âgés de 8 à 12 ans (avec cependant, de 10 à 12 ans, une augmentation curieuse et inexpliquée de la fréquence des choix de type syntagmatique — les réponses paradigmatiques restant néanmoins les plus fréquentes).

On ne connaît pas les raisons exactes de la transition des associations de type syntagmatique à celles de type paradigmatique. Différentes suggestions théoriques ont été faites. Pour Erwin (1961), l'augmentation en fréquence des associations paradigmatiques répond à une meilleure connaissance des contextes syntaxiques dans lesquels peuvent apparaître les membres d'une même classe formelle. L'explication doit plutôt être cherchée du côté sémantique pour McNeil (1966). Selon cet auteur, la transition syntagmatique-paradigmatique résulte de l'enrichissement progressif du champ sémantique des différents mots en traits sémantiques. On aboutit à une situation dans laquelle le nombre de traits sémantiques qui définissent lexicalement chaque mot est suffisamment élevé pour que le contraste minimum entre deux mots se produise le plus souvent à l'intérieur de la même classe formelle. Francis (1972) renvoie la transition syntagmatique-paradigmatique au développement des opérations cognitives de comparaison d'éléments successifs et d'inclusion au sein d'un système de classification. L'allusion au développement des structures de classification (Piaget & Inhelder, 1959) est claire et les âges observés pour la transition syntagmatique-paradigmatique correspondent. On sait, par ailleurs, que le développement opératoire des sujets handicapés mentaux est notablement retardé (par exemple, Inhelder, 1969). On peut, sur cette base, prédire un retard notable dans l'apparition de la transition syntagmatique-paradigmatique chez ces sujets. C'est effectivement ce qui a été observé par plusieurs chercheurs (Semmel & al., 1968; Kelman & Moran, 1967; Seitz & al., 1969). Entre 10 et 15 ans, les sujets retardés légers donnent significativement moins d'associations de type paradigmatique que les sujets normaux de mêmes âges chronologiques. Cependant, lorsque les comparaisons sont faites entre des sujets d'âge mentaux correspondants, les retardés fournissent approximativement les mêmes pourcentages d'associations paradigmatiques que les normaux. Denhière (1973) a appliqué l'épreuve d'association verbale de Noizet et Pichevin (1966) à des sujets francophones retardés mentaux légers âgés de 8 à 18 ans. Il n'observe pas de différences notables dans la fréquence des associations syntagmatiques et paradigmatiques chez ces sujets. Dans une autre recherche, Denhière (1974) a proposé à un groupe de sujets débiles mentaux (AC moyen = 13 ans 4 mois; AM moyen = 9 ans 8 mois) et d'enfants normaux de première et deuxième année primaire une tâche d'apprentissage intentionnel de couples de mots dont les rapports étaient soit de type syntagmatique ou paradigmatique. Les temps d'apprentissage ne diffèrent pas significativement d'un groupe à l'autre. Cependant, chez les enfants normaux les temps d'apprentissage des couples syntagmatiques sont supérieurs à ceux des couples paradigmatiques, ce qui est interprété par Denhière (1974) comme confirmant les données de Noizet & Pichevin (1966) et Pichevin & Noizet (1968) mentionnées ci-dessus. Chez les débiles mentaux, par contre, les temps d'apprentissage ne diffèrent pas d'une catégorie associative à l'autre, ce qui semble confirmer l'absence d'évolution génétique de la fréquence des choix paradigmatiques et syntagmatiques entre 8 et 18 ans telle que rapportée par Denhière (1974). On n'a pas mené, à notre connaissance, d'études comparables sur la nature syntagmatique ou paradigmatique des associations verbales chez les sujets retardés modérés et sévères.

Il fait peu de doute que les classes grammaticales fournissent un principe d'organisation des entités lexicales plus économique et plus adapté à la flexibilité combinatoire du langage que le principe de la relation de contiguïté syntagmatique ou de l'association simplement fonctionnelle. L'échec relatif ou le retard marqué des sujets handicapés à adopter le premier système d'organisation limite sans doute sévèrement la mobilisation combinatoire des éléments lexicaux chez ces sujets, limitation observable dans d'autres types de tâches comme les «close-tasks», ces épreuves où il faut compléter un énoncé incomplet fourni par l'examinateur (par exemple, Goodstein, 1970).

### 3. Aspects cognitivo-sémantiques du développement lexical

E. Clark (1973) a proposé un début de modèle théorique du développement lexical chez l'enfant. Selon ce modèle, la signification dénotative d'un mot ou d'un monème donné peut être analysée en une série de *traits sémantiques* ou éléments minimum de sens. Par exemple, on dira du mot «bateau» qu'il contient sémantiquement les éléments suivants: «va sur l'eau, creux, navigable, mu par un moteur ou gréé avec des voiles s'il s'agit d'un bateau à voile, comprenant une coque, une quille, un gouvernail, muni d'une ancre, d'un bastingage, équilibré, normalement immergé jusqu'à la ligne de flottaison, etc.». Ces éléments de sens sont en principe hiérarchisables. Le modèle de Clark stipule que l'enfant interprète les mots d'abord et uniquement en termes des traits sémantiques les plus généraux. Dans l'exemple ci-dessus, s'il dispose seulement du trait «va sur l'eau», l'enfant désignera indistinctement du nom de bateau, les péniches, les navires de haute mer, les vedettes des garde-côte, les barques, les canoës, les pédalos, les hydroglisseurs, les hydravions, et même peut-être les détritus flottants qui occupent une certaine surface. Les traits sémantiques les plus généraux sont, selon E. Clark, directement dérivés des activités perceptives de l'enfant. A mesure de son développement, l'enfant enrichit graduellement le champ sémantique correspondant aux différents mots de traits additionnels, jusqu'à se rapprocher et rejoindre l'organisation lexicale dénotative commune des membres adultes de sa communauté linguistique.

Un corollaire de la théorie sémantique est que l'enfant apprend la forme positive des paires d'antonymes (par exemple, «ouvert» dans la paire «ouvert-fermé») avant la forme négative. Donaldson & Balfour (1968) et Palermo (1973), notamment, ont fourni un support empirique aux indications de E. Clark (1973). Cet auteur a également appliqué sa perspective théorique à l'acquisition des prépositions spatiales locatives «dans», «sur» et «sous» ou «en dessous». Une étude menée par Clark (1972) indique que «dans» est acquis par l'enfant avant «sur», qui précède lui-même «sous» ou «en dessous» dans la séquence développementale. Clark suggère que «dans» et «sur» sont moins complexes perceptivo-conceptuellement que «sous» ou «en dessous», parce que le premier se rapporte à un contenant, le second à une surface, tandis que les troisièmes renvoient à une situation où «quelque chose est situé en dessous d'autre chose et sur la surface qui le supporte». De plus, «dans» a un degré de généralisation plus important que «sur» parce qu'un contenant comporte nécessairement trois dimensions, tandis qu'une surface est uniquement bidimensionnelle.

Plus tard, cependant, E. Clark (1974) a modifié sa position théorique initiale (dite «hypothèse sémantique») au profit d'une hypothèse explicative dite «partiellement sémantique». Selon cette hypothèse, beaucoup de faits en matière d'acquisition du langage, et notamment en matière de développement lexical, peuvent être expliqués par une combinaison de connaissances sémantiques et de stratégies non linguistiques (perceptives). En ce qui concerne les prépositions spatiales, Clark pose l'utilisation par l'enfant de deux règles non linguistiques ordonnées hiérarchiquement: *règle (1)* si l'objet de référence est un contenant, l'objet expérimental est à placer «dans» l'objet de référence; *règle (2)* si l'objet de référence présente une surface horizontale, l'objet expérimental est à placer «sur» l'objet de référence. En ce qui concerne les paires d'adjectifs spatiaux («grand-petit», «long-court», «haut-bas», «gros-petit»), l'hypothèse sémantique partielle suggère que les enfants en viennent d'abord à comprendre que la paire renvoie chaque fois à une *dimension* particulière de l'espace (par exemple, et respectivement par rapport aux paires d'adjectifs mentionnées ci-dessus, «grandeur», «longueur», «hauteur» et «grosseur»). A ce stade, les enfants tendraient systématiquement à confondre le sens des deux adjectifs de chaque paire au profit du terme positif de la paire (celui qui signale «la plus grande quantité de», c'est-à-dire dans les paires considérées, respectivement, «grand», «long», «haut» et «gros») lequel, incidemment, est aussi celui qui est nominalisé dans les expressions «grandeur», «longueur», «hauteur» et «grosseur» (ce qui les désigne comme l'élément «marqué» de la paire selon la terminologie utilisée en linguistique; cf. par exemple, H. Clark, 1970). La stratégie non linguistique, dans ce cas, consiste à choisir toujours la plus grande quantité de quelque chose parmi les options présentées. Ce n'est que plus tard que les enfants en viendraient à ajouter le trait «+ ou − en polarité» au trait «dimension» déjà acquis, et donc à comprendre les deux termes des contrastes en question (par exemple, «grand» et «petit» renvoient tous les deux à la dimension «grandeur», mais sur le continuum de cette dimension, «grand» a la polarité +, tandis que «petit» a la polarité −).

Les expériences de Clark ont été discutées et critiquées (par exemple, Wilcox & Palermo, 1975), mais son recours à une hypothèse partiellement sémantique pour tenter d'expliquer certains aspects du développement lexical chez l'enfant a été accueilli favorablement en général.

Les études développementales en matière de vocabulaire sont extrêmement rares chez les enfants handicapés mentaux. Nous n'avons relevé dans la littérature spécialisée que deux recherches pertinentes. Cook (1977) montre que les enfants trisomiques 21 acquièrent le sens des mots (au moins de certains mots, l'étude ayant ses limites) apparemment dans le même «ordre développemental» que les enfants normaux. Cet auteur a étudié le développement de la compréhension des adjectifs «gros» et «grand» et des prépositions spatiales «dans», «sur» et «en dessous» ou «dessous», dans un contexte expérimental. Les données indiquent que l'ordre d'acquisition des deux adjectifs et des trois prépositions est le même pour les enfants normaux et pour les enfants trisomiques 21 étudiés. Les premiers étaient âgés de 2 à 7 ans et les seconds de 3 à 6 ans, en âge chronologique. L'ordre d'acquisition est le suivant: «gros» avant «grand», pour les adjectifs (il s'agit d'une étude menée en langue anglaise), et «dans» avant «sur», précédant lui-même «dessous» ou «en dessous» pour les prépositions spatiales, ce qui correspond à l'ordre développemental proposé par E. Clark.

Markowitz (1976) a étudié la compréhension des adjectifs spatiaux et des formes comparative et superlative chez un groupe de sujets arriérés mentaux légers et modérés âgés chronologiquement de 11 à 16 ans. Les épreuves portaient sur la compréhension des paires contrastées d'adjectifs «grand (tall) - petit (short)», «haut (high) - bas (low)», «long (long) - court (short)» et «gros (big) - petit (small)», dans leurs formes nominales, comparatives et superlatives. La compréhension de chaque adjectif, dans chacune de ces trois formes, fut testée au moyen d'une série de paires d'objets dans une tâche de choix forcé. L'enfant recevait la consigne suivante: «Montre-moi un objet qui est...», «Montre-moi un objet qui est plus...», ou encore «Montre-moi l'objet le plus...». Les objets utilisés étaient des objets familiers (blocs de construction, formes géométriques, tonnelets, éponges, chevilles de bois). Les sujets furent répartis au préalable en trois sous-groupes, de 8 sujets chacun, selon l'âge lexical déterminé à partir des résultats obtenus au Peabody Picture Vocabulary Test (cf. chapitre 8). Le premier sous-groupe de sujets présentait un âge lexical moyen de 46 mois, le second sous-groupe de 58 mois, et le troisième de 71 mois, sans cependant que la dispersion des âges chronologiques diffère sensiblement d'un sous-groupe à l'autre. Les résultats indiquent que les sujets du sous-groupe I ont à peine commencé à comprendre les adjectifs étudiés. L'acquisition est terminée, ou à peu près, au niveau du sous-groupe III, tandis que le sous-groupe II se situe à un niveau intermédiaire. C'est donc ce sous-groupe qui présente le plus d'intérêt pour une analyse détaillée des performances. Les données de Markowitz ne semblent faire état d'aucun stade d'acquisition dans lequel les sujets se comporteraient comme s'ils croyaient que les pôles positif et négatif des différents contrastes proposés avaient la même signification. Les sujets du groupe II ont commencé à comprendre le sens des termes positifs des contrastes proposés (c'est-à-dire les adjectifs suivants: «grand (tall)», «haut (high)», «long (long)» et «gros (big)»), tandis que les termes négatifs ne semblent pas compris. Ces sujets donnent des réponses au hasard lorsqu'on les interroge sur les termes négatifs des contrastes, mais ne confondent pas systématiquement ces derniers avec les termes positifs. Le Tableau 1 résume les principales données issues de l'étude de Markowitz (1976).

*Tableau 1*
Principales données issues de l'étude de Markowitz (1976) sur la compréhension
des adjectifs spatiaux chez des sujets arriérés mentaux légers et modérés
âgés chronologiquement de 11 à 16 ans

| Répartition des sujets selon l'âge lexical au PPVT* | Résultats aux épreuves de compréhension |
|---|---|
| Groupe 1 (8 sujets) Age lexical moyen: 46 mois | - *peu de compréhension* des adjectifs spatiaux étudiés (gros-petit, grand-petit, haut-bas, long-court) et de leurs formes comparatives et superlatives. |
| Groupe 2 (8 sujets) Age lexical moyen: 58 mois | - *niveau intermédiaire de compréhension*: les pôles «positifs» des paires d'adjectifs sont compris (c'est-à-dire gros, grand, haut et long), tandis que les pôles «négatifs» des différentes paires provoquent des réponses au hasard. |
| Groupe 3 (8 sujets) Age lexical moyen: 71 mois | - *compréhension acquise*. Les formes nominales des adjectifs sont comprises avant les formes comparatives, elles-mêmes maîtrisées avant les formes superlatives. Les formes comparatives sont d'abord comprises dans un sens catégorique avant d'être comprises dans leur sens comparatif «vrai». |

* Peabody Picture Vocabulary Test.

    Les données de Markowitz vont à l'encontre de l'hypothèse sémantique partielle avancée par E. Clark. Elles supportent par contre l'hypothèse sémantique simple (pour ainsi dire), laquelle stipule que l'enfant acquiert la compréhension des termes positifs avant celle des termes négatifs dans les paires contrastées. En ce qui concerne la forme des adjectifs, l'ordre d'acquisition est, comme prévu, forme nominale, puis comparative, et enfin superlative. Les adjectifs à la forme comparative sont d'abord compris dans un sens catégorique (c'est-à-dire proche du sens nominal — un objet «plus grand» est toujours plus grand, quelle que soit la situation) avant d'être compris dans leur sens comparatif «vrai», c'est-à-dire relationnel (le même objet référé comparativement peut être relativement grand dans une situation et relativement petit dans une autre situation).

    L'implication majeure tirée par Markowitz (1976) de son travail est la suivante: il est vraisemblable que les sujets retardés mentaux ne font pas usage (ou font beaucoup moins usage que les normaux) des stratégies perceptives indiquées par E. Clark dans le décodage des paires d'adjectifs spatiaux. Aucune évidence ne semble exister en faveur de l'utilisation par les enfants retardés mentaux étudiés de la stratégie qui consiste à choisir l'objet le plus grand, quel que soit le terme lexical proposé. E. Clark (1974) est de l'avis que les premières intuitions des enfants concernant le sens des mots sont largement basées sur la mise en relation de leurs stratégies perceptives avec le modèle adulte proposé pour chaque mot. Si cela est, les données de Markowitz fournissent une indication importante susceptible de mieux faire comprendre les difficultés rencontrées par les sujets retardés dans le développement lexical, tout en fournissant une piste pour l'intervention langagière lexicale avec ces sujets.

La suggestion de Markowitz est intéressante. Il convient cependant d'être prudent à ce stade. En effet, on trouve dans la littérature spécialisée sur le développement lexical des enfants normaux plusieurs études qui remettent en question les indications théoriques de E. Clark, tout en insistant sur le caractère complexe du développement lexical et sur l'insuffisance des données disponibles actuellement à fin de théorisation (par exemple, Carey, 1978; Oléron, 1979). Ces critiques reconnaissent toutefois la valeur heuristique et l'intérêt des suggestions de E. Clark, particulièrement en ce qui concerne la conception du développement lexical comme procédant par additions successives de traits et réorganisations subséquentes du champ sémantique, et l'utilisation par l'enfant de stratégies de décodages non linguistiques. Les indications de Markowitz (1976) concernant les enfants retardés mentaux peuvent signaler l'existence d'un problème chez ces sujets dans la mise en œuvre de stratégies non linguistiques pour appréhender le matériel lexical, ou constituer une difficulté supplémentaire pour la théorie de Clark. D'autres recherches sont nécessaires de toute évidence sur ces différents points.

### 4. Aspects fonctionnels du développement lexical

Paradoxalement, les aspects fonctionnels du développement et du fonctionnement lexical chez les sujets handicapés mentaux n'ont pratiquement pas été étudiés. On ne connaît pas, par exemple, la nature des variables qui gouvernent la démarche de nomination et le choix des mots chez les sujets retardés. La seule étude qui porte sur cet aspect, à notre connaissance, est le fait de Leonard & al. (1979). Ces auteurs ont demandé à 12 enfants retardés, âgés de 2 à 4 ans (AC moyen = 34 mois) pour un âge mental variant entre 12 et 24 mois (AM moyen = 18 mois), de nommer une série d'objets présentés individuellement au cours de séances de jeu avec un expérimentateur. Certains objets identiques figuraient dans les séries présentées, de façon à faire varier pour l'enfant la dimension nouveauté - ancienneté relative de l'objet au cours de la séance expérimentale. Nous ne pouvons entrer dans les détails de la procédure utilisée pour exploiter différents aspects de la dimension nouveauté - ancienneté de l'objet à nommer (le contraste étant assuré soit par le caractère intrinsèquement nouveau de l'objet pour l'enfant — à savoir l'enfant est mis en présence d'un objet qu'il n'a pas manipulé jusque-là dans le contexte expérimental, mais dont on s'est assuré à l'avance qu'il connaissait le nom — ou par le caractère relativement nouveau ou ancien de l'objet — à savoir c'est la première ou la nième fois que le même objet ou des objets en tous points identiques sont présentés à l'enfant au cours de la séance expérimentale. Les données indiquent clairement que plus l'objet est intrinsèquement nouveau et/ou plus il est «informatif» (c'est-à-dire relativement nouveau), plus la probabilité est grande que le sujet fasse *spontanément* l'étiquetage verbal (aucun étiquetage n'était renforcé par l'expérimentateur). Des résultats analogues furent obtenus dans une seconde expérience où il s'agissait d'imiter l'étiquette verbale proposée par l'expérimentateur à la présentation d'objets relativement nouveaux ou anciens sans, cette fois, que les sujets connaissent à l'avance le nom des objets expérimentaux.

Les données de Leonard & al. (1979) semblent indiquer que, dans les tâches de nomination, l'enfant retardé prend en considération, outre la relation objet - étiquette verbale, le caractère redondant ou non, informatif ou non de l'objet présenté. Ces données comportent peut-être une implication pour l'intervention lexicale avec les sujets retardés. Il arrive fréquemment, en effet, dans les séances de rééducation, que l'on présente le même objet à l'enfant jusqu'à ce qu'il le nomme correctement. Le nombre de présentations de l'objet en succession immédiate ou médiate peut donc être relativement élevé. Si les données de Leonard & al. sont pertinentes (il conviendrait évidemment de les reproduire et de développer cette orientation de recherche), une telle procédure peut être moins favorable pour l'entraînement lexical qu'une procédure qui fait varier les référents d'une présentation à l'autre et leur conserve ainsi une certaine «valeur informative».

## 5. Comment expliquer le retard marqué des enfants arriérés mentaux dans le développement lexical?

Quelles causes invoquer pour expliquer les lenteurs du développement lexical (sans aborder ici le caractère incomplet de ce développement chez l'adulte retardé) chez les enfants retardés au-delà de la lenteur et des problèmes du développement intellectuel général? Toute une série de causes peuvent être invoquées qui fournissent autant de pistes pour la recherche et, moyennant vérification de leur statut causal, constituent autant de cibles pour la démarche d'intervention avec ces sujets.

Les causes du retard dans le développement lexical peuvent tenir isolément ou, plus probablement, en combinaison aux facteurs suivants, présentés ici sans souci de hiérarchie : 1) un déficit dans la saisie de la relation entre les objets, personnes, situations, et événements, et les mots qui les symbolisent ; 2) un déficit dans la rétention de ces mêmes relations, même si elles ont été appréhendées ; 3) un déficit dans la composition phonologique du mot de façon à symboliser le référent ; 4) un déficit dans l'appréhension du référent, c'est-à-dire dans l'appréhension mentale de l'objet, de la personne, de la situation, ou de l'événement ; 5) un retard notable dans l'attribution aux référents d'un statut notionnel stable et permanent (dans certaines limites de temps), c'est-à-dire l'insertion des objets, des personnes, des situations ou des événements dans un cadre spatio-temporel au moins relativement déterminé ; et 6) un retard et/ou un déficit dans le développement de la représentation en général et en particulier dans ses aspects ludiques chez le jeune enfant, jeux symboliques et jeux substitutifs de représentation.

Les difficultés phonologiques des sujets retardés ont été présentées et discutées au chapitre 1. Les problèmes qui semblent exister, dans le cours de la première année de vie et peut-être ensuite, chez l'enfant retardé modéré et sévère, dans l'attention conjointe et la référence oculaire, ainsi que les incidences probables de ces problèmes sur le développement linguistique, sont discutés au chapitre 5. Les capacités et l'organisation mnésiques des sujets retardés sont également reconnues comme étant déficitaires (cf. Spitz, 1966 ; Brown, 1974 ; Lambert & Rondal, 1980, pour une revue). Ces problèmes mnésiques ont certainement une incidence majeure sur le développement lexical. Il reste à envisager les points 5 et 6 ci-dessus, à savoir l'organisation cognitive qui sous-tend vraisemblablement les premières phases de l'acquisition du vocabulaire, si on admet, évidemment, que les facteurs 5 et 6 constituent des prérequis obligés pour le développement linguistique en général et le développement lexical en particulier.

Un certain nombre de données corrélatives suggèrent que ce n'est pas avant d'avoir accédé aux sous-stades 5 et 6 dans le développement cognitif sensori-moteur (Piaget, 1966) que l'enfant normal et l'enfant handicapé mental accroissent notablement leur répertoire lexical réceptif et productif, et passent du stade des productions essentiellement à un mot (holophrases) à la production d'énoncés comportant deux ou plusieurs mots, productions nécessitant certaines capacités combinatoires (Inhelder & al., 1972; Kahn, 1975; Dale, 1977; Lambert & Saint-Remi, 1979). Le Tableau 2 reprend, pour mémoire, les sous-stades du développement de l'intelligence sensori-motrice selon Piaget.

*Tableau 2*
*Les sous-stades du développement de l'intelligence sensori-motrice selon Piaget (1966)*

---

*Sous-stade 1 (de 0 à 1 mois)* : exercices et développement des réflexes (montages héréditaires innés présents à la naissance, mais pouvant se parfaire et se différencier).

*Sous-stade 2 (de 1 mois à 4 mois 1/2)* : acquisition des premières habitudes, renforcement par répétition d'un ensemble sensori-moteur ayant fourni des résultats nouveaux (réaction circulaire).

*Sous-stade 3 (de 4 mois 1/2 à 8-9 mois)* : coordination de la vision et de la préhension. Débuts de la différenciation entre les buts et les moyens.

*Sous-stade 4 (de 8-9 mois à 11-12 mois)* : coordination des schèmes, utilisation de moyens connus pour atteindre un objectif nouveau.

*Sous-stade 5 (de 11-12 mois à 18 mois)* : exploration et tâtonnements dirigés suscitant une différenciation des schèmes d'action et la découverte de moyens nouveaux.

*Sous-stade 6 (de 18 mois à 24 mois)* : invention de nouveaux moyens d'action par combinaison de schèmes existants, début d'intériorisation des moyens d'action (l'enfant devient progressivement capable de penser ses actions au lieu d'avoir à les exécuter immédiatement).

---

Il peut évidemment s'agir d'une coïncidence, corrélation ne signifiant pas causation. Mais la coïncidence est intéressante et mérite davantage de recherches. Il est possible que le développement intellectuel sensori-moteur, tel qu'il a été caractérisé par Piaget (1966), fournisse l'assise cognitive nécessaire (mais non suffisante, car il faut encore une intervention des variables du milieu; l'enfant doit évidemment être exposé aux éléments signifiants et aux réalités signifiées) pour le développement linguistique à partir de 18 ou 20 mois d'âge mental. Le développement intellectuel sensori-moteur comporte l'acquisition graduelle, pendant la première année et demi, de la notion d'objet, affectif et physique, y compris la notion de permanence de l'objet, c'est-à-dire l'insertion de l'objet dans un cadre spatio-temporel au moins rudimentaire. Le tout procède à partir des réflexes vers les premières habitudes ou adaptations acquises, la coordination des schèmes existants et l'invention de moyens nouveaux par combinaison mentale. Ce développement est très ralenti chez l'enfant retardé modéré et sévère (Woodward, 1959), mais la succession des sous-stades semble suivre directement la hiérarchisation proposée par Piaget pour les jeunes enfants normaux (Rogers, 1977). Il est possible que ce retard de développement ne permette pas la mise en place de l'assise nécessaire pour les premières phases du développement linguistique. Edwards (1973) a montré les relations existant entre les acquisitions intellectuelles chez le jeune enfant pendant la période sensori-motrice et le développement de la base sémantique structurale des premiers énoncés verbaux (notamment les notions d'agent, d'instrument, de patient et de location). Sur cette base, on peut prédire une relation entre l'accession aux derniers sous-stades du développement intellectuel sensori-moteur et les débuts du langage combinatoire, relation objectivée dans les études mentionnées ci-dessus[2].

Le problème majeur dans ce domaine concerne l'ignorance dans laquelle nous nous trouvons encore de la nature précise des connaissances acquises en fin de développement intellectuel sensori-moteur et qui seraient nécessaires pour le démarrage du développement lexical et syntaxique. De quoi s'agit-il exactement? Des dernières phases de la construction de l'objet permanent, de la saisie confuse de certains rapports de cause à effet, d'instrument, de temps, et d'espace, de la capacité débutante de reconstruire mentalement les déplacements des objets et de répondre au problème de l'objet absent, du développement des capacités imitatives, ou de tout cela en même temps (Kahn, 1979)? Quelques indications, bien sûr à vérifier, sont fournies dans des recherches menées chez l'enfant normal, notamment par Bates et ses collaborateurs (Bates & al., 1977) et par Corrigan (1978). Ces recherches sont discutées par Leonard (1979). Elles semblent indiquer que le concept de permanence de l'objet n'est pas en lui-même particulièrement associé aux développements linguistiques chez l'enfant dans le cours de la seconde année. Par contre, il existe une bonne association entre ces développements linguistiques et d'autres aspects du développement intellectuel sensori-moteur tels que la découverte et l'utilisation des moyens en vue d'une fin et les schèmes d'actions sur les objets. Corrigan (1978) signale encore que l'atteinte du concept d'objet permanent coïncide avec l'apparition de mots comme «parti» et «encore», au début de la seconde année, des mots qui ont à voir, de toute évidence, avec l'apparition, la disparition et la réapparition des objets. Mais le concept d'objet permanent n'entretient aucune

---

[2] Uzgiris & Hunt (1975) ont standardisé les épreuves piagétiennes portant sur la progression à travers les sous-stades de la période de l'intelligence sensori-motrice. Leur échelle est utilisable pour évaluer le développement intellectuel sensori-moteur des sujets retardés également (Kahn, 1976). Elle est particulièrement utile avec les retardés sévères et surtout profonds, souvent déclarés intestables avec les épreuves psychométriques traditionnelles (Lambert & Van der Linden, 1977). Lambert & Van de Linden (1979) ont traduit expérimentalement l'échelle d'Uzgiris & Hunt sous le titre «*Echelle d'Evaluation du Développement des Jeunes Enfants*».

relation particulière avec la taille générale du lexique chez l'enfant à cet âge.

On sait que pour Piaget (1968, notamment), le développement du langage doit être envisagé dans le cadre du développement général de la fonction de représentation, appelée encore fonction symbolique ou sémiotique. Cette fonction générale se manifeste également, et dès avant le développement du langage organisé, dans l'imitation différée, le jeu symbolique, et les activités substitutives de représentation qui consistent, par exemple, à se saisir d'une pièce de vêtement, à la placer sous la tête en guise d'oreiller, et à faire mine de dormir; à prendre un verre ou un contenant quelconque et à faire semblant de boire; à jouer à faire boire sa poupée; à faire agir la poupée comme si elle se coiffait elle-même (jeu symbolique au second degré), etc. On n'a pratiquement pas étudié le jeu symbolique et les débuts de la représentation chez l'enfant handicapé mental. Pourtant, il faut y voir peut-être, si on suit Piaget et ses continuateurs (par exemple, Inhelder & al., 1972), un préalable important pour le développement du langage. Inhelder & al. (1972) ont étudié, chez le jeune enfant, la transition entre les niveaux sensori-moteurs et sémiotiques, c'est-à-dire représentationnels, de l'intelligence. Ces auteurs montrent que certaines conduites motrices hiérarchisées doivent avoir été construites avant que les premières conduites de représentation deviennent possibles. Ces conduites motrices impliquent la coordination des actions du sujet et des connaissances élémentaires sur les propriétés des objets qui font partie de l'univers immédiat de l'enfant. En d'autres termes, il faut avoir acquis une connaissance suffisante des actions et des objets avant de pouvoir évoquer un objet ou un événement absent, avant de pouvoir anticiper sur le résultat d'une action, avant de pouvoir remplacer mentalement et comportementalement un objet absent par un objet substitut, bref, avant de pouvoir représenter, symboliser, signifier, et donc produire des énoncés verbaux.

Plus récemment, Largo & Howard (1979a) ont documenté les développements qui interviennent dans le jeu du jeune enfant normal entre 9 et 30 mois. Ils exploitent une situation structurée de jeu en laboratoire. *Les jeux de nature exploratoire* dominent chez les enfants à la fin de la première année (mettre l'objet en bouche, le frapper contre une paroi ou un autre objet, lancer l'objet ou le laisser tomber à terre, le secouer, le balancer à bout de bras, l'explorer visuellement, le manipuler avec les doigts, et le retourner pour l'examiner sous toutes ses faces). *Les jeux de nature fonctionnelle* dominent au début de la seconde année (utilisation d'un objet de manière appropriée; par exemple, se nourrir avec une cuillère). *Les jeux de représentation et les jeux symboliques* apparaissent dans le courant de la seconde année pour devenir dominants au-delà de 15 mois (il s'agit pour les jeux de représentation d'utiliser un objet de manière appropriée, mais en le dirigeant vers un jouet ou une autre personne; par exemple, l'enfant prend la cuillère et fait mine de nourrir la poupée, ou encore place la cuillère dans les mains de la poupée et agit sur cette dernière pour qu'elle ait l'air de se nourrir elle-même; par jeu symbolique, les auteurs désignent l'utilisation d'un objet à titre de substitut pour un objet, absent, par exemple l'utilisation d'une boîte d'allumettes en lieu et place d'une voiture-jouet). On distingue encore ce qu'on appelle des *jeux séquentiels*. Il s'agit d'activités ludiques où l'enfant combine différentes activités en une séquence intégrée (par exemple, l'enfant joue à cuire des aliments sur la cuisinière, il apporte les plats à table, et nourrit ensuite la poupée). Les jeux séquentiels apparaissent et augmentent en fréquence dans le cours de la troisième année.

Dans une seconde publication (Largo & Howard, 1979b), les mêmes auteurs, poursuivant l'analyse de leurs données, font état d'une absence de corrélation entre les types de comportements de jeu entre 9 et 30 mois et plusieurs mesures du langage expressif enregistré pendant la même période de temps, telles que le nombre total de mots produits, le nombre de mots différents, et le nombre d'énoncés comportant au moins deux mots. Plusieurs évaluations du langage réceptif furent également menées pendant la même période de temps, la technique consistant à demander verbalement à l'enfant d'effectuer une action (par exemple, «Donne-moi la poupée», «Montre-moi comment on nourrit la poupée avec une cuillère», «Montre-moi comment tu coiffes les cheveux de la poupée»). La compréhension des prépositions spatiales fut également évaluée au moyen de requêtes en actions similaires (par exemple, «Mets la cuillère dans la tasse», «Mets l'assiette sur la table», «Mets le chien sous la table, derrière la chaise, devant la cuisinière», etc.). A 9, 12 et 15 mois, des corrélations positives furent trouvées (.56, .83, et .70, respectivement; significatives à $p \leq .05$) entre la fréquence des jeux fonctionnels et le nombre de réponses correctes aux requêtes verbales. De même, à 12, 15 et 18 mois, des corrélations positives existent (.60, .86 et .73, respectivement; significatives à $p \leq .02$) entre la fréquence des jeux représentationnels et le nombre des réponses correctes aux requêtes verbales. L'émergence de la compréhension des prépositions spatiales semble contemporaine de l'apparition de formes de jeu portant sur les propriétés topologiques des objets. La compréhension des prépositions «dans», «sur» et «sous», dans le contexte expérimental utilisé par les auteurs, intervient aux alentours de 21, 24 et 29 ou 30 mois, respectivement, tandis que la compréhension des prépositions «derrière» et «devant» n'est assurée, apparemment, à 30 mois que chez la moitié des enfants testés.

Les données corrélatives de Largo & Howard (1979 a et b) demandent à être vérifiées. Elles semblent particulièrement intéressantes en ce qu'elles suggèrent les relations développementales suivantes entre les divers types d'activités ludiques chez le jeune enfant, le langage réceptif, et le langage productif: il n'y aurait pas de relation développementale, au moins entre 9 et 30 mois, entre langage expressif et manifestations ludiques de la capacité à représenter et à symboliser, la relation développementale passant par le langage réceptif. D'autres facteurs entrent en jeu, vraisemblablement parmi ceux mentionnés plus haut, pour assurer le passage du registre réceptif au registre expressif.

Comment procède le développement des diverses formes de jeu et de la représentation chez les enfants retardés mentaux modérés et sévères et quelles sont les relations développementales entre ce développement et l'émergence du langage dans ses aspects réceptifs et expressifs? Telles sont quelques-unes des questions qu'il importerait de documenter à brève échéance. Il n'existe aucun travail sur ces questions. Lambert & Laruelle (1979) ont effectué une première étude du jeu chez les enfants handicapés mentaux modérés et sévères. Ces auteurs ont observé l'utilisation préférentielle d'une série de jouets et de jeux éducatifs présentant des propriétés particulières (par exemple, le train de Fisher-Technik, les bonshommes de Play Big, les gobelets gigognes de Kiddicraft, la boîte à musique de Fisher-Price, etc.) par un groupe d'enfants retardés mentaux âgés chronologiquement de 4 à 11 ans, pour un âge mental variant entre 2 et 4 ans. Les enfants étaient observés individuellement au cours de séances de jeux libres dans une salle équipée à cet effet. Les résultats montrent que les enfants arriérés mentaux, à ces niveaux de développement, préfèrent les jouets faisant intervenir des schèmes sensori-moteurs simples. Viennent ensuite, dans l'ordre des préférences, les jouets favorisant des activités symboliques et représentatives. Les jouets exigeant la mise en œuvre de schèmes complexes sont les moins recherchés. Cette étude ne comportait malheureusement aucune évaluation du langage des enfants retardés en dehors de la situation de jeu, laquelle n'était guère propice aux verbalisations spontanées. On ne peut, de ce fait, se faire une idée des relations développementales qui peuvent exister entre les diverses formes de jeux et le développement du langage chez ces enfants. On retiendra cependant l'indication de l'existence d'activités ludiques symboliques et représentatives en nombre non négligeable (on verra à ce sujet les protocoles d'observation fournis par Laruelle, 1979) chez les enfants arriérés modérés et sévères entre 2 et 4 ans d'âge mental.

# ELEMENTS BIBLIOGRAPHIQUES

BARTEL N., BRYEN D. & KEEHN S., Language comprehension in the mentally retarded. *Exceptional Children*, 1973, *39*, 375-382.
BATES E., BENIGNI L., BRETHERTON I., CAMAIONI L. & VOLTERRA V., From gesture to the first word: on cognitive and social prerequisites. In M. Lewis & L. Rosenblum (Eds.), *Interaction, conversation and communication in infancy*. New York: Wiley, 1977.
BEIER E., STARKWEATHER J. & LAMBERT L., Vocabulary usage of mentally retarded children. *American Journal of Mental Deficiency*, 1969, *73*, 927-934.
BROWN A., The role of strategic behavior in retardate memory. In N. Ellis (Ed.), *International review of research in mental retardation*. New York: Academic Press, 1974, pp. 55-112.
BROWN R., *A first language*. Cambridge, Mass.: Harvard University Press, 1973.
BROWN R. & BERKO J., Word association and the acquisition of grammar. *Child Development*, 1960, *31*, 1-14.
BURROUGHS G., *A study of the vocabulary of young children*. Birmingham University, Institute of Education (Educational Monograph No 1). Edinburgh: Oliver & Boyd, 1957.
CAREY S., Less may never mean «more». In R. Campbell & P. Smith (Eds.), *Recent advances in the psychology of language*. New York: Plenum Press, 1978, pp. 109-132.
CHAFE W., *Meaning and the structure of language*. Chicago: University of Chicago Press, 1970.
CLARK E., On the child's acquisition of antonyms in two semantic fields. *Journal of Verbal Learning and Verbal Behavior*, 1972, *11*, 750-758.
CLARK E., «What's in a word?». On the child's acquisition of semantics in his first language. In T. Moore (Ed.), *Cognitive development and the acquisition of language*. New York: Academic Press, 1973.
CLARK E., Non-linguistic strategies and the acquisition of word meanings. *Cognition*, 1974, *2*, 161-182.
CLARK H., The primitive nature of children's relational concepts. In J. Hayes (Ed.), *Cognition and the development of language*. New York: Wiley, 1970.
COOK N., *Semantic development in children with Down's syndrome*. Communication présentée à la 85th Annual Convention of the American Psychological Association, San Francisco, août 1977.
CORDIER F. & LE NY J.F., L'influence de la composition sémantique des phrases sur le temps d'étude dans une situation de transfert sémantique. *Journal de Psychologie Normale et Pathologie*, 1975, *47*, 33-50.
CORRIGAN R., Language development as related to stage 6 object permanence development. *Journal of Child Language*, 1978, *5*, 173-190.
DALE P., *Syntactic development in Down's syndrome children*. Communication présentée à la 85th Annual Convention of the American Psychological Association, San Francisco, août 1977.
DENHIERE G., *Organisation paradigmatique et organisation syntagmatique du discours: étude génétique avec des enfants débiles mentaux de 8 à 18 ans*. Manuscrit. Université de Paris VIII-Vincennes, 1973.
DENHIERE G., Apprentissages intentionnels à allure libre: étude comparative d'enfants normaux et débiles mentaux. *Enfance*, 1974, *3/4*, 149-174.
DONALDSON M. & BALFOUR G., Less is more: a study of language comprehension in children. *British Journal of Psychology*, 1968, *59*, 461-471.

EDWARDS D., Sensory motor intelligence and semantic relations in early child grammar. *Cognition*, 1973, *2*, 395-434.
ENTWISTLE D., Form class and children's word association. *Journal of Verbal Learning and Verbal Behavior*, 1966, *5*, 558-565.
ENTWISTLE D., FORSYTH D. & MUUSS R., The syntagmatic-paradigmatic shift in children's word associations. *Journal of Verbal Learning and Verbal Behavior*, 1964, *3*, 19-29.
ERWIN S., Changes with age in the verbal determinants of word association. *American Journal of Psychology*, 1961, *74*, 361-372.
FRANCIS H., Toward an explanation of the syntagmatic-paradigmatic shift. *Child Development*, 1972, *43*, 949-958.
GOODSTEIN H., The performance of mentally handicapped and average QI children on two modified cloze-tasks for oral language. *American Journal of Mental Deficiency*, 1970, *75*, 290-297.
JONES D. & SPREEN O., The effect of meaningfulness and abstractness on word recognition in educable mentally retarded children. *American Journal of Mental Deficiency*, 1967, *71*, 987-989.
INHELDER B., *Le diagnostic du raisonnement chez les débiles mentaux*. Neuchâtel: Delachaux & Niestlé, 1969.
INHELDER B., SINCLAIR H. & LEZINE I., Les débuts de la fonction symbolique. *Archives de Psychologie*, 1972, vol. *XLI*, 187-243.
KAHN J., Relationship of Piaget's sensori-motor period to language acquisition of profoundly retarded children. *American Journal of Mental Deficiency*, 1975, *79*, 640-643.
KAHN J., Utility of the Uzgiris and Hunt scales of sensorimotor developement with severely and profoundly retarded children. *American Journal of Mental Deficiency*, 1976, *80*, 663-665.
KAHN J., Application of the Piagetian literature to severely and profoundly MR persons. *Mental Retardation*, 1979, *17*, 273-280.
KEILMAN P. & MORAN L., Association structures of mental retardates. *Multivariate Behavioral Research*, 1967, *2*, 35-45.
LAMBERT J.L. & LARUELLE B., Evaluation de jouets chez des enfants arriérés mentaux modérés et sévères. *Revue Belge de Psychologie et de Pédagogie*, 1979, *41*, 92-100.
LAMBERT J.L. & RONDAL J.A., *Le mongolisme*. Bruxelles: Mardaga, 1980.
LAMBERT J.L. & SAINT-REMI J., Profils cognitifs de jeunes enfants arriérés mentaux profonds au moyen de l'échelle VI de Uzgiris et Hunt. *Psychologica Belgica*, 1979, *19*, 99-108.
LAMBERT J.L. & SOHIER C., *Données sur le langage d'enfants arriérés mentaux modérés et sévères: enseignement spécial de type II*. Rapport de recherche. Université de Liège, Groupe Interuniversitaire de recherche et de formation psychologique et pédagogique dans le domaine de l'arriération mentale, 1979.
LAMBERT J.L. & VANDERLINDEN M., Utilité d'une échelle piagétienne dans l'évaluation des adultes arriérés mentaux profonds. *Revue Suisse de Psychologie Pure et Appliquée*, 1977, *1*, 26-34.
LAMBERT J.L. & VANDERLINDEN M., *Echelle d'évaluation du développement des jeunes enfants* (traduction expérimentale de l'épreuve «Infant psychological development scale» de Uzgiris & Hunt). Université de Liège, 1979.
LARGO R. & HOWARD J., Developmental progression in play behavior of children between nine and thirty months. I: Spontaneous play and imitation. *Developmental Medecine and Child Neurology*, 1979, *21*, 299-310 (a).

LARGO R. & HOWARD J., Developmental progression in play behavior of children between nine and thirty months. II: Spontaneous play and language development. *Developmental Medecine and Child Neurology*, 1979, *21*, 492-503 (b).
LARUELLE B., *Evaluation d'un matériel ludique chez de jeunes enfants arriérés mentaux modérés*. Mémoire de licence. Université de Liège, 1979.
LENY J.F., *La sémantique psychologique*. Paris: Presses Universitaires de France, 1979.
LEONARD L., Language impairment in children. *Merrill-Palmer Quarterly*, 1979, *25*, 205-232.
LEONARD L., COLE B. & STECKOL K., Lexical usage of retarded children: an examination of informativeness. *American Journal of Mental Deficiency*, 1979, *84*, 49-54.
LOZAR B., WEPMAN J. & HASS W., Lexical usage of mentally retarded and non-retarded children. *American Journal of Mental Deficiency*, 1972, *76*, 534-539.
LYLE J., Comparison of the language of normal and imbecile children. *Journal of Mental Deficiency Research*, 1961, *5*, 40-50.
MAC NEIL D., A study of word association. *Journal of Verbal Learning and Verbal Behavior*, 1966, *5*, 548-557.
MARKOWITZ J., *The acquisition of spatial adjectives in their nominal, comparative, and superlative forms among moderately retarded children*. Communication présentée à la convention annuelle de l'American Association on Mental Deficiency, Chicago, juin 1976.
MARTINET A., *Eléments de linguistique générale*. Paris: Colin, 1970.
MEIN R. & O'CONNOR N., A study of the oral vocabularies of severely subnormal patients. *Journal of Mental Deficiency Research*, 1960, *4*, 130-143.
NOIZET G. & PICHEVIN C., Organisation paradigmatique et organisation syntagmatique du discours: une approche comparative. *L'Année Psychologique*, 1966, *1*, 91-110.
O'CONNOR N. & HERMELIN B., Reading ability of severely subnormal children. *Journal of Mental Deficiency Research*, 1960, *4*, 57-88.
OLERON P., *L'enfant et l'acquisition du langage*. Paris: Presses Universitaires de France, 1978.
PALERMO D., More about less: A study of language comprehension. *Journal of Verbal Learning and Verbal Behavior*, 1973, *12*, 211-221.
PAPANIA N., A quantitative analysis of the vocabulary responses of institutionalized mentally retarded children. *Journal of Clinical Psychology*, 1954, *10*, 361-365.
PIAGET J., *La naissance de l'intelligence*. Neuchâtel: Delachaux & Niestlé, 1966.
PIAGET J., *La formation du symbole chez l'enfant*. Neuchâtel: Delachaux & Niestlé, 1968.
PIAGET J. & INHELDER B., *La genèse des structures logiques élémentaires*. Neuchâtel: Delachaux & Niestlé, 1959.
PICHEVIN C. & NOIZET G., Etude génétique de la structure linguistique de l'association verbale, *L'Année Psychologique*, 1968, *2*, 391-408.
ROGERS S., Characteristics of the cognitive development of profoundly retarded children. *Child Development*, 1977, *48*, 837-843.
RONDAL J.A., Maternal speech to normal and Down's syndrome children matched for mean length of utterance. In C.E. Meyers (Ed.), *Quality of life in severely and profoundly retarded people: Research foundations for improvement*. Washington, D.C.: American Association on Mental Deficiency, 1978, pp. 193-265 (a).
RONDAL J.A., *Langage et éducation*. Bruxelles: Mardaga, 1978 (b).
SEITZ S., GOULDING P. & CONRAD R., The effect of maturation on word associations of the mentally retarded. *Multivariate Behavioral Research*, 1969, *4*, 79-88.

SEMMEL M., BARRITT L., BENNET S. & PERFETTI C., A grammatical analysis of word associations of educable mentally retarded and normal children. *American Journal of Mental Deficiency*, 1968, *72*, 567-576.

SPITZ H., The role of input organization in the learning and memory of mental retardates. In N. Ellis (Ed.), *International review of mental retardation*. New York: Academic Press, 1966, pp. 29-56.

SPREEN O., BORKOWSKY J. & GORDON A.M., Effects of abstractness, meaningfulness, and phonetic structure on auditory recognition of nouns in brain-damaged versus familial retardates. *Journal of Speech and Hearing Research*, 1966, *9*, 619-625.

UZGIRIS I. & HUNT J. Mc V., *Assessment in infancy*. Urbana, Ill.: University of Illinois Press, 1975.

WATERS T., Qualitative vocabulary responses in three etiologies of mental defectives. *Training School Bulletin*, 1956, *53*, 151-156.

WILCOX S. & PALERMO D., «In», «on», and «under» revisited. *Cognition*, 1975, *3*, 245-254.

WINTERS J. & BRZOSKA M.A., Development of lexicon in normal and retarded persons. *Psychological Reports*, 1975, *37*, 391-402.

WOODWARD M., The behavior of idiots interpreted by Piaget's theory of sensori-motor development. *British Journal of Educational Psychology*, 1959, *29*, 60-71.

# Chapitre 3
# Aspects syntaxiques, sémantiques structuraux et morphologiques

Comment se structurent progressivement les énoncés produits par les enfants handicapés mentaux dès que ces derniers commencent à combiner plusieurs mots ? Nous nous intéressons ici aux aspects sémantiques structuraux, morphologiques, et syntaxiques des énoncés. Au-delà du développement, à proprement parler, il faut se demander quels niveaux de performance les sujets retardés peuvent avoir atteint lorsqu'ils arrivent à l'âge adulte. Il n'existe que très peu de données autres qu'anecdotiques sur cette importante question qui concerne le plafond du développement linguistique chez les retardés. Nous fournissons dans la dernière partie de ce chapitre les premières indications systématiques sur ce sujet.

En ce qui concerne les premières étapes du développement du langage, on ne dispose pratiquement d'aucunes données à propos des enfants retardés mentaux légers. Ces enfants ne sont dépistés, pour la plupart, qu'aux débuts de la scolarité primaire même si des doutes naissent parfois dans l'esprit des parents et des enseignants du niveau maternel à propos des capacités intellectuelles de ces enfants. Du fait du dépistage tardif (et on doit regretter le caractère tardif du dépistage d'une façon générale), aucun rapport n'existe sur les détails du premier développement linguistique des enfants débiles mentaux.

Pour ce qui est des sujets retardés modérés et sévères, on dispose à présent d'une littérature non négligeable, surtout en langue anglaise. Mais cette littérature concerne presque exclusivement l'approche transversale du développement. Il est vivement souhaitable qu'on puisse disposer rapidement de données longitudinales de façon à placer les données transversales disponibles dans une perspective temporelle à plus long terme et à pouvoir envisager diverses hypothèses causales à propos des facteurs qui influencent le développement du langage chez les sujets retardés.

## 1. Aspects syntaxiques

Un indice valable du niveau général de développement syntaxique est *la Longueur Moyenne des Productions Verbales* — LMPV — de l'enfant (cf. le chapitre 8 pour des détails techniques sur cet indice). En effet, au moins aux premiers stades du développement morpho-syntaxique, toute nouvelle connaissance grammaticale exprimée par l'enfant aboutit à accroître la longueur des énoncés. On dispose de données comparatives sur l'évolution du LMPV avec l'âge chronologique chez les enfants normaux et retardés mentaux (Rondal, 1978a). Le Tableau 1 résume ces informations.

*Tableau 1*
*Evolution de la Longueur Moyenne des Productions Verbales (LMPV) et des Longueurs Maximales (LMax) moyennes des énoncés des enfants trisomiques 21 et des jeunes enfants normaux selon l'âge chronologique. Les âges fournis sont des âges moyens.*
*Les indications entre parenthèses fournissent les déviations standards par rapport aux âges moyens (d'après Rondal, 1978a)*

| AGES CHRONOLOGIQUES (en mois) | | LMPV (en monèmes) | LMax | |
|---|---|---|---|---|
| Enfants Trisomiques 21 | Normaux | Enfants Trisomiques 21 et Normaux | Enfants Trisomiques 21 | Normaux |
| 49 (9) | 23 (2) | 1.00-1.50 | 2.86 | 3.57 |
| 78 (25) | 27 (2) | 1.75-2.25 | 6.14 | 6.29 |
| 117 (21) | 30 (3) | 2.50-3.00 | 11.00 | 10.57 |

On constate que l'élévation en LMPV est lente pour les sujets trisomiques 21. Ceux-ci produisent une majorité d'énoncés comportant un ou deux monèmes aux environs de 4 ans. Ils atteignent deux monèmes et plus en moyenne aux alentours de 6 ans et demi et plus tard. Le même développement est effectué par les enfants normaux entre approximativement 23 et 30 mois. Deux remarques doivent être faites. La dispersion des sujets trisomiques 21 autour des âges moyens est importante. Deuxièmement, l'indication fournie par le LMPV est quelque peu «sévère». Elle donne l'impression que les sujets s'expriment surtout au moyen d'énoncés très courts. Il n'en est pas nécessairement ainsi. Songez aux «oui, non, je pense, à mon avis, bien, bon, ça va, etc.» qui meublent normalement les conversations entre personnes. Ces énoncés font baisser les moyennes. On complète dès lors souvent l'information fournie par LMPV par une indication portant sur la Longueur Maximale — LMax —, c'est-à-dire la longueur (en nombre de mots ou de monèmes) des énoncés les plus longs produits par les sujets à l'intérieur du corpus recueilli (notion d'«upper-bound», selon Brown, 1973). Cette information figure également au Tableau 1. Elle permet de voir qu'entre LMPV 2.50 et 3.00, les enfants trisomiques 21 comme les enfants normaux peuvent produire des énoncés qui contiennent une dizaine de monèmes.

Ces données comportent une double limitation. Elles ne concernent, d'une part, que les sujets trisomiques 21 dont il apparaît par ailleurs (cfr. notamment le chapitre 4) qu'ils présentent un handicap psycholinguistique supérieur à celui des autres sujets handicapés d'âges et de niveaux intellectuels similaires. D'autre part, elles ne dépassent pas LMPV 3.00 (atteint autour de 10 ans dans l'échantillon d'enfants mongoliens étudiés). Lambert & Sohier (1979) ont recueilli des données en provenance de 38 enfants retardés modérés et sévères qui permettent de lever ces deux limitations. Les LMPV — calculés en nombre de monèmes — des 19 enfants retardés non trisomiques 21 s'échelonnent entre 1.28 et 7.32 pour des âges chronologiques compris entre 60 et 155 mois. La corrélation (Rho de Spearman ou corrélation de rang) entre LMPV et AC est de + .65 (significatif à $p \leq .01$). Les LMPV des sujets trisomiques 21 âgés de 62 à 151 mois en âge chronologique s'échelonnent entre 1.00 et 4.49. La même corrélation entre LMPV et AC s'élève à + .55 (significatif à $p \leq .01$). La longueur moyenne des énoncés chez les sujets trisomiques 21 peut donc dépasser les valeurs indiquées par Rondal (1978a) après environ 9 ou 10 ans. On gardera cependant en mémoire que les données obtenues par Rondal (1978a) concernent des enfants trisomiques 21 d'expression anglaise, tandis que les données de Lambert & Sohier (1979), également discutées dans Rondal & al. (1980), proviennent d'enfants trisomiques 21 belges francophones.

Quelles sont *les caractéristiques syntaxiques du langage des sujets retardés* à l'intérieur, si on peut dire, des énoncés ainsi définis pour leur longueur moyenne ? Posée autrement, la question pourrait être : à longueur moyenne de production verbale équivalente, est-ce que les énoncés produits par les sujets retardés correspondent structuralement à ceux produits par les normaux ?

Lorsqu'ils sont appariés avec les enfants normaux sur la base de LMPV, les enfants trisomiques 21 présentent des proportions comparables d'énoncés sans verbes, d'énoncés qui sont des phrases (c'est-à-dire qui comportent au minimum un élément nominal ou pronominal sujet et un élément verbal) et des proportions comparables d'emploi des adjectifs et des adverbes (Rondal, 1978a). De même, les pourcentages d'utilisation des différents types d'énoncés (déclaratives, interrogatives, et impératives) correspondent chez les enfants normaux et chez les enfants trisomiques 21 à longueur moyenne de production verbale égale (Rondal, 1978b). On distingue parmi les différents types d'énoncés interrogatifs : les questions dites Oui/Non (auxquelles on peut répondre par «oui» ou par «non», comme dans «Est-ce qu'il pleut ?») et les questions «Q» (il s'agit de questions exigeant une réponse plus spécifique que les précédentes et introduites par un adverbe, un pronom, ou un adjectif interrogatif, «quand», «qui», «quoi», «à quoi», «qu'est-ce que», «combien», «comment», etc.). On distingue encore parmi les question Oui/Non, celles dont le statut de question est établi par la courbe intonatoire particulière de l'énoncé (comme dans «Tu as déjeuné ?» et celles qui signalent leur nature de question au moyen d'une inversion de l'ordre habituel du sujet pronominal et du premier élément verbal (comme dans «As-tu déjeuné ?»). Le Tableau 2 résume ces données.

*Tableau 2*
*Pourcentages moyens d'utilisation des différents types syntaxiques de phrases et de quelques structures syntaxiques particulières en situation de jeu libre avec la mère chez des enfants normaux et trisomiques 21 appariés pour la longueur moyenne des productions verbales (d'après Rondal, 1978a et b)*

| | Enfants | | | | | |
|---|---|---|---|---|---|---|
| | Trisomiques 21 | | | Normaux | | |
| Paramètres | Niveau de langage [1] | | | Niveau de langage [1] | | |
| | 1 | 2 | 3 | 1 | 2 | 3 |
| 1. Enoncés sans verbe | .87 | .76 | .58 | .90 | .74 | .55 |
| 2. Adjectifs et adverbes par énoncés | .21 | .29 | .43 | .19 | .35 | .41 |
| 3. Enoncés qui sont des phrases | .10 | .23 | .42 | .07 | .26 | .44 |
| 4. Déclaratives | .02 | .14 | .31 | .04 | .18 | .28 |
| 5. Impératives | .02 | .03 | .05 | .02 | .04 | .07 |
| 6. Questions Oui/Non inversées [2] | .00 | .00 | .00 | .00 | .00 | .01 |
| 7. Questions Oui/Non basées sur l'intonation [3] | .00 | .00 | .01 | .00 | .01 | .02 |
| 8. Questions Q [4] | .05 | .05 | .04 | .00 | .02 | .05 |
| 9. Total questions | .05 | .05 | .05 | .00 | .03 | .08 |

[1] Les niveaux de langage productif estimés en terme de Longueur Moyenne de Production Verbale étaient les suivants: niveau 1: LMPV 1.00 - 1.50; niveau 2: LMPV 1.75 - 2.25; niveau 3: LMPV 2.50 - 3.00.
[2] Voir le texte pour la définition des questions Oui/Non. Par question inversée, il faut entendre un énoncé en forme de question dont on a inversé l'ordre habituel du sujet pronominal et du premier élément verbal (par exemple, «Pleut-il»?).
[3] Par question Oui/Non basée sur l'intonation, il faut entendre une question Oui/Non dont le statut de question est établi par l'utilisation d'un contour intonatoire particulier (comme par exemple, dans l'énoncé «Il pleut?»).
[4] Voir le texte pour la définition des questions Q.

Ryan (1975) mentionne avoir obtenu des résultats du même ordre en appariant des sujets normaux et retardés trisomiques 21 et non trisomiques 21 pour LMPV en ce qui concerne les proportions de phrases et de «non-phrases» (c'est-à-dire des énoncés qui ne répondent pas à la définition grammaticale minimum de la phrase fournie ci-dessus), les pourcentages d'omissions des auxiliaires dans des contextes où ces auxiliaires auraient normalement dû figurer, et les pourcentages de productions incorrectes quant à l'ordre des mots. Malheureusement, nous ne disposons d'aucun détail sur les données obtenues ni sur les sujets à l'exception des âges chronologiques, compris entre 2 et 3 ans et demi pour les enfants normaux et 5 à 10 ans pour les enfants retardés. Aux points de vue indiqués, donc, les productions verbales des sujets normaux et des sujets retardés présentent des caractéristiques structurales similaires à longueur moyenne de production équivalente, ce qui confirme la validité du LMPV comme indice global du niveau de développement syntaxique pour les sujets retardés mentaux comme pour les jeunes sujets normaux (Brown, 1973).

D'autres données vont dans le même sens. *L'allongement progressif et la complexification transformationnelle* des énoncés suit avec l'augmentation de l'âge mental (Lackner, 1968; Gordan & Panagos, 1976). On se souviendra, pour établir le lien entre les données présentées dans ce paragraphe et celles qui précèdent, de la corrélation notable et significative mentionnée au chapitre 2 entre l'appariement des sujets normaux et des sujets retardés pour LMPV et pour AM. Les sujets retardés sont capables, comme les normaux de mêmes âges mentaux, d'imiter et de comprendre des phrases construites à partir de leur propre vocabulaire et correspondant au niveau de compétence syntaxique exprimé dans leurs productions spontanées, mais ils ne peuvent comprendre ou reproduire des phrases d'un type syntaxique plus avancé (Lenneberg & al., 1964). L'ordre des mots dans les énoncés déclaratifs des enfants trisomiques 21 semble également correspondre à celui qu'on observe dans les énoncés comparables produits par des enfants normaux, selon les observations de Dale (1977). Enfin, les mêmes relations qui existent chez les sujets normaux entre les capacités à imiter un énoncé sur commande, à le comprendre, et à le produire se retrouvent également, et de la même façon semble-t-il chez les sujets retardés (en général, l'ordre de facilité et de correction est Imitation provoquée, Compréhension, et Production). Les sujets retardés, comme les normaux, en viennent d'abord à comprendre un mot, une tournure grammaticale, un énoncé avant de les produire spontanément dans leur parler. On notera, cependant, que la question des relations entre Imitation (provoquée), Compréhension, et Production, dans le développement psycholinguistique normal est très complexe. Divers auteurs ont proposé des formules différentes pour rendre compte de ces relations développementales : I C P, C I P, P I C, etc. Nous ne pouvons entrer ici dans le détail de cette littérature technique. Le lecteur intéressé verra Berry & Foxen (1975), Berry (1976), et Rondal (1975) pour des discussions partielles de cette question, et Ingram (1974) pour une discussion générale des rapports entre compréhension et production dans le développement du langage. Ajoutons, cependant, que les données de Lovell & Dixon (1967) et de Graham & Gulliford (1968), sur lesquelles se base notre indication quant à la similitude des relations entre I, C, et P chez les sujets normaux et retardés appariés pour l'âge mental, n'ont pas été remises en question.

De même, l'ordination qu'on peut faire d'une série de contrastes grammaticaux quant à la difficulté relative (par exemple, opposition affirmatif-négatif, présent-futur, etc.) sur la base des résultats à des épreuves d'imitation, de compréhension et production, est semblable pour les sujets normaux et les sujets retardés d'âges mentaux correspondants. Il en est de même pour l'utilisation des «mots grammaticaux» (c'est-à-dire les articles, auxiliaires, copules, prépositions, conjonctions, etc.) dans des épreuves de répétitions de phrases et pour la capacité de reconnaître des contextes syntaxiques similaires (on verra Yoder & Miller, 1972, et Rondal, 1975, pour des revues de cette littérature).

Cependant, lorsqu'on considère *certains aspects plus avancés du développement syntaxique*, on est amené à concevoir qu'à âge mental correspondant et à longueur de production équivalente, les sujets retardés modérés et sévères font un *moindre usage* de certaines formes et tournures. Ces données concernent surtout les enfants trisomiques 21 et il conviendrait certes de les vérifier dans le cas des enfants retardés modérés et sévères d'autres étiologies. Quant aux sujets retardés mentaux légers, on ne dispose pas non plus d'informations suffisantes sur les aspects productifs et réceptifs de leur langage spontané. A LMPV ou à AM égal, les enfants trisomiques 21 utilisent les articles définis et indéfinis comme les normaux mais ils les omettent plus souvent que ces derniers. Les enfants trisomiques 21 utilisent également avec une moindre fréquence les pronoms et particulièrement les pronoms indéfinis (par exemple, «certains, tous, plusieurs», etc.), sauf parfois dans des constructions routinières et sans doute mémorisées telles quelles. Dale (1977) signale le même phénomène pour les pronoms personnels, toujours en ce qui concerne les enfants trisomiques 21. Cette dernière donnée ne concorde pas, toutefois, avec l'observation de Rondal (1978c) sur le même point. Willis (1978) a rapporté une difficulté de même ordre avec les pronoms indéfinis dans une étude sur les aspects syntaxiques du langage d'un groupe de retardés mentaux légers.

Les sujets retardés tendent également à utiliser des constructions verbales, plus simples sur un plan structural, impliquant, par exemple, seulement la présence du verbe principal (par exemple, «Il vient», «C'est bon ça», etc.) et beaucoup moins de constructions plus complexes avec plusieurs éléments verbaux (par exemple, «Il va venir voir», «J'avais pensé le dire», etc.). Dale (1977) signale encore que les jeunes enfants trisomiques 21 qu'il a étudiés semblent «prendre moins de risques», pour ainsi dire, avec les constructions verbales. Par exemple, ils commettent moins d'erreurs «progressives» — c'est-à-dire ces erreurs dont on considère qu'elles sont un pas vers la forme linguistique correcte qui viendra ultérieurement —, comme celles qui consistent à «régulariser» des formes irrégulières (par exemple, «Je faiserai», «Il a ouvri»). Il est possible que ce «manque de dynamisme développemental» chez l'enfant retardé mental concoure à le maintenir à un niveau de langage plus élémentaire. Mais est-il lui-même cause ou conséquence? On ne peut le dire à ce stade. Quoi qu'il en soit, la remarque de Dale (1977) trouve un écho dans les données de Rondal (1978c). Celles-ci indiquent qu'à LMPV équivalent, les enfants trisomiques 21 produisent, dans l'ensemble, davantage de phrases qui sont grammaticalement correctes à tous les points de vue que leurs pairs normaux. Cette indication est d'autant plus vraie qu'on descend dans l'échelle des LMPV. Cependant, c'est le nombre de phrases structuralement simples et stéréotypées qui font pencher la balance en faveur des enfants trisomiques 21 dans les relevés effectués.

En ce qui concerne *les questions*, les enfants retardés inversent moins souvent l'ordre canonique du sujet et du premier élément verbal. Ils préfèrent poser des questions en recourant à des moyens syntaxiquement plus simples comme l'emploi de l'intonation montante sur la dernière partie d'une phrase construite, par ailleurs, comme une simple déclarative (par exemple, «Tu joues avec moi?»), l'emploi d'une locution interrogative suivie d'une proposition qui maintient l'ordre canonique du sujet et du premier élément verbal (par exemple, «Est-ce que tu joues avec moi?») — sans modification intonatoire particulière en fin d'énoncé —, ou encore l'emploi d'un adverbe interrogatif suivi de la proposition déclarative («Quand tu viens jouer avec moi?») — également sans modification intonatoire particulière au niveau de la dernière partie de l'énoncé. Il convient de noter, cependant, que le renversement de l'ordre canonique de l'ordre du sujet pronominal et du premier élément verbal dans les questions du type «Viens-tu jouer chez moi?» ou «Quand viens-tu jouer chez moi?» apparaissent relativement tard dans le développement linguistique de l'enfant normal (Rondal, 1978d). Il semble d'ailleurs exister une tendance dans la langue adulte contemporaine à remplacer ces tournures inversées par les tournures non inversées exploitant l'intonation, la locution interrogative, ou l'adverbe interrogatif (par exemple, «Tu viens chez moi?» au lieu de «Viens-tu chez moi?», etc.).

On signale un moindre *usage des auxiliaires* par les enfants retardés mentaux modérés et sévères, et notamment les enfants trisomiques 21, à âge mental égal à celui des enfants normaux (Layton & Sharifi, 1979). Les mêmes auteurs ajoutent que les fréquences d'utilisation des phrases négatives chez les enfants trisomiques 21 (entre 7 et 12 ans d'âges chronologiques) sont moindres que celles des enfants normaux de mêmes âges mentaux, ce qui semble contredire, sur ce point, les données de Rondal (1978b) rapportées plus haut. On signale, enfin et toujours dans la même recherche, la tendance marquée des enfants trisomiques 21 à recourir davantage que les normaux, à âge mental ou à LMPV égaux, à la coordination des propositions (parataxe) plutôt qu'à la subordination (hypotaxe) (emploi des subordonnées relatives, complétives, et circonstancielles, par exemple).

Les données ainsi rapportées, considérées dans leur ensemble, indiquent *une moindre fréquence d'utilisation de toute une série de structures syntaxiques* parmi celles considérées comme les plus avancées sur le plan de l'organisation de l'expression et *une moindre stabilisation de ces structures dans la performance linguistique* des individus retardés mentaux modérés et sévères. Il convient d'insister également sur l'importante variabilité interindividuelle qui existe entre les sujets et particulièrement lorsqu'on envisage les aspects plus avancés du fonctionnement linguistique. Ryan (1975) insiste également sur ce point particulièrement important sur le plan de l'intervention.

*La compréhension des aspects syntaxiques du langage*

Qu'en est-il de la compréhension du langage, et surtout de la compréhension du langage syntaxiquement élaboré par les sujets retardés? L'évaluation de la compréhension verbale est notoirement plus difficile à mener que celle de la production. Il faut trouver des moyens indirects mais valides et fiables de tester un processus purement interne. On utilise pour ce faire des évidences comportementales (gestes et/ou réponses verbales très simples) comme témoins de la compréhension du matériel verbal étudié. On ne peut, en effet, demander au sujet de produire un matériel verbal relativement complexe en réponse à la question posée sans confondre irrémédiablement, au niveau des résultats, ce qui revient à la démarche de production de la réponse et ce qui revient à la démarche de compréhension proprement dite.

L'évaluation de la compréhension est une tâche délicate. En effet, le sujet peut donner la bonne réponse «simplement» en analysant la situation et non le matériel linguistique proposé, ou en analysant seulement une partie de celui-ci et non nécessairement celle qui intéresse l'évaluateur. Si, par exemple, on demande à quelqu'un de fermer la porte dans un local où la porte est effectivement ouverte et qu'en prononçant «Fermez la porte, s'il vous plaît», on se tourne légèrement vers la porte ou qu'on la fixe du regard, il n'est nul besoin à l'interlocuteur de comprendre le français pour satisfaire notre requête. Même avec moins d'indices à sa disposition, l'interlocuteur a seulement besoin de connaître la signification du mot «porte» dans la situation précédemment décrite pour avoir de bonnes chances de se comporter comme nous le souhaitons et donc faire preuve de «compréhension», mais de compréhension lexicale dans ce cas et non de compréhension de l'énoncé en tant qu'entité lexico-morpho-syntaxique.

L'étude de la compréhension verbale est moins avancée que celle de la production en psycholinguistique développementale (Menyuk, 1974). Cela est encore plus vrai pour l'étude du langage chez les sujets handicapés mentaux (Cromer, 1974; Rondal, Lambert & Chipman, 1981). Les difficultés mentionnées ci-dessus ne sont évidemment pas étrangères à ces états de fait. Cependant, un certain nombre d'études ont été menées sur la compréhension du langage dans ses aspects grammaticaux et syntaxiques chez les sujets retardés. Il convient de les examiner.

Ces études portent surtout sur *la compréhension des différents types syntaxiques de phrases, la compréhension de l'accord en nombre entre sujet et verbe*, et en anglais, *la compréhension de constructions syntaxiques particulières* (et plus difficiles à comprendre), *comme la construction dite du «double objet»* (par exemple, «She gave the lady the baby» — «Elle a donné le bébé à la dame» — au lieu de la construction plus explicite, et en fait plus fréquente, «She gave the baby to the lady»; dans ce type de construction, le contraste entre objet direct et objet indirect du verbe s'exprime soit uniquement à l'aide de l'ordre des mots, et dans ce cas, il y a inversion de l'ordre habituel objet direct-objet indirect, soit au moyen de la préposition «to» qui marque, en structure de surface, le cas «objet indirect»), et *les contrastes du type «John is eager to please» («John est désireux de plaire») contre «John is easy to please» («Il est facile de plaire à John»)* (Chomsky, 1969). Dans ce type de contraste, les deux phrases ont la même structure de surface mais elles diffèrent quant à leur structure profonde. Dans le premier cas, John est l'agent de l'action exprimée par le verbe tandis qu'il en est le patient dans le second cas.

D'une façon générale, ces études indiquent que les enfants retardés, aussi bien légers que modérés et sévères, ont des difficultés particulières, et qui dépassent ce qu'on attendrait sur la base de l'âge mental, dans la compréhension des structures linguistiques mentionnées lorsqu'ils se trouvent sans le secours des indices pragmatiques et contextuels, comme c'est le cas dans les études qui portent sur la compréhension. Il conviendrait de se demander, dès lors, si le volet compréhension «pure» n'est pas davantage touché que le volet production dans l'économie linguistique des sujets handicapés mentaux. La question est surtout théorique (elle est cependant pertinente sur le plan de l'intervention langagière), car en situation de fonctionnement linguistique « normal », les indices pragmatiques et situationnels font partie intégrante du contexte général dans lequel s'inscrit l'activité langagière.

Voyons plus en détail les études mentionnées ci-dessus. Bartel & al. (1973) ont étudié en particulier la compréhension d'une série de structures verbales chez des enfants et adolescents retardés mentaux modérés et sévères âgés chronologiquement de 11 à 15 ans, en utilisant le Carrow Auditory Test of Language Comprehension (Carrow, 1968). Le déficit des sujets retardés est notable en ce qui concerne les phrases passives, les phrases actives négatives, et le marquage de l'accord en nombre entre le sujet et le verbe de la phrase. Les sujets retardés ne comprennent pas la construction du double objet lorsque le contraste entre objet direct et objet indirect est marqué uniquement à l'aide de l'ordre des mots, sauf lorsque l'identité grammaticale de l'objet est marquée morphologiquement (ce qui est le cas pour les pronoms personnels, par exemple, dans « Show me the ball » — « Montre-moi la balle »; dans ces cas, la compréhension morpho-syntaxique est attestée dès 3 ans et demi d'âge mental, contre 3 ans chez les enfants normaux utilisés comme contrôles). Waryas (1976) a repris le problème de la compréhension de la construction du double objet avec un petit groupe de sujets retardés modérés et sévères âgés de 11 à 18 ans. Elle rapporte que ces sujets peuvent se tirer d'affaire correctement lorsqu'il existe une relation sémantico-pragmatique entre le verbe et ses objets. C'est le cas, par exemple, dans l'énoncé suivant : « The girl is giving the man the coffee » — « La fille sert du café à l'homme » où le verbe « donner » ou « servir » appelle normalement un récepteur animé. Dans les autres cas (par exemple, pour l'énoncé « Mommy shows the girl the boy » — « Maman montre le garçon à la fille »), les sujets retardés ne peuvent identifier correctement l'objet direct et l'objet indirect comme l'avaient indiqué Bartel & al. (1973). L'observation de Waryas et celle de Bartel & al. révèlent que les sujets retardés modérés et sévères se basent essentiellement sur des indices sémantico-pragmantiques et morphologiques (là où ils sont disponibles) pour comprendre les énoncés du type étudié. En l'absence de ces indices, ils ne peuvent apparemment faire usage de l'ordre des mots pour dériver l'interprétation sémantique correcte de la phrase. Il faut dire à la décharge des sujets retardés que les constructions du double objet basées uniquement sur l'ordre des mots pour le décodage et sans indices morphologiques et/ou sémantico-pragmatiques ne sont pas extrêmement nombreuses dans la pratique linguistique journalière. Ce fait réduit considérablement les possibilités d'apprentissage de ces structures qui n'ont rien en elles-mêmes d'outrageusement compliqué puisqu'elles reposent sur l'application d'une simple règle séquentielle dans le décodage de la phrase (Pronom ou Nom 1 après le verbe = objet indirect) parfaitement susceptible d'être apprise par des sujets retardés dans de bonnes conditions d'apprentissage et d'exposition.

Les données rassemblées par Semmel & Dolley (1971) et Lambert (1978) avec des sujets retardés légers, modérés, et sévères, âgés de 6 à 14 ans, confirment et étendent les observations de Bartel & al. (1973) sur la compréhension des différents types structuraux de phrases actives. D'une façon générale, *la compréhension des phrases négatives* par les sujets retardés aux différents âges est très notablement inférieure à celle des enfants normaux de mêmes âges mentaux, même lorsqu'il s'agit de phrases déclaratives transitives et intransitives, particulièrement si on allonge quelque peu l'énoncé (Lambert, 1978). Il est aisé de comprendre pourquoi les sujets retardés peuvent avoir des difficultés avec des phrases plus longues. Il est plus difficile de s'expliquer pourquoi ils semblent avoir plus de difficultés que leurs pairs normaux avec des phrases négatives de longueur moyenne.

C'est pourtant ce que rapporte également Wheldall (1976) au terme d'une recherche sur la compréhension des phrases selon le type structural chez des enfants retardés sévères âgés de 12 ans en moyenne et des enfants normaux âgés de 4 ans environ, les deux groupes d'enfants étant appariés sur la base d'un test de compréhension de vocabulaire, l'English Peabody Picture Vocabulary Test (EPPVT). L'auteur administra à ses sujets le Test de Compréhension de Phrases (Sentence Comprehension Test, SCT) mis au point par Hobsbaum & Mittler (1971) et revu et corrigé ensuite par Mittler & al. (1974). Le test comprend 15 sous-tests dont les objectifs sont l'évaluation de la compréhension, notamment, des formes comparatives et superlatives, des temps passé et futur, des prépositions, des propositions auto-enchâssées (par exemple, «The boy with black boots is digging» — «Le garçon aux souliers noirs creuse la terre»), des phrases simples passives déclaratives affirmatives (par exemple, «The car is being pushed by the bus» — «La voiture est poussée par le bus»), et des phrases simples actives déclaratives négatives transitives tronquées ou non (par exemple, «The girl is not climbing» — «La fille n'est pas en train de grimper», et «The boy is not opening the gate» — «Le garçon n'est pas en train d'ouvrir la grille»). La tâche proposée aux sujets était de choisir le dessin (parmi quatre alternatives plausibles) qui se rapporte le mieux à la phrase proposée. Wheldall ne relève qu'une faible marge de différence entre les performances des sujets normaux et retardés aux différents sous-tests du SCT. De même, l'ordre de difficulté des sous-tests est identique pour les deux groupes de sujets avec parmi les phrases les moins bien réussies, celles qui incorporent un verbe au passé (parfait), les phrases passives, celles qui contiennent une proposition auto-enchâssée, et les phrases négatives, particulièrement les négatives non tronquées. Pour ces dernières, la différence entre les sujets normaux et retardés dans les pourcentages de réponses correctes atteint cependant 20 %.

Les performances des enfants retardés modérés et sévères en ce qui concerne les phrases négatives sont étonnantes dans la mesure où on sait que ces enfants, et notamment les enfants trisomiques 21 utilisent des énoncés et des phrases négatives dans leur langage spontané (Rondal, 1978a). Il y a là un curieux paradoxe. Il conviendrait sans doute d'examiner davantage en détail les énoncés négatifs produits par les sujets retardés modérés et sévères afin de voir dans quelle mesure ceux-ci ne sont pas formés de routines relativement simples et faiblement généralisées. Dans l'affirmative, on se trouverait alors, vis-à-vis des données rapportées ci-dessus, devant deux niveaux de fonctionnement psycholinguistique en ce qui concerne les énoncés négatifs, un niveau relativement élémentaire, celui des productions spontanées de ces sujets, et un niveau plus élaboré, celui des tests de compréhension, ce dernier n'étant guère réussi par les sujets retardés modérés et sévères. On signalera encore à propos des énoncés négatifs les résultats obtenus par Rondal & al. (1980), dans une épreuve d'imitation verbale provoquée inspirée des travaux de Berry (1976) et adaptée et modifiée pour la langue française. Ces auteurs ont proposé à un groupe de sujets retardés trisomiques 21 et non trisomiques 21 de répéter des énoncés verbaux présentés par un examinateur. Les énoncés à imiter consistaient en séquences correctement ordonnées à deux, trois, et quatre mots, en phrases simples actives déclaratives affirmatives (du type «Le chat boit le lait»), en phrases simples actives déclaratives négatives (du type «Luc ne va pas à l'école»), et en séquences de mots incorrectement ordonnés. Les phrases négatives sont nettement moins bien imitées que les phrases affirmatives (en fait, les imitations correctes de phrases négatives sont de moitié moins nombreuses en moyenne pour les sujets non trisomiques 21 et davantage encore pour les sujets trisomiques 21). Dans un pourcentage notable de cas (14 % en moyenne pour les sujets trisomiques 21 contre 6 % pour les sujets non trisomiques 21), les énoncés négatifs sont imités comme des énoncés affirmatifs, c'est-à-dire que les sujets reproduisent tous les mots de l'énoncé à l'exception des éléments de la négation et maintiennent l'ordre des mots correct. Berry (1976) avait obtenu des résultats très similaires pour l'anglais, notamment en ce qui concerne les pourcentages de réponses imitatives correctes et la fréquence des omissions des éléments de la négation dans les énoncés négatifs proposés à l'imitation.

Wheldall & Swann (1976) se sont demandés s'il était possible d'améliorer la compréhension des phrases négatives chez les enfants retardés mentaux sévères en accentuant la négation (par exemple, «The boy is NOT crying». Les résultats sont négatifs. L'accentuation de la négation ne facilite pas la compréhension de la phrase négative. Elle aboutit en fait, souvent, au résultat inverse, à savoir l'enfant retardé mental (comme l'enfant normal plus jeune, du reste, Wheldall et Swann ayant utilisé de tels sujets comme contrôles) se centre sur la négation et en infère qu'il lui est interdit de faire quelque chose. Mais ce centrage l'amène à négliger le reste de la phrase qu'il ne peut dès lors comprendre.

*La compréhension des phrases passives* par les sujets retardés mentaux a fait l'objet de plusieurs recherches. Dewart (1979) a comparé les performances d'un groupe de sujets retardés âgés de 7 à 18 ans et dont les AM s'échelonnaient entre 1 et 7 ans (AM moyen: 3 ans) et d'un groupe de sujets normaux plus jeunes mais de mêmes âges mentaux dans une situation où il s'agissait de faire effectuer à une série de petits personnages et animaux-jouets les actions décrites dans des phrases actives et passives simples dites par l'examinateur. Les phrases utilisées variaient selon le degré de probabilité sémantico-pragmatique de l'événement décrit. On distinguait à ce point de vue: des phrases neutres (par exemple, «The car bumps the lorry» — «La voiture emboutit le camion»), probables («The mother washes the baby» — «La mère lave l'enfant»), et improbables («The car pushes the man» — «La voiture pousse l'homme»). Les résultats indiquent que les sujets retardés font davantage usage des stratégies d'interprétation basées sur la probabilité sémantico-pragmatique relative des événements décrits que les sujets normaux de mêmes âges mentaux. En dessous de 3 ans d'âge mental, les sujets retardés ne semblent pas faire usage de l'ordre des mots pour interpréter les phrases proposées. Après 3 ans AM, ils utilisent une stratégie basée sur l'ordre des mots et qui consiste à interpréter systématiquement le premier nom dans la phrase comme étant l'agent de l'action exprimée par le verbe, ce qui les amène à interpréter les phrases passives comme si elles étaient des phrases actives. Il s'agit d'une stratégie qui est bien documentée vers 3 et 4 ans dans la littérature développementale normale pour les phrases passives dites réversibles (c'est-à-dire celles dont la probabilité sémantico-pragmatique est identique ou presque «dans les deux sens»; par exemple, une phrase du type «La fille est poussée par le garçon» est réversible; elle devient alors «Le garçon est poussé par la fille», les deux alternatives étant également plausibles) (Beilin, 1975). C'est d'ailleurs vers 6 ans (âge chronologique) que Dale situe chez les sujets trisomiques 21 qu'il a étudiés le début de l'utilisation de l'ordre des mots comme indice dans la démarche d'identification de l'agent et de l'objet dans les énoncés simples à la voix active. Avant ce moment, les enfants trisomiques 21 répondent soit au hasard, soit procèdent selon une stratégie sémantique qui consiste à étiqueter certains référents comme ayant un statut casuel fixe (par exemple, le « petit garçon » est toujours l'agent de l'action exprimée par le verbe et jamais le patient).

Chipman (1977, 1979; voir aussi Rondal, Lambert & Chipman, 1982) a étudié la compréhension des phrases passives réversibles et non réversibles dans un groupe de sujets retardés mentaux de diverses étiologies (y compris des sujets trisomiques 21) âgés de 8 à 15 ans et demi et dont les quotients intellectuels étaient compris entre 34 et 81. La tâche proposées aux sujets était la même que dans l'étude de Dewart (1979). Il s'agissait de traduire en actions au moyen d'un matériel de jeu (technique dite de « l'acting-out ») les événements décrits dans les phrases proposées par l'examinateur. Les données obtenues par Sinclair & Ferreiro (1970) avec des enfants normaux âgés de 4 à 7 ans et 8 mois, dans une situation analogue, constituaient les données contrôles. Dix phrases passives, cinq réversibles et cinq non réversibles, furent présentées aux enfants. Les résultats indiquent que les phrases passives non réversibles sont comprises à 100 % ou presque par les enfants retardés mentaux (comme par les enfants normaux) dès 6 ans environ d'âge mental, tandis qu'il faut attendre environ 9 ou 10 ans d'âge mental pour voir s'établir la compréhension correcte des phrases passives réversibles. Le type de verbe utilisé dans les énoncés n'est pas sans influence sur les résultats. Les verbes « casser », « renverser », « laver », « pousser » et « suivre » déterminent des réponses qui varient, dans l'ordre, de 98 à 33 % de correction, et ce aussi bien pour les sujets retardés que pour les sujets normaux. Le développement de la compréhension des structures passives semble donc se faire de la même façon chez les sujets normaux et chez les sujets retardés mentaux mis à part l'important décalage chronologique observé. Les mêmes stratégies de réponses sont utilisées aux mêmes niveaux de développement et les facilitations sémantico-pragmatiques jouent de la même façon dans les deux populations.

On versera également à ce dossier l'étude de Paour (1976) effectuée dans le même contexte et selon les mêmes principes avec un groupe de sujets débiles mentaux (AC moyen: 9 ans 6 moins; AM moyen: 6 ans 6 mois). Cette étude confirme la capacité des jeunes enfants retardés de mimer correctement les phrases passives non renversables, tandis qu'ils tendent systématiquement à interpréter les passives renversables comme s'il s'agissait de phrases actives. Comme le note

Paour, en l'absence d'informations sémantiques qui l'incitent à négliger l'ordre syntagmatique de la phrase passive, le jeune enfant à tendance à le respecter aveuglément ce qui le conduit à inverser l'action: l'énoncé «Le cheval est suivi par la vache» est traduit en une action au cours de laquelle c'est le cheval qui suit la vache.

Barblan & Chipman (1978) se sont intéressés à *la compréhension des propositions circonstancielles de temps* et plus particulièrement à *la saisie des relations temporelles entre propositions* principales et subordonnées chez des sujets retardés légers d'âge scolaire. Les tâches proposées et les données normatives (en provenance d'enfants normaux âgés de 5 à 10 ans) sont empruntées à un travail de Ferreiro (1971). On propose également au sujet de traduire en action des énoncés fournis par l'examinateur. Dans le travail de Ferreiro, ce n'est pas avant 9 et 10 ans que l'enfant normal est à même de comprendre et d'utiliser sans trop de difficultés la subordination temporelle dans un ordre propositionnel qui peut faire abstraction de l'ordre temporel réel des événements décrits (par exemple, dans l'énoncé «Avant que la fille entre au garage, le garçon caresse le chien»). L'indépendance potentielle de l'ordination formelle du discours par rapport à l'ordre réel des événements, telle qu'elle est permise par la langue, fait longtemps problème à l'enfant normal. Ce dernier conçoit difficilement avant environ 10 ans qu'on puisse se référer en premier lieu dans l'énoncé à l'événement qui est survenu en second lieu dans la réalité et vice versa. On ne s'étonnera donc pas d'apprendre avec le travail de Barblan & Chipman (1978) que le même problème se pose aux enfants retardés mentaux sans que ceux-ci l'aient résolu aux âges chronologiques étudiés par les auteurs. Les sujets retardés, entre 6 et 10 ans, interprètent correctement les cas où l'ordre des propositions reflètent l'ordre réel des événements décrits mais ils ne peuvent dépasser ce formalisme séquentiel strict. La même caractéristique vaut pour les productions verbales des enfants retardés dans des situations où il doivent décrire à leur tour les événements joués par l'examinateur. Dans cette situation, pratiquement toutes les verbalisations des sujets retardés sont formulées dans un ordre propositionnel qui correspond strictement à l'ordre des événements réels. Il est extrêmement malaisé de les amener à commencer leurs énoncés par la description de l'événement survenu en second lieu, et lorsqu'ils le font c'est pour «se perdre» ensuite irrémédiablement dans le dédale du marquage temporel (prépositionnel, adverbial, et verbal).

On signalera enfin les études de Cromer (1973, 1974). Cet auteur a suggéré que certaines stratégies spécifiques mises en œuvre par les sujets normaux à des stades intermédiaires du développement de *la compréhension de certaines structures syntaxiques* font défaut chez les sujets retardés légers (l'étude n'a pas été menée avec des sujets retardés modérés et sévères). Il s'agit, notamment, des structures du type « John is easy to please » et « John is eager to please » (où il y a opposition entre le sujet logique et le sujet grammatical). Cromer a trouvé qu'à aucun des niveaux d'âge étudiés les sujets retardés n'utilisaient une stratégie de réponse qui consiste à toujours désigner « l'autre personne », c'est-à-dire une personne non nommée dans la phrase, comme agent de l'action. Par contre, cette stratégie se trouve être largement utilisée par les sujets normaux à un niveau intermédiaire de leur progression vers une performance de type adulte (d'où le paradoxe du titre du rapport de Cromer, 1973, « Are subnormals linguistic adults ? »). Cromer fait donc l'hypothèse que certaines stratégies spécifiques à l'apprentissage linguistique, et importantes pour cet apprentissage, pourraient faire défaut chez les sujets retardés mentaux, pour des raisons qui restent entièrement à déterminer.

Les données sur la compréhension linguistique des sujets retardés mentaux et aux différents degrés du handicap mental sont encore très insuffisantes. Nous ignorons également tout ou presque, et c'est sans doute par là qu'il faudrait commencer, de la façon dont ces sujets abordent les tâches de compréhension verbale qu'on leur propose. Il s'agit pourtant d'un domaine dont on ne peut minimiser l'importance théorique et pratique même si son étude est particulièrement malaisée.

*Les fonctions du langage chez les sujets retardés mentaux*

Sur un plan fonctionnel, est-ce que les énoncés produits par les sujets retardés mentaux correspondent à ceux des sujets normaux à niveaux équivalents de développement linguistique ?

La question est complexe. En effet, les fonctions du langage sont diverses. On peut sans doute les ramener à deux fonctions essentielles (Rondal, 1978d) : 1) la *fonction de communication*, dans ses aspects à la fois *informatifs* (fournir une information) et *pragmatiques* (effets attendus et désirés sur l'interlocuteur par l'usage du langage dans un contexte environnemental et social déterminé), et 2) la *fonction personnelle*, dans ses aspects *idéiques, régulateurs, et affectifs*. Cette seconde fonction concerne les usages privés de la parole et du langage (y compris le langage intérieur) faits par le sujet pour matérialiser symboliquement pour lui-même les contenus de ses activités mentales et contrôler verbalement son propre comportement. Elle concerne également les relations entre langage et affectivité.

La seconde fonction déborde du cadre donné au présent ouvrage. On trouvera des informations sur le rôle du langage dans le fonctionnement cognitif des sujets retardés dans la littérature cognitive (par exemple, Milgram, 1973, pour une revue). Il existe quelques rares données sur le rôle du langage dans la régulation du comportement moteur chez les sujets retardés dans la veine théorique et empirique de Luria (1961; voir aussi Cornil, 1970), mais elles n'échappent pas à la controverse qui touche à cette partie des travaux de l'auteur soviétique, controverse dans laquelle nous ne pouvons entrer[1]. Enfin, sur le dernier point, celui des rapports entre langage et affectivité, il n'existe à notre connaissance aucun travail systématique dans le chef des sujets retardés mentaux (on verra, cependant, de Maistre, 1970, pour quelques réflexions et suggestions).

En ce qui concerne la première grande fonction du langage (la fonction de communication), dans ses *aspects informatifs*, on verra plus particulièrement le chapitre 5 du présent ouvrage sur les communications et interaction verbales, et surtout la dernière partie du chapitre qui traite des interactions verbales entre sujets retardés mentaux.

Les données manquent quant aux aspects plus purement pragmatiques du langage des sujets arriérés mentaux. Il s'agit, certes, d'un domaine d'exploration empirique relativement récent en psycholinguistique et notamment en psycholinguistique développementale (par exemple, Bates, 1976; Moerk, 1977). Il n'existe, à notre connaissance, que quelques études portant sur ces aspects du langage menées avec des enfants handicapés mentaux.

Greenwald et Leonard (1979) ont étudié l'utilisation *des performatifs impératifs et déclaratifs* selon le niveau de développement intellectuel sensori-moteur chez un groupe d'enfants normaux âgés de 7 à 13 mois et un groupe d'enfants trisomiques 21 âgés de 10 à 54 mois. Les deux groupes de sujets étaient appariés selon le niveau intellectuel sensori-moteur évalué au moyen de l'échelle d'Uzgiris-Hunt (1975). Ils se répartissaient entre les sous-stades 4 et 5 de la dite échelle. Bien avant de communiquer linguistiquement, l'enfant s'efforce de transmettre de l'information et d'obtenir des services de la part de ses interlocuteurs par des moyens non verbaux. Parmi ces moyens, on distingue les comportements qui consistent à regarder dans la direction de l'adulte et/ou de l'objet désiré, à tendre les bras vers l'adulte et/ou l'objet, à

---

[1] Le lecteur intéressé consultera à ce sujet Bronckart (1973), Rondal (1973, 1976), et Zivin (1979).

montrer l'objet, à s'efforcer de saisir l'objet, le tout accompagné ou non de vocalisations. Il s'agit d'une catégorie de comportements désignée sous le nom de performatifs impératifs (Bates & al., 1976; Snyder, 1978). Une seconde catégorie, connue sous le nom de performatifs déclaratifs, regroupe les comportements qui consistent à utiliser un objet pour attirer l'attention de l'adulte, à saisir la main de l'adulte dans le même but, à montrer un objet du doigt ou de la main pour amener l'adulte à le regarder, et à utiliser éventuellement des vocalisations dans le même but (Bates & al., 1975; Snyder, 1978). Les résultats indiquent que l'utilisation des performatifs les plus avancés développementalement accompagne l'accession aux sous-stade 5 du développement sensori-moteur. Cependant, lorsqu'on les compare à leurs pairs normaux, les jeunes enfants trisomiques 21 tendent à faire un usage nettement plus important des gestes par opposition aux vocalisations-verbalisations dans l'utilisation des performatifs.

Bricker & Carlson (1980) ont également étudié le développement de la communication d'un point de vue pragmatique pour la période qui précède l'émergence du fonctionnement linguistique à proprement parler. On a observé à domicile, pendant une période de 12 mois et à concurrence d'une session d'observation d'une heure par mois, les interactions entre 10 enfants trisomiques 21 et leurs mères respectives. Les enfants étaient âgés de 5 à 29 mois au début de l'étude. Les chercheurs se sont centrés sur les comportements de manipulation d'objets et sur les comportements sociaux et communicatifs des enfants ainsi que sur les comportements maternels en relation avec ces comportements enfantins. Ils ont utilisé à cet effet une grille de catégorisation mise au point par Sugarman (1978). En alternance avec les observations à domicile, chaque enfant fut testé au moyen de l'échelle de Uzgiris & Hunt (1975) portant, comme on sait, sur le développement intellectuel sensori-moteur. Les auteurs observent une complexification et une coordination progressive des schèmes d'actions avec le développement. Parallèlement à cette évolution, on note également l'apparition et le développement des performatifs impératifs ainsi que l'implication graduelle des vocalisations et des verbalisations dans ces patrons de comportements. Par comparaison avec les données normatives de Sugarman (1978), obtenues avec un groupe d'enfants normaux âgés de 4 à 9 mois, les observations de Bricker et Carlson révèlent un profil de développement similaire dans les deux groupes d'enfants avec un retard chronologique de l'ordre de 6 mois, et s'aggravant ensuite, pour les enfants trisomiques 21. Par exemple, l'accroissement de fréquences des actions simples sur les objets (par exemple, toucher un objet, frapper un objet, saisir un objet à portée de main, le lâcher ensuite) qui se produit entre approximativement 4 et 7 mois chez les enfants normaux se manifeste aux alentours de 13 et 14 mois chez les enfants trisomiques 21. De même, la fréquence des comportements dirigés vers les objets est supérieure à celle des comportements sociaux et communicatifs pour les enfants trisomiques 21 aux âges indiqués comme pour les enfants normaux étudiés par Sugarman (1978). Enfin, sur le plan des relations entre les comportements étudiés et le développement intellectuel sensori-moteur, les associations statistiques calculées entre différentes acquisitions intellectuelles sensori-motrices (comme les notions de causalité et d'utilisation d'un moyen en vue d'une fin) et les performatifs impératifs sont positives mais restent modérées (aux alentours de .60) tout en étant significatives.

Ces études sont certes préliminaires et ne dépassent guère le niveau de l'observation corrélative. Il s'agit d'un domaine complexe et dont l'investigation pose des problèmes empiriques et interprétatifs délicats. Son importance et sa pertinence sont cependant évidentes puisqu'il s'agit d'éclairer les antécédents prélinguistiques du développement du langage et les débuts de l'incidence pragmatique du discours chez les enfants handicapés mentaux, une information qui une fois développée, raffinée, et systématisée devrait contribuer puissamment à la mise au point de programmes efficaces d'intervention précoce avec ces enfants.

## 2. Aspects sémantiques structuraux

Qu'en est-il de la base sémantique structurale des énoncés des sujets retardés mentaux, tant en ce qui concerne les aspects productifs que réceptifs du langage?

*Sur le plan réceptif*, Duchan & Erickson (1976) se sont interrogés sur la compréhension de quelques relations sémantiques structurales de base (possession, location, relation agent-action et action-objet) chez un groupe d'enfants retardés mentaux modérés et légers, âgés chronologiquement de 4 à 8 ans, dont la longueur moyenne des productions verbales était comprise entre 1.00 et 2.50 monèmes. Ces enfants furent appariés pour les besoins de l'étude avec un groupe d'enfants normaux âgés de 18 à 31 mois et dont les LMPV étaient compris dans le même intervalle. Les sujets furent priés de traduire en actions avec des objets familiers des énoncés courts présentés par l'examinateur et incorporant les relations sémantiques en question. Les énoncés variaient selon qu'ils étaient «élaborés» (par exemple, «The daddy is sleeping» ou «The book is on the chair»), télégraphiques (par exemple, «Daddy sleep» ou «Book chair»), ou formés d'un mélange d'éléments conventionnels et d'éléments morphologiques artificiels et dénués de sens (par exemple, «Um daddy um sleepum» ou «Book um udum chair»). Les auteurs ne font état d'aucune différence significative dans la performance des enfants retardés et des enfants normaux au test de compréhension. Les deux groupes d'enfants comprennent les relations proposées dans l'ordre suivant de correction: possession, agent-action, action-objet, et location. En ce qui concerne l'élaboration des énoncés, c'est la version élaborée qui produit les meilleurs résultats, suivie dans l'ordre, de la version télégraphique et de la version mixte éléments conventionnels et artificiels.

*Sur le plan de la production*, Rondal (1978a) a analysé les productions verbales de 21 enfants trisomiques 21 et de 21 enfants normaux (cf. Tableau 1 pour les caractéristiques de ces sujets) selon le modèle sémantique de Chafe (1970). Il a aussi comparé les deux groupes d'enfants selon le niveau de LMPV. Les résultats des analyses indiquent que les enfants trisomiques 21 utilisent le même éventail de relations sémantiques de base (cf. Tableau 3) que les enfants normaux lorsqu'ils sont au même niveau de développement syntaxique appréhendé en termes de longueur moyenne des productions verbales. De même, les fréquences d'usage des différentes relations sémantiques semblent similaires dans les deux groupes d'enfants à niveau syntaxique comparable. Ces données sont confirmées par une étude menée par Layton et Sharifi (1979). Ces auteurs ont comparé le langage obtenu chez des enfants normaux et trisomiques 21 appariés pour l'âge mental et pour la longueur moyenne des productions verbales. Les enfants normaux étaient âgés de 2 à 5 ans et les enfants trisomiques 21 de 7 à 12 ans. Une partie des phrases recueillies fut analysée en utilisant le modèle de Chafe. Les auteurs ne rapportent pas de différences notables entre les deux groupes d'enfants quant à l'utilisation des différents types sémantiques de verbes et des relations sémantiques de base (cf. Tableau 3). Ils signalent cependant quelques différences entre les deux groupes d'enfants, par exemple, une fréquence d'utilisation plus élevée des verbes d'état et des verbes d'action chez les enfants trisomiques 21 et une fréquence d'utilisation plus élevée des verbes indiquant un processus chez les enfants normaux.

*Tableau 3*
*Principaux types sémantiques de verbes (et relations sémantiques de base)*
*selon Chafe (1970)*

1. *Etat* («Le bois est sec»).
2. *Action* («Robert chanta»).
3. *Processus* («Le bois sécha»).
4. *Processus-action* («Robert fit sécher le bois»).
5. *Ambiant* («Il pleut»).
6. *Action-ambiant* («Il pleut»).
7. *Etat-expérientiel* («Michel voulait un verre d'eau»).
8. *Etat-bénéfactif* («Michel a les billets d'entrée»).
9. *Etat-locatif* («Le couteau est dans la boîte»).
10. *Etat-complétif* («La friandise coûte 10 francs»).
11. *Action-expérientiel* («Robert montra l'animal à Michel»).
12. *Action-bénéfactif* («Marie a chanté pour nous»).
13. *Action-instrumental* («Il coupa la branche d'un coup de hache»).
14. *Action-complétif* («Marie chanta une chanson»).
15. *Action-locatif* («Thomas s'assit dans le fauteuil»).
16. *Processus-expérientiel* («Michel vit un serpent»).
17. *Processus-bénéfactif* («Robert a trouvé les billets»).
18. *Processus-instrumental* («La porte s'ouvre avec une clef»).
19. *Processus-locatif* («Michel glissa bas du fauteuil»).
20. *Processus-action-bénéfactif* («Marie a envoyé les billets à Thomas»).
21. *Processus-action-instrumental* («Thomas ouvrit la porte avec une clef»).
22. *Processus-action-locatif* («Thomas lança la clef dans la boîte»).

D'autres recherches (Buium & al., 1974; Coggins, 1976; Michaelis, 1976; Dooley, 1976) aboutissent également à la conclusion que la structure sémantique de base qui sous-tend les productions linguistiques des sujets retardés mentaux est essentiellement similaire à celle qui sous-tend le langage des sujets normaux à niveau de développement linguistique comparable. On signalera à titre indicatif que Freedman & Carpenter (1976) ont fait état d'une conclusion similaire à l'issue de leur étude sur le langage d'un petit groupe d'enfants normalement intelligents mais retardés dans leur développement linguistique, étude menée alors que ces enfants se trouvaient au stade des productions à deux mots.

Le développement sémantique structural chez les enfants retardés semble donc procéder de la même façon, bien que beaucoup plus lentement, et aboutir au même type d'organisation de base, que celui des enfants normaux.

## 3. Aspects morphologiques

L'acquisition et l'usage des monèmes grammaticaux, c'est-à-dire des *morphèmes* (marquage du genre et du nombre, accord en genre et en nombre, auxiliaires, flexions verbales de la conjugaison) posent des problèmes délicats aux enfants retardés mentaux. L'essentiel des morphèmes est acquis par les enfants normaux entre 3 et 9 ou 10 ans (Brown, 1973; Berko, 1958; Bronckart, 1976; Karmiloff-Smith, 1979; Chipman, 1980). Les enfants handicapés sont notablement en retard dans ce secteur et leur retard dépasse ce qu'on pourrait attendre sur la base de l'âge mental (Newfield & Schlanger, 1968; Ogland, 1972). Il est vraisemblable, en ce qui concerne les sujets retardés modérés et sévères, que le développement morphologique reste incomplet (on verra la dernière section de ce chapitre sur ce point).

Les études en langue anglaise qui ont utilisé le test Illinois Test of Psycholinguistic Abilities (ITPA, cf. chapitre 8) confirment également les difficultés des sujets retardés mentaux légers, modérés, et sévères en ce qui concerne les usages morphologiques (Carr, 1964; Mueller & Weaver, 1964; Bateman & Wetherell, 1965; Bilovsky & Share, 1965; McCarthy, 1965; Brown & Rice, 1967; Roberts, 1967; Glovsky, 1970; Caccamo & Yater, 1972; Ogland, 1972; Marinosson, 1974; Evans, 1977; Prior, 1977; Rohr & Burr, 1978; on verra Rondal, 1977, pour une revue de cette littérature). Le sous-test Auditory Vocal Automatic (ou Grammatical Closure) de l'ITPA est particulièrement intéressant au point de vue considéré. On montre au sujet une image et il doit ensuite compléter la seconde d'une série de deux phrases en procédant selon les règles morphologiques de la langue (par exemple, « Here is a hat. Here are two ... »). Les sujets retardés étudiés au moyen de l'ITPA (âgés dans les études mentionnées entre 6 et 16 ans chronologiquement) démontrent avec régularité un déficit marqué à ce sous-test.

Il semble également que parmi les différents sous-groupes étiologiques du retard mental modéré et sévère, ce soient les sujets trisomiques 21 qui présentent les scores moyens les plus bas au sous-test Auditory Vocal Automatic de l'ITPA et, d'une façon générale, aux sous-tests auditifs-verbaux (par opposition aux sous-tests visuels-moteurs où l'information est présentée selon la modalité visuelle tandis que la réponse est non verbale; on présente, par exemple, une image et le sujet doit choisir ensuite parmi plusieurs images celle qui correspond le mieux à l'image stimulus) (Rohr & Burr, 1978). Mais s'ensuit-il que le fonctionnement morphologique en général est plus déficitaire encore chez les sujets trisomiques 21 que chez les autres sujets retardés modérés et sévères? Les évidences disponibles sont contradictoires. Michaelis (1976) a étudié en profondeur le langage d'un enfant trisomique 21. Il s'agissait d'une fille âgée de 6 ans. A ce stade, l'enfant n'utilisait régulièrement aucun des morphèmes courants de la langue anglaise (marquage du pluriel, passé simple, articles, auxiliaires, copule, prépositions «dans», «sur», etc.) bien que certains d'entre eux apparaissaient de temps à autre dans son langage spontané. Dale (1977) qui a étudié le développement morphologique grammatical chez deux enfants trisomiques 21 rapporte l'utilisation régulière chez l'un des enfants, mais non chez l'autre, de plusieurs morphèmes là où ils doivent être employés selon les règles de la langue, comme le marquage du pluriel, l'utilisation des prépositions les plus courantes, et l'utilisation de la copule et des auxiliaires dans des énoncés simples (du type «C'est un marteau»; «Il est parti») pour lesquels on ne peut exclure une production par simple imitation différée. Ryan (1975), de son côté, signale qu'à longueur moyenne de production verbale égale, des enfants trisomiques 21 et des enfants retardés modérés et sévères non trisomiques 21 âgés chronologiquement de 5 à 10 ans et des enfants normaux âgés de 2 à 3 ans et demi ne se différencient pas significativement quant aux fréquences d'omissions, de substitutions, et de généralisations incorrectes des inflexions grammaticales dans le discours spontané. Il est clair, toutefois, que le groupe de référence utilisé par Ryan, à savoir les enfants normaux entre 2 ans et 3 ans et demi, ne constitue pas un test trop sévère pour les enfants retardés puisque ce n'est pas avant 3 ans environ que les enfants normaux commencent à utiliser les inflexions grammaticales dans leur discours spontané avec quelque régularité (par exemple, Brown, 1973). Nous reviendrons plus loin sur la capacité morphologique productive des sujets retardés modérées et sévères, et notamment des sujets trisomiques 21, au moment où ces sujets ont atteint l'âge adulte.

Quelques études ont utilisé le test dit de Berko (1958) (voir Toye-Dispy, 1967, pour un équivalent en langue française). On y présente au sujet différentes planches représentant des animaux et des personnages exécutant différentes actions. On utilise des mots artificiels, vides de sens et forgés par l'expérimentateur, et de temps à autre des mots réels de façon à tester la généralisation des règles morphologiques à un matériel verbal jamais rencontré jusque-là, tout en sachant à quoi s'en tenir sur l'utilisation des mêmes règles avec des mots connus de l'enfant. La consigne est du type suivant: «Voici un 'mangal'; Ici, il y en a deux; Il y a deux ...». Cette technique a été exploitée en langue anglaise avec des enfants et des adolescents retardés mentaux légers dont les âges chronologiques étaient compris entre 6 et 15 ans (Lovell & Bradbury, 1967; Spradlin & McLean, 1967, résumé par Yoder &

Miller, 1972; Newfield & Schlanger, 1968; Dever & Gardner, 1970; Bradbury & Lunzer, 1972; Ogland, 1972). Les données peuvent être résumées de la façon suivante. Les sujets retardés répondent au test d'une façon grossièrement semblable aux enfants normaux. L'ordre de difficulté dans l'utilisation des monèmes grammaticaux semble être le même pour les sujets retardés et pour les sujets normaux utilisés comme groupes témoins. Les morphèmes les plus communs (présent progressif en anglais, «in», «on», les articles, le passé simple irrégulier anglais, etc. — cf. Brown, 1973) sont acquis les premiers. De même que pour les sujets normaux, il existe chez les retardés un décalage entre le moment où ils semblent maîtriser l'inflexion des mots familiers et des mots artificiels. Enfin, les plus grandes difficultés éprouvées par les sujets retardés portent sur les inflexions verbales.

Il convient de s'interroger sur la nature des difficultés signalées chez les sujets retardés mentaux. Bartel (1970) a soumis un groupe de sujets retardés légers à un entraînement systématique pendant une période d'environ six semaines sur le test de Berko. Elle souligne, dans son rapport, que les sujets retardés peuvent être entraînés à généraliser l'usage des inflexions à des formes linguistiques nouvelles et artificielles mais qu'ils ne le font pas spontanément dans une bonne partie des cas. Il est vraisemblable également que la technique de Berko aboutisse à sous-évaluer la compétence morphologique des sujets retardés. C'est la conclusion de Dever (1972) au terme d'une étude comparée des performances d'un groupe de sujets retardés légers et modérés au test de Berko avec des données provenant de l'enregistrement du langage spontané de ces mêmes enfants en situation de jeu. D'après Dever, la performance spontanée des sujets retardés ne peut être prédite que très imparfaitement à partir du test. Il s'ensuit que ce type de test ne peut être considéré comme suffisant en soi pour une estimation de la connaissance qu'ont les sujets retardés des morphèmes de la langue (voir aussi Evans, 1977, pour une opinion similaire). Des études portant sur le langage spontané des sujets retardés sont nécessaires, et de préférence selon la dimension longitudinale, de façon à se faire une idée plus précise des capacités morphologiques des sujets retardés sur le plan de la production linguistique.

Quelques études ont été menées avec des enfants et des adolescents retardés mentaux modérés et sévères qui concernent les *capacités réceptives* de ces sujets sur le plan de la morphologie grammaticale. Bartel & al. (1973) ont étudié la compréhension de certains morphèmes par un groupe de sujets retardés âgés de 9 à 16 ans environ au moyen du Carrow Auditory Test of Language Comprehension (Carrow, 1968). Le tableau qui se dégage de cette étude n'est pas simple à interpréter. Les prépositions «dans» et «sur» signalées comme acquises chez l'enfant normal aux environs de 2 ans et demi et 3 ans par Brown (1973) sont comprises par la majorité des sujets retardés étudiés et ce dès 3 et demi et 4 ans d'âge mental. Il en va de même pour les prépositions «près de», «entre», et le contraste «haut ou en haut» et «bas ou en bas». Par contre, les prépositions «sous ou en dessous» et «en face de» ne sont pas comprises par la majorité des sujets même à 7 ans d'âge mental (limite supérieure de l'étude de Bartel & al.). Les données de Bartel & al. sur la compréhension des prépositions «dans» et «sur» correspondent à celles de Cook (1977) rapportées au chapitre précédent et qui concernent le volet productif de l'usage de certaines prépositions. En ce qui concerne la préposition «sous ou en dessous», par contre, les données de Bartel & al. semblent être nettement plus pessimistes que celles de Cook, obtenues, il est vrai, avec un petit groupe d'enfants trisomiques 21. Bartel & al. (1973) rapportent encore des données sur la compréhension des catégories de genre et de nombre au niveau des pronoms personnels et des adjectifs possessifs de 3e personne, de nombre au niveau des noms et des verbes, et du marquage verbal pour l'expression du temps ou de l'aspect (présent progressif, prétérit, et futur simple). Ces données indiquent que si les contrastes «he», «she», «they», et «her», «him», «them», d'une part, et les contrastes singulier-pluriel au niveau des noms (par exemple, «chair», «chairs») et de certaines formes verbales (par exemple, «are», «is») sont compris aux environs de 3 ans et demi et 4 ans d'âge mental, il n'en va pas de même pour le marquage du genre et du nombre au niveau des adjectifs possessifs («his», «her», et «their») et le marquage temporel et aspectuel au niveau des verbes. Ces contrastes ne sont pas compris par la majorité des sujets retardés étudiés à 7 ans d'âge mental.

Rogalsky (1975) a étudié la compréhension du marquage du pluriel sur les noms et des prépositions «dans» et «sur» avec un important groupe de sujets retardés mentaux et de sujets normaux appariés pour l'âge mental (AM moyen, de part et d'autre, 4 ans et 7 mois et 4 ans et 5 mois). Les sujets retardés étaient âgés chronologiquement de 4 ans et 3 mois à 20 ans et 5 mois (AC moyen 10 ans et 1 mois). Elle rapporte des données comparables à celles fournies par Bartel & al. (1973) tout en insistant sur la similarité des séquences relatives de difficulté chez les sujets retardés et chez les sujets normaux ainsi que sur la lenteur de la progression observée dans les scores de compréhension d'un niveau d'âge mental à l'autre chez les sujets retardés par opposition avec la progression relativement rapide observée chez les jeunes enfants normaux en ce qui concerne les contrastes proposés.

Enfin, Waryas (1976) a étudié la compréhension des pronoms personnels de 3ᵉ personne «him», «her», «he», et «she» et du marquage du temps et de l'aspect au niveau du verbe pour les formes du présent progressif, du futur, et du prétérit régulier et irrégulier, en utilisant une technique originale dite «procédure de préférence». Selon cette procédure, deux items verbaux (parfois trois) sont présentés simultanément au sujet (par exemple, deux ou trois phrases contenant les éléments morphologiques à l'étude). Celui-ci est prié de dire quel item verbal correspond le mieux à la planche présentée. Il s'agit d'une procédure inverse en quelque sorte de celle utilisée dans la plupart des épreuves de compréhension où on demande souvent aux sujets de faire correspondre un item verbal à une planche, celle-ci étant à choisir parmi plusieurs alternatives. Les sujets sont des enfants et des adolescents retardés modérés et sévères âgés chronologiquement de 11 à 18 ans. Un groupe d'enfants normaux âgés de 4 à 5 ans servait de témoin pour la tâche portant sur les pronoms personnels, tandis que pour les formes verbales on se réfère aux données longitudinales de Brown (1973) obtenues avec des enfants normaux entre 18 mois et 4 ans. Aucune différence significative n'apparaît entre les sujets retardés et les enfants normaux en ce qui concerne les pronoms personnels de 3ᵉ personne étudiés. Pour les sujets normaux comme pour les retardés, la distinction sémantique (masculin versus féminin) est acquise avant la distinction syntaxique (sujet versus objet). En ce qui concerne les formes verbales étudiées, la séquence rapportée par Waryas (1976), à savoir acquisition du «will» (futur), avant le présent progressif («ing»), précédant lui-même, et dans l'ordre, le prétérit irrégulier, le prétérit régulier («ed»), et les auxiliaires, correspond à celle fournie par Brown (1973).

On retiendra de ces études, qui fournissent une série d'indications intéressantes mais ne peuvent évidemment prétendre brosser un tableau un tant soit peu complet, que les capacités expressives et réceptives des sujets retardés mentaux modérés et sévères semblent particulièrement limitées. Il en va de même, mais à un degré moindre, pour les sujets retardés légers. Les données disponibles concernent presque exclusivement la langue anglaise et elles ont été obtenues uniquement ou presque lors d'études de type transversal. Il est vivement souhaitable de pouvoir disposer de données obtenues en études longitudinales sur le développement morphologique des sujets retardés (de même, évidemment, que sur les autres aspects du développement du langage chez ces sujets) afin de pouvoir mieux reconstituer la séquence de développement dont les détails et l'organisation interne nous échappent encore.

## 4. Le langage des retardés mentaux adultes

Il n'existe aucune étude, au mieux de nos connaissances, sur le fonctionnement linguistique des sujets retardés mentaux légers adultes. Une des raisons en est sans doute que beaucoup de ces sujets «disparaissent dans l'univers des normaux» après la fin de l'obligation scolaire, pénètrent sur le marché du travail (lorsque la conjoncture économique n'est pas trop défavorable), et perdent, pour ainsi dire, leur étiquette et leur identité de débile mental (Mercer, 1973; Rondal, 1976; Lambert, 1978).

Nous avons pu identifier trois études sur les capacités linguistiques des sujets retardés modérés et sévères adultes. Il importe de remédier à cette insuffisance rapidement si on veut disposer des informations nécessaires de façon à organiser favorablement la vie professionnelle, les activités résidentielles, et les loisirs des populations de sujets retardés mentaux adultes modérés et sévères.

Evans (1977) a analysé un échantillon de langage spontané obtenu individuellement auprès d'un groupe de 101 adolescents et adultes trisomiques 21 des deux sexes. La moitié environ des sujets de l'échantillon étaient âgés de 8 à 16 ans et l'autre moitié de 17 à 31 ans. Les trois quarts des sujets vivaient dans leurs familles et fréquentaient des centres de jour. Le dernier quart des sujets vivaient en institution hospitalière. L'auteur administra également à ses sujets l'Illinois Test of Psycholinguistic Abilities. Pratiquement aucune des mesures effectuées sur le langage spontané des sujets (longueur moyenne des 10 énoncés les plus longs parmi les 50 énoncés disponibles, type-token ratio, pourcentage de noms, de verbes, et autres classes grammaticales, indice d'intelligibilité du discours, indice de fluidité verbale, etc.; en plus des différents sous-tests de l'ITPA) ne livra de différence significative entre les sujets trisomiques 21 selon le sexe. Par contre, de nombreux indices linguistiques permettent de différencier significativement les sujets selon qu'ils vivent en milieu ouvert ou en institution. Les scores moyens des sujets vivant en milieu ouverts sont nettement supérieurs à ceux des sujets vivant en institution. On a souvent rapporté une influence négative des milieux hospitaliers et institutionnels sur le développement et le fonctionnement du langage chez les sujets arriérés mentaux (par exemple, Mittler, 1974). On signalera toutefois que dans la présente étude l'âge mental moyen des sujets institutionnalisés est notablement inférieur à celui des sujets vivant en milieu ouvert (ce qui, par ailleurs, est souvent le cas). Mais la donnée la plus intéressante, à notre point de vue, dans l'étude d'Evans concerne les différences rapportées par l'auteur entre le groupe des sujets adolescents (AC: 8 à 16 ans) et le groupe de sujets adultes (AC: 17 à 31 ans), *au bénéfice des seconds*, en ce qui concerne les diverses mesures linguistiques effectuées et également en ce qui concerne les sous-tests auditifs-vocaux de l'ITPA (par opposition aux sous-tests visuels-moteurs où on n'observe plus guère de progrès après 16 ans).

Lambert & Rondal (1980) ont enregistré les conversations libres, en situation naturelle, entre un adulte non retardé et un groupe de sujets retardés mentaux adultes modérés et sévères (QI moyen 45.1; écart-type 10.6; AC moyen 26.6 ans; écart-type 4.5). Les sujets étaient des deux sexes, trisomiques 21 et non trisomiques 21. Ils vivaient tous en milieu ouvert. Les entretiens, d'une durée de 20 minutes, furent enregistrés avant d'être transcrits verbatim et analysés selon une variété de paramètres portant sur les aspects lexicaux, morpho-syntaxiques, et informatifs-pragmatiques du langage produit par les sujets handicapés mentaux. La longueur moyenne de production verbale (calculée en nombre de monèmes) pour l'ensemble des sujets est de 6.42 (écart-type 2.56). Cette donnée semble indiquer, bien qu'il ne s'agisse pas d'une comparaison qui porte sur les mêmes sujets, une croissance linguistique chez les sujets retardés entre 12 ans et l'âge adulte si on la rapporte aux données fournies par Rondal (1978a; cf. Tableau 1) et Lambert & Sohier (1979). Sur le plan morpho-syntaxique, le langage des sujets retardés adultes reste élémentaire (avec quelques exceptions étonnantes, cependant). Seulement environ la moitié des énoncés produits sont des phrases grammaticalement parlant. Lorsque le verbe est exprimé, il est conjugué correctement environ une fois sur deux. Le temps de la conjugaison le plus utilisé est de loin le présent (dans un contexte situationnel, cependant, où l'évocation d'événements passés n'était pas exceptionnelle). On dénombre en moyenne moins d'un article par énoncé et environ une inflexion sur deux énoncés pour marquer le genre et/ou le nombre. En dépit de ces restrictions sévères sur le plan formel, il faut insister sur le fait que le langage produit par les sujets adultes retardés dans l'échange conversationnel était bien adapté sur le plan de la valeur informative et du respect des conventions interpersonnelles dans la conversation. Environ une information est fournie par énoncé et 70 % de ces informations sont nouvelles, c'est-à-dire qu'elles n'ont pas été fournies préalablement dans la conversation soit par l'interlocuteur adulte non retardé, soit par le sujet retardé. Plus de 80 % des informations fournies par les sujets retardés étaient pertinentes par rapport au thème de conversation introduit par l'interlocuteur non retardé dans l'énoncé ou les énoncés précédents (indice moyen de continuité du discours dans le chef des sujets retardés .82, écart type .09). Enfin, et non sans importance, les corrélations linéaires entre LMPV et les proportions d'informations par énoncé, d'informations nouvelles, et l'indice de continuité du discours restent faibles (environ .50), positives et négatives et non significatives. *Ceci illustre la distinction qu'il convient de maintenir entre les aspects formels et les aspects fonctionnels du langage des sujets handicapés mentaux.*

Une étude de Bedrosian (1979) menée aux Etats-Unis avec deux sujets trisomiques 21 adultes (AC 23 et 24 ans; QI, respectivement, 36 et 29) confirme l'adaptation pragmatique du langage de ces sujets lorsqu'ils s'adressent soit à des pairs ou à leurs parents au cours de conversations libres. Bedrosian remarque que ces sujets sont capables d'entamer des conversations avec un partenaire sur une variété de sujets qui varient selon le contexte situationnel et interpersonnel (ils peuvent donc apparemment mettre en pratique la règle socio-linguistique suivante: «Lorsque je me trouve avec la personne A, je dois parler des sujets X, Y, Z. Lorsque je me trouve avec la personne B, je dois m'entretenir de X', Y', Z', etc.» (Ervin-Tripp, 1973). La plus grande partie des démarches mises en œuvre pour entamer une conversation consiste soit à fournir une information à l'interlocuteur, soit à requérir de l'interlocuteur une information. Cependant, les sujets retardés tendent à assurer la nécessaire continuité des échanges verbaux en répondant aux questions posées et en acquiesçant à l'avis donné par le partenaire plutôt qu'en développant de nouveaux sujets de conversation ou en s'engageant dans la discussion d'aspects particuliers des sujets de conversations déjà introduits. Ces dernières démarches sont plus caractéristiques des interlocuteurs non handicapés. Il semble donc, comme y insiste Bedrosian (1979), que les adultes trisomiques 21 étudiés doivent se voir reconnaître une certaine compétence en matière de savoir-faire conversationnel, même si leurs capacités plus proprements linguistiques sont limitées.

On retiendra de ces quelques études qui n'épuisent certes pas le sujet, mais qui l'introduisent de belle façon, les deux conclusions suivantes. *Premièrement*, il est vraisemblable qu'une certaine croissance linguistique intervienne entre 12 ans et l'âge adulte chez les sujets retardés modérés et sévères, notamment en ce qui concerne la longueur moyenne des productions verbales. Ce que cet allongement relatif représente n'est pas clair encore à ce stade puisque, par ailleurs, le marquage morphologique reste élémentaire dans les énoncés produits par ces sujets. Les implications éducatives de la croissance linguistique signalée sont évidentes. Il est possible qu'un investissement en matière d'intervention soit payant avec les adolescents retardés modérés et sévères, contrairement à l'opinion répandue mais non étayée par des données solides qui veut qu'il n'y ait plus grand-chose à faire avec ces sujets aux plans linguistiques et cognitifs dès qu'ils ont dépassé la puberté. Si elles devaient avoir valeur générale, les données présentées brièvement ici sur la possibilité d'une croissance linguistique chez les sujets retardés du début de l'adolescence à l'âge adulte constitueraient la base pour une argumentation à l'encontre de l'hypothèse d'une période critique pour le développement d'un premier langage telle qu'elle a été appliquée aux sujets retardés modérés et sévères par Lenneberg (1967). Nous avons discuté ailleurs cette hypothèse et son application à cette catégorie de sujets (Rondal, 1975) et nous y revenons au chapitre 9. Il est suffisant ici de signaler la pertinence des données recueillies récemment par Lambert & Rondal (1980) pour cet important problème. On versera au même dossier, à titre informatif, les observations de Fisher & Zeaman (1970) qui ont montré qu'une croissance intellectuelle (mesurée en termes d'âge mental) intervient encore chez les sujets retardés après 16 ans d'âge chronologique (et au moins jusqu'à 35 ans) particulièrement chez les sujets retardés légers et modérés. La croissance intellectuelle est beaucoup moins marquée après 15 ou 16 ans chez les sujets retardés mentaux sévères et profonds.

*Deuxièmement*, il importe de distinguer dans la performance verbale des sujets retardés, particulièrement modérés et sévères, entre les aspects plus purement formels et ceux plus proprement fonctionnels. En ce qui concerne les premiers et comme le montrent bien toutes les données rassemblées au sein de ce chapitre, les sujets retardés présentent des retards et des déficits considérables particulièrement si on les compare aux sujets normaux. Pour ce qui est des seconds aspects et donc de la valeur informative et de la pertinence pragmatique de leur langage et de leur communication, les quelques données disponibles à ce jour semblent indiquer résolument qu'au moins en ce qui concerne les sujets retardés adultes, cette valeur et cette pertinence ne font pas de doute même si les savoir-faire conversationnels et discursifs des sujets retardés ne peuvent évidemment se comparer à ceux des sujets normaux.

# ELEMENTS BIBLIOGRAPHIQUES

BATES E., *Language and context: the acquisition of pragmatics*. New York: Academic Press, 1976.

BATES E., BENIGNI L., BRETHERTON I., CAMAIONI L. & VOLTERRA V., From gesture to the first word: on cognitive and social prerequisites. In M. Lewis & L. Rosenblum (Eds.), *Conversation, interaction, and the development of language*. New York: Wiley, 1976.

BARBLAN L. & CHIPMAN H.H., Temporal relationships in language: a comparison between normal and language retarded children. In G. Drachman (Ed.), *Salzburger Beiträge zur Linguistik, V*. Salzburg: W. Neugebauer, 1978.

BARTEL N., The development of morphology in retarded children. *Education and Training of the Mentally Retarded*, 1970, 4, 164-168.

BARTEL N., BRYEN D. & KEEHN S., Language comprehension in the mentally retarded child. *Exceptional Children*, 1973, 39, 375-382.

BATEMAN B. & WETHERELL J., Psycholinguistic aspects of mental retardation. *Mental Retardation*, 1965, 3, 8-13.

BEDROSIAN J.L., *Communicative performance of mentally retarded adults. A topic analysis*. Paper presented at the Symposium of the American Association on Mental Deficiency «The Linguistic Environment of the Mentally Retarded Child». Miami Beach, Florida, May 27 - June 1, 1979.

BEILIN H., *Studies in the cognitive basis of language development*. New York: Academic Press, 1975.

BERKO J., The child's learning of English morphology. *Word*, 1958, 14, 150-177.

BERRY P., Elicited imitation of language: some ESNS population characteristics. *Language and Speech*, 1976, 19, 363-373.

BERRY P. & FOXEN T., Imitation and comprehension of language in severe subnormality. *Language and Speech*, 1975, 18, 195-203.

BILOVSKY D. & SHARE J., The ITPA and Down's syndrome: an exploratory study. *American Journal of Mental Deficiency*, 1965, 70, 78-83.

BRADBURY B. & LUNZER E.A., The learning of grammatical inflections in normal and subnormal children. *Journal of Child Psychology and Psychiatry*, 1972, 13, 239-248.

BRICKER D. & CARLSON L., *The development of early object manipulation and non-verbal social communication in handicapped infants*. University of Oregon, Eugene, 1980 (manuscrit).

BRONCKART J.P., The regulating role of speech, a cognitivist approach. *Human Development*, 1973, 16, 417-439.

BRONCKART J.P., *Genèse et organisation des formes verbales chez l'enfant*. Bruxelles: Dessart & Mardaga, 1976.

BROWN R., *A first language*. Cambridge, Massachusetts: Harvard University Press, 1973.

BROWN L. & RICE J., Psycholinguistic differentiation of low IQ children. *Mental Retardation*, 1967, 5, 16-20.

BUIUM N., RYNDERS J. & TURNURE J., *A semantic-relational-concepts based theory of language acquisition as applied to Down's syndrome children: implication for a language enhancement program*. Research Report N° 62, Research, Development, and Demonstration Center in Education of Handicapped Children, University of Minnesota, Minneapolis, Minnesota, 1974.

CACCAMO J. & YATER A., The ITPA and negro children with Down's syndrome. *Exceptional Children*, 1972, *38*, 642-643.
CARR D., The concept formation and psycholinguistic abilities of normal and retarded children of comparable mental age. *Dissertation Abstracts*, 1964, *25*, 997.
CARROW M.A., The development of auditory comprehension of language structure in children. *Journal of Speech and Hearing Disorders*, 1968, *33*, 99-111.
CHAFE W., *Meaning and the structure of language*. Chicago: The University of Chicago Press, 1970.
CHIPMAN H.H., The comprehension of passive sentences by mentally deficient children and adolescents. In G. Drachman (Ed.), *Salzburger Beiträge zur Linguistik, IV*. Salzburg: W. Neugebauer, 1977.
CHIPMAN H.H., *Understanding language retardation: a developmental perspective*. Paper presented at the 5th I.A.S.S.M.D. Conference, Jerusalem, August 1979.
CHIPMAN H.H., *Children's construction of the English pronominal system*. Berne: Huber, 1980.
CHOMSKY C., *The acquisition of syntax in children from 5 to 10*. Cambridge, Massachusetts: The M.I.T. Press, 1969.
COGGINS T.E., *The classification of relational meaning expressed in the early two-word utterances of Down's syndrome children*. Manuscrit non publié, University of Wisconsin, Madison, 1976 *(University Microfilms International Catalog, n° 76-20, 103)*.
COOK N., *Semantic development in children with Down's syndrome*. Paper presented at the 85th meeting of the American Psychological Association, San Francisco, August 1977.
CORNIL F., *Langage et régulation du comportement moteur*. Mémoire de licence en Psychologie, Université de Liège, 1970 (non publié).
CROMER R., *Are subnormal linguistic adults?* Paper n° 10. M.R.C. Developmental Psychology Unit, London, 1973.
CROMER R., Receptive language in the mentally retarded: processes and diagnostic distinctions. In R. Schiefelbusch & L. Lloyd (Eds.), *Language perspectives - Acquisition, retardation and intervention*. Baltimore: University Park Press, 1974, pp. 237-267.
DALE P., *Syntactic development in Down's syndrome children*. Paper presented at the 85th meeting of the American Psychological Association, San Francisco, August 1977.
DE MAISTRE M., *Déficience mentale et langage*. Paris: Editions Universitaires, 1970.
DEVER R.B., *A comparison of the test results of a revised version of Berko's test of morphology with the free speech of mentally retarded children*. *Journal of Speech and Hearing Research*, 1972, *15*, 169-178.
DEVER R.B. & GARDNER W.I., Performance of normal and retarded boys on Berko's test of morphology. *Language and Speech*, 1970, *13*, 162.
DEWART M.H., Language comprehension processes of mentally retarded children. *American Journal of Mental Deficiency*, 1979, *84*, 177-183.
DOOLEY J., *Language acquisition and Down's syndrome: a study of early semantics and syntax*. Thèse doctorale. Harvard University, Cambridge, Mass., 1976.
DUCHAN J.F. & ERICKSON J.G., Normal and retarded children's understanding of semantic relations in different verbal contexts. *Journal of Speech and Hearing Research*, 1976, *19*, 767-776.
EVANS D., The development of language abilities in mongols: a correlational study. *Journal of Mental Deficiency Research*, 1977, *21*, 103-117.
ERVIN-TRIPP S., Some strategies for the first two years. In T. Moore (Ed.), *Cognitive development and the acquisition of language*. New York: Academic Press, 1973. pp. 261-286.

FERREIRO E., *Les relations temporelles dans le langage de l'enfant.* Genève: Droz, 1971.
FISHER M.A. & ZEAMAN D., Growth and decline in retardate intelligence. In N. Ellis (Ed.), *International review of researcch in mental retardation (Vol. 4).* New York: Academic Press, 1970.
FREEDMAN P.P. & CARPENTER R.L., Semantic relations used by normal and language-impaired children at stage I. *Journal of Speech and Hearing Research*, 1976, *19*, 784-793.
GLOVSKY L., Audiological assessment of a mongoloid population. *Training School Bulletin*, 1966, *63*, 27-36.
GLOVSKY L., A comparison of two groups of mentally retarded children on the Illinois Test of Psycholinguistic Abilities. *American Journal of Mental Deficiency*, 1970, *75*, 4-14.
GORDON W. & PANAGOS J., Developmental transformational capacity of children with Down's syndrome. *Perceptual and Motor Skills*, 1976, *43*, 967-973.
GRAHAM N.C. & GULLIFORD R.A., A psychological approach to the language deficiences of educationally subnormal children. *Educational Review*, 1968, *20*, 136-145.
GREENWALD C.A. & LEONARD L.B., Communicative and sensorimotor development of Down's syndrome children. *American Journal of Mental Deficiency*, 1979, *84*, 296-303.
HOBSBAUM A. & MITTLER P., *Sentence Comprehension Test.* Manchester: Hester Adrian Research Centre, 1971.
INGRAM D., The relationship between comprehension and production. In R.L. Schiefelbusch & L.L. Lloyd (Eds.), *Language perspectives - Acquisition, retardation and intervention.* Baltimore: University Park Press, 1974, pp. 313-333.
KARMILOFF-SMITH A., *A functional approach to child language.* Londres: Cambridge University Press, 1979.
LACKNER J.R., A developmental study of language behavior in retarded children. *Neuropsychologia*, 1968, *6*, 301-320.
LAMBERT J.L., La compréhension de phrases chez des arriérés mentaux. *Le Langage et l'Homme*, 1978, *3*, 30-33.
LAMBERT J.L. & RONDAL J.A., *The language of Down's syndrome adults. Some preliminary data.* Paper presented at the International Conference on Down's syndrome. Madrid, novembre 1980.
LAMBERT J.L. & SOHIER C., *Le langage des enfants arriérés mentaux modérés et sévères en enseignement spécial.* Rapport de recherches de l'Université de Liège (non publié), 1979.
LAYTON T. & SHARIFI H., Meaning and structure of Down's syndrome and non-retarded children spontaneous speech. *American Journal of Mental Deficiency*, 1979, *83*, 439-445.
LENNEBERG E.H., *Biological foundations of language.* New York: Wiley, 1967.
LENNEBERG E.H., NICHOLS I.A. & ROSENBERGER E.F., Primitive stages of language development in mongolism. In D. McRioch & A. Weinstein (Eds.), *Disorders of communication.* Baltimore: Williams & Wilkins, 1964, pp. 119-137.
LOVELL K. & BRADBURY B., The learning of English morphology in educationally subnormal special school children. *American Journal of Mental Deficiency*, 1967, *71*, 609-615.
LOVELL K. & DIXON E.M., The growth of the control of grammar in imitation, comprehension and production. *Journal of Child Psychology and Psychiatry*, 1967, *8*, 31-39.

LURIA A.R., *The role of speech in the regulation of normal and abnormal behavior.* Londres: Pergamon, 1961.
MARINOSSON G., Performance profiles of matched normal, educationally subnormal and severely subnormal children on the revised ITPA. *Journal of Child Psychology and Psychiatry,* 1974, *15,* 139-148.
McCARTHY J.M., *Patterns of psycholinguistic development of mongoloid and non-mongoloid severely retarded children.* Thèse doctorale (non publiée). University of Illinois, 1965.
MENYUK P., Early development of receptive language: from babbling to words. In R.L. Schiefelbusch & L.L. Lloyd (Eds.), *Language perspectives - Acquisition, retardation and intervention.* Baltimore: University Park Press, 1974, pp. 213-235.
MERCER J.R., *Labeling the mentally retarded.* Berkeley: University of California Press, 1973.
MICHAELIS C.T., *The language of a Down's syndrome child.* Thèse doctorale. University of Utah, 1976 (*Dissertation Abstracts International,* 1977, *37,* 9).
MILGRAM N.A., Cognition and language in mental retardation: distinction and implications. In D.R. Routh (Ed.), *The experimental psychology of mental retardation.* Chicago: Aldine, 1973, pp. 157-230.
MITTLER P.J., Language and communication. In A.M. Clarke & A.D.B. Clarke (Eds.), *Mental deficiency, the changing outlook.* Londres: Methuen, 1974.
MITTLER P.J., JEFFREE D., WHELDALL K. & BERRY P., *Assessment and remediation of language comprehension and production in SSN children.* Final Report to the Social Science Research Council. Manchester: Hester Adrian Research Centre, 1974.
MOERK E.L., *Pragmatic and semantic aspects of early language development.* Baltimore: University Park Press, 1977.
MUELLER M. & WEAVER S., Psycholinguistic abilities of institutionalized and non-institutionalized trainable mental retardates. *American Journal of Mental Deficiency,* 1964, *68,* 775-783.
NEWFIELD M.U. & SCHLANGER B.B., The acquisition of English morphology by normal and educable mentally retarded children. *Journal of Speech and Hearing Research,* 1968, *11,* 693-708.
OGLAND V., Language behavior of the educable mentally retarded children. *Mental Retardation,* 1972, *3,* 30-32.
PAOUR J.L., Effet d'un entraînement cognitif sur la compréhension et la production d'énoncés passifs chez des enfants déficients mentaux. *Cahiers de Psychologie,* 1976, *3,* 88-110.
PRIOR M.R., Psycholinguistic disabilities of autistic and retarded children. *Journal of Mental Deficiency Research,* 1977, *21,* 37-45.
ROBERTS T., An investigation of language abilities and their relation to school achievement in educable mentally retarded children. *Dissertation Abstracts,* 1967, *28,* 30-37.
ROGALSKY L.A., A comparison of language development between mentally retarded and non-retarded children, as evidenced by their comprehension of the plural inflection on nouns and the preposition *in* and *on*. *University Microfilms International,* Ann Arbor, Michigan, 1975.
ROHR A. & BURR D.B., Etiological differences in patterns of psycholinguistic development of children of IQ 30 to 60. *American Journal of Mental Deficiency,* 1978, *82,* 549-553.
RONDAL J.A., Le rôle du langage dans la régulation du comportement moteur chez l'enfant. *Journal de Psychologie Normale et Pathologique,* 1973, *3,* 307-324.
RONDAL J.A., Développement du langage et retard mental: une revue critique de la littérature en langue anglaise. *L'Année Psychologique,* 1975, *75,* 513-547.

RONDAL J.A., Investigation in the regulatory power of the impulsive and meaningful aspects of speech. *Genetic Psychology Monographs*, 1976, *94*, 3-33.
RONDAL J.A., Développement du langage et retard mental: une revue des études ayant utilisé l'Illinois Test of Psycholinguistic Abilities. *Psychologica Belgica*, 1977, *17*, 24-34.
RONDAL J.A., Maternal speech to normal and Down's syndrome children matched for mean length of utterance. In C.E. Meyers (Ed.), *Quality of life in severely and profoundly mentally retarded people: Research foundations for improvement*. Washington, D.C.: American Association on Mental Deficiency, 1978, pp. 193-265 (a).
RONDAL J.A., Patterns of correlation for various language measures in mother-child interactions for normal and Down's syndrome children. *Language and Speech*, 1978, *21*, 242-252 (b).
RONDAL J.A., Developmental Sentence Scoring Procedure and the delay-difference question in language development of Down's syndrome children. *Mental Retardation*, 1978, *16*, 169-171 (c).
RONDAL J.A., *Langage et éducation*. Bruxelles: Mardaga, 1978 (d).
RONDAL J.A., LAMBERT J.L. & CHIPMAN H.H. (sous la direction de), *Psycholinguistique et handicap mental*. Bruxelles: Mardaga, 1981.
RONDAL J.A., LAMBERT J.L. & CHIPMAN H.H., *Developpement du langage et handicap mental*. In J.A. Rondal & X. Seron (sous la direction de), *Troubles du langage*. Bruxelles: Mardaga, 1982, pp. 375-398.
RONDAL J.A., LAMBERT J.L. & SOHIER C., L'imitation verbale et non verbale chez l'enfant retardé mental mongolien et non mongolien. *Enfance*, 1980, *3*, 107-122.
RYAN J., Mental subnormality and language development. In E. Lenneberg & E. Lenneberg (Eds.), *Foundations of language development: a multidisciplinary approach (Vol. 2)*. New York: Academic Press, 1975, pp. 269-277.
SEMMEL M. & DOLLEY D., Comprehension and imitation of sentences by Down's syndrome children as a function of transformational complexity. *American Journal of Mental Deficiency*, 1971, *75*, 739-745.
SINCLAIR H. & FERREIRO E., Etude génétique de la compréhension, production et répétition des phrases au mode passif. *Archives de Psychologie*, 1970, *Vol. XL*. 160, pp. 1-42.
SNYDER L., Communicative and cognitive abilities and disabilities in the sensorimotor period. *Merill-Palmer Quarterly*, 1978, *24*, 161-180.
SPRADLIN J.E. & McLEAN J.E., *Morphological and syntactical characteristics of retardates speech*. Working Paper 176, Parsons Research Center, nov. 1967.
SUGARMAN S., Some organizational aspects of preverbal communication. In I. Markova (Ed.), *Social context of language*. New York: Wiley, 1978.
TOYE-DISPY N., *Contribution expérimentale à l'étude de l'acquisition de la morphologie française chez l'enfant*. Mémoire de Licence. Université de Liège, 1967.
UZGIRIS I. & HUNT J., *Assessment in infancy: ordinal scales of psychological development*. Urbana: University of Illinois Press, 1975.
WARYAS C.L., *Receptive language skills in psycholinguistic research*. Manuscrit. Parsons Research Center, Parsons, Kansas, 1976.
WHELDALL K., Receptive language development in the mentally handicapped. In P. Berry (Ed.), *Language and communication in the mentally handicapped*. Baltimore: University Park Press, 1976, pp. 36-55.
WHELDALL K. & SWANN W., The effect of intonational emphasis on sentence comprehension in severely subnormal and normal children. *Language and Speech*, 1976, *19*, 87-99.
WILLIS B., *Mentally retarded children - qualitatively different speech*. Manuscrit. Luther College, Decorah, Iowa, 1978.

YODER D. & MILLER J., What we may know and what we can do: Input toward a system. In J. McLean, D. Yoder & R. Schiefelbush (Eds.), *Language intervention with the retarded: developping strategies.* Baltimore: University Park Press, 1972, pp. 89-107.

ZIVIN G. (Ed.), *The development of self-regulation through private speech.* New York: Wiley, 1979.

# Chapitre 4
# Le problème délai-différence

On l'a vu dans les chapitres précédents, les sujets handicapés mentaux présentent un retard marqué dans tous les domaines du développement du langage : phonologique, lexical, morphologique, syntaxique, et sémantique-structural.

Un problème difficile, mais néanmoins essentiel, est d'établir dans quelle mesure le développement linguistique chez le handicapé mental est «simplement retardé», c'est-à-dire présente un décalage chronologique important par rapport au développement considéré comme normal, ou diffère qualitativement de celui-ci. Posée simplement, la question est de savoir si le langage se développe de la même façon chez le retardé mental et chez l'enfant normal, la seule différence — mais elle est impressionnante, on en conviendra — étant une différencce dans le rythme, c'est-à-dire dans la distribution temporelle du développement, et dans le niveau final atteint — ou si le développement linguistique des retardés diffère de celui des normaux dans son processus même.

La question est importante au plan théorique. Son traitement oblige à une première organisation des données disponibles qui dépasse le simple regroupement empirique. On reste cependant, et c'est l'évidence, à un niveau descriptif d'analyse sans prétendre aller au-delà vers une analyse causale des phénomènes à l'étude. A côté de son intérêt théorique, la problématique générale dans laquelle *la question délai-différence* s'inscrit dépasse en fait le domaine du langage et concerne l'ensemble du retard mental (cf. Zigler, 1969, 1973), le problème a une importance pratique qu'il convient de souligner. Cette incidence pratique porte sur l'éducation et la rééducation, c'est-à-dire l'intervention langagière, chez les sujets retardés mentaux. Supposons, en effet, qu'on puisse démontrer que l'enfant retardé mental se développe linguistiquement de la même façon que l'enfant normal, si l'on fait abstraction de la chronologie et du niveau final de développement, dès lors les données disponibles sur le développement du langage chez l'enfant normal seraient complètement pertinentes et fourniraient en toute occasion le tableau développemental de référence. Sur le plan de l'intervention, se trouverait alors validée une pratique éducative qui s'efforce de faire passer le handicapé mental par les stades et les sous-stades mis en évidence dans le développement linguistique des enfants normaux. On verra au chapitre 9 que la plupart des programmes d'intervention langagière avec les sujets retardés mentaux appliqués à ce jour font un usage direct des données développementales en provenance de la littérature sur les enfants normaux et des éléments de conceptualisation et de théorisation qui s'y trouvent. C'est dire que les diverses interventions langagières menées à ce jour posent *implicitement* — car le sujet est rarement débattu explicitement (pour une exception notable à cette indication, cf. Yoder & Miller, 1972) — l'hypothèse de la validité de la réponse générale «délai» à la question qui nous occupe dans ce chapitre.

Supposons, au contraire, qu'il soit démontré que le développement linguistique des sujets retardés mentaux, ou de certaines catégories de retardés procède d'une façon différente de celle observée chez les normaux. On se trouverait alors confronté à un problème plus difficile en ce qui concerne la définition d'une approche éducative ou rééducative. Il conviendrait, dans cette hypothèse, d'identifier les aspects du processus de développement qui seraient spécifiques ou dont la combinaison serait spécifique aux sujets retardés mentaux ou à certains groupes de retardés, avant de définir une approche éducative susceptible d'avoir une efficacité maximale.

Il est possible, comme on le verra en fin de chapitre, que l'on doive s'acheminer vers une réponse à la question posée qui englobe à la fois une composante *«délai»* et une composante *«différence»*, chaque composante portant plus électivement sur une partie du développement langagier chez le sujet handicapé mental. Mais avant de s'orienter vers la discussion de ce point, il importe de considérer les diverses difficultés conceptuelles et méthodologiques que comporte le problème délai-différence avant de reprendre brièvement les principales données empiriques disponibles sur la question.

## 1. Difficultés conceptuelles et méthodologiques liées au problème délai-différence

Ces difficultés sont plusieurs et relativement complexes. Elles concernent les notions de retard mental, de développement normal du langage, de retard de développement du langage, de «délai» et de «différence», la question du caractère incomplet du développement linguistique chez les sujets retardés, et sur le plan méthodologique, le point de savoir si on peut répondre à la question posée en utilisant une approche transversale ou une approche longitudinale ainsi que le type d'appariement souhaitable lorsqu'on compare des sujets retardés aux sujets normaux.

### A. *La notion de retard mental*

La notion de retard mental n'est pas une notion simple. Elle recouvre une variété de déficiences définies, simultanément ou séparément, selon des critères biomédicaux et comportementaux (Lambert, 1978a). On considère habituellement qu'un quotient intellectuel de plus ou moins 70 points marque la limite inférieure du fonctionnement intellectuel normal évalué en termes psychométriques. Plusieurs difficultés persistent qui sont liées à cette classification, et notamment pour les sujets dont les capacités intellectuelles se situent dans la zone limitrophe du retard mental et de la normalité psychométrique. En outre, l'entité générale retard mental recouvre une variété de sous-entités biomédicales et étiologiques dont le trisomique 21, le syndrome phenylkétonurique, le syndrome de Klinefelter sont parmi les plus connus. Ils concernent essentiellement le retard mental modéré, sévère, et profond, encore dit retard organique (Zigler, 1969; Rondal, 1980). A ces entités, il faut ajouter les retards mentaux dits légers (ou culturels-familiaux, ibidem) dont l'étiologie exacte reste inconnue dans la plupart des cas. Lorsqu'on parle de retard mental sans autre précision, on fait implicitement l'hypothèse que l'avis émis ou les données rapportées s'appliquent d'une égale façon aux divers niveaux et sous-catégories du retard mental. S'il existe, à n'en point douter, de nombreux points communs dans le fonctionnement et le développement psychologique des sujets retardés, il s'y trouve aussi à coup sûr des différences pour les divers niveaux du handicap et peut-être pour les différentes catégories étiologiques du retard mental (ce point n'est pas documenté de façon générale dans la littérature spécialisée mais il existe des données qui vont en ce sens, par exemple l'infériorité apparente des sujets trisomiques 21 sur le plan de l'articulation et de la grammaire par rapport aux sujets retardés modérés et sévères d'autres étiologies

— cf., par exemple, Dodd, 1975; Zisk & Bialer, 1967; Lambert & al., 1980; Rondal & al., 1980; Shaner-Wolles, 1981).

Il importerait donc de poser le problème délai-différence pour les différentes catégories et niveaux du retard mental avant de songer ensuite et éventuellement à généraliser si la base empirique ainsi constituée le permet. On est loin du compte sur ce point et notre présentation reflète cette limitation en ce qu'elle ne distingue pas systématiquement entre les différents niveaux et catégories du handicap mental dans l'analyse des données psycholinguistiques disponibles sur le problème délai-différence.

### B. *La notion de développement normal du langage*

La notion de développement normal du langage ne va pas sans poser de problèmes, notamment en ce qui concerne l'importante variabilité interindividuelle (intrinsèque, sexuelle et/ou socioculturelle) qui existe dans la distribution temporelle du développement linguistique. On sait depuis longtemps (par exemple, McCarthy, 1930) que les enfants varient dans la chronologie de leur développement langagier d'une manière parfois très substantielle surtout aux débuts du développement, soit grossièrement entre 1 et 3 ans. Par exemple, l'âge d'apparition du premier mot ou de ce que les adultes familiers de l'enfant se plaisent à considérer comme tel s'étend sur une période qui va de 9 à 18 ou à 20 mois (Darley & Winitz, 1961). De même, certains sons parmi les plus complexes du système phonologique français, comme les *ch*, les *j*, et les *s*, peuvent être produits correctement à 3 ou 4 ans par une minorité d'enfants qui semblent ne connaître aucune difficulté dans leur développement articulatoire, tandis que les autres doivent attendre 5 et 6 ans pour se tirer d'affaire proprement avec les mêmes sons sans qu'on doive parler de retard de développement ou de trouble articulatoire (Rondal, 1979). On sait aussi que les enfants plus âgés et les adultes varient notablement quant à la fluidité, la facilité, la précision, et la créativité verbale, sans parler de la qualité de l'articulation. On n'est pas au clair sur les relations qui peuvent exister entre les deux séries d'observations. Les adultes qui ont la parole et la plume faciles (deux choses qui vont moins inéluctablement de pair qu'il peut paraître à première vue) sont-ils ces « anciens enfants » au développement verbal précoce et rapide ou bien les cartes sont-elles redistribuées, pour ainsi dire, plus tard dans le cours du développement? Une étude longitudinale menée sur une grande échelle permettrait de répondre à cette intéressante question. A défaut, provisoirement, une approche rétrospective auprès des parents fournirait peut-être déjà un élément de réponse.

En face de la variabilité développementale qui existe chez le normal, il devient plus malaisé de cerner clairement les contours d'un développement langagier qui fournirait un prototype aisé pour la comparaison avec les sujets retardés. Cela complique considérablement le problème, particulièrement en ce qui concerne les sujets retardés légers, ceux dont le développement général et linguistique est le moins éloigné du développement «normal».

### C. La notion de retard de développement du langage

Qu'elle s'applique aux cas dits de «simple» retard de langage sans autre déficit chez l'enfant normal (que ces cas évoluent ou non en franches dysphasies — de Ajuriaguerra, 1963; Bouton, 1976) ou qu'elle s'applique aux problèmes développementaux des enfants retardés mentaux, la notion de retard de langage n'est pas simple. Il n'y a pratiquement jamais dans l'un ou l'autre domaine deux individus qui présentent le même retard et la même chronologie du retard. A la variabilité dans le développement dit normal du langage mentionnée ci-dessus, il faut ajouter la variabilité qui existe dans les retards de langage. Ces variances compliquent singulièrement le problème qui consiste à identifier et à définir avec précision les caractéristiques temporelles du retard de langage chez les sujets handicapés par rapport au développement linguistique normal et à l'intérieur de la catégorie des sujets définis comme retardés mentaux.

### D. Les notions de délai et de différences : nécessité de reformuler le problème

Y a-t-il une opposition réelle entre les notions de «délai», d'une part, et de «différence», d'autre part? L'opposition n'existe en fait que si on envisage des éléments séparés du système langagier et non le système dans son ensemble. Considérons l'exemple suivant: un enfant retardé mental (âgé de 10 ans AC) dont le niveau de développement linguistique, en ce qui concerne le lexique, correspond à celui d'un enfant normal de 5 ans — et dont le développement lexical procède selon la «séquence normale». Le composant syntaxique du langage du même enfant, également construit selon la séquence normale, est davantage retardé et correspond, disons, à celui d'un enfant normal âgé de 3 ans. Lorsqu'on envisage les aspects lexicaux et syntaxiques du développement linguistique de cet enfant séparément, la réponse est «délai» à la question «délai ou différence?»; mais la réponse est «différence» si on considère l'ensemble du système linguistique (ramené ici à deux composantes à seule fin d'illustration) puisque l'enfant retardé âgé chronologiquement de 10 ans n'est pas comparable pour l'ensemble du fonctionnement langagier ni à un enfant normal de 3 ans, ni à un enfant normal de 5 ans (le Tableau 1 illustre cette situation).

*Tableau 1*
*Situation linguistique schématique d'un enfant hypothétique et problème délai-différence*

| Age chronologique | Enfant retardé mental<br>Développement linguistique | Délai/différence |
|---|---|---|
| 10 ans | - composante lexicale : comparable à un enfant normal âgé de 5 ans | DELAI |
|  | - composante syntaxique : comparable à un enfant normal de 3 ans | DELAI |
|  | - etc. |  |
|  | AU TOTAL : DIFFERENCE |  |

*On ne peut donc poser la question délai-différence d'une manière sensée qu'à propos des composantes du système langagier envisagées séparément* à moins de supposer (et ensuite de prouver) qu'il y a *homochronie* dans le développement linguistique des sujets retardés, c'est-à-dire que le retard développemental est relativement identique à tout moment pour les diverses composantes du système langagier (à supposer évidemment qu'il s'agisse de retards pour les composantes prises individuellement et non de différences). On sait l'importance que Zazzo a accordé à la notion d'hétérochronie dans sa caractérisation du développement psychologique (en général) des sujets débiles mentaux (Zazzo & al., 1969). On peut sans doute élargir la notion au retard mental modéré, sévère, et profond. L'hypothèse de l'hétérochronie dans le développement des diverses composantes du langage chez les retardés organiques n'a pas été investiguée systématiquement mais il est infiniment probable qu'une revue des données disponibles en atteste le bien-fondé.

Il convient, dès lors, de redéfinir le problème délai-différence : s'il y a hétérochronie entre le développement des différentes composantes du système langagier chez les sujets retardés — ce qui paraît probable —, il y a nécessairement *différence* en ce qui concerne le système langagier dans son entièreté et par rapport au développement normal. La question délai-différence portera alors sur les diverses composantes du système langagier considérées séparément de façon à voir si le développement chez le sujet retardé procède pour chaque composante selon la séquence normale ou s'il emprunte des voies différentes. *Dans ce contexte, la position «délai» implique que pour chaque composante du système langagier prise séparément, le développement procède selon la séquence normale quelle qu'en soit la chronologie spécifique. La position «différence» stipule, par contre, que pour les diverses composantes du langage, le développement chez les retardés procède différemment de la séquence développementale normale. Il existe, certes, toujours la possibilité d'une position intermédiaire: délai pour certaines composantes du langage et différence pour d'autres composantes.*

### E. Le caractère incomplet du développement linguistique chez les sujets retardés

La formulation du problème délai-différence pourrait laisser penser que la position délai comporte l'indication selon laquelle les sujets retardés finiraient par rejoindre un niveau normal de fonctionnement linguistique «avec le temps» puisqu'il s'agirait «simplement d'un retard». Il n'en est rien. Il convient d'insister sur *le caractère incomplet du développement linguistique* chez les sujets retardés, ce caractère étant particulièrement marqué chez les sujets retardés modérés, sévères, et profonds.

On ne dispose que de très peu de données (voir cependant le chapitre 3) sur le fonctionnement linguistique des sujets retardés vers la fin de l'adolescence et surtout à l'âge adulte. Il est impossible de répondre actuellement avec précision à la question de savoir dans quelle mesure, pour quelles composantes du système langagier en particulier, et avec quelle marge de variation interindividuelle, le développement linguistique reste incomplet chez les sujets retardés adolescents et adultes. En d'autres termes, qu'est-ce qui constitue l'état «avancé» et final de développement linguistique («maturité linguistique») pour les sujets retardés aux différents niveaux psychométriques du handicap? Tel est un des problèmes les plus urgents à résoudre dans le domaine.

### F. *La question délai-différence devrait être étudiée de façon longitudinale*

Il n'existe que très peu d'études longitudinales portant sur le développement linguistique des enfants retardés mentaux. Cette paucité s'explique par la difficulté et le caractère fastidieux de l'entreprise. Mais il s'agit d'excuses et de raisons à portée limitée puisqu'elles valent également pour les enfants normaux, alors qu'on compte aujourd'hui un nombre restreint mais non négligeable d'études longitudinales sur le développement linguistique de ces derniers. Il est essentiel de pouvoir disposer de semblables données en matière de retard mental si on veut être en mesure de documenter sérieusement le problème posé puisque la question porte par sa nature même sur la trame du développement langagier, trame dont on peut se faire une idée à travers des études de type transversal mais qui ne peut être complètement élucidée qu'au moyen d'études menées selon la dimension de temps.

### G. *La procédure d'appariement entre les sujets normaux et les sujets retardés*

L'étude du problème délai-différence implique la comparaison de sujets normaux et de sujets retardés. Il importe d'examiner les procédures d'appariement utilisées dans les recherches pertinentes.

Essentiellement, trois types d'appariement sujets normaux - sujets retardés ont été utilisés: il s'agit des appariements sur la base de *l'âge chronologique* (AC), de *l'âge mental* (AM), et du *niveau de développement linguistique*.

#### 1. *L'appariement selon l'âge chronologique*

Les études qui comportent un appariement sujets normaux - sujets retardés sur la base d'AC ne sont utiles dans la problématique délai-différence que dans la mesure où les données obtenues chez les sujets retardés peuvent être comparées avec des données normatives en provenance *d'enfants normaux plus jeunes*. S'il y a convergence entre les deux séries de données, on considérera qu'il s'agit d'un argument en faveur de la position «délai» et inversement en faveur de la position «différence». Le problème majeur avec ce type de procédure est que les appariements révèlent des décalages très considérables entre sujets normaux et sujets retardés. Le fossé entre enfants normaux et enfants retardés se marque surtout, semble-t-il, vers la fin de la première année pour se creuser ensuite aussi rapidement qu'inexorablement et prendre des proportions importantes. On rappellera, par exemple, que c'est vers 10 ans environ que les enfants trisomiques 21 atteignent des valeurs de 3.00 en longueur moyenne de production verbale, un niveau atteint par les enfants normaux aux environs de 30 mois.

#### 2. *L'appariement selon l'âge mental*

On peut apparier également les sujets normaux et retardés sur la base d'AM. Ce type d'appariement garantit, au moins théoriquement, que les sujets comparés soient à un niveau de développement mental équivalent. Dès lors, si on peut montrer que les sujets retardés appariés fonctionnent linguistiquement de la même façon que les sujets normaux, cela est interprété comme supportant la position «délai» et inversement la position «différence».

L'appariement sur la base d'AM a été critiqué et plus particulièrement l'indication selon laquelle ce type d'appariement rendrait «automatiquement» les sujets appariés équivalents pour le fonctionnement intellectuel de base. Examinons la base axiomatique de l'appariement normaux-retardés au moyen de l'âge mental.

En utilisant la stratégie qui consiste à apparier les sujets normaux et retardés pour AM, on suppose, d'une part, que pour garantir suffisamment l'équivalence de ces sujets quant au fonctionnement intellectuel général, il est nécessaire et suffisant de les apparier selon AM. On suppose, d'autre part, qu'il existe une relation simple et stable entre développement intellectuel et développement linguistique. On suppose, enfin, que cette relation est la même pour les sujets normaux et pour les sujets retardés. Il est difficile de discuter les suppositions deux et trois dans l'état actuel de nos connaissances. Il est peu douteux qu'il existe une importante relation entre les développements intellectuel et linguistique, toute la littérature sur langage et arriération mentale en témoigne, mais cette relation n'est pas simple. Elle varie selon les aspects du développement et du fonctionnement linguistique envisagés et probablement aussi selon les périodes de développement considérées. La supposition trois, celle qui consiste à penser que la relation entre développement intellectuel et développement linguistique est la même pour les sujets normaux et pour les sujets retardés fait partie, d'une certaine façon, de la question générale à laquelle nous nous attachons dans ce chapitre, c'est-à-dire celle de savoir comment il convient de conceptualiser le développement linguistique des sujets handicapés mentaux. Il y a donc risque de circularité sur ce point.

La première supposition appelle une plus longue discussion. Est-il suffisant d'apparier les sujets normaux et les sujets retardés pour AM de façon à garantir leur équivalence en matière de fonctionnement intellectuel? Cette supposition vaut ce que vaut l'âge mental comme mesure du développement intellectuel et comme indice de comparaison entre sujets normaux et sujets retardés. On notera que l'AM ne fournit qu'une information limitée sur le niveau de fonctionnement et de développement intellectuel. L'âge mental est dérivé d'une opération psychométrique qui ne peut renseigner que sur les produits et non ou seulement peu sur les processus du fonctionnement et du développement intellectuels. Cette opération ne peut également informer que sur les différences quantitatives et beaucoup moins sur les éventuelles différences qualitatives qui existent entre le fonctionnement intellectuel des sujets normaux et des sujets retardés (on verra Baumeister, 1967, pour une discussion de cette question). On notera encore qu'une comparaison en termes d'AM est toujours largement artificielle. L'âge mental ne représente pas une pure mesure de niveau intellectuel mais plutôt l'intégration d'une variété de facteurs. Il y a plusieurs façons d'obtenir le même âge mental à l'issue d'un testing psychométrique. Un doute existe donc quant à la suffisance de l'âge mental comme base d'appariement pouvant assurer l'équivalence cognitive des sujets normaux et des sujets retardés mentaux en un point du développement.

L'incidence de ces problèmes sur les résultats et les conclusions des travaux qui ont utilisé la stratégie de recherche qui consiste à apparier normaux et retardés est double. D'une part, les problèmes mentionnés illustrent les difficultés d'interprétation liées à l'utilisation de cette stratégie de recherche et l'intérêt qu'il y a à développer et à utiliser d'autres stratégies dans l'approche indiquée. D'autre part, et plus spécifiquement, les problèmes mentionnés conduisent à envisager avec prudence les résultats négatifs obtenus dans les recherches reprises plus loin — au moins jusqu'à ce que plus d'informations aient été apportées sur les conditions nécessaires et suffisantes d'appariement des sujets normaux et retardés pour le niveau de développement intellectuel. Par résultats négatifs, nous entendons les recherches à l'issue desquelles il est apparu que les sujets normaux et retardés appariés pour AM différaient en certains aspects du développement linguistique. En effet, si, dans ces études, ou dans certaines d'entre elles, les sujets normaux et les sujets retardés n'étaient pas en fait correctement appariés pour le niveau de développement intellectuel, la conclusion comparative quant à la nature de leur fonctionnement linguistique se trouverait, potentiellement au moins, en partie invalidée. Le même danger d'invalidation au moins partielle des conclusions n'existe pas pour les recherches ayant apporté des résultats positifs (neutres) — c'est-à-dire aucune différence entre normaux et retardés pour tel ou tel aspect du fonctionnement linguistique. Il est moins important dans ces cas, au moins rétrospectivement, que les sujets normaux et retardés aient été correctement appariés pour le niveau de développement intellectuel ou non, puisque de toute manière il se trouve qu'ils fonctionnent linguistiquement d'une façon comparable au point de vue considéré. Il apparaît donc que certains problèmes liés à l'utilisation d'une procédure d'appariement selon AM ne permettent pas d'apprécier de façon univoque la validité des conclusions négatives tirées à l'issue d'un certain nombre parmi les recherches disponibles.

*3. L'appariement selon d'autres mesures du développement cognitif*

Il est théoriquement possible, même si cela n'a pratiquement pas été fait, d'apparier les sujets normaux et retardés sur la base d'une diversité d'autres indices du développement cognitif. Les jalons mis en évidence par Piaget et ses collaborateurs dans le développement intellectuel du jeune enfant paraissent constituer autant d'indices utilisables à cette fin. Récemment, Greenwald & Leonard (1979) on fait usage de l'échelle du développement intellectuel sensori-moteur, systématisée par Uzgiris & Hunt (1975), pour apparier un groupe d'enfants normaux et un groupe d'enfants retardés à l'un des sous-stades terminaux de ce développement dans le but de voir si les deux groupes d'enfants différaient quant à certains aspects pragmatiques de l'organisation prélinguistique (cf. chapitre 3). Ce type d'appariement, plus précis et ponctuel que l'appariement global en termes d'AM peut être intéressant à exploiter dans le cadre de la problématique envisagée ici.

*4. L'appariement selon le niveau de développement linguistique*

Les difficultés d'interprétation liées à l'utilisation de la procédure d'appariement des sujets normaux et retardés selon AM ont amené plusieurs chercheurs à développer une autre stratégie pour apparier ces sujets, une stratégie basée sur le niveau de développement linguistique atteint globalement ou en un aspect donné. On peut, par exemple, décider d'apparier les sujets normaux et retardés pour la longueur moyenne de production verbale et examiner ensuite le langage des deux groupes de sujets à un ou à plusieurs points de vue de façon à voir si, lorsqu'on égalise la longueur moyenne des productions verbales à un moment donné du développement linguistique, il s'ensuit que l'organisation interne des productions est similaire pour les sujets normaux et les sujets retardés. Si cela est, on considérera qu'il s'agit d'un argument en faveur de la pertinence d'un modèle développemental (par opposition à une théorie déficitaire) pour conceptualiser le développement linguistique des sujets retardés mentaux.

Contrairement à ce qui peut paraître à première vue, il n'y a aucune circularité impliquée dans cette stratégie comparative. La question que l'on pose en appariant les sujets normaux et les sujets retardés selon LMPV est de savoir si LMPV constitue un indice de développement linguistique aussi valable pour les sujets retardés que pour les sujets normaux. Ceci revient à se demander si les développements linguistiques des retardés et des normaux procèdent bien de la même façon au plan des relations entre forme et contenu, d'une part, et longueur du matériel verbal produit, d'autre part.

Il y a place à l'intérieur de cette stratégie de recherche pour un nombre élevé de variantes. La variation peut porter sur la ou les variables-critères, c'est-à-dire celles qui servent de base pour l'appariement des sujets normaux et des sujets retardés, et sur la ou les variables dépendantes. On peut, par exemple, décider d'apparier des sujets normaux et des sujets retardés pour le niveau de compréhension verbale manifesté dans une série de tâches données et procéder ensuite à une comparaison de leurs productions verbales à un ou à plusieurs points de vue. On peut aussi (par exemple, Wheldall, 1976) apparier normaux et retardés pour le niveau de compétence lexicale et étudier ensuite divers autres aspects du fonctionnement linguistique des deux groupes de sujets. La question expérimentale porte alors sur la similitude ou la commensurabilité des relations qu'entretiennent les différents aspects et sous-aspects du fonctionnement linguistique chez les sujets normaux et chez les sujets retardés à un (et idéalement à plusieurs) moments du développement linguistique. Etablir cette similitude revient à rassembler une série d'arguments en faveur du bien-fondé d'une conceptualisation du développement du langage chez les retardés mentaux en termes de retard de développement. Inversement, mettre à jour des différences dans les relations qu'entretiennent les différents aspects du fonctionnement linguistique des deux populations de sujets revient à accumuler des évidences en faveur d'un modèle déficitaire.

Le Tableau 2 reprend les principales procédures d'appariement et résume leurs avantages et inconvénients respectifs.

*Tableau 2*
*Avantages et inconvénients des principales procédures utilisées pour l'appariement des sujets normaux et des sujets retardés mentaux en ce qui concerne le problème délai-différence*

| Appariement | Avantage(s) | Inconvénient(s) |
|---|---|---|
| 1. Selon l'*âge chronologique* (AC) | - comparaison en temps réel. | - décalage très important entre sujets normaux et retardés. |
| 2. Selon l'*âge mental* (AM) | - contrôle du niveau de développement intellectuel atteint. | - incertitude quant à la validité de l'âge mental comme indice du niveau de développement et de fonctionnement intellectuel.<br>- incertitude quant à la simplicité et la stabilité temporelle de la relation entre développement intellectuel et développement linguistique. |
| 3. Selon le *niveau de développement linguistique* | - la comparaison se fait à l'intérieur du domaine linguistique (la ou les variables critères et la ou les variables de référence étant toutes des variables linguistiques). | |

## 2. Les données empiriques

Examinons les données disponibles sur le problème délai-différence. Elles sont en grande partie résumées au Tableau 3, lequel reprend en fait les études pertinentes présentées dans les trois premiers chapitres, dans lesquelles un groupe contrôle constitué de sujets normaux était inclu dans le travail ou avait été identifié avec précision par référence à la littérature.

### A. Développement phonétique et phonologique

L'ensemble des données disponibles semble clairement indiquer que les sujets retardés mentaux acquièrent les sons et les phonèmes d'une manière et dans un ordre qui correspondent, tout délai mis à part (encore a-t-on vu que le délai paraît être nul ou fort réduit en ce qui concerne le développement phonétique à proprement parler, mais le nombre restreint d'enfants retardés observés rend toute généralisation dangereuse), à ceux documentés chez les sujets normaux. On a relevé les difficultés particulières des sujets trisomiques 21 en ce qui concerne l'articulation des phonèmes. Il semble toutefois que les difficultés articulatoires de ces sujets reflètent plus une perturbation générale du fonctionnement moteur avec incidence sur les délicats mécanismes de l'articulation qu'une organisation différente du fonctionnement et du développement phonologique.

### B. Développement lexical

Les sujets retardés sont capables de définir d'une façon correcte à peu près autant de mots que les normaux de mêmes âges mentaux. Les vocabulaires de base et les vocabulaires marginaux utilisés par ces sujets, spontanément ou en situation expérimentale, sont relativement similaires en extension et en contenu à ceux des normaux. Les épreuves de répétition et de reconnaissance de mots présentés auditivement ne fournissent pas non plus de différences notables entre normaux et retardés appariés pour l'âge mental. Les sujets normaux et les sujets retardés de mêmes âges mentaux sont proches quant aux associations de mots (libres, syntagmatiques, paradigmatiques, etc.) et aux généralisations (phonétiques et sémantiques) qu'ils sont capables de faire, quant aux proportions de noms, verbes, adjectifs, et représentants des autres classes grammaticales qui meublent leurs lexiques, et quant aux aspects connotatifs des significations qu'ils attachent à certains mots (comme, par exemple, les mots «patrie», «maman», «moi» — Rybold, 1968).

Tableau 3

Résultats des études ayant utilisé une procédure d'appariement des sujets normaux et des sujets retardés mentaux pour l'âge chronologique (AC), l'âge mental (AM), pour la longueur moyenne de production verbale (LMPV) ou pour d'autres indices du niveau de développement intellectuel ou linguistique.

Symbolique: Tr: sujets trisomiques 21; A: sujets retardés d'autres étiologies; V: sujets retardés d'étiologies variées y compris des sujets trisomiques 21; O: indique qu'aucune différence significative n'a été trouvée entre les sujets normaux et les sujets retardés comparés; + et − indiquent respectivement qu'une différence significative a été trouvée entre les sujets normaux et les sujets retardés à l'avantage ou au désavantage des derniers. Le ? signale qu'un certain doute subsiste quant à la validité de l'indication proposée.

| ITEM | Aspect linguistique | Appariement | Age chronologique des sujets retardés (en années) | Compréhension/ Production | Etiologie | Résultat |
|------|---------------------|-------------|---------------------------------------------------|--------------------------|-----------|----------|

1. Développement phonétique et phonologique

| | | | | | | |
|---|---|---|---|---|---|---|
| 1 | Sons caractéristiques produits lors du babillage (voyelles, consonnes, syllabes, redoublements de syllabes) et séquences d'apparition de ces types de sons (Dodd, 1972; Smith, 1977). | AC | 1 0-2 | P | V | O |
| 2 | Séquences observées dans le développement phonologique (Smith, 1977). | AC | 2-5 | P | Tr | O |
| 3 | Types d'erreurs articulatoires (Dodd, 1976; Bartolucci & Pierce, 1976; Lambert & al., 1980). | AM AM AC | 6-15 6-12 5-13 | P | Tr et A A Tr et A | Tr - A O O O |
| 4 | Clarté acoustique et intelligibilité de la parole au cours du discours spontané (Ryan, 1975; Rondal, 1978a). | LMPV | 5-10 3-12 | P | Tr et A Tr | Tr - A O — |

LE PROBLEME DELAI-DIFFERENCE 115

## 2. Aspects pragmatiques du développement prélinguistique

| | | | | | |
|---|---|---|---|---|---|
| 5 | Utilisation des performatifs impératifs et déclaratifs (Greenwald & Leonard, 1979). | Stades 4 et 5 de l'échelle du développement intellectuel sensori-moteur de Uzgiris et Hunt (1975). | 7-13 mois | P | Tr | O |

## 3. Développement lexical

| | | | | | |
|---|---|---|---|---|---|
| 6 | Compréhension des mots communément utilisés, compréhension des adjectifs et des prépositions spatiales, compréhension des items lexicaux du Carrow Auditory Test of Language Comprehension (Lyle, 1961; Cook, 1977; Bartel & al., 1973). | AC<br>AC<br>AM | 6-14<br>3-6<br>9-13 | C | Tr et A<br>Tr<br>V | O<br>O<br>O |
| 7 | Sens connotatif attaché à certains mots (Rybold, 1968). | AM | 3-17 | C | V | O |
| 8 | Vocabulaire de base (Mein & O'Connor, 1960; Beier & al., 1969; Wepman & Hass, 1969). | AM | 9-13<br>11-24<br>5-15 | P | V | O |
| 9 | Associations de mots et généralisations (Sersen & al., 1970; O'Connor & Hermelin, 1959, 1963). | AM | 2-14<br>9-16<br>10-20 | P | V | O |
| 10 | Diversité lexicale (Rondal, 1978a). | LMPV | 3-12 | P | Tr | + |

| ITEM | Aspect linguistique | Appariement | Age chronologique des sujets retardés (en années) | Compréhension/Production | Etiologie | Résultat |
|---|---|---|---|---|---|---|
| | | | *4. Développement sémantique structural* | | | |
| 11 | Compréhension des relations sémantiques structurales de base (Duchan & Erickson, 1976). | LMPV | 4-8 | C | T et A | O |
| 12 | Fréquence et types de relations sémantiques structurales de base dans le discours (Buium & al., 1974; Rondal, 1978a; Coggins, 1976; Dooley, 1976; Layton & Sharifi, 1979). | LMPV<br><br><br>AM | 4<br>3-12<br>1-6<br>2-5<br>7-12 | P | Tr | O |
| | | | *5. Développement morphologique* | | | |
| 13 | Compréhension des principales flexions pronominales, nominales et verbales (Bartel & al., 1973; Rogalsky, 1975; Waryas, 1976). | AM | 9-13<br>4-20<br>11-18 | C | V | — |
| 14 | Production des principales flexions pronominales, nominales et verbales (Bateman & Wetherell, 1965; Bilovsky & Share, 1965; Mueller & Weaver, 1964; Glovsky, 1970; Bradbury & Lunzer, 1972, etc.). | AC<br>AC<br>AM<br>AM<br>AM | 6-12<br>10-15<br>10-16<br>12-18<br>9-10 | P | V | — |
| 15 | Omission, substitution et généralisation incorrecte des flexions grammaticales dans le discours spontané (Ryan, 1975). | LMPV | 5-10 | P | T et A | O |

LE PROBLEME DELAI-DIFFERENCE 117

6. *Développement syntaxique*

| | | | | | |
|---|---|---|---|---|---|
| 16 | Stratégies utilisées pour identifier agents et objets dans les énoncés reçus (choix au hasard, d'abord, stratégies sémantiques-lexicales, ensuite, ordre des mots, enfin) (Dale, 1977). | LMPV | 4-6 | C | Tr | O |
| 17 | Hiérarchisation des difficultés syntaxiques dans un test de compréhension de phrases (Mittler, 1974; Whelldall, 1976). | AM English Peabody Picture Vocabulary Test (EPPVT) | 8-12 9-15 | C | V | O |
| 18 | Compréhension des phrases affirmatives, négatives, actives et passives; compréhension de la construction anglaise dite du «double objet» (Semmel & Dolley, 1970; Bartel & al., 1973; Lambert, 1978b). | AC AM AM | 6-14 9-13 6-12 | C | Tr V V | — — — |
| 19 | Compréhension des phrases passives et stratégies d'interprétation de ces phrases (Dewart, 1979; Chipman, 1979). | AM AM | 7-18 8-15 | C | V V | O? O |
| 20 | Compréhension des phrases affirmatives actives comprenant une forme progressive («ing» form, en anglais) ou une construction possessive (par exemple, «Peter's house») (Berry, 1972). | EPPVT | 10-16 | C | V | O |
| 21 | Compréhension des propositions circonstancielles de temps et des relations temporelles entre propositions (Barblan & Chipman, 1978). | AM | 6-10 | C | V | O? |

| ITEM | Aspect linguistique | Appariement | Age chronologique des sujets retardés (en années) | Compréhension/ Production | Etiologie | Résultat |
|---|---|---|---|---|---|---|
| 22 | Proportions d'adjectifs et d'adverbes par énoncé (Rondal, 1978a). | LMPV | 3-12 | P | Tr | O |
| 23 | Proportions d'énoncés sans verbe (Rondal, 1978a). | LMPV | 3-12 | P | Tr | O |
| 24 | Usage progressif des phrases impératives, déclaratives et interrogatives actives, et déclaratives passives avec l'augmentation en âge mental (Lackner, 1968; Gordan & Panagos, 1976). | AM | 2-9<br>3-5 | P | V<br>Tr | O<br>O |
| 25 | Représentation proportionnelle des principaux types syntaxiques de phrases (Ryan, 1975; Rondal, 1978b). | LMPV | 5-10<br>3-12 | P | Tr et A<br>Tr | O<br>O |
| 26 | Ordre des mots (Ryan, 1975; Dale, 1977). | LMPV | 5-10<br>4-6 | P | Tr et A<br>Tr | O<br>O |
| 27 | Renversement de l'ordre canonique du sujet et du premier élément verbal dans les énoncés interrogatifs (Rondal, 1978a). | LMPV | 3-12 | P | Tr | — |
| 28 | Omission des auxiliaires dans les contextes d'usage obligatoire (Ryan, 1975; Layton & Sharifi, 1979). | LMPV<br>AM | 5-10<br>7-12 | P | Tr et A<br>Tr | O<br>— |
| 29 | Utilisation des pronoms personnels et des pronoms indéfinis (Dale, 1977; Rondal, 1978c). | LMPV | 4-6<br>5-12 | P | Tr | —<br>— |

Les données sont encore insuffisantes pour se prononcer sur le point de savoir si les sujets retardés acquièrent les divers traits sémantiques qui constituent le sens dénotatif des mots de la même façon que les normaux. Comme on l'a vu au chapitre 2, il est des indications (par exemple, le travail de Markowitz, 1976) selon lesquelles certaines stratégies développementales au niveau de l'acquisition des traits sémantiques pourraient faire défaut chez les sujets handicapés. De même, Denhière (1976), dans ses travaux sur l'apprentissage verbal, est de l'avis que les sujets retardés mentaux (il s'agit de retardés légers comme dans l'étude de Markowitz) n'ont pas acquis, à égalité d'âge mental, la même «quantité» de traits sémantiques que les normaux en ce qui concerne le sens des mots utilisés et reçus. Ces informations sont trop préliminaires, cependant, pour qu'on puisse leur accorder un statut autre que simplement hypothétique. Même confirmée, l'indication fournie par Denhière (1976) renverrait à une position «délai», c'est-à-dire différence quantitative, plutôt qu'à une position différentielle qualitative.

### C. *Développement sémantique structural*

Les sujets retardés catégorisent et expriment les relations sémantiques de base entre entités et les événements de la même façon, fondamentalement, que les sujets normaux. Il semble que la structure sémantique relationnelle qui sert de base à l'expression et à la réception des énoncés à plusieurs mots soit organisée selon les mêmes lignes directrices chez les sujets normaux et retardés mentaux. L'explication doit sans doute en être trouvée dans le fait que les connaissances sensori-motrices sur lesquelles repose cette structure sémantique de base constitue un prérequis pour l'accès au langage combinatoire (Brown, 1973; Edwards, 1973).

Cependant, certaines données recueillies par Willis (1978) avec des sujets retardés légers suggèrent que ces derniers peuvent être limités dans leur capacité de *combiner* plusieurs relations sémantiques pour construire des énoncés complexes. Layton & Sharifi (1979) ont fait état de données similaires recueillies avec des sujets retardés modérés et sévères. Ces indications posent un problème particulier: s'agit-il de sémantique structurale ou de morpho-syntaxe?

Dès qu'il y a construction d'un énoncé complexe, la trame sémantique incorpore nécessairement plusieurs relations sémantiques. Ce sont, sans doute, les grammaires génératives sémantiques de Fillmore (1968) et de Chafe (1970) qui sont le plus utiles sur ce point. Selon ces deux modèles, la trame qui au niveau sémantique préfigure les énoncés incorporant plusieurs relations sémantiques *n'est pas ordonnée séquentiellement*. Les diverses relations ou cas, au sens de Fillmore (1968), sont posées sans ordre particulier dans un cadrage général qui préfigure le futur énoncé et elles sont polarisées par rapport à l'élément structural central, à savoir le verbe[1]. Par exemple, selon Fillmore, un énoncé du type «*Jean donne un cadeau à Jacques*» (structure de surface) correspond en profondeur à une structure sémantique qu'on pourrait représenter selon le diagramme fourni à la figure 1 (en supposant que l'opération de lexicalisation du matériel sémantique soit déjà intervenue).

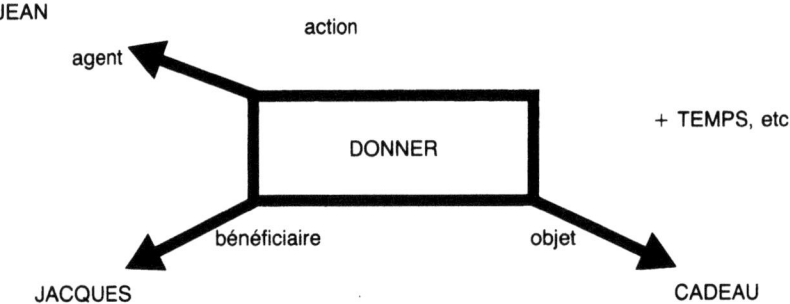

Fig. 1: Structure sémantique correspondant à l'énoncé «Jean donne un cadeau à Jacques» (basé sur Fillmore, 1968).

La matérialisation en surface d'une structure de ce type répond à l'application d'un certain nombre de règles de réalisation (subjectivisation, objectivisation, etc.) dont le détail ne nous intéresse pas ici mais qui aboutissent à positionner et à marquer morphologiquement les items constituant l'énoncé. En français, comme en anglais, il s'agira au premier chef de positionner les items en surface selon des règles séquentielles relativement strictes. Le passage de la structure profonde (caractérisée ici par référence aux théories dites génératives sémantiques ou encore post-chomskyenne — Parisi & Antinucci, 1976) à la structure de surface constitue l'étape morpho-syntaxique de la construction des énoncés. La mobilisation et la combinaison des relations sémantiques dans la création des énoncés peuvent être envisagées au

---

[1] La notion de verbe dans les grammaires de Fillmore (1968) et de Chafe (1970) dépasse celle des grammaires traditionnelles pour englober certains adjectifs, adverbes, et certaines prépositions.

moins à deux niveaux : la structure profonde et la structure de surface. Lorsque Willis (1978), de même que Layton & Sharifi (1979), signalent des difficultés chez les sujets retardés dans la capacité de combiner plusieurs relations sémantiques, nous ne savons pas clairement à quel niveau d'analyse il faut situer le problème. S'agit-il d'une difficulté liée à la mise en relation des différentes structures casuelles les unes avec les autres autour du nœud verbal ou bien le problème concerne-t-il essentiellement la réalisation séquentielle en surface de la trame sémantique, ou encore les difficultés existent-elles simultanément aux deux niveaux ? Dans le premier cas, il s'agit d'une difficulté sémantique structurale. Dans le second cas, il s'agirait plutôt d'un problème de réalisation séquentielle.

## D. *Développement morphologique*

Les études revues, qu'il s'agisse de l'utilisation de diverses techniques de test (épreuve dite de Berko, Illinois Test of Psycholinguistic Abilities, Test de Carrow, etc.) ou de données se rapportant au langage spontané des sujets retardés, signalent l'existence de sérieuses difficultés dans la maîtrise du système morphologique du langage chez ces sujets. Il est donc possible que le développement morphologique chez les sujets retardés, notamment chez les retardés modérés et sévères, soit proprement déficitaire au sens de l'opposition délai-différence. Mais il est tout aussi possible que le développement morphologique chez ces sujets procède exactement ou à peu près comme celui des enfants normaux bien que ne dépassant guère les premiers stades. D'autres études sont nécessaires pour éclairer ce point et enrichir nos connaissances encore très rudimentaires sur les aspects morphologiques du langage des sujets retardés mentaux.

## E. *Développement syntaxique*

La variable-clé en ce qui concerne le développement syntaxique des sujets handicapés mentaux, envisagé dans la perspective délai-différence, semble être le niveau du développement considéré. A un niveau relativement élémentaire, toutes les données concordent en faveur d'une interprétation en termes d'un «délai» chez les sujets retardés. A mesure qu'on dépasse ce niveau syntaxique de base, pour ainsi dire, les évidences disponibles semblent plutôt pointer en faveur d'une interprétation en termes de l'hypothèse différentielle. Il faudrait, cependant, pouvoir tester l'hypothèse additionnelle d'un plateau s'établissant relativement rapidement après le niveau de la syntaxe de base avant de considérer comme possible une interprétation favorisant la position «différence» au-delà de ce stade de développement syntaxique.

## 3. Conclusions

Le tableau qui émerge des données recensées est complexe. *En ce qui concerne les composantes phonétique et phonologique, et sémantique lexicale et structurale de l'organisation linguistique*, il semble que la position «délai» soit la plus appropriée pour conceptualiser le développement des sujets retardés. La même conclusion prévaut sans doute jusqu'à un niveau relativement élémentaire de développement en ce qui touche à *la composante morpho-syntaxique du langage*, niveau qui correspond à ce qu'on pourrait appeler une «morpho-syntaxe de base», comparable à l'organisation qui peut être observée chez la plupart des enfants normaux aux alentours de 30-36 mois. Au-delà de ce niveau, il n'est pas évident qu'une caractérisation du développement morpho-syntaxique en termes de «délai» soit encore justifiée. Les données disponibles sont certes par trop incomplètes pour pouvoir se prononcer avec une clarté suffisante. Les observations rapportées sur les aspects relativement avancés du développement morpho-syntaxique des sujets handicapés mentaux peuvent laisser à penser que l'organisation linguistique cesse d'être comparable à ce qu'elle est chez les sujets normaux à ce point de vue et à partir de ce stade. Il est possible qu'au-delà d'un certain niveau, l'insuffisance des moyens cognitifs à la disposition des sujets retardés les amène progressivement à adopter des solutions qui diffèrent de l'évolution des sujets normaux et les oblige ensuite à se maintenir à ces niveaux qui constituent alors leurs plateaux terminaux de développement.

Il serait extrêmement utile à ce point de vue d'entreprendre une étude systématique des stratégies mises en œuvre par les sujets retardés par comparaison avec les sujets normaux dans le codage et le décodage du matériel linguistique. Quelques indications dans la littérature spécialisée (par exemple, Markowitz, 1976; Cromer, 1974) suggèrent que les stratégies mises en œuvre par les sujets retardés pour décoder le matériel linguistique qui leur est présenté à un certain niveau de complexité diffèrent des stratégies correspondantes exploitées par les sujets normaux ou plus exactement que certaines des stratégies utilisées par ces derniers semblent curieusement faire défaut chez les sujets retardés, au moins dans les contextes expérimentaux utilisés. Bever (1970) et Slobin (1973) ont suggéré l'utilisation par les enfants normaux d'un certain nombre de stratégies dans le traitement du matériel linguistique reçu. Il conviendrait, comme point de départ, de tenter de vérifier dans quelle mesure les sujets retardés font effectivement usage des mêmes stratégies. Snyder et McLean (1977) ont émis l'hypothèse que tout retard ou déficit linguistique grave correspond nécessairement à un déficit ou à une série de déficits sérieux au niveau des stratégies mises en œuvre dans le codage et le décodage du matériel linguistique. Ces auteurs distinguent deux secteurs, celui des stratégies utilisées dans la collecte des informations et celles qui interviennent dans le traitement du matériel linguistique. Les secondes correspondent aux stratégies et processus avancés par Bever (1970) et par Slobin (1973). Les premières comprennent l'attention sélective au donné linguistique chez le jeune enfant, la référence conjointe (c'est-à-dire le centrage simultané du locuteur et de l'interlocuteur sur la réalité référée au moment de l'énonciation), et les mécanismes de feedback (les indications fournies par le récepteur soit verbalement, soit non verbalement et qui signalent au locuteur que son message a été reçu et compris ou non). On pourrait allonger la liste mais nous nous limiterons ici à définir le problème et à en signaler l'importance. On sait, d'une façon générale (voir par exemple, Borkowsky & Wanschura, 1974; Borkowsky & Cavanaugh, 1979; Brown, 1974; Denhière, 1975; Reid, 1980), que les sujets retardés mentaux, et particulièrement les sujets retardés modérés et sévères, diffèrent des sujets normaux dans l'utilisation *spontanée* des diverses stratégies d'apprentissage, d'organisation de l'information, de rétention et de rappel mémoriel, etc. Les sujets retardés peuvent généralement apprendre à utiliser les stratégies en question et dès lors leurs résultats aux épreuves proposées ne diffèrent plus notablement de ceux obtenus par les sujets normaux, mais *ils ne le font pas spontanément*, et même après apprentissage ils tendent à revenir à leurs modes de fonctionnement élémentaires dès qu'ils sont à nouveau livrés à eux-mêmes. Il est vraisemblable, dès lors, que des problèmes importants de ce genre existent également dans le domaine du codage et du décodage de l'information linguistique chez les sujets handicapés. Un important secteur de recherche est là qui attend les chercheurs.

La réponse à la question posée en début de chapitre est donc la suivante dans l'état actuel des connaissances et en tenant compte des limitations et des problèmes divers mentionnés plus haut : *l'évolution linguistique des sujets retardés est comparable au développement normal mis à part l'important retard chronologique en ce qui concerne certains aspects du développement linguistique et jusqu'à un certain point dans le développement. Passé ce stade, pour les aspects en question (morphosyntaxique, essentiellement), les données ne semblent plus fournir de garantie raisonnable en faveur de la position « délai »).* Ce qui n'implique nullement, à ce stade, que la position « différence » ait été validée empiriquement.

# ELEMENTS BIBLIOGRAPHIQUES

AJURIAGERRA DE J., Organisation psychologique et troubles du développement du langage; étude d'un groupe d'enfants dysphasiques. In J. de Ajuriagerra & al., *Problèmes de psycholinguistique*. Paris: Presses Universitaires de France, 1963.

BARBLAN L. & CHIPMAN H.H., Temporal relationships in language: a comparison between normal and language retarded children. In G. Drachman (Ed.), *Salzburger Beiträge zur Linguistik*, V. Salzburg: W. Neugebauer, 1978.

BARTEL N., BRYEN D. & KEEHN S., Language comprehension in the mentally retarded child. *Exceptional Children*, 1973, *39*, 375-382.

BARTOLUCCI G. & PIERCE S.J., A preliminary comparison of phonological development in autistic, normal, and mentally retarded subjects. *British Journal of Disorders of Communication*, 1976, *12*, 137-147.

BAUMEISTER A., Problems in comparative studies of mental retardates and normals. *American Journal of Mental Deficiency*, 1967, *71*, 477-483.

BATEMAN B. & WETHERELL J., Psycholinguistic aspects of mental retardation. *Mental Retardation*, 1965, *3*, 8-13.

BEIER E., STARKWEATHER J. & LAMBERT M.J., Vocabulary usage of mentally retarded children. *American Journal of Mental Deficiency*, 1969, *73*, 927-934.

BERRY P., Comprehension of possessive and present continuous sentences by non-retarded, mildly retarded and severely retarded children. *American Journal of Mental Deficiency*, 1972, *76*, 540-544.

BEVER T., The cognitive basis for linguistic structures. In J. Hayes (Ed.), *Cognition and the development of language*. New York: Wiley, 1970, pp. 279-362.

BILOVSKY D. & SHARE J., The ITPA and Down's syndrome: An exploratory study. *American Journal of Mental Deficiency*, 1965, *70*, 78-83.

BOUTON C., *Le développement du langage. Aspects normaux et pathologiques.* Paris, Masson, 1976.

BORKOWSKY J. & WANSCHURA P., Mediational processes in the retarded. In N. Ellis (Ed.), *International review of research in mental retardation* (Vol. 7). New York: Academic Press, 1974, pp. 1-54.

BORKOWSKY J. & CAVANAUGH J., Maintenance and generalisation of skills and strategies by the retarded. In N. Ellis (Ed.), *Handbook of research in mental retardation*. New York: Academic Press, 1979, pp. 569-617.

BRADBURY B. & LUNZER E., The learning of grammatical inflections in normal and subnormal children. *Journal of Child Psychology and Psychiatry*, 1972, *13*, 239-248.

BROWN A., The role of strategic behavior in retardate memory. In N. Ellis (Ed.), *International review of mental deficiency* (Vol. 6). New York: Academic Press, 1974, pp. 55-113.

BROWN R., *A first language*. Cambridge, Massachusetts: Harvard University Press, 1973.

BUIUM N., RYNDERS J. & TURNURE J., *A semantic-relational-concepts based theory of language acquisition as applied to Down's syndrome children: Implication for a language enhancement program*, Research Report No 62, Research, Development, and Demonstration Center in Education of Handicapped Children, University of Minnesota, Minneapolis, Minnesota, 1974.

CHAFE W., *Meaning and the structure of language*. Chicago: The University of Chicago Press, 1970.

CHIPMAN H., *Understanding language retardation: a developmental perspective*. Communication faite au 5ᵉ Congrès de l'International Association for the Scientific Study of Mental Deficiency (I.A.S.S.M.D.), Jerusalem, août 1979.

COGGINS T.E., *The classification of relational meaning expressed in the early two-word utterances of Down's syndrome children*. Manuscrit. University of Wisconsin, Madison, 1976 (University Microfilms International Catalog No 76-20, 103).

COOK N., *Semantic development in children with Down's syndrome*. Communication présentée à la 85e Conférence de l'American Psychological Association, San Francisco, août 1977.

CROMER R., Receptive language in the mentally retarded: processes and diagnostic distinctions. In R. Schiefelbusch & L. Lloyd (Eds), *Language perspectives - Acquisition, retardation and intervention*. Baltimore: University Park Press, 1974, pp. 237-267.

DALE P., *Syntactic development in Down's syndrome children*. Communication présentée à la 85e Conférence de l'American Psychological Association, San Francisco, août 1977.

DARLEY F. & WINITZ H., Age of first word: Review of research. *Journal of Speech and Hearing Disorders*, 1961, 26, 272-290.

DENHIERE G., *Stratégies d'apprentissage et capacités: étude comparative d'enfants normaux et débiles mentaux*. Manuscrit. Université de Paris VIII, Laboratoire de Psychologie, 1975.

DENHIERE G., Influence de la composition sémantique des phrases sur le temps d'étude: étude comparative d'enfants normaux et débiles mentaux. *Journal de Psychologie*, 1976, 217-235.

DEWART M., Language comprehension processes of mentally retarded children. *American Journal of Mental Deficiency*, 1979, 84, 177-183.

DODD B., Comparison of babbling patterns in normal and Down's syndrome infants. *Journal of Mental Deficiency Research*, 1972, 16, 35-40.

DODD B., Recognition and reproduction of words by Down's syndrome and non-Down's syndrome retarded children. *American Journal of Mental Deficiency*, 1975, 80, 306-311.

DODD B., A comparison of the phonological systems of MA-matched normal, severely subnormal, and Down's syndrome children. *British Journal of Disorders of Communication*, 1976, 11, 27-42.

DOOLEY J., *Language acquisition and Down's syndrome: a study of early semantics and syntax*. Thèse doctorale. Harvard University, Cambridge, Massachusetts, 1976.

DUCHAN J.F. & ERICKSON J.G., Normal and retarded children's understanding of semantic relations in different verbal contexts. *Journal of Speech and Hearing Research*, 1976, 19, 767-776.

EDWARDS D., Sensory motor intelligence and semantic relations in early child grammar. *Cognition*, 1973, 2, 395-434.

FILLMORE C., The case for case. In E. Bach & R. Harms (Eds), *Universals in linguistic theory*. New York: Holt, Rinehart et Winston, 1968, pp. 1-88.

GORDON W. & PANAGOS J., Developmental transformational capacity of children with Down's syndrome. *Perceptual and Motor Skills*, 1976, 43, 967-973.

GLOVSKY L., A comparison of two groups of mentally retarded children on the ITPA. *Training School Bulletin*, 1970, 67, 4-14.

GREENWALD C.A. & LEONARD L.B., Communicative and sensorimotor development of Down's syndrome children. *American Journal of Mental Deficiency*, 1979, 84, 296-303.

LACKNER J.R., A developmental study of language behavior in retarded children. *Neuropsychologia*, 1968, 6, 301-320.

LAMBERT J.L., *Introduction à l'arriération mentale*. Bruxelles: Mardaga, 1978 (a).

LAMBERT J.L., La compréhension des phrases chez des arriérés mentaux. *Le Langage et l'Homme*, 1978, octobre, 30-33 (b).

LAMBERT J.L., RONDAL J.A. & SOHIER C., Analyse des troubles articulatoires chez des enfants arriérés mentaux mongoliens et non mongoliens. *Bulletin d'Audiophonologie*, 1980, *10*, 13-20.

LAYTON T. & SHARIFI H., Meaning and structure of Down's syndrome and non-retarded children spontaneous speech. *American Journal of Mental Deficiency*, 1979, *83*, 439-445.

LYLE J.G., Comparison of the language of normal and imbecile children. *Journal of Mental Deficiency Research*, 1961, *5*, 40-50.

MARKOWITZ J., *The acquisition of spatial adjectives in their nominal, comparative, and superlative forms among moderately retarded children*. Communication présentée à la convention annuelle de l'American Association on Mental Deficiency, Chicago, juin 1976.

McCARTHY D., *Language development of preschool child*. Institute of Child Welfare Monograph Series No 4. Minneapolis: University of Minnesota Press, 1930.

MEIN R. & O'CONNOR N., A study of the oral vocabularies of severely subnormal patients. *Journal of Mental Deficiency Research*, 1960, *4*, 130-143.

MITTLER P.J., Language and communication. In A.M. Clarke & A.D.B. Clarke (Eds), *Mental deficiency, the changing outlook*. Londres: Methuen, 1974.

MUELLER M. & WEAVER S., Psycholinguistic abilities of institutionalized and non-institutionalized trainable mental retardates. *American Journal of Mental Deficiency*, 1964, *68*, 775-783.

O'CONNOR N. & HERMELIN B., Some effects of word learning in imbeciles. *Language and Speech*, 1959, *2*, 63-71.

O'CONNOR N. & HERMELIN B., *Speech and thought in severe subnormality*. New York: McMillan, 1963.

PARISI D. & ANTINUCCI F., *Essentials of grammar*. New York: Academic Press, 1976.

REID G., Overt and covert rehearsal in short-term motor memory of mentally retarded and non-retarded persons. *American Journal of Mental Deficiency*, 1980, *85*, 69-77.

ROGALSKY L.A., A comparison of language development between mentally retarded and non-retarded children, as evidenced by their comprehension of the plural inflection ou nouns and the preposition in and on. *University Microfilms International*, Ann Arbor, Michigan, 1975.

RONDAL J.A., Maternal speech to normal and Down's syndrome children matched for mean length of utterance. In C.E. Meyers (Ed.), *Quality of life in severely and profoundly mentally retarded people. Research foundations for improvement*. Washington, D.C.: American Association on Mental Deficiency, 1978, pp. 193-265 (a).

RONDAL J.A., Patterns of correlation for various language measures in mother-child interactions for normal and Down's syndrome children. *Language and Speech*, 1978, *21*, 242-252 (b).

RONDAL J.A., Developmental Sentence Scoring Procedure and the delay-difference question in language development of Down's syndrome children. *Mental Retardation*, *16*, 169-171 (c).

RONDAL J.A., *Votre enfant apprend à parler*. Bruxelles: Mardaga, 1979.

RONDAL J.A., Une note sur la théorie cognitive-motivationnelle d'Edward Zigler en matière de retard mental culturel-familial. *Psychologica Belgica*, 1980, *20*, 61-82.

RONDAL J.A., LAMBERT J.L. & SOHIER C., L'imitation verbale et non verbale chez l'enfant retardé mental mongolien et non mongolien. *Enfance*, 1980, *3*, 107-122.

RYAN J., Mental subnormality and language development. In E. Lenneberg & E. Lenneberg (Eds), *Foundations of language development: a multi-disciplinary approach* (Vol. 2). New York: Academic Press, 1975, pp. 269-277.

RYBOLD G., A factorial analysis of the semantic structures of retarded adolescents. *American Journal of Mental Deficiency*, 1968, *72*, 512-517.
SEMMEL M. & DOLLEY D., Comprehension and imitation of sentences by Down's syndrome children as a function of transformational complexity. *American Journal of Mental Deficiency*, 1970, *75*, 739-745.
SERSEN E., ASTRUP C., FLOIDSTAD I. & WORTIS J., Motor conditioned reflexes and word associations in retarded children. *American Journal of Mental Deficiency*, 1970, *74*, 495-501.
SHANER-WOLLES C., Quelques aspects du langage des enfants mongoliens. In J.A. Rondal, J.L. Lambert & H.H. Chipman (sous la direction de), *Psycholinguistique et handicap mental*. Bruxelles: Mardaga, 1981, pp. 150-166.
SLOBIN D., Cognitive prerequisites for the acquisition of grammar. In C. Ferguson & D. Slobin (Eds), *Studies of child language development*. New York: Holt, Rinehart & Winston, 1973, 485-496.
SMITH B.L., *Phonological development in Down's syndrome children*. Communication présentée au 85ᵉ Congrès de l'American Psychological Association, San Francisco, août 1977.
SNYDER L. & McLEAN J., Deficient acquisition strategies: A proposed conceptual framework for analyzing severe language deficiency. *American Journal of Mental Deficiency*, 1977, *81*, 338-349.
UZGIRIS I. & HUNT J., *Assessment in infancy; ordinal scales of psychological development*. Urbana: University of Illinois Press, 1975.
WARYAS C., *Receptive language skills in psycholinguistic research*. Manuscrit. Parsons Research Center, Parsons, Kansas, 1976.
WEPMAN J. & HASS W., *A spoken word count: children*. Chicago: Language Research Associates, 1969.
WHELDALL K., Perspective language development in the mentally handicapped. In P. Berry (Ed.), *Language communication in the mentally handicapped*. Baltimore: University Park Press, 1976, pp. 36-55.
WILLIS B., *Mentally retarded children-qualitatively different speech*. Manuscrit. Luther College, Decorah, Iowa, 1978.
YODER D. & MILLER J., What we may know and what we can do: Input toward a system. In J. McLean, D. Yoder & R. Schiefelbusch (Eds), *Language intervention with the retarded: developing strategies*. Baltimore: University Park Press, 1972, pp. 89-107.
ZAZZO R., et l'équipe de l'Hôpital Henri Rousselle, Paris. *Les débilités mentales*. Paris: Colin, 1969.
ZIGLER E., Developmental versus difference theories of mental retardation and the problem of motivation. *American Journal of Mental Deficiency*, 1969, *73*, 536-556.
ZIGLER E., The retarded child as a whole person. In D. Routh (Ed.), *The experimental psychology of mental retardation*. Chicago: Aldine, 1973, pp. 231-323.
ZISK P. & BIALER I., Speech and language problems in mongolism: A review of the literature. *Journal of Speech and Hearing Disorders*, 1967, *32*, 228-241.

# Chapitre 5
# Communication et interactions verbales

Le fait de considérer le langage comme un instrument de communication est une orientation relativement récente prise par la psycholinguistique. C'est aux alentours de 1970 que les théoriciens «redécouvrent» l'importance de la signification dans le développement du langage chez l'enfant (par exemple, Bloom, 1970). Cette conception a entraîné un vaste courant d'études dans lesquelles les différentes composantes de l'économie du système linguistique sont prises en considération. Outre les aspects syntaxiques et sémantiques, la perspective actuelle insiste également sur la composante *pragmatique* du langage. L'acquisition du langage est conceptualisée comme le développement de la capacité à communiquer verbalement et linguistiquement par la conversation dans un contexte spatio-temporel donné. La communication linguistique est considérée comme une forme de communication parmi d'autres (Rondal, 1978a). En situation naturelle, pour rendre compte d'une série de productions verbales, l'attention se porte sur le contexte linguistique et extra-linguistique de l'échange verbal, le thème de la conversation, les présuppositions, les attitudes et les motivations des participants (Moerk, 1977). Cette analyse se fait parallèlement à celle de l'organisation formelle du discours. Avant d'envisager les études portant sur le développement de la communication chez les retardés mentaux, il est nécessaire de préciser quelque peu les orientations actuelles en psycholinguistique développementale.

La fonction *pragmatique* du langage peut être définie comme l'utilisation de règles gouvernant les énoncés verbaux produits *dans un contexte donné* afin de produire certains effets sur l'interlocuteur (Průcha, 1983). Cette orientation demande l'intégration de deux notions importantes: les fonctions du langage et les actes de parole.

*Les fonctions du langage.* Le fait de considérer le langage comme un instrument permettant à l'être humain de se développer correspond à une préoccupation philosophique ancienne. Ce n'est que récemment que la notion de «fonction» a suscité un regain d'intérêt de la part des théoriciens, notamment avec le développement de la sociolinguistique et le courant dit de l'ethnographie de la communication (Winkin, 1981). Il est possible de trouver de nombreuses descriptions des fonctions langagières dans la littérature spécialisée (cf. Rees, 1978, pour une revue). L'ensemble de ces fonctions peut se ramener, sans trop de difficultés, aux deux fonctions majeures reconnues du langage: la fonction *idéique* — la représentation de la réalité, l'échange et le traitement de l'information — et la fonction *interpersonnelle* — agir sur autrui — (Rondal, 1978a). Il est certes possible de rattacher ces deux fonctions aux principales modalités du discours de l'adulte. Par exemple, à la fonction interpersonnelle correspond, notamment, l'emploi de l'impératif; à la fonction idéique correspond l'usage des déclaratives. Toutefois, cette symétrie n'est qu'apparente. En effet, une même phrase peut servir plusieurs fonctions et, parallèlement, une même fonction peut être remplie par plusieurs phrases différentes. C'est sur ce point que se penche l'étude pragmatique du langage, principalement par l'analyse des actes de parole.

*Les actes de parole.* Ce sont les unités minimales permettant la communication linguistique (Rees, 1978). Le lecteur remarquera que l'on n'utilise pas le terme «phrase». En effet, dans l'étude des actes de parole, l'analyse ne porte plus directement sur la structure des phrases, mais bien sur la manière dont les phrases et les énoncés en général interviennent dans la communication. L'étude se centre sur la description des opérations impliquées lorsqu'un locuteur communique quelque chose à un auditeur. Deux démarches doivent être envisagées dans l'analyse des actes de parole:

- *la manière dont les interlocuteurs établissent des relations entre l'information ancienne (présupposée) et récente (posée) dans la commu-*

*nication de la signification* (Costermans, 1980). Pour appréhender le sens des émissions du locuteur et analyser ce que l'auditeur comprend, il est nécessaire de dépasser la simple analyse structurale des phrases. Toute production verbale repose sur une série d'informations fournies dans les productions antérieures, dans le contexte environnemental ou dans un ensemble de connaissances plus générales, mais partagées, sur le monde matériel et sur le langage lui-même. L'analyse de la manière dont l'auditeur comprend la signification du message adressé par le locuteur dépend de deux composantes: l'information contenue dans la production verbale actuelle et les relations entre les informations linguistiques et non linguistiques, actuelles et antérieures;

- *les règles de conversation*. L'analyse s'attache à décrire les opérations utilisées par le locuteur et l'auditeur, ou récepteur: l'initiation et le maintien de la conversation, ainsi que la nécessaire succession des prises de tours («turn-taking»). L'étude de ces règles dépasse également le cadre formel des énoncés verbaux. Elle inclut l'ensemble du contexte linguistique et non linguistique dans lequel prend place la communication. Les règles conversationnelles sont centrées sur *les interactions* entre les participants et leur *compétence* à communiquer. Un concept important dans l'analyse des interactions est celui de *la fonction référentielle* (Moerk, 1977). Il s'applique aux stratégies utilisées par le locuteur pour établir la relation entre ses émissions et certaines caractéristiques de l'environnement présent, passé ou futur: références à des personnes, des objets, des événements, ainsi qu'aux relations spatio-temporelles et causales existant entre ces éléments dans le contexte.

Le développement de l'approche pragmatique du langage s'est d'abord réalisé chez l'enfant normal. Nous conseillons au lecteur l'excellente synthèse de Rees (1978) pour un exposé critique des travaux effectués dans cette perspective. Plus récemment, on s'est intéressé à l'analyse des processus de communication chez les sujets présentant des retards dans le développement du langage (Rondal, 1980). Dans ce chapitre, nous envisageons l'étude de la communication chez les sujets arriérés mentaux sous trois aspects: l'environnement linguistique familial, le contexte éducatif et les interactions entre individus retardés.

## 1. L'environnement linguistique familial

### A. *La communication vocale et paravocale*

Il existe un nombre important de données sur les interactions vocales et paravocales (gestes, mimiques, postures) entre l'enfant normal et sa mère au cours de la première année de la vie (cf. par exemple, Snow, 1972; Philips, 1973; Longhurst & Stepanich, 1975; Fraser & Roberts, 1975; Rondal, 1983). Bien que plus rares, les interactions entre l'enfant et son père viennent s'ajouter aux premières pour offrir un tableau cohérent (Golinkoff & Ames, 1979; Rondal, 1978b). Dès le second mois de la vie, un réseau communicatif s'installe entre la mère et l'enfant. La fréquence et la structuration temporelle des vocalisations entre l'enfant et sa mère s'organisent en de véritables dialogues, précurseurs de la mise en place des formes conversationnelles plus élaborées. Deux aspects du contexte interactif sont particulièrement intéressants pour notre propos. Ce sont *les contacts oculaires et l'attention conjointe*, d'une part, et *les échanges vocaux, ou préconversation*, d'autre part (Rondal, 1978a). Les épisodes interactifs sont organisés selon des règles précises : on y apprend à prendre son tour, à être successivement locuteur et récepteur. On peut voir là les premiers fondements de la conversation (Bateson, 1975). C'est cette continuité fonctionnelle entre la communication vocale et paravocale, prenant cours durant la première année, et la communication verbale ultérieure qu'il importe de souligner pour comprendre le développement du langage.

Qu'en est-il chez les enfants arriérés mentaux ? Une recherche de Jones (1977) éclaire la manière dont se structurent les premiers échanges conversationnels entre le jeune enfant trisomique 21 et sa mère. Jones a comparé un petit groupe d'enfants normaux et d'enfants trisomiques 21 âgés de 8 à 18 mois en interactions libres avec leurs mères. Il apparaît que :

- les jeunes enfants trisomiques 21 présentent moins de réactivité et moins d'initiative dans leurs interactions avec leurs mères. Celles-ci sont obligées de prendre plus souvent le devant dans les interactions par rapport aux mères des enfants normaux. Ces dernières peuvent alors concéder plus facilement et momentanément le leadership de l'épisode interactif à leurs enfants;
- les bébés trisomiques 21 ont moins de contacts oculaires avec leurs mères que les bébés normaux de mêmes âges. Ils sont moins capables

de poser le regard sur le même objet ou la même personne que la mère au même moment. C'est ce que l'on appelle la référence oculaire. Cette référence fait partie de l'attention conjointe aux événements. Elle paraît essentielle pour le développement ultérieur du vocabulaire. C'est en posant les yeux sur l'objet référé verbalement par la mère que l'enfant associe progressivement les contours intonatoires aux situations et les étiquettes verbales aux personnes, aux objets et aux événements. La direction du regard du partenaire social est l'intermédiaire obligé dans ce développement oculaire et la référence verbale concrète;

- l'organisation des vocalisations est différente chez les jeunes enfants trisomiques 21. Les enfants normaux de mêmes âges tendent à raccourcir leurs vocalisations et à les espacer, apparemment pour permettre à l'interlocuteur — la mère — d'intervenir verbalement. La structure temporelle des vocalisations est différente chez les jeunes enfants trisomiques 21. Ces derniers tentent, lorsqu'ils vocalisent (Berry, 1979), à vocaliser in extenso ou à répéter leurs vocalisations dans un court intervalle de temps (une seconde environ), sans chercher apparemment à espacer leurs productions verbales. Cette dernière caractéristique réduit les possibilités pour la mère d'intervenir adéquatement.

La recherche de Jones (1977) est un exemple d'étude qu'il conviendrait de multiplier sur le développement des premiers épisodes conversationnels entre le jeune enfant arriéré mental et sa mère. Elle signale trois domaines de l'organisation comportementale comme potentiellement déficitaires chez les bébés trisomiques 21 : la réactivité dans l'interaction, la référence oculaire et l'attention conjointe, et la structuration de la prise de tours dans les épisodes préconversationnels.

*B. La communication verbale*

Comment les parents s'adressent-ils à leurs enfants retardés mentaux en voie d'acquisition du langage ? Plusieurs études se sont centrées sur cette question. Kogan & al. (1969), Marshall & al. (1973), Buium & al. (1974), avec des enfants retardés, et Sheperd & Marshall (1976), avec des adolescents retardés, ont systématiquement comparé le langage maternel adressé aux sujets normaux et aux sujets retardés modérés et sévères. Les comparaisons entre les groupes étaient basées sur un appariement des sujets selon l'âge chronologique. Dans toutes ces études, les mères et leurs enfants interagissaient librement. Les résultats enregistrés dans ces travaux sont identiques (cf. Mitchell,

1976, pour une description détaillée). Premièrement, les mères des enfants retardés s'adressent à leur enfant en utilisant un langage moins complexe que celui observé chez les mères d'enfants normaux. La réduction de la complexité porte à la fois sur la syntaxe (indice de Longueur Moyenne de Production Verbale inférieur, fréquence supérieure des phrases grammaticalement incomplètes, langage «télégraphique», fréquence moindre des conjonctions, des pronoms indéfinis et des marqueurs du genre et du nombre, etc.) et la sémantique (utilisation d'un lexique «infantile» et d'indices non verbaux plus fréquents). Deuxièmement, les mères des enfants retardés utilisent davantage un langage centré sur le contrôle direct de l'enfant, avec un usage très élevé des formes impératives, des commandes et des interdictions. Troisièmement, les mères des enfants retardés offrent à leurs enfants moins d'occasions de prendre l'initiative dans l'échange verbal. Ces études sont interprétées par les auteurs dans une même direction : le langage adressé aux enfants arriérés mentaux est appauvri et déficient. Il contribue à aggraver le retard du développement linguistique. Il est souhaitable qu'il soit modifié (par exemple, Mitchell, 1976).

Bien que reposant sur des données objectives, l'interprétation présentée dans les études mentionnées ci-dessus est incorrecte (Rondal, 1976, 1977, 1978c, 1980). En fait, c'est la méthodologie même de ces travaux qui doit être remise en question. La base de l'appariement ayant servi aux comparaisons entre les deux groupes d'enfants, normaux et retardés, est l'âge chronologique. Comme nous l'avons souligné dans les chapitres précédents, les enfants retardés mentaux, et principalement les retardés modérés et sévères, présentent des retards importants dans tous les aspects du développement verbal. A âge chronologique égal, les capacités linguistiques des sujets arriérés en matière de production et de compréhension verbales sont nettement inférieures à celles des sujets normaux. En comparant le langage maternel adressé à des enfants normaux et retardés de mêmes âges chronologiques, il n'est pas surprenant d'enregistrer des différences qui sont, en fait, du même ordre que celles que l'on obtiendrait en comparant, par exemple, le langage des mères adressé à leurs enfants normaux âgés respectivement de 3 et de 10 ans. Le second biais méthodologique dans les études précitées consiste à n'envisager qu'une direction dans les interactions verbales : les échanges allant de la mère vers l'enfant. La recherche en matière d'interactions mère-enfant doit être bidirectionnelle. Les études mentionnées ont confondu deux effets possibles sur le langage maternel : les effets de la variable type d'enfants (enfants normaux par rapport aux enfants trisomiques 21) et de la variable niveau de développement linguistique de l'enfant. Pour démontrer l'inadaptation du langage maternel, il faudrait en fait mettre en évidence des déficits dans les comportements verbaux des mères d'enfants retardés par comparaison aux mères d'enfants normaux *de mêmes niveaux de développement linguistique.*

Rondal (1976, 1978c) a entrepris de comparer systématiquement les interactions verbales entre des mères d'enfants normaux et trisomiques 21 appariés sur la base d'un même niveau de développement verbal. Dans cette étude, 21 enfants normaux et 21 enfants trisomiques 21 ont été enregistrés dans des situations libres d'échanges conversationnels avec leurs mères, dans le contexte familial. Les enfants furent appariés à trois niveaux de Longueur Moyenne de Production Verbale (LMPV. Voir chapitre 8): niveau 1: LMPV 1.00 - 1.50; niveau 2: LMPV 1.75 - 2.25; niveau 3: LMPV 2.50 - 3.00. Le langage des enfants fut encore analysé selon d'autres dimensions afin de vérifier la validité de l'appariement sur la base du LMPV: le TTR (un indice de diversité lexicale, cf. chapitre 8), la longueur maximale des émissions verbales dans le corpus («L-Max» ou «upper bound», Brown, 1973), la proportion des énoncés sans verbes et le nombre de modificateurs (adverbes, adjectifs) par énoncés. Comme le montre le Tableau 1, ces analyses aboutirent à mettre en évidence une seule différence entre les deux groupes d'enfants, à chaque niveau de LMPV.

Les enfants trisomiques 21 présentent un indice de diversité lexicale supérieur à celui des enfants normaux (cf. le chapitre 2 pour une discussion de cette donnée). On notera les différences d'âges chronologiques entre les enfants normaux et retardés mentaux, conséquence inévitable de l'appariement sur la base du niveau linguistique. C'est ainsi qu'au niveau de LMPV 2.50 - 3.00, les enfants normaux sont âgés de 30 mois environ, tandis que les enfants trisomiques 21 ont à peu près 10 ans.

Le langage des mères fut analysé selon une série d'indices faisant intervenir la Longueur Moyenne de Production Verbale (LMPV), les aspects lexicaux, syntaxiques, sémantiques et pragmatiques du langage échangé (cf. Rondal, 1978c, pour les détails de ces analyses). Peu de différences existent (et aucune différence significative) entre le langage des mères des enfants normaux et celui des mères d'enfants trisomiques 21 à niveau de développement linguistique correspondant (Tableau 2). Le langage maternel est différent selon le niveau de développement linguistique des enfants, mais les différences correspondent pour les enfants trisomiques 21 et les enfants normaux.

*Tableau 1*
*Comparaisons entre les enfants normaux et les enfants trisomiques 21
selon l'âge chronologique et différents indices linguistiques
(Rondal, 1978c)*

| Indices | Niveaux de langage | Trisomiques 21 | Normaux |
|---|---|---|---|
| Age chronologique (en mois) | 1 | 48.7 | 22.8 |
| | 2 | 78.1 | 26.5 |
| | 3 | 116.5 | 29.8 |
| Longueur Moyenne de Production | 1 | 1.26 | 1.27 |
| Verbale (en morphèmes) | 2 | 1.94 | 1.96 |
| | 3 | 2.87 | 2.88 |
| Nombre total de mots produits | 1 | 585.5 | 671.1 |
| en 60 minutes | 2 | 1207.4 | 1000.0 |
| | 3 | 1632.7 | 1632.7 |
| Diversité lexicale : Type-token | 1 | .37 | .36 |
| ratio (TTR) | 2 | .50 | .40 |
| | 3 | .58 | .55 |
| Proportion de production sans verbe | 1 | .87 | .90 |
| (sur un total de 300 productions) | 2 | .76 | .74 |
| | 3 | .58 | .55 |
| LMax ou upper bound : production | 1 | 2.86 | 3.57 |
| verbale la plus longue observée dans | 2 | 6.14 | 6.29 |
| le corpus (calculée en morphèmes) | 3 | 11.00 | 10.57 |
| Proportion de modificateurs | 1 | .21 | .19 |
| (adverbes et/ou adjectifs) sur | 2 | .29 | .35 |
| un total de 300 productions | 3 | .43 | .41 |
| Pourcentages de répétition | 1 | 25.70 | 28.17 |
| des productions maternelles | 2 | 7.71 | 11.49 |
| en 60 minutes | 3 | 2.86 | 3.17 |

Les mères des enfants trisomiques 21 semblent donc s'adapter remarquablement au niveau de développement linguistique de leurs enfants. Les résultats de Rondal ont été confirmés par Buckhalt & al. (1978), dans une recherche portant sur le langage maternel verbal et non verbal adressé à des enfants normaux et trisomiques 21 âgés de 9 à 18 mois, et par Lombardino (1979), toujours chez des enfants trisomiques 21.

D'autres études apportent des informations complémentaires. Rondal (1978d) a comparé le langage de 14 enfants trisomiques 21 et de 14 enfants normaux, appariés pour LMPV, en situation de jeu libre

*Tableau 2*
*Comparaisons entre le langage des mères d'enfants trisomiques 21 et des mères d'enfants normaux portant sur quelques indices linguistiques*
*(Rondal, 1978c)* *

| Indices | Niveaux de langage des enfants | Mères des enfants Trisomiques 21 | Normaux |
|---|---|---|---|
| Longueur Moyenne de Production Verbale (en morphèmes) | 1 | 3.96 | 4.24 |
| | 2 | 4.39 | 4.64 |
| | 3 | 5.52 | 4.84 |
| Proportion de production sans verbe verbe sur un total de 400 productions | 1 | .31 | .28 |
| | 2 | .32 | .25 |
| | 3 | .28 | .28 |
| Proportion de modificateurs (adverbes et/ou adjectifs) sur un total de 400 productions | 1 | .57 | .55 |
| | 2 | .58 | .68 |
| | 3 | .84 | .68 |
| Diversité lexicale : Type-token ratio (TTR) | 1 | .44 | .44 |
| | 2 | .49 | .49 |
| | 3 | .52 | .49 |
| Rapport du nombre de morphèmes précédant le verbe principal au nombre total de productions moins les impératives | 1 | 1.96 | 1.86 |
| | 2 | 2.15 | 2.11 |
| | 3 | 2.43 | 2.43 |
| Proportion de productions inintelligibles sur un total de 400 productions | 1 | .01 | .01 |
| | 2 | .01 | .01 |
| | 3 | .03 | .01 |
| Rapport du nombre de productions destinées à retenir l'attention des enfants au nombre total de productions (400) | 1 | .17 | .13 |
| | 2 | .10 | .14 |
| | 3 | .12 | .09 |
| Proportion des répétitions par les mères de leurs propres productions (sur un total de 400 productions) | 1 | .09 | .08 |
| | 2 | .03 | .04 |
| | 3 | .02 | .03 |

| Indices | Niveaux de langage des enfants | Mères des enfants | |
|---|---|---|---|
| | | Trisomiques 21 | Normaux |
| Proportion des répétitions par les mères des productions de leurs enfants (sur un total de 400 productions) | 1 | .14 | .11 |
| | 2 | .10 | .08 |
| | 3 | .09 | .06 |
| Rapport du nombre d'approbations verbales par les mères au nombre total de réponses maternelles | 1 | .27 | .20 |
| | 2 | .21 | .14 |
| | 3 | .23 | .17 |

\* Ce tableau comprend 10 indices linguistiques choisis parmi les 20 indices utilisés pour l'évaluation du langage maternel.

avec leurs mères. Les résultats indiquent que les enfants trisomiques 21 appariés pour LMPV avec des enfants normaux présentent effectivement un langage productif proche de celui de ces derniers. Cependant, les enfants trisomiques 21 obtiennent des scores inférieurs à ceux des enfants normaux en ce qui concerne la complexité syntaxique des énoncés verbaux (évaluée en appliquant le Developmental Sentence Procedure de Lee, 1975). Les enfants trisomiques 21 sont en retard en ce qui concerne l'utilisation de certaines formes syntaxiques comme l'inversion de l'ordre sujet-premier élément verbal dans les phrases interrogatives (par exemple: «Est-il venu?») et la combinaison séquentielle de deux verbes (par exemple: «Je vois venir le camion»). Dans une autre étude, Gutmann & Rondal (1979) ont étudié les productions verbales des mères et de leurs enfants normaux et retardés selon le schéma d'analyse des operants verbaux proposé par Skinner (1957). Les enfants trisomiques 21 produisent plus de réponses imitatives («échoïques») et moins de réponses intraverbales que les enfants normaux de même niveau linguistique général. Les réponses intraverbales consistent en operants verbaux produits en présence d'un stimulus, sans offrir toutefois une correspondance terme à terme avec ce stimulus. Par exemple, si une personne dit: «table» et une seconde personne dit: «chaise», «chaise» est une réponse intraverbale. Sur le statut développemental des réponses imitatives, nous renvoyons le lecteur au chapitre 7. Un fait intéressant dans cette étude est que les mères d'enfants trisomiques 21 utilisent également plus de réponses imitatives que de réponses intraverbales. Une recherche menée par Berry et son équipe (Gunn & al., 1980) documente le langage maternel adressé à un enfant trisomique 21 dans des situations de jeu libre, à 3, 4, 8, 12 et 17 mois. L'étude longitudinale montre que la longueur moyenne de productions verbales maternelles ne se modifie guère avec l'âge de l'enfant dans les limites de temps indiquées. Toutefois, deux autres indices du langage maternel évoluent avec l'âge de l'enfant trisomique 21: la mère utilise plus de productions verbales faisant référence à des objets ou à des personnes, et davantage d'énoncés impératifs. L'évolution minimale de l'indice LMPV maternel entre les âges de 8 mois et 17 mois correspond aux données recueillies avec des enfants normaux durant la même période par Philips (1979). On ne peut cependant conclure que le langage maternel n'est pas adapté (au moins minimalement) au niveau de l'enfant. En effet, si on compare les indices LMPV recueillis par Gunn & al. (1980) avec ceux des mères d'enfants trisomiques 21 enregistrés dans les travaux de Buckhalt & al. (1978), Buium & al. (1974) et Rondal (1978c), on constate un accroissement du LMPV selon l'augmentation en âge chronologique des enfants retardés, entre 17 mois et 10 ans (Tableau 3).

*Tableau 3*
*Evolution du LMPV maternel avec l'âge chronologique des enfants retardés mentaux*

| Etudes | Age chronologique moyen des enfants | LMPV maternel |
|---|---|---|
| Gunn & al. (1980) | 4 mois | 2.64 |
| Buckhalt & al. (1978) | 13 mois et demi | 3.50 |
| Gunn & al. (1980) | 17 mois | 3.37 |
| Buium & al. (1974) | 24 mois | 3.50 |
| Rondal (1978c) | 4 ans | 3.96 |
| Rondal (1978c) | 6 ans 6 mois | 4.39 |
| Rondal (1978c) | 9 ans 8 mois | 5.52 |

Ces études indiquent la nécessité d'analyses détaillées des mécanismes impliqués dans les interactions verbales mère-enfant, comme le soulignent également Mahoney & al. (1979). De nombreux travaux restent évidemment à entreprendre. Il conviendra aussi de diversifier les syndromes observés et d'analyser le langage adressé aux enfants retardés mentaux par les autres parents, les pères, les frères et les sœurs plus âgés, le cas échéant.

La bonne adaptation du langage maternel au niveau linguistique des enfants trisomiques 21 est d'autant plus remarquable que ces enfants sont d'emblée de piètres communicateurs, comme l'indiquent les observations de Jones (1977) rapportées ci-dessus. Il reste à expliquer comment se réalise cette adaptation. Est-elle basée uniquement sur les aspects productifs du langage de l'enfant, ou également sur les capacités réceptives? (On verra Cross, 1977, pour une indication de l'importance du niveau réceptif de l'enfant pour les adaptations linguistiques maternelles chez l'enfant normal). Quelles connaissances ont les mères du langage de leur enfant? Ces questions attendent une réponse.

## 2. L'environnement linguistique éducatif

La littérature spécialisée est relativement pauvre en ce qui concerne l'étude des interactions entre éducateurs et sujets arriérés mentaux, que ce soit en milieu institutionnel ou en milieu scolaire. Dans une perspective éducationnelle, ces interactions ont cependant une importance prépondérante. Elles représentent à la fois le véhicule des apprentissages et le moyen spécifique de développer chez les sujets retardés la capacité de s'exprimer et de comprendre. Les études se situent à deux niveaux d'analyse. Le premier est *descriptif*: les chercheurs identifient des catégories d'interactions verbales dans le processus éducatif. Le second est *fonctionnel*: il s'agit de comprendre comment s'organisent les interactions et d'évaluer leur valeur éducative dans le contexte général de la communication. Deux grands types de méthodes sont utilisés pour réunir les données. On exploite soit des situations d'apprentissage contrôlées dans lesquelles un adulte communique avec un sujet arriéré ou un groupe restreint de sujets, dans le contexte de l'apprentissage d'une tâche déterminée. Ce sont les expériences connues sous le terme «*micro-enseignement*» (micro-teaching). D'autre part, il y a l'approche dite *éthologique* dans laquelle on observe une partie ou l'ensemble d'une situation éducative sans imposer aucune contrainte sur les interactions entre les enseignants ou les éducateurs et les sujets retardés mentaux. Chaque méthode a ses avantages et ses inconvénients. Nous les analysons dans la dernière partie de ce chapitre. Sur le plan de la transcription des données, deux types de techniques sont généralement employés: le codage selon un schéma préétabli, dans lequel l'observateur fait usage d'une liste de catégories de comportements interactifs et l'étude ouverte ou naturelle, dans laquelle on observe les comportements à l'aide d'instruments d'enregistrement (sonore et/ou visuel). Sur ce point, les travaux réalisés à ce jour chez l'enfant normal privilégient la seconde orientation. L'utilisation d'une liste préétablie de catégories de codage immédiat des données ne fournit que des informations statistiques sur le milieu éducatif ou sur certaines catégories des interactions, sans prise en considération de la situation dans son ensemble. En outre, la validité des catégories utilisées ne peut être établie qu'a posteriori au terme de nombreuses observations (Rondal, 1978a).

Nous envisageons successivement les recherches portant sur les milieux institutionnels et scolaires. Nous abordons ensuite une variante insolite du processus éducatif: l'étude des interactions entre enfants normaux et enfants arriérés mentaux.

### A. *Le milieu institutionnel*

Au terme d'une revue consacrée aux études de communication réalisées en milieu institutionnel, Mittler (1974, p. 540) écrivait: «En l'absence de données expérimentales, nous ne pouvons rien faire d'autre que de formuler les problèmes en termes de modèles plus ou moins plausibles». Cette conclusion reste vraie aujourd'hui. L'analyse des conditions de communication en milieu institutionnel a été négligée comme moyen d'évaluation du contexte éducatif au profit de discussions philosophico-humanitaires sur les effets désastreux de l'institutionnalisation des sujets arriérés mentaux. Le lecteur se reportera à Lambert (1978) pour un exposé critique des thèses en présence, thèses rarement étayées par des données expérimentales solides. Brièvement, le concept d'«institution» tel qu'il est utilisé reste global, descriptif, et sans valeur explicative. Il existe *des* milieux institutionnels, chacun avec son personnel, ses structures et ses principes d'organisation. La recherche doit s'attacher, en premier lieu, à décrire ces milieux dans leur variété, puis chercher, en second lieu, à expliquer les phénomènes observés.

Dans une tentative de description des interactions entre des enfants arriérés mentaux (AC moyen = 9:3 ans; QI moyen = 23) et le personnel éducatif, Veit & al. (1976) confirment les données issues des recherches antérieures. Les résultats se passent de tout commentaire: 5 %

seulement du temps du personnel de l'institution se passe en séances d'apprentissage avec les enfants, 30 % des interactions initiées par les enfants sont ignorées par le personnel et 78 % des énoncés verbaux du personnel consistent en requêtes, commandes ou questions adressées aux enfants. Phillips & Balthazar (1979) analysent l'évolution du langage expressif et réceptif de 79 sujets arriérés sévères et profonds (AC moyen = 14 ans) sur un intervalle de cinq ans passés dans une institution. Les auteurs observent une régression du développement linguistique chez 30 % des sujets. Les données ne permettent cependant pas d'identifier les composantes linguistiques affectées spécifiquement par cette régression. L'intérêt de ce travail est d'avoir introduit pour la première fois dans la recherche la dimension temporelle dont il est essentiel de tenir compte si on veut clarifier les effets de l'institutionnalisation sur le développement verbal et non verbal des résidents.

Une étude de Prior & al. (1979) ouvre la voie à de nouvelles recherches sur la communication en milieu institutionnel. Les auteurs ont pris pour point de départ les travaux de Tizard & al. (1973) montrant que dans certaines institutions pour jeunes enfants normaux, une forte proportion des épisodes de communication initiés par les adultes servent exclusivement à donner des instructions spécifiques aux enfants. Les interactions de ce type mettent en jeu un vocabulaire restreint, inséré dans des phrases très courtes n'exigeant aucune élaboration verbale de la part des enfants. Les données de Tizard & al. (1973) ont été confirmées par Pratt & al. (1976) dans une institution pour enfants retardés mentaux. Prior et ses collaborateurs ont mis au point une grille d'observation permettant de catégoriser a posteriori les interactions verbales observées entre 32 enfants retardés mentaux modérés, sévères et profonds (AC moyen = 14 ans 4 mois) et le personnel éducatif. La durée de l'enregistrement est de 35 heures, dans deux contextes : une activité structurée dans laquelle des comportements spécifiques doivent être produits (salle à manger, atelier de thérapie occupationnelle) et une activité non structurée (salle de loisirs et activités de plein air). Les auteurs rapportent que les productions verbales du personnel permettant d'initier une conversation avec les résidents sont significativement moins nombreuses que les productions consistant en commentaires, instructions, et questions. Le personnel éducatif tend à entrer davantage en contact conversationnel avec les enfants dans le cadre des activités structurées. L'analyse des réponses du personnel aux interactions initiées par les enfants montre que 30 % de celles-ci sont ignorées. Enfin, ce sont les sujets arriérés les moins gravement atteints qui sont les destinataires préférés des épisodes communicatifs initiés par le personnel. Cette étude indique que certaines caractéristiques du milieu institutionnel — la structure des activités, le niveau de capacité communicative des résidents — influencent la nature et la fréquence des interactions verbales et, par là-même, le développement de la compétence linguistique des résidents.

A un niveau superficiel d'analyse, il semble que les institutions affectent négativement le langage des résidents. Il est nécessaire, cependant, de dépasser ce niveau en identifiant les caractéristiques critiques des différentes formes d'institutionnalisation et en effectuant des recherches dans lesquelles les principales variables qui définissent les propriétés essentielles des milieux institutionnels du point de vue de la communication interpersonnelle pourront être systématiquement manipulées, afin d'évaluer leurs effets sur les réseaux de communication qui s'établissent dans ces milieux.

## B. *Le milieu scolaire*

L'étude des interactions verbales et non verbales en milieu scolaire spécial est un phénomène très récent. Tout comme pour l'analyse du milieu institutionnel, les recherches ont négligé cette réalité pendant de nombreuses années. Les efforts des chercheurs ont porté exclusivement sur une évaluation des bénéfices respectifs retirés par les sujets arriérés mentaux par la fréquentation d'un enseignement spécial séparé de l'enseignement normal ou, au contraire, intégré dans l'enseignement normal («mainstreaming»). Le lecteur verra Lambert (1981) pour une analyse des thèses en présence et une revue des principales études. Contrairement à ce qui se passe chez l'enfant normal où l'étude des interactions en classe a pris un essor considérable au cours des quinze dernières années (cf. Rondal, 1978a, pour une revue de la littérature), en arriération mentale on ne dispose que de données parcellaires.

A partir d'enregistrements effectués dans une classe de jeunes enfants arriérés modérés et sévères (AC inférieurs à 6 ans; QI inférieurs à 50-55), Conn & Richardson (1976) mettent en évidence l'importance de la variabilité interindividuelle dans les interactions verbales entre l'enseignant et ses élèves. Un tiers des productions verbales de l'enseignant sont adressées à la classe en tant que groupe. Les autres productions se répartissent de manière inégale entre les élèves. Par exemple, 35,8 % des productions verbales sont adressées à un seul enfant, contre 6,1 % à un autre. Les auteurs ne présentent aucune hypothèse permettant d'expliquer cette variabilité. Or, il s'agit là d'un facteur crucial de l'analyse de la communication en milieu scolaire spécial.

Une critique à formuler à l'adresse de cette recherche concerne son caractère unidirectionnel, de l'enseignant vers les élèves, alors que les communications en sens inverse devraient de toute évidence faire partie de l'étude. Par contre, ces auteurs sont les premiers à envisager une approche des critères référentiels de la situation de communication vue sous l'angle des relations entre les différents éléments ressortissant au contexte de l'enseignement spécial. Conn & Richardson (1976) proposent de relier les catégories utilisées pour l'analyse des productions verbales de l'enseignant à trois grands types d'activités effectuées dans le milieu scolaire spécial. En premier lieu, il y a des activités dites associatives, dans lesquelles il n'y a pas de structuration définie des diverses composantes des activités. C'est l'exemple du jeu dans le bac à sable où de nombreux comportements peuvent être émis sans relations nécessaires entre eux. En second lieu, il y a des activités séquentielles dans lesquelles il faut introduire une séquence dans les réponses émises. Pour aller chercher un livre se trouvant dans une autre classe, un élève doit nécessairement effectuer deux actions l'une à la suite de l'autre : quitter sa classe et entrer dans la seconde. Enfin, les activités hiérarchisées demandent un arrangement ordinal des différentes composantes de l'action. Par exemple, se laver les mains nécessite un enchaînement organisé de plusieurs gestes. De même, l'apprentissage de la discrimination des couleurs implique un arrangement ordinal de deux capacités : la mise en correspondance de couleurs identiques et la désignation. A partir de ce schéma, une hypothèse de travail intéressante est la suivante : il existe une relation inverse entre le type et le contenu des productions verbales en fonction des situations d'apprentissage. On peut s'attendre, de la part de l'enseignant, à un langage plus varié (en termes du nombre de productions verbales), mais moins élaboré (en termes des structures linguistiques) dans les situations associatives, tandis que les situations hiérarchisées amènent un langage moins abondant, mais structuralement plus élaboré.

Dans une étude préliminaire portant sur l'observation de 6 classes spéciales accueillant des enfants retardés modérés et sévères d'âges chronologiques différents, Beveridge (1976) montre que les possibilités d'initiation de la communication par les enfants s'accroissent en fonction de l'âge chronologique. A l'école maternelle, durant une heure d'observation, on n'enregistre que 3 interactions verbales initiées par les jeunes enfants handicapés. Pendant le même temps, chez des enfants retardés âgés de 16 ans, le nombre des interactions verbales est supérieur à 100. S'interrogeant sur les causes de ce manque d'initiative chez les jeunes enfants handicapés mentaux, Beveridge a entrepris de cerner de façon plus précise les relations entre le contexte scolaire général et les interactions maître-enfants dans le cadre de la classe spéciale. Beveridge & al. (1976) observent les interactions verbales et non verbales entre maître et enfants dans 14 classes pour enfants retardés mentaux modérés et sévères (AC variant de 5 à 16 ans) et dans 5 classes pour enfants retardés sévères non ambulatoires (AC variant de 7 à 14 ans). Les résultats montrent qu'il existe une forte corrélation positive entre l'âge chronologique des enfants et la fréquence des interacions verbales initiées par ces mêmes enfants avec leurs pairs ou avec les enseignants. La fréquence des interactions verbales entre les enfants augmente plus rapidement avec l'âge que celle des interactions verbales avec les enseignants. Par contre, il n'y a pas de relation entre l'âge chronologique et la fréquence des interactions non verbales. Il existe un point du développement à partir duquel les verbalisations deviennent la forme principale d'interaction en classe, tandis que les épisodes interactifs non verbaux maintiennent approximativement leur fréquence antérieure. Les enfants retardés continuent donc à utiliser des indices non verbaux en association avec leurs productions verbales, même après avoir acquis un répertoire verbal suffisant. Le Tableau 4 illustre ces données.

*Tableau 4*
*Evolution des interactions verbales et non verbales entre enfants arriérés mentaux selon l'âge chronologique (d'après Beveridge & al., 1976)*

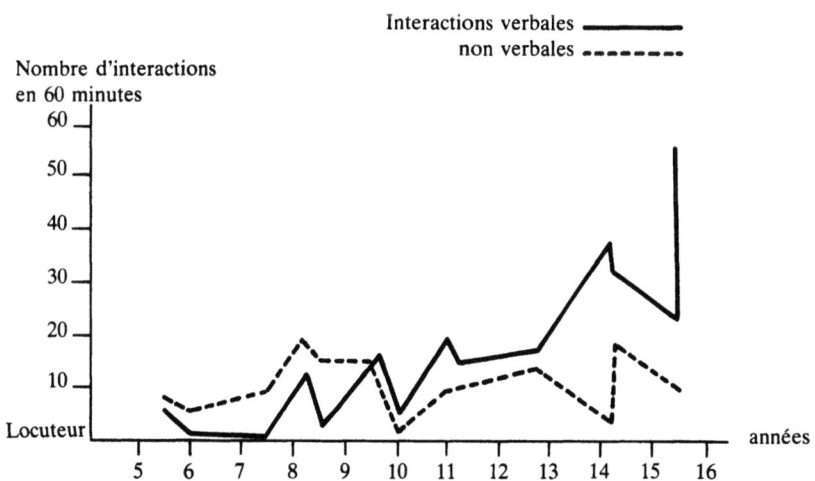

Age chronologique moyen des enfants arriérés mentaux

Si la fréquence d'utilisation du langage dans les épisodes interactifs maître-enfants est liée au niveau de développement linguistique de ces derniers, il ne s'ensuit pas que le langage produit par les enfants retardés dans les échanges avec l'enseignant conviennent nécessairement pour la communication. Beveridge & Berry (1977) classent les épisodes interactifs initiés par les enfants retardés en deux catégories : les requêtes en information, d'une part, et l'apport d'informations non sollicitées par l'interlocuteur, d'autre part. La seconde catégorie est numériquement deux fois plus importante que la première chez des enfants retardés modérés et sévères âgés de 6 à 12 ans et présentant des QI inférieurs à 50.

Schittekatte (1978) a comparé systématiquement deux classes, l'une spéciale, l'autre régulière, au point de vue considéré. Les interactions verbales sont enregistrées pendant 10 heures dans une classe d'enfants retardés modérés et sévères (AC moyen = 5 ans 9 mois; AM moyen = 3 ans 5 mois) et une classe d'enfants normaux (AC moyen = 3 ans 8 mois). Outre la fréquence des interactions verbales, l'analyse porte sur l'intonation, la syntaxe, les types d'énoncés et les contenus des énoncés produits par les enseignants et les enfants. Les principales données sont les suivantes :

- Dans la classe spéciale, la communication entre l'enseignant et les élèves s'établit sur un mode individuel : 78 % des interactions sont individualisées, contre 53 % dans la classe normale.

- La longueur des énoncés verbaux de l'enseignant et leur complexité syntaxique (emploi d'adjectifs, de propositions coordonnées et subordonnées) sont supérieures dans la classe normale.

- Les pourcentages d'énoncés déclaratifs et interrogatifs utilisés par les enseignants sont identiques dans les deux classes. Par contre, les impératifs (ordres, requêtes) sont significativement plus fréquents dans la classe spéciale. L'enseignant du spécial utilise davantage un langage centré sur le contrôle directe de l'enfant, tandis que dans la classe normale, les propos de l'enseignant sont dirigés principalement vers les activités d'apprentissage scolaire.

- Dans la classe spéciale, l'enseignant fournit les réponses à ses propres questions posées aux enfants. On ne sait si cette situation dépend davantage de l'adéquation ou non des questions de l'enseignant aux niveaux cognitifs des enfants, ou bien de la capacité de ces derniers de comprendre les productions verbales de l'enseignant, ou encore de variables particulières ressortissant à la personnalité de l'enseignant ou à celle des élèves.

A niveau de scolarité équivalent, les interactions verbales diffèrent sensiblement selon la classe, spéciale ou régulière, à la fois sur le plan formel et sur le plan fonctionnel. Les études ultérieures devront s'efforcer d'évaluer les effets de ces différences sur les acquisitions scolaires et sur le développement communicatif et linguistique des enfants.

### C. Les enfants normaux comme « enseignants associés »

Guralnick s'est intéressé au problème général de l'intégration scolaire des enfants arriérés mentaux dans les écoles régulières. Il s'est efforcé d'évaluer l'intérêt éventuel de l'intégration en classes régulières pour le développement des enfants retardés. Dans une première expérience, Guralnick & Brown (1977) ont analysé les interactions verbales entre enfants à différents niveaux de développement intellectuel et linguistique. Les auteurs ont placé des enfants normaux (AC = 4 ans 3 mois; QI = 105) et des enfants retardés mentaux légers (AC = 5 ans 2 mois; QI = 62), modérés (AC = 5 ans 6 mois; QI = 51) et sévères (AC = 5 ans 5 mois; QI = 30) en situations d'apprentissage. Un enfant normal est pris comme « enseignant » d'un groupe comprenant 4 enfants : un autre enfant normal et trois enfants handicapés mentaux respectivement léger, modéré et sévère. L'enfant « enseignant » doit décrire des dessins à ses « élèves » et leur apprendre à les reproduire. Les résultats indiquent que le langage des enfants « enseignants » varie notablement selon qu'il est adressé aux pairs normaux ou retardés. Dans la communication avec leurs pairs normaux, les enfants « enseignants » normaux produisent des énoncés plus longs et plus complexes syntaxiquement. Les enfants normaux adaptent également leurs productions verbales selon le niveau intellectuel (léger, modéré et sévère) et linguistique de leurs partenaires retardés. Plus leur auditeur est handicapé, plus les enfants « enseignants » utilisent des productions lexicalement peu diversifiées et contenant de nombreuses répétitions. Les auteurs ont reproduit leur expérience en procédant à une analyse fonctionnelle des productions verbales des enfants « enseignants » (Guralnick & Brown, 1980). Les groupes d'enfants sont constitués comme dans la première étude. Les fonctions langagières produites par les enfants « enseignants » varient selon qu'ils interagissent avec leurs pairs normaux ou arriérés mentaux. Cette variation va dans le sens d'une adaptation fonctionnelle du langage en fonction du niveau intellectuel et linguistique du récepteur. La proportion des requêtes comportementales (« Viens ici », « Fais cela ») et des énoncés verbaux n'ayant pas une fonction interactive (l'enfant se parle à lui-même) diminue avec l'accroissement du niveau développemental du partenaire, tandis que la proportion des énoncés informationnels (les commentaires précis sur la tâche à réaliser) suit une progression inverse. La proportion des répétitions des énoncés est également fonction du niveau développemental des pairs. 5 % des productions verbales adressées par un enfant normal à un partenaire normal consistent en répétitions d'informations, contre 15 % des mêmes productions dirigées vers un pair retardé sévère. L'analyse de la complexité syntaxique des productions verbales des enfants «enseignants» confirme les résultats obtenus dans la première étude (Guralnick & Brown, 1977).

Ces études montrent que les enfants normaux adaptent remarquablement, structuralement et fonctionnellement, leurs productions verbales en fonction du niveau de développement de l'interlocuteur. Les données de Guralnick & Brown comportent d'importantes implications éducatives, notamment en ce qui concerne l'adéquation des programmes d'enseignement intégrés mettant en présence des jeunes enfants normaux et handicapés mentaux. D'une manière générale, il apparaît que l'environnement linguistique fourni par les enfants normaux aux enfants retardés mentaux est adapté, suffisamment complexe pour stimuler le développement du langage chez ces derniers, tout en restant dans les limites imposées par le retard développemental (Guralnick, 1978). Ces données sont à rapprocher des travaux illustrant l'ajustement du langage maternel au niveau linguistique des enfants arriérés mentaux. Elles correspondent également, de toute évidence, aux données de Shatz & Gelman (1973) et de Brami-Mouling (1977) sur les adaptations linguistiques chez les enfants normaux selon l'âge, et donc le niveau linguistique, des partenaires en présence (enfants normaux).

### 3. Les interactions verbales entre sujets arriérés mentaux

Comment les individus arriérés mentaux communiquent-ils entre eux? C'est à Longhurst que revient le mérite d'avoir apporté les premiers éléments de réponse à cette question (Longhurst, 1974; Longhurst & Berry, 1975). Longhurst a exploité une situation expérimentale dite de «*communication référentielle*» («referential communication») et adaptée d'après le modèle expérimental de Gluckberg & al. (1966). Le Tableau 5 présente schématiquement la situation exploitée par Longhurst.

Deux personnes sont en présence, un locuteur et un récepteur, séparées par un écran prévenant tout contact visuel, mais permettant les échanges verbaux. Les deux interlocuteurs ont devant eux une série de dessins abstraits de formes irrégulières. Le locuteur doit décrire un dessin au récepteur. Celui-ci choisit, parmi les dessins disposés devant lui, le dessin qu'il considère correspondre à la description fournie par

*Tableau 5*
*La situation expérimentale de communication référentielle*

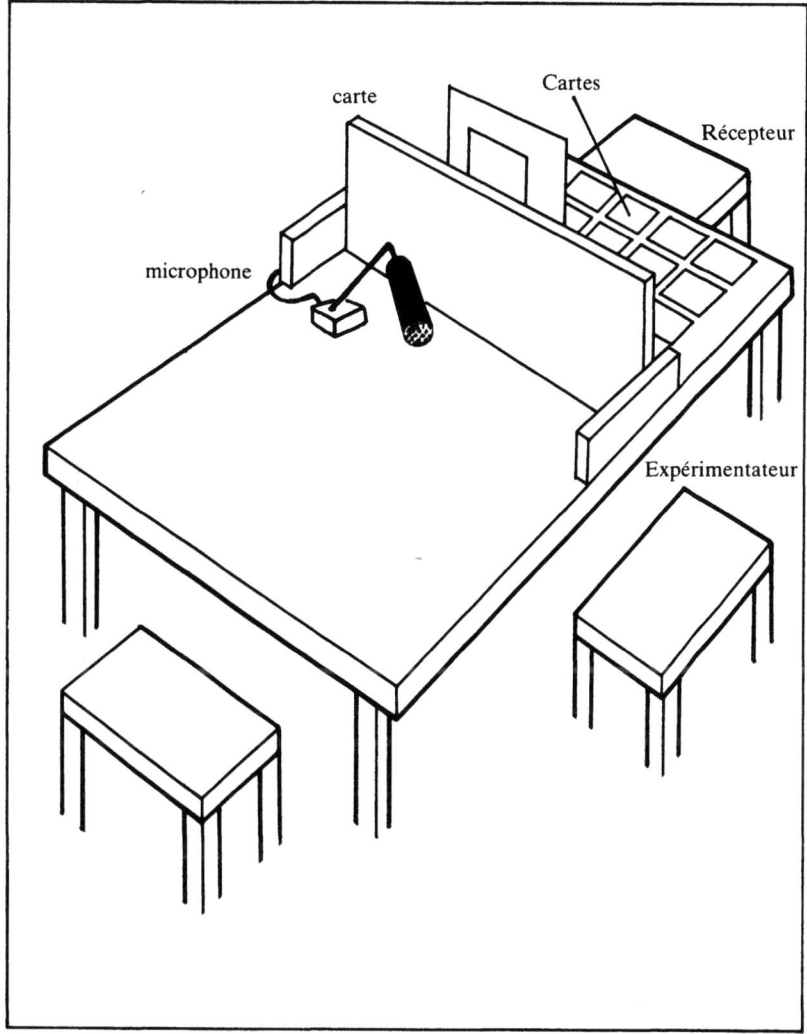

le locuteur. L'expérimentateur enregistre les productions verbales du locuteur et les choix effectués par le récepteur. Dans la situation expérimentale type, l'expérimentateur ne donne aucune indication aux interlocuteurs quant à l'exactitude des choix effectués par le récepteur. Une variante expérimentale consiste à introduire dans la situation une procédure de correction, appelée procédure de feedback. L'expérimentateur indique au locuteur si le récepteur a effectué un choix correct ou non. On analyse ainsi les modifications apportées par le locuteur dans ses productions verbales en fonction des résultats induits par son message chez le récepteur.

Longhurst (1974) montre que les descriptions des locuteurs retardés mentaux (AC = 11 ans 5 mois à 18 ans 2 mois; QI = 46 à 77) sont idiosyncratiques et seulement efficaces à 50 % pour guider le choix du récepteur. Des différences importantes apparaissent selon le niveau intellectuel des locuteurs et des récepteurs. La relative inefficacité de la communication doit être attribuée aux difficultés des locuteurs retardés à rendre le message explicite et à prendre en considération le point de vue du récepteur. Longhurst & Berry (1975) ont analysé, avec des adolescents retardés mentaux (AC = 14 ans 6 mois à 16 ans 6 mois; QI = 41 à 68), les effets de diverses formes de feedbacks. Les sujets doivent décrire les stimuli pour un premier expérimentateur. Un second expérimentateur indique alors au sujet si le premier a pu effectuer un choix correct. Les feedbacks utilisés sont les suivants: positif («C'est juste»), gestuel (expression faciale de certitude ou de doute), négatif («C'est faux»), implicite («Je ne pense pas qu'il ait deviné») et explicite («Décris mieux l'image»). Les sujets retardés réagissent différemment aux feedbacks selon le niveau intellectuel. Les feedbacks gestuels et implicites sont moins bien intégrés par les sujets les plus handicapés: ils n'entraînent aucune correction des énoncés. Ces échecs peuvent être expliqués de deux manières. Soit les sujets les plus handicapés ne comprennent pas la signification du feedback, soit ils ne savent pas comment corriger leurs productions verbales pour induire des choix corrects chez le récepteur. Les sujets les moins handicapés comprennent les différents feedbacks et apportent significativement plus de corrections dans leurs messages que ies sujets plus handicapés.

Reprenant le schéma expérimental de Longhurst, Beveridge & Tatham (1976) demandent à 6 sujets arriérés mentaux (AC moyen = 14 ans 8 mois; QI moyen = 50), évalués auparavant sur le plan verbal expressif et réceptif au moyen du Sentence Comprehension Test (cf. chapitre 8), de jouer alternativement les rôles de locuteur et de récepteur dans une tâche de discrimination d'images. Les images représentent des variantes autour d'un thème commun. Par exemple, une série de quatre images montrent respectivement un garçon coupant un gâteau, mangeant un gâteau, un garçon coupant du pain et une fille coupant du pain. Le locuteur est prié de décrire une image par série, laquelle doit être retrouvée ensuite par le récepteur. Dans chaque série, les images alternatives proposent des variations portant sur le sujet, l'action ou l'objet. Les résultats indiquent que les bons locuteurs sont également de bons récepteurs et vice versa. Les verbes des phrases sont les référents les plus difficiles à communiquer. Ils sont responsables de 50 % des choix incorrects. Or, tous les sujets avaient démontré une compréhension préalable des verbes utilisés dans les phrases correspondant aux images testées. Cette étude a des implications pour l'apprentissage de la communication référentielle chez les sujets arriérés mentaux. Elle indique que la compréhension d'une catégorie grammaticale véhiculant l'information critique n'est pas suffisante pour assurer la communication. Cette compréhension doit s'accompagner d'un apprentissage des capacités de production. Dans une seconde étude utilisant le même schéma expérimental, Beveridge & Mittler (1977) demandent à 3 enfants retardés mentaux (AC = 11-16 ans; AM = 3 ans à 3 ans 5 mois), placés alternativement dans des rôles de locuteur et de récepteur, de choisir un stimulus-cible parmi les différentes images proposées. Les auteurs introduisent une procédure de feedback positif ou négatif qui entraîne un accroissement significatif des performances correctes chez le récepteur. Les effets du feedback sont cependant limités à l'intervalle temporel pendant lequel la procédure en question est mise en place. La suppression du feedback entraîne en effet une réduction des choix corrects. On sait, par une étude de Mc Leod & Brown (1976), que l'empan mnésique restreint des sujets retardés modérés et sévères interfère avec l'évocation du matériel verbal en situation de communication référentielle. L'absence de persistance des effets du feedback pourrait trouver une explication dans les capacités limitées des sujets arriérés mentaux à relier une information ancienne à une information nouvelle.

L'étude de Hoy & Mc Knight (1977) est la seule à avoir abordé la communication référentielle chez les sujets arriérés mentaux dans une perspective réellement bidirectionnelle, du locuteur au récepteur et du récepteur au locuteur. Des enfants retardés mentaux de niveau intellectuel relativement élevé (AC moyen = 15 ans 5 mois; AM moyen = 6 ans 6 mois) et de niveau intellectuel bas (AC moyen = 11 ans 2 mois; AM moyen = 3 ans 7 mois) sont placés dans des situations où ils jouent alternativement les rôles de locuteur et de récepteur. Les locuteurs de niveau intellectuel élevé adaptent remarquablement leur langage au niveau de leurs pairs plus handicapés. Cette adaptation est à la fois structurale (réduction de la longueur et de la complexité syntaxique des énoncés) et fonctionnelle (utilisation du canal gestuel pour suppléer et/ou accentuer les énoncés verbaux). Les locuteurs de niveau intellectuel bas procèdent de la même façon lorsqu'ils sont en présence de récepteurs ayant un niveau intellectuel identique au leur. Par contre, mis en présence de récepteurs de niveau intellectuel élevé, ces sujets réduisent leur communication dans le sens d'un appauvrissement à la fois structural (énoncés moins longs, syntaxiquement moins complexes) et fonctionnel (utilisation préférentielle du canal gestuel par rapport au canal verbal et production importante de gestes déictiques et pantomimiques, voir chapitre 7). Cette donnée relativise les résultats de Guralnick & Brown (1977; 1980) en remettant en question les bénéfices réciproques retirés par des enfants de niveaux intellectuels différents placés dans le même contexte éducatif. En fait, Guralnick & Brown n'ont pris en considération qu'un aspect de la communication référentielle : le mouvement du locuteur vers le récepteur. S'il est vrai que les enfants normaux adaptent leur communication au niveau intellectuel de leurs interlocuteurs retardés, on ne sait rien par contre des comportements langagiers de ces derniers lorsqu'ils communiquent avec leurs pairs normaux. Leur langage est-il adapté ou, au contraire, présente-t-il des signes manifestes d'appauvrissement structural et fonctionnel? Cette dernière possibilité est vraisemblable si l'on se réfère à l'étude de Hoy & Mc Knight (1977) montrant que, face à des enfants de niveau intellectuel plus élevé, les sujets arriérés mentaux réduisent leurs émissions verbales. La question des bénéfices respectifs retirés par les enfants arriérés mentaux sur le plan du développement linguistique selon qu'ils fréquentent des classes régulières ou spéciales ne peut être résolue sans des recherches abordant la communication référentielle sous son aspect bidirectionnel.

Les seules études portant sur les capacités conversationnelles des *adultes* arriérés mentaux sont celles de Bedrosian & Prutting (1978) et Bedrosian (1979). Deux adultes retardés mentaux (AC = 25 ans; QI = 30) sont enregistrés dans des situations de conversation avec leurs pairs, leurs parents et des enfants normaux. Ces adultes sont capables de contrôler un sujet de conversation en fonction de leurs interlocuteurs. Ils peuvent s'exprimer sur un certain nombre de sujets durant un épisode interactif et sont capables de modifier leurs énoncés verbaux en fonction des réactions de leurs interlocuteurs.

Enfin, il faut signaler une étude préliminaire de Stoel-Gammon & Coggins (1979) portant sur les stratégies d'autocorrection dans le langage spontané des enfants trisomiques 21 en conversation avec des adultes normaux. Les auteurs analysent les stratégies utilisées par 4 enfants trisomiques 21 (AC = 3 ans 10 mois à 6 ans 2 mois; QI = 50 à 70) pour corriger leurs productions verbales dès qu'un adulte leur signale qu'il ne comprend pas le message envoyé. Dans une situation de ce type, les enfants trisomiques 21 sont capables de modifier les paramètres linguistiques et le contexte non linguistique de leurs productions. Plusieurs moyens sont utilisés à cet effet: a) la répétition du message, b) la répétition du message accompagné d'un geste, c) la répétition et l'expansion du message par l'addition d'un ou de deux mots nouveaux, d) la répétition du message avec une prononciation plus soignée, une intonation plus marquée et un débit ralenti. Cette étude ouvre de nouvelles perspectives dans l'étude des moyens dont disposent les sujets arriérés mentaux pour adapter leur communication aux exigences du contexte et de l'interlocuteur.

Le Tableau 6 reprend les principales caractéristiques et les conclusions générales des travaux mentionnés dans la section précédente.

De nombreux problèmes théoriques et méthodologiques se posent aux chercheurs confrontés à l'étude de la communication chez les handicapés mentaux. Ces questions concernent à la fois la collecte des données et le cadre conceptuel dans lequel il convient de situer les résultats. Sur le plan méthodologique, deux possibilités existent pour le recueil des données : la méthode expérimentale et l'observation en milieu naturel. *La méthode expérimentale*, illustrée, par exemple, dans les travaux de Longhurst et de Beveridge sur la communication référentielle, permet de contrôler un certain nombre de variables, comme le niveau verbal des sujets, la tâche communicative, la longueur et la complexité des messages. Cette méthode comporte plusieurs limitations inhérentes à la situation expérimentale. Elle requiert des sujets un niveau développemental suffisant pour permettre de rencontrer les exigences de la situation. Ce niveau minimal de capacité à communiquer peut aboutir à écarter beaucoup de sujets qui ne se conforment pas à de tels prérequis. De plus, le matériel proposé pour les tâches interactives doit être adapté à la communication. L'utilisation d'un matériel sophistiqué n'est pas nécessairement le garant d'un bon support pour la communication. Il importe de sélectionner des tâches se situant dans les limites des capacités perceptivo-motrices des sujets et en même temps susceptibles de favoriser les productions verbales. Cette exigence est particulièrement difficile à rencontrer avec les sujets arriérés modérés et sévères. Enfin, les tâches expérimentales proposées n'ont sans doute qu'un intérêt restreint pour les sujets, étant totalement dénuées de valeur fonctionnelle. Rien, dès lors, ne justifie la généralisation a priori des résultats de ces études au fonctionnement communicatif des sujets retardés dans leur milieu habituel de vie.

Tableau 6
Synthèse des principaux travaux sur la communication en arriération mentale

| Objet de l'étude | Auteur(s) et année | Sujets | Données principales |
|---|---|---|---|
| Communication pré-verbale | Jones (1977) | Trisomiques 21<br>AC = 8 à 18 mois | Manque d'initiative et de réactivité dans les interactions. Référence oculaire et organisation des vocalisations déficientes. |
| Langage maternel | Rondal (1978) | Trisomiques 21<br>AC = 4-10 ans | Bonne adaptation du langage maternel au langage des enfants. |
| Milieu institutionnel | Veit & al. (1976)<br>Pratt & al. (1976)<br>Prior & al. (1979) | Arriérés modérés et sévères.<br>AC = 9 à 14 ans | Fréquences supérieures des ordres et des questions par rapport aux autres catégories verbale. Influence négative du milieu sur les comportements langagiers. |
| Milieu éducatif<br>Ecole spéciale | Beveridge & Berry (1977)<br>Beveridge & al. (1978)<br>Beveridge (1976) | Arriérés modérés et sévères.<br>AC = 7 à 14 ans | Accroissement de la fréquence des interactions verbales avec l'âge chronologique. Prédominance des interactions entre sujets arriérés mentaux par rapport aux interactions avec les enseignants. Prédominance des actes de parole fournissant une information non sollicitée. |
| | Schittekatte (1978) | Arriérés modérés et sévères. AC = 6 ans.<br>Normaux. AC = 3:3 ans | Différences entre les deux milieux d'enseignement quant aux productions verbales des enseignants. Les différences portant sur les aspects structuraux et fonctionnels des messages. |

Tableau 6 (suite)

| Objet de l'étude | Auteur(s) et année | Sujets | Données principales |
|---|---|---|---|
| Ecole intégrée | Guralnick & Brown (1977, 1978) | Arriérés légers, modérés et sévères. Normaux. AC = 4 à 6 ans | Bonne adaptation du langage des enfants normaux au niveau développemental des enfants arriérés mentaux. |
| Interactions verbales et non verbales entre enfants arriérés mentaux | Longhurst & Berry (1975) | Arriérés légers et modérés. AC = 14 à 16 ans | Réactions différentes à une procédure de feedback selon le niveau développemental : les arriérés légers apportent plus de corrections à leurs messages verbaux que les arriérés modérés. |
| | Beveridge & Tatham (1976) | Arriérés modérés AC = 14 ans | Pas de relation entre la compréhension des catégories grammaticales et la capacité d'utiliser ces catégories dans la communication référentielle. |
| | Beveridge & Mittler (1977) | Arriérés modérés et sévères. AC = 11 à 16 ans | Influence positive de la procédure de feedback sur la réorganisation des productions verbales des locuteurs. |
| | Hoy & Mc Knight (1977) | Arriérés modérés. AC = 15:5 ans Arriérés sévères. AC = 11:2 ans | Adaptation du langage des arriérés modérés au niveau des arriérés sévères. Mauvaise adaptation (appauvrissement) du langage des arriérés sévères au langage des arriérés modérés. |
| Interactions verbales entre adultes arriérés mentaux | Bedrosian & Prutting (1978) Bedrosian (1979) | Arriérés modérés. AC = 25 ans | Adaptation des sujets de conversation en fonction des interlocuteurs. |
| Autocorrection | Stoel-Gammon & Coggins (1979) | Trisomiques 21 AC = 3 à 6 ans | Utilisation de procédures d'autocorrection diversifiées. |

*L'observation en milieu naturel* permet d'éviter certains des écueils inhérents à l'approche expérimentale. L'approche éthologique permet de voir comment les sujets évoluent et communiquent dans les situations de leur vie quotidienne. Les données ainsi recueillies ont valeur fonctionnelle. Cependant, l'observation en milieu naturel a ses problèmes propres. Ceux-ci concernent l'identification des faits pertinents à recueillir dans les situations de communication. Dans l'observation des épisodes interactifs, la première question à élucider est celle de l'interprétation du message. Comment vérifier si un message verbal ou non verbal a été perçu comme tel? Il s'agit de définir à partir de quel moment un acte de parole a un effet ou n'a pas d'effet sur un récepteur. Toute observation en milieu naturel doit tenir compte simultanément de deux dimensions (Brinker & Goldbart, 1979). La première dimension concerne les caractéristiques du contexte dans lequel les énoncés verbaux sont produits. La seconde dimension a trait aux capacités des interlocuteurs à traiter une information linguistique dans ses aspects structuraux et fonctionnels. La prise en considération de ces deux dimensions exige des observateurs expérimentés et informés des questions de psycholinguistique développementale.

La méthode expérimentale et l'observation en milieu naturel ne sont nullement deux approches exclusives. Elles doivent être envisagées comme complémentaires en fonction des objectifs spécifiques poursuivis par le chercheur dans l'étude de la communication.

## ELEMENTS BIBLIOGRAPHIQUES

BATESON M., Mother-infant exchanges: the epigenesis of conversational interaction. In D. Aaronson and R. Rieber (Eds), *Developmental psycholinguistic and communication disorders*. New York: New York Academy of Sciences, 1975.
BEDROSIAN J., Communicative performance of mentally retarded adults. A topic analysis. American Association on Mental Deficiency Symposium on «*The Linguistic Environment of the Mentally Retarded Child*». Miami, mai 1979.
BEDROSIAN J. & PRUTTING C.A., Communicative performance of mentally retarded adults in four conversational settings. *Journal of Speech and Hearing Research*, 1978, *21*, 79-95.

BERRY P., *Communication personnelle*, août 1979.
BEVERIDGE M., Patterns of interaction in the mentally handicapped. In P. Berry (Ed.), *Language and communication in the mentally handicapped*. Londres: Arnold, 1976, pp. 142-160.
BEVERIDGE M. & BERRY P., Observing interaction in the severely handicapped. *Research in Education*, 1977, *17*, 13-22.
BEVERIDGE M. & MITTLER P., Feedback, language and listener performance in severely retarded children. *British Journal of Disorders of Communication*, 1977, *12*, 150-157.
BEVERIDGE M. & TATHAM A., Communication in retarded adolescents: utilization of known language skills. *American Journal of Mental Deficiency*, 1976, *81*, 96-99.
BEVERIDGE M., SPENCER J. & MITTLER P., Language and social behaviour in severely educationnally subnormal children. *British Journal of Social and Clinical Psychology*, 1976, *17*, 75-83.
BLOOM L., *Language development: form and function in emerging grammars*. Cambridge, Mass.: MIT Press, 1970.
BRAMI-MOULING G., Notes sur l'adaptation de l'expression verbale de l'enfant en fonction de l'âge de son interlocuteur. *Archives de Psychologie*, 1977, 45, 225-234.
BRINKER R. & GOLDBART J., *The problem of reliability in the study of early communication skills*. Manchester: Hester Adrian Research Centre, 1979.
BROWN R., *A first language*. Cambridge, Mass.: Harvard University Press, 1973.
BUCKHALT J.A., RUTHERFORD R.B. & GOLDBERG K.E., Verbal and nonverbal interaction of mothers their Down's syndrome and nonretarded infants. *American Journal of Mental Deficiency*, 1978, *82*, 337-343.
BUIUM N., RYNDERS J. & TURNURE J., Early maternal linguistic environment of normal and Down's syndrome language-learning children. *American Journal of Mental Deficiency*, 1974, *79*, 52-58.
CONN P. & RICHARDSON M., Approaches to the analysis of teacher language in the ESN(S) classroom. In P. Berry (Ed.), *Language and communication in the mentally handicapped*. Londres: Arnold, 1976, pp. 129-141.
COSTERMANS J., *Psychologie du langage*. Bruxelles: Mardaga, 1980.
CROSS T.G., Mothers' speech adjustments: the contribution of selected child listener variables. In C.E. Snow and C.A. Ferguson (Eds), *Talking to children*. Cambridge: Cambridge University Press, 1977, pp. 151-188.
FRASER C. & ROBERTS N., Mothers' speech to children of four different ages. *Journal of Psycholinguistic Research*, 1975, *4*, 9-16.
GLUCKSBERG S., KRAUSS R.M. & WEISBERG R., Referential communication in nursery school children: method and some preliminary findings. *Journal of Experimental Psychology*, 1966, *3*, 333-342.
GOLINKOFF R.M. & AMES G.J., A comparison of fathers' and mothers' speech with their young children. *Child Development*, 1979, *50*, 28-32.
GUNN P., CLARK D. & BERRY P., Maternal speech during play with a Down's syndrome infant. *Mental Retardation*, 1980, *18*, 15-18.
GURALNICK M.J., Integrated preschools as educational and therapeutic environments. In M.J. Guralnick (Ed.), *Early intervention and the integration of handicapped and nonhandicapped children*. Baltimore: University Park Press, 1978, pp. 115-146.
GURALNICK M.J. & BROWN D.P., The nature of verbal interactions among handicapped and nonhandicapped preschool children. *Child Development*, 1977, *48*, 254-260.
GURALNICK M.J. & BROWN D.P., Functional and discourse analyses of nonhandicapped preschool children's speech to handicapped children. *American Journal of Mental Deficiency*, 1980, *84*, 444-454.

GUTMANN A.J. & RONDAL J.A., Verbal operants in mothers' speech to nonretarded and Down's syndrome children matched for linguistic level. *American Journal of Mental Deficiency*, 1979, *83*, 446-452.

HOY E.A. & McKNIGHT J.R., Communication style and effectiveness in homogeneous and heterogeneous dyads of retarded children. *American Journal of Mental Deficiency*, 1977, *81*, 587-598.

JONES O.H., Mother-child communication with pre-linguistic Down's syndrome and normal infants. In H.R. Schaffer (Ed.), *Studies in mother-infant interaction*. Londres: Academic Press, 1977, pp. 379-402.

KOGAN K., WIMBERGER H. & BOBITT R., Analysis of mother-child interaction in young mental retardates. *Child Development*, 1969, *40*, 799-812.

LAMBERT J.L., *Introduction à l'arriération mentale*. Bruxelles: Mardaga, 1978.

LAMBERT J.L., L'éducation scolaire des handicapés mentaux. In J.A. Rondal et M. Hurtig (sous la direction de), *Manuel de Psychologie de l'Enfant* (Vol. 2). Bruxelles: Mardaga, 1981.

LEE L., *Developmental sentence analysis*. Evanston, Ill.: Northwestern University Press, 1974.

LOMBARDINO L., Maternal speech to normal and Down's syndrome children: a taxonomy and comparative-descriptive study. American Association on Mental Deficiency Symposium on «*The Linguistic Environment of the Mentally Retarded Child*». Miami, mai 1979.

LONGHURST T.M., Communication in retarded adolescents: sex and intelligence level. *American Journal of Mental Deficiency*, 1974, *78*, 607-618.

LONGHURST T.M. & BERRY G.W., Communication in retarded adolescents: response to listener feedback. *American Journal of Mental Deficiency*, 1975, *80*, 158-164.

LONGHURST T.M. & STEPANICH L., Mothers' speech addressed to one-, two-, and three-year-old normal children. *Child Study Journal*, 1975, *5*, 3-11.

MAHONEY G., PULLIS M. & SAIKA G.A., A longitudinal analysis of the communication between mothers and children with Down's syndrome. American Association on Mental Deficiency Symposium «*The Linguistic Environment of the Mentally Retarded Child*». Miami, mai 1979.

MARSHALL N., HEGRENES J. & GOLDSTEIN S., Verbal interaction: mothers and their retarded children versus mothers and their nonretarded children. *American Journal of Mental Deficiency*, 1973, *77*, 415-419.

McLEOD M.M. & BROWN R.I., Verbal communication and the developmentally handicapped. *The British Journal of Mental Subnormality*, 1976, *XXII*, 26-34.

MITCHELL D.R., Parent-child interaction in the mentally handicapped. In P. Berry (Ed.), *Language and communication in the mentally handicapped*. Londres: Arnold, 1976, pp. 161-183.

MITTLER P., Language and communication. In A.M. Clarke and A.D.B. Clarke (Eds), *Mental deficiency, the changing outlook, (3rd edition)*. Londres: Methuen, 1974.

MOERK E.L., *Pragmatic and semantic aspects of early language development*. Baltimore: University Park Press, 1977.

PHILIPS J., Syntax and vocabulary of mothers' speech to young children: age and sex comparison. *Child Development*, 1973, *44*, 182-185.

PHILLIPS J.L. & BALTHAZAR E.E., Some correlates of language deterioration in severely and profoundly retarded long-term institutionalized residents. *American Journal of Mental Deficiency*, 1979, *83*, 402-408.

PRATT M.W., BUMSTEAD D.C. & RAYNES N.V., Attendant staff speech to the institutionalized retarded: language use as a measure of the quality of care. *Journal of Child Psychology and Psychiatry*, 1976, *17*, 133-143.

PRIOR M., MINNES R., COYNE T., GOLDING B., HENDY J. & McGILLIVRAY, J. Verbal interactions between staff and residents in an institution for the young mentally retarded. *Mental Retardation*, 1979, *17*, 65-70.
PRUCHA J., *Pragmalinguistics: East European approaches*. Philadelphia: John Benjamins, 1983.
REES N.S., Pragmatics of language: applications to normal and disordered language development. In R.L. Schiefelbusch (Ed.), *Bases of language intervention*. Baltimore: University Park Press, 1978, pp. 191-266.
RONDAL J.A., *Maternal speech to normal and Down's syndrome children matched for mean length of utterance*. Thèse doctorale. University of Minnesota, Minneapolis, 1976.
RONDAL J.A., Environnement linguistique et retard mental. *Enfance*, *1*, 37-48.
RONDAL J.A., *Langage et éducation*. Bruxelles: Mardaga, 1978 (a).
RONDAL J.A., *Father's speech and mother's speech in early language development*. Communication présentée au First International Congress for the Study of Child Language. Tokyo, août 1978 (b).
RONDAL J.A., Maternal speech to normal and Down's syndrome children matched for mean length of utterance. In C.E. Meyers (Ed.), *Quality of life in severely and profoundly retarded people*. Washington D.C.: American Association on Mental Deficiency, 1978, pp. 193-266 (c).
RONDAL J.A., Developmental Sentence Scoring Procedure and the delay-difference question in language development of Down's syndrome children. *Mental Retardation*, 1978, *16*, 169-171.
RONDAL J.A., The interactive point of view in language development, disorders and intervention. *Psychologica Belgica*, 1980, *20*, 185-204.
RONDAL J.A., *L'interaction adulte-enfant et la construction du langage*. Bruxelles: Mardaga, 1983.
SCHITTEKATTE N., *Etude de la communication verbale et non verbale chez des enfants arriérés mentaux*. Mémoire de Licence, Université de Liège, 1978.
SHATZ M. & GELMAN R., The development of communication skills: modifications in the speech of young children as a function of listener. *Monographs of the Society for Research in Child Development*, 1973, *38* (N° 5).
SHEPERD G. & MARSHALL A.H., Perceptions of interpersonnal communications of EMR adolescents and their mothers. *Education and Training of the Mentally Retarded*, 1976, *11*, 106-111.
SKINNER B.F., *Verbal behavior*. New York: Appleton, 1957.
SNOW C.E., Mothers' speech to children learning language. *Child Development*, 1972, *43*, 549-565.
STOEL-GAMMON R. & COGGINS T.E., *Making yourself understood: a study of self-correction strategies in the spontaneous speech of Down's syndrome children*. Communication présentée à la Second Annual Conference on Language Development, Boston University, mai 1979.
TIZARD B., COOPERMAN O., JOSEPH A. & TIZARD J., Environmental effects on language development: a study of young children in long stay residential nurseries. *Annual Progress in Child Psychiatry and Child Development*, 1973, 705-728.
VEIT S.W., ALLEN G.J. & CHINSKY J.M., Interpersonal interactions between institutionalized retarded children and their attendants. *American Journal of Mental Deficiency*, 1976, *80*, 535-542.
WINKIN Y. (Ed.), *La nouvelle communication*. Paris: Seuil, 1981.

# Chapitre 6
# Communication et interactions non verbales

## 1. Quelques distinctions

En guise de préambule à ce chapitre, il n'est pas inutile de proposer quelques distinctions de principe entre *système de communication* et *contexte de la communication*, d'une part, et entre les *systèmes verbaux* et les *systèmes non verbaux de communication*, d'autre part. Le Tableau 1 illustre ces distinctions. Nous le commentons ensuite. La suite du chapitre développe les principaux aspects qui touchent à l'utilisation des systèmes non verbaux de communication avec les sujets handicapés mentaux ainsi qu'au contexe paraverbal de la communication entre et avec ces sujets.

Les paramètres de classification du Tableau 1 sont les suivants: 1) système versus contexte de communication, 2) la distance: proximal versus distal, et 3) le mode: verbal (auditivo-oral) versus non verbal (visuo-moteur). La distinction selon le paramètre de distance peut être relativisée. On peut évidemment procéder à l'enregistrement du langage sur bande sonore, ou sur bande vidéo pour le langage gestuel, et communiquer ainsi à distance.

Le contexte paraverbal concerne, par définition, la série de manifestations qui accompagnent ou servent de toile de fond, pour ainsi dire, au langage oral. On pourrait, mutatis mutandis, parler de contexte «para non verbal» de la communication et définir un certain nombre d'accompagnants contextuels des messages exprimées à l'aide du langage gestuel (comme par exemple, les expressions faciales, les postures, le rythme de production des composantes du message gestuel, etc.).

*Tableau 1*
*Systèmes de communication et contexte paraverbal de la communication*

| | SYSTEMES DE COMMUNICATION | | CONTEXTE PARAVERBAL DE LA COMMUNICATION |
|---|---|---|---|
| | SYSTEMES VERBAUX | SYSTEMES NON VERBAUX | |
| **AXE PROXIMAL** | 1. Langage oral | 1. Langage gestuel<br>2. Système « à la Premack »<br>3. Système Yerkes | 1. Accompagnants vocaux du langage oral (timbre de voix, accent, intonation, tempo, etc.)<br>2. Expressions faciales<br>3. Regard<br>4. Postures et gestes<br>5. Occupation de l'espace |
| **AXE DISTAL** | 2. Langage écrit | 4. Sémaphore<br>5. Ecriture Bliss<br>6. Rébus<br>etc. | |

## 2. Le langage gestuel et les autres systèmes non verbaux de communication

Il y a depuis quelques décennies un regain d'intérêt très marqué pour le langage gestuel et les autres systèmes non verbaux de communication. En ce qui concerne l'éducation des enfants sourds et la communication entre individus sourds, le vieux débat oralisme - manualisme a ressurgi et fait l'objet de discussions passionnées entre spécialistes ainsi que d'un certain nombre de recherches empiriques (Moores, 1978; Rondal, Henrot et Charlier, 1985). Il existe une grande variété de *moyens de communication gestuels* depuis les quelques signes familiers à un petit groupe de personnes ou même spécifiques à une maisonnée particulière, jusqu'aux systèmes conventionnels et standardisés utilisés par les groupes de sujets sourds profonds sur de grandes échelles, comme l'American Sign Language des sourds américains et les autres systèmes nationaux. C'est l'American Sign Language qui a été le plus analysé sur le plan de la structure, de la pratique, du développement, et des bénéfices éducatifs et fonctionnels à attendre de son usage par les sujets sourds profonds (Stokoe, 1960; 1972; Moores, 1970, 1972, 1978; Moores & al., 1973; Wilbur, 1976; Moores, 1980; Moores & Rondal, 1981; Schlesinger & Meadow, 1972; Hoffmeister, 1978; on verra aussi Rondal, 1975; Alegria, 1979 et Rondal, Henrot et Charlier, 1985). Très brièvement, l'American Sign Language, de même que les autres systèmes standardisés de communication entre sujets sourds profonds, consiste en un système sémantico-syntaxique basé sur un ensemble de règles précises et disposant d'un lexique gestuel particulier (et qui varie d'un pays à l'autre). Comme pour les langages oraux, la plupart des signes qui constituent les répertoires lexicaux des langages gestuels sont arbitraires et doivent donc être appris. La syntaxe de l'American Sign Language est plus simple et différente de celles des langages oraux. Les énoncés déclaratifs simples organisés dans un ordre temporel qui correspond aux événements référés sont en majorité. Les signes-gestes fonctionnels qui servent à l'articulation syntaxique du discours sont nettement moins nombreux que dans les langages parlés. En outre, il n'y a pas d'étage morphologique à proprement parler dans ces types de langage puisque les signes gestuels ne peuvent être infléchis à des fins grammaticales comme c'est le cas dans les langages parlés. Malgré ces différences, nombre de spécialistes considèrent que les langages gestuels, et particulièrement l'American Sign Language, sont en principe capables d'exprimer toutes les nuances et d'intervenir à tous les niveaux de communication, exactement comme les langages oraux (Moores, 1972). Une opinion plus restrictive est celle d'un auteur comme Oléron (1972, 1974, 1978,

1979). Ce dernier maintient que les langages gestuels sont surtout des systèmes de communication iconique (et donc non arbitraires) qui n'utilisent pas la plupart des procédés grammaticaux des langues orales et dont la syntaxe est très simplifiée, avec parfois même apparence d'agrammaticalité. Nous ne pouvons évidemment entrer dans les détails de ce débat (un débat historique, en fait, puisque dans certaines de ses formes il remonte au 18ᵉ siècle) — cf. Rondal, Henrot et Charlier, 1985, pour une discussion approfondie de ces questions.

Sur le plan de l'acquisition du langage gestuel par les enfants sourds, les données sont encore très insuffisantes. Elles semblent indiquer, cependant, que l'acquisition du langage gestuel par ces enfants se fait d'une façon similaire à celle du langage parlé par les enfants entendants. Les jeunes enfants sourds produisent d'abord les équivalents gestuels des holophrases et des constructions dites pivots (cf. Braine, 1963; Brown, 1973) avant de traduire les mêmes relations sémantiques dans des énoncés gestuels plus longs et plus complexes. De même, l'acquisition des équivalents gestuels des phrases négatives et interrogatives semble procéder de la même façon que pour les sujets entendants. Ces données suggèrent que les capacités de base liées à la communication ne sont pas assujetties à la seule modalité orale (Hoffmeister, 1978).

Il existe *d'autres systèmes de communication non verbale* que les langages gestuels. Citons notamment le sémaphore, les rébus, l'écriture Bliss, et les techniques mises au point récemment pour l'entraînement des singes supérieurs à la communication avec l'homme, à savoir le système de Premack et le système Yerkes ou encore Yerkish (langage).

*L'écriture Bliss* (cf. Clark & Woodcook, 1976, et Vanderheiden & Harris-Vanderheiden, 1976) consiste en une série de symboles idéographiques et pictographiques mis au point par Charles Bliss (1965). Le Tableau 2 fournit quelques illustrations à ce sujet.

Il existe une centaine de symboles Bliss, utilisés un ou plusieurs à la fois pour représenter une idée ou un mot. Combinés séquentiellement, ils constituent des phrases.

Les *rébus* sont bien connus. Certains pédagogues les ont exploités à titre d'étape intermédiaire dans l'apprentissage de la lecture (cf. par exemple, Clark & Woodcock, 1976).

*Tableau 2*
*Quelques symboles de l'écriture Bliss et leur signification*

A côté de ces systèmes et pratiques pédagogiques, il faut signaler les techniques mises au point récemment par plusieurs chercheurs de façon à tenter d'apprendre des rudiments organisés de langage à des singes supérieurs (chimpanzés, particulièrement). Premack (1970, 1971) a imaginé *un langage fait de pièces de matière plastique* colorées et doublées de métal. Chaque pièce constitue un «mot» du langage. Les énoncés sont disposés verticalement ou horizontalement sur un tableau aimanté. Le Tableau 3 illustre la procédure de Premack. Au bout de quelques mois d'entraînement intensif, Sarah, le chimpanzé femelle de Premack possédait un vocabulaire d'environ 100 mots-plastique. Elle était capable de comprendre et de produire des énoncés déclaratifs simples (affirmatifs et négatifs), de donner des ordres et de s'y conformer, de poser des questions simples et d'y répondre, de coordonner des énoncés élémentaires, et de comprendre certaines relations élémentaires (par exemple, « X est le nom de Y », « Z n'est pas le nom de Y ».

*Tableau 3*
*Exemples d'énoncés produits au moyen du système de Premack*

| POMME | EST-LE-NOM-DE | (LA) | POMME | SARAH |
| | | | | BISCUIT |
| BANANE | NON-EST-LE-NOM-DE<br>(= N'EST-PAS-LE-NOM-DE) | (LA) | POMME | PRENDRE |

Dans le même ordre d'idées, mais avec des moyens différents, Rumbaugh & al. (1973) ont entraîné un autre chimpanzé femelle, nommé Lana, à converser avec un ordinateur au moyen d'un clavier de commande. Le langage proposé fut nommé *le système Yerkes* ou encore le Yerkish, du nom du centre Yerkes à l'université de Géorgie (Etats-Unis), où eurent lieu les expériences. Après quelques mois d'entraînement, Lana était capable de composer des énoncés contenant jusqu'à six et sept mots placés dans un ordre grammaticalement correct, par exemple « S'il te plaît machine donne morceau de banane stop ». Elle pouvait également compléter un énoncé incomplet ou le rejeter s'il était incorrect sur le plan formel et/ou sur le plan sémantique.

Il n'est pas dans notre intention de discuter les implications de ces travaux dans la perspective d'une psycholinguistique comparée (ou d'un embryon de psycholinguistique comparée). Il se trouve que les techniques mises au point par les chercheurs américains peuvent constituer d'intéressantes ressources en ce qui concerne une première mobilisation des capacités communicatives élémentaires également au niveau de l'espèce humaine.

On a cherché à utiliser *le langage gestuel et les autres systèmes non verbaux de communication dans l'éducation ou la rééducation du langage et l'entraînement à la communication avec des sujets retardés mentaux* depuis une dizaine d'années. Les objectifs généraux varient selon les études, les tentatives, et selon les besoins spécifiques des groupes d'individus retardés concernés.

En ce qui concerne *les systèmes graphiques de communication*, plusieurs éducateurs des sujets handicapés mentaux modérés et sévères, particulièrement dans les cas de déficits moteurs associés importants, ont vu dans l'écriture Bliss un intéressant moyen de communication et un intermédiaire approprié pour le passage à la compréhension et la production du discours écrit (Harris-Vanderheiden & al., 1975; Song, 1979). Les symboles Bliss ont été employés également avec des sujets infirmes moteurs cérébraux (McNaughton & Kates, 1974; Ontario Crippled Children's Center Projects Reports, 1971-1974). Les résultats obtenus semblent excellents. Les sujets handicapés entraînés à utiliser les symboles Bliss y parviennent généralement à des âges mentaux aussi bas que deux ans. Ils peuvent de cette façon entamer et poursuivre des communications écrites, impliquant questions et réponses, avec d'autres sujets handicapés ou avec des sujets normaux qui maîtrisent le système Bliss. De même, différents programmes existent qui utilisent la technique des rébus (par exemple, Woodcock, 1965) de façon à initier les enfants retardés mentaux à la communication écrite avant de passer progressivement aux représentations orthographiques traditionnelles. Là aussi, les résultats rapportés sont positifs.

On a utilisé également *le langage gestuel* des sourds américains, ou plus exactement des éléments surtout lexicaux de ce langage, avec des sujets handicapés mentaux. On verra Kiernan (1977), Hawkins (1976), et Fristoe & Lloyd (1977) pour des relevés et revues de la littérature sur ce sujet, travaux qui concernent également l'utilisation éducative ou rééducation du langage gestuel avec d'autres types de sujets handicapés, comme les sujets autistes. Au-delà de 1977, on se reportera au travail de Hobson & Duncan (1979). Ces travaux concernent surtout des sujets retardés mentaux profonds. On sait (par exemple, Gould, 1976) que ces sujets, dont les Q.I. sont situés en dessous de 20, ne démontrent que peu de compréhension verbale et peu d'utilisation du langage et des gestes symboliques (anciennement, ces sujets étaient qualifiés d'idiots — au sens propre —, c'est-à-dire «propre, particulier, et privé» et donc coupé du reste de la société par manque de moyens de communication). A ces niveaux de handicap mental, il est fréquent de relever des troubles associés, qu'ils soient moteurs ou qu'ils concernent une ou plusieurs modalités sensorielles (vision, audition, etc.). On signale généralement une grande fréquence de désordres comportementaux chez ces sujets et de nombreux auteurs attribuent ces désordres au moins en partie à l'absence de moyen conventionnel d'expression et de communication (Gould, 1976). Il existe donc plusieurs raisons pour tenter d'inculquer à ces sujets des moyens de communiquer avec l'entourage. Les recherches revues rapportent généralement des résultats positifs. Il est possible, semble-t-il, d'apprendre aux sujets retardés mentaux profonds à comprendre et à utiliser un certain nombre de signes élémentaires dotés de signification en un intervalle de quelques semaines ou de quelques mois. Linville (1977) a rapporté des résultats positifs du même ordre avec des adolescents retardés mentaux sévères totalement privés de langage jusqu'au moment du début de la procédure d'intervention. Les limites de ce genre d'apprentissage et de l'utilisation des gestes en question n'ont guère été abordées jusqu'ici. On s'est surtout efforcé d'établir la «faisabilité» de ce genre d'intervention avec une population de sujets largement laissés pour compte jusqu'à présent dans les démarches éducatives spécialisées. Ce courant de recherche présente un grand intérêt et un nouvel espoir de voir bientôt les sujets retardés les plus défavorisés échapper, fût-ce partiellement, à leur univers clos par le biais de l'expression organisée et d'une communication interpersonnelle présentant un début de structuration.

On a également utilisé des systèmes gestuels, et notamment des éléments lexicaux de l'American Sign Language, pour *favoriser l'apprentissage lexical verbal* chez des sujets retardés modérés et sévères. L'objectif ici n'est pas ou n'est plus l'acquisition d'un moyen de communication mais la facilitation de l'apprentissage verbal par l'utilisation du langage gestuel. Par exemple, Kotkin & al. (1978) ont montré que le pairage systématique du label verbal et du label gestuel constitue une technique d'apprentissage du nom d'objets concrets présentés sous forme d'images supérieure à celle qui consiste à employer un étiquetage verbal seul. Les auteurs recommandent leur technique de pairage verbal/gestuel pour un apprentissage plus rapide des répertoires de mots de vocabulaire avec les sujets retardés mentaux modérés et sévères.

C'est dans une perspective proche, quoique différente, que Rondal

& Hoffmeister (1975, 1976) ont suggéré d'utiliser simultanément le langage oral et le langage gestuel avec les jeunes enfants retardés mentaux modérés et sévères. Cette pratique fournirait un second système de communication aux sujets retardés dont les troubles de la parole et les problèmes linguistiques ont été largement observés. Au cœur de la proposition (reprise, élaborée, et contextualisée au chapitre 9), il y a l'idée selon laquelle l'acquisition et l'utilisation d'un langage gestuel dès les premières années est susceptible d'interagir positivement avec le développement du langage parlé, celui-ci restant, certes, l'objectif éducatif principal.

Revenons aux problèmes de communication des sujets arriérés mentaux profonds pour mentionner enfin les applications qui ont été faites à ces sujets de la technique mise au point par Premack et relatée plus haut. On notera en passant que la technique mise au point par Rumbaugh, déjà brièvement décrite, est également applicable, en principe avec un objectif identique, aux sujets arriérés mentaux profonds même si elle n'a guère fait l'objet de tentatives de ce genre jusqu'ici (Parkel & al., 1977).

Premack et Premack (1974) ont signalé l'utilité et la pertinence du système de Premack pour l'éducation au langage des sujets déficients graves sur le plan linguistique. Les mêmes auteurs rapportent les résultats (positifs) de leurs efforts qui visaient à entraîner au langage un enfant autiste non verbal âgé de 8 ans. L'enfant put maîtriser successivement les différentes tâches et fonctions linguistiques proposées par les expérimentateurs (cf. ci-dessus). On passa ensuite à l'entraînement en langage oral en établissant systématiquement l'équivalence entre le système Premack et le langage naturel. La conclusion des auteurs est que le système Premack est préférable à pas de langage et pas de communication du tout et qu'il peut contribuer de façon intéressante à accélérer le passage au langage naturel. Confirmant cette indication, le système Premack a été utilisé avec succès dans plusieurs études impliquant des enfants et des adultes aphasiques et des enfants autistes (Velletri-Glass & al., 1973; Hughes, 1975; McLean & McLean, 1974). De même, quelques études, encore largement expérimentales, ont porté sur l'application du système de Premack ou d'un système proche à des sujets arriérés mentaux profonds dénués de langage. Carrier (1976) a appliqué un programme d'entraînement inspiré du système de Premack (le « Non-SLIP » programme, Carrier & Peak, 1975) à un groupe de 180 enfants handicapés mentaux. Il rapporte être arrivé après entraînement à faire comprendre et produire des énoncés en langage visuel comportant jusqu'à 7 éléments et organisés syntaxiquement selon les règles de la langue. On est passé progressivement à la parole avec environ un tiers des sujets. Ces enfants furent ensuite enrôlés dans des programmes traditionnels d'éducation et de rééducation de la parole et du langage. L'auteur ne s'explique pas sur le sort des enfants restants. On ne sait s'ils n'ont pu passer du système visuel au langage naturel pour des raisons d'incapacité intrinsèque ou pour d'autres raisons. Il est difficile dans ces conditions d'émettre un avis sur l'efficacité du programme utilisé par Carrier. L'auteur, cependant, qualifie son programme d'efficace et d'avantageux, et le recommande pour le premier entraînement langagier avec des sujets gravement handicapés sur le plan du langage et de la communication.

Enfin, plus près de nous, Cobben (1978) a utilisé le système Premack dans le but d'entraîner à la communication trois adultes arriérés mentaux sévères et profonds sans aucun langage fonctionnel. L'analyse a porté sur les types de réponses fournies par les sujets, leur évolution et la progression dans la procédure d'entraînement. Les trois sujets ont pu acquérir, après quelques semaines d'entraînement, les quatre classes de la fonction «mot» telles que définies par Premack (1970), à savoir, le symbole objet (par exemple, les différents aliments et leurs labels visuels), et les symboles pour le donneur, le récepteur, et l'action. Les sujets ont acquis en partie la fonction «syntagme» (impliquant la coordination d'éléments nominaux du langage) ainsi que l'usage réceptif et productif de l'interrogation. L'étude fut ensuite interrompue sans qu'on puisse, dès lors et malencontreusement, se prononcer sur les limites de la procédure telle qu'appliquée aux sujets et sans qu'on ait pu, plus malheureusement encore, chercher à transférer les nouvelles capacités et connaissances en langage oral fonctionnel.

Les orientations théoriques et pratiques mentionnées ci-dessus sont clairement exploratoires. On ignore encore actuellement les potentialités exactes des systèmes gestuels et des autres systèmes non verbaux de communication dans leur application à l'entraînement à la communication et au langage oral chez les sujets handicapés mentaux, particulièrement les sujets handicapés sévères et profonds. Il n'empêche que ces systèmes présentent un grand intérêt pour le renouvellement et le développement des pratiques d'intervention communicative et langagière avec des sujets trop souvent laissés pour compte jusqu'ici faute de moyens et d'instruments appropriés.

Nous nous tournons maintenant vers le second volet de ce chapitre, à savoir le contexte paraverbal de la communication langagière naturelle.

## 3. Le contexte paraverbal de la communication

Si on définit l'acte de communication comme les événements linguistiques, verbaux et gestuels, qui surviennent dans la relation de personne à personne (Schiefelbusch, 1969), l'ensemble des processus mis en œuvre par le locuteur et l'auditeur dans un épisode interactif dépasse le langage verbal. Dans de nombreuses situations, locuteur et auditeur utilisent des signaux paraverbaux pour moduler la communication (cf. Tableau 1). Parmi les nombreuses classifications des signaux paraverbaux proposés dans la littérature (Harper & al., 1978), nous avons repris le modèle d'Argyle (1975) différenciant cinq canaux de communication non verbale. Comme le soulignent Harper & al. (1978), la diversité conceptuelle et factuelle du domaine de la communication paraverbale chez l'être humain exige une délimitation a priori de l'objet d'étude. Nous avons arbitrairement restreint nos considérations aux phénomènes paraverbaux les plus importants dans la structuration et le déroulement de la communication interpersonnelle. Les canaux envisagés sont : *les accompagnants vocaux du langage, les expressions faciales, le regard, les postures et les gestes*, et *l'occupation de l'espace*. Nous présentons une brève description de chacun de ces aspects avec, le cas échéant, des illustrations dans le domaine du handicap mental. Ce dernier point est très limité. En effet, actuellement il y a un manque presque total de données se rapportant aux aspects paraverbaux de la communication chez les sujets arriérés mentaux. Il faut signaler également que la présentation distincte de chaque catégorie de signaux paraverbaux est purement didactique. En effet, de nombreux épisodes interactifs impliquent simultanément plusieurs canaux paraverbaux de communication.

### A. *Les accompagnants vocaux du langage*

On distingue deux catégories de signaux vocaux accompagnant les énoncés verbaux selon qu'ils sont reliés ou non au contenu sémantique de l'émission verbale (Argyle, 1975). D'une part, certains aspects ont trait aux *propriétés vocales des sujets parlants* : ils incluent le timbre de la voix permettant de communiquer des attitudes et des émotions, le type de voix, et les accents nationaux, régionaux et individuels. Ces aspects idiosyncratiques, non directement reliés au contenu sémantique du message verbal, n'ont pas fait l'objet de recherches chez les sujets handicapés mentaux jusqu'ici.

D'autre part, il existe des *signaux vocaux agissant en tant que modulateurs du contenu sémantique langagier*. Ces signaux permettent de compléter la signification, de fournir un commentaire sur le contenu verbal et de favoriser la synchronisation des productions verbales. Soulignons que ces signaux sont indépendants des caractéristiques phonétiques de la langue. Les patrons vocaux sont constitués par *l'intonation*, par exemple les contours ascendants et descendants marquant soit l'interrogation, soit la déclaration, *l'accentuation* sonore de certains éléments de l'énoncé (à différencier de l'accent tonique dont la place est fixe en français et donc non contrastive) et le *tempo*, ou les variations du rythme des émissions verbales et les pauses marquant la fin des phrases, la séparation des syntagmes et des propositions dans les phrases complexes ou utilisées à des fins stylistique et expressive. L'intonation, l'accentuation et le tempo constituent *la prosodie* et sont utilisés simultanément ou séparément dans les énoncés verbaux.

Le statut des signaux prosodiques reste un sujet de controverse en psycholinguistique (Argyle, 1975). En fait, le problème théorique posé dépasse le cadre de la prosodie et concerne le statut des signaux non verbaux en général. Ces signaux forment-ils un système indépendant du langage verbal, c'est-à-dire un système possédant ses règles propres? Ou bien ces signaux sont-ils uniquement des aspects du répertoire comportemental général humain pouvant moduler les messages verbaux? Nous reviendrons sur ce point lors de l'analyse des postures et des gestes. En ce qui concerne la prosodie, certains éléments de réponse apparaissent à l'analyse. Premièrement, il existe des relations entre la prosodie et les structures verbales. Le tempo, par exemple, est généralement associé à la structure des énoncés, tandis que l'intonation et l'accentuation modulent certains types d'énoncés (déclaratifs, interrogatifs, etc.). Cependant, l'utilisation des contextes prosodiques reste dépendante des caractéristiques individuelles des partenaires de l'épisode interactif, comme la motivation, le statut social, les composantes affectives de la personnalité, etc. Il n'existe aucune règle générale permettant de définir les critères de production des contextes prosodiques dans une langue. Par exemple, le degré d'accentuation minimale devant être utilisé pour attirer l'attention de l'auditeur sur des éléments de l'énoncé verbal jugés pertinents par le locuteur n'est pas connu. En second lieu, les signaux prosodiques n'ont de signification que dans la mesure où ils modulent les énoncés verbaux. Contrairement aux gestes et aux postures pouvant être émis indépendamment de tout langage verbal, le contexte prosodique est étroitement dépendant du code verbal. C'est pourquoi on ne peut les considérer comme formant un système indépendant du langage verbal, mais bien comme un ensemble de caractéristiques plus ou moins précises servant à moduler la signification du message verbal et parfois à altérer cette dernière dans certaines conditions de l'épisode interactif.

A notre connaissance, une seule étude a abordé un élément des aspects prosodiques des verbalisations chez les sujets arriérés mentaux. Wheldall (1976) compare les effets éventuels de l'accentuation sur la compréhension verbale chez des enfants arriérés mentaux modérés et sévères et chez des enfants normaux. Dans la situation expérimentale, les stimuli verbaux sont présentés avec une accentuation vocale accrue portant spécifiquement sur les éléments de la phrase ayant entraîné des erreurs de compréhension dans une épreuve préalable. Par exemple, à la suite de la consigne: «Montre-moi le garçon qui joue», un sujet a désigné l'image représentant un garçon qui mange, l'expérimentateur émet une nouvelle fois l'énoncé en accentuant cette fois le mot «joue». Dans la situation de contrôle, les phrases sont à nouveau présentées sans modification de l'accentuation initiale. Les résultats de Wheldall indiquent que ni les enfants arriérés mentaux ni les jeunes enfants normaux âgés de moins de 5 ans ne bénéficient des modifications induites. Assez paradoxalement, l'accentuation des éléments négatifs dans les phrases négatives (exemple: «le chat qui *ne* dort *pas*») entraîne l'apparition d'un nombre plus élevé d'erreurs de compréhension aussi bien chez les enfants retardés que chez les enfants normaux âgés de moins de 5 ans. Tout se passe comme si les sujets interprétaient l'accentuation de la négation comme un signal général d'interdiction. Ils se centrent sur ce signal qui masque, pour ainsi dire, le reste de l'énoncé. Cette partie reste non analysée et donc incomprise. L'explication de ce phénomène implique la prise en considération de variables cognitives et affectives dépassant le cadre des variations d'intensité de l'énoncé verbal. Si les résultats de Wheldall devaient être confirmés par d'autres études, ils conduiraient à revoir certains moyens pédagogiques traditionnels consistant, en cas d'incompréhension manifeste de l'enfant, à répéter le message en accentuant ou en scandant les éléments supposés essentiels pour la compréhension.

## B. *Les expressions faciales*

Chez l'être humain, le visage constitue certainement la structure privilégiée pour la réalisation des signaux non verbaux. Les expressions faciales reflètent à la fois certaines caractéristiques individuelles et divers aspects de la vie émotionnelle. Elles jouent également un rôle en tant qu'indices modulant les interactions verbales entre partenaires sociaux. Durant un épisode interactif, les mouvements du visage du locuteur et de l'auditeur servent à compléter la signification des énoncés verbaux, à fournir des feedbacks réciproques ou encore à modifier le cours des interactions. C'est ainsi qu'un auditeur peut indiquer au locuteur qu'il ne le comprend pas — par exemple, en adoptant une mimique interrogative —, qu'il doute de la véracité de ses dires — en utilisant une moue dubitative — ou encore que le message verbal ne l'intéresse pas — par exemple, au moyen d'un gonflement des joues suivi d'un échappement d'air au niveau des lèvres et/ou d'une mimique ironique. Les expressions faciales accompagnant les interactions verbales ne constituent pas un système de communication indépendant du langage verbal. Elles se superposent au contenu linguistique dans l'acte de communication.

Deux études au moins ont abordé un volet du domaine de l'expressivité faciale chez les sujets arriérés mentaux: la compréhension des mimiques émotionnelles. Wheldall (1976) évalue la capacité d'enfants arriérés mentaux modérés et sévères (AC moyen = 15 ans; QI inférieurs à 50) et d'enfants normaux (AC moyen = 4 ans) de comprendre des représentations picturales d'expressions faciales. L'épreuve contient 20 items. Chaque item comporte 4 dessins représentant chacun une expression faciale choisie parmi les cinq suivantes: «fâché, triste, joyeux, surpris et effrayé». Il s'agit d'une épreuve de désignation. L'expérimentateur demande au sujet de montrer le dessin représentant une mimique précise (exemple: «Montre-moi le garçon qui est joyeux»). Wheldall rapporte que la reconnaissance des expressions faciales se hiérarchise d'une manière identique dans les deux populations, à savoir: l'expression «joyeux» est la mieux reconnue, suivie, dans l'ordre, par «fâché», «triste», «surpris» et «effrayé». L'auteur insiste sur les difficultés rencontrées par les sujets arriérés mentaux dans l'épreuve. Leurs performances sur ce point sont comparables à celles d'enfants normaux âgés de 4 ans. Lambert & Defays (1978) reprennent l'étude de Wheldall en y introduisant une dimension supplémentaire, à savoir le type de graphisme servant de support à la représentation des expressions faciales. Deux groupes d'enfants sont appariés pour l'âge mental: 30 enfants arriérés mentaux modérés et sévères (AC = 8 ans 2 mois à 10 ans 9 mois; AM = 4 ans 1 mois à 7 ans 2 mois) et 30 enfants normaux (AC = 4 ans à 7 ans 3 mois). L'épreuve porte sur la reconnaissance de cinq expressions faciales: «joyeux, surpris, effrayé, triste et fâché». Ces expressions sont présentées selon trois modalités graphiques: le schéma, la bande dessinée et la photographie. La modalité schéma consiste dans la représentation schématique du visage humain dans lequel les yeux, les sourcils et la bouche sont modifiés selon les différentes expressions. La modalité «bande dessinée» consiste en dessins réalisés par un auteur de bandes dessinées pour enfants. Les photos sont réalisées à partir d'un visage d'adulte connu ou inconnu des enfants. Il existe une hiérarchie dans la reconnaissance des expressions faciales, quelle que soit la modalité graphique. L'expression «joyeux» est la mieux reconnue, suivie dans l'ordre par « fâché », « triste », « surpris » et « effrayé ». Cette hiérarchie est identique dans les deux populations d'enfants, ce qui confirme les données de Wheldall (1976). Il existe toutefois une différence importante entre les performances des deux groupes d'enfants dans l'étude de Lambert & Defays (1978). Elle concerne la modalité de représentation des expressions faciales. Les enfants normaux reconnaissent significativement mieux les bandes dessinées et les schémas que les enfants arriérés mentaux. Pour ces derniers, ce sont les photographies qui induisent le plus grand nombre de reconnaissances correctes. Il apparaît que la réduction des indices significatifs du visage, dans la bande dessinée et plus encore dans le schéma, accroît la difficulté des enfants arriérés mentaux à reconnaître les expressions faciales. Une hypothèse peut être avancée pour expliquer ces données. Il est établi que la reconnaissance des émotions dépend à la fois de capacités affectives, cognitives et d'échanges sociaux. Chez les sujets arriérés mentaux, l'apprentissage de la signification d'une expression faciale déterminée ne se réaliserait pas sans le retour constant à un support concret ou semi-concret. Ce support est constamment présent dans le milieu familial et scolaire où l'apprentissage de la signification des émotions se réalise à partir des parents et des enseignants. La supériorité de la photographie comme support pour les expressions faciales pourrait s'expliquer par le fait qu'elle est la modalité qui offre le plus de ressemblance avec l'entourage social. On peut également supposer que le niveau cognitif des enfants arriérés mentaux ayant participé à cette étude ne leur permet pas d'établir des liaisons stables entre le schématisme de la bande dessinée et du schéma et sa signification émotionnelle. Quoi qu'il en soit, cette recherche, comme celle de Wheldall, met en évidence les difficultés rencontrées par les enfants arriérés mentaux modérés et sévères dans l'intégration des capacités perceptives et symboliques exigées dans la reconnaissance des expressions faciales. Ces études portent sur les aspects *réceptifs* des mimiques faciales. On ne sait rien actuellement des capacités mimiques *expressives* des sujets arriérés mentaux. Un domaine particulièrement intéressant sur le plan pédagogique est l'étude des mimiques qui signalent l'absence de compréhension. Avec des enfants normaux, l'enseignant peut juger si son message est compris ou non à partir des signaux non verbaux exprimant la non-compréhension (moue dubitative, mimique interrogative, haussement des sourcils, etc.). Des observations réalisées en classes spéciales suggèrent que les enfants retardés n'émettent pas ou peu de mimiques permettant à l'enseignant d'avoir un feedback direct sur son message verbal (Lambert, 1978). Il y a là un domaine particulièrement important à investiguer. S'il s'avère que les enfants arriérés mentaux n'émettent que peu de mimiques faciales de non-compréhension, il conviendra de s'interroger sur les causes de ce fait et de chercher à y porter remède en s'efforçant de doter ces enfants d'un bagage minimal de signaux non verbaux.

## C. Le regard

Argyle (1975) considère qu'une personne regarde une autre personne d'abord pour obtenir de l'information plutôt que pour en fournir. Les yeux sont des récepteurs, un moyen de recevoir les signaux adressés. Néanmoins, lorsqu'une personne en regarde une autre, son regard peut être décodé par la seconde personne de diverses manières; le regard devient alors un signal. Dans l'épisode communicatif, le regard joue un rôle de modulateur des interactions. Il existe une association régulière entre le fait de parler et de regarder. Le regard est utilisé pour obtenir un feedback, pour synchroniser un énoncé avec une référence contextuelle ou encore en tant que signal accompagnant directement un énoncé verbal. Argyle (1975) a montré que dans une interaction verbale, une personne regarde deux fois plus son partenaire lorsqu'elle est auditrice que lorsqu'elle est locutrice. La raison en est probablement que le locuteur évite des distractions éventuelles et ne pose son regard sur l'auditeur qu'à certains moments «stratégiques» de ses énoncés verbaux. Il serait cependant exagéré d'accorder au regard une importance supérieure à celle d'autres signaux paraverbaux, comme les gestes et les mimiques faciales, par exemple, dans la modulation de l'acte de communication verbale. L'information la plus importante convoyée par le regard concerne sans doute l'attention. Le regard indique que le canal communicatif est disponible. Aucune étude portant sur le regard des sujets retardés mentaux n'a été menée à ce jour. C'est là une lacune qu'il faudrait combler. L'absence de recherche est liée en partie à la difficulté inhérente à l'observation du regard. Deux aspects sont particulièrement difficiles à mettre en évidence dans le cadre d'une observation en milieu naturel: la direction du regard et la fréquence des fixations oculaires d'une personne sur l'autre. L'obtention de ces informations requiert en toute rigueur l'utilisation d'un appareillage sophistiqué pour mesurer les mouvements oculaires et une parfaite collaboration des sujets examinés, deux exigences difficilement compatibles avec l'étude des comportements de communication chez les sujets arriérés mentaux.

## D. Les postures et les gestes

En parlant, les personnes adoptent diverses postures corporelles et effectuent divers gestes mobilisant les bras et les mains, et dans une mesure moindre, la tête et les pieds. Les modifications posturales et gestuelles accompagnant l'épisode de communication verbale peuvent être groupés sous le terme générique de signaux kinétiques. Le rôle des signaux kinétiques en tant que modulateurs des productions verbales peut être envisagé sous divers aspects: ponctuer l'énoncé produit (par exemple: le locuteur tourne la tête vers l'auditeur à la fin d'un énoncé verbal), accentuer tout ou partie d'un énoncé (par exemple, écarter les mains de chaque côté du corps en prononçant le mot «grand»), fournir un feedback au locuteur (par exemple, acquiescer d'un mouvement de tête), signaler le maintien de l'attention (par exemple, l'auditeur modifie sa posture durant les productions verbales du locuteur en redressant le tronc, en tendant le cou et la tête), contrôler la synchronisation de la conversation (par exemple, l'auditeur émet un mouvement de la main pour inviter le locuteur à poursuivre son discours) ou indiquer la prise de tour dans l'échange verbal (par exemple, le locuteur invite l'auditeur à parler d'un geste de la main ou se tourne vers ce dernier à la fin de son tour de parole).

On ne peut évoquer la communication non verbale par les postures et les gestes sans citer le nom de Birdwhistell (1974). Son modèle est calqué sur l'organisation linguistique. Birdwhistell distingue des composantes de base, les kinèmes (par analogie avec les phonèmes du langage verbal) qui se combinent pour former des kinémorphes (par analogie avec les morphèmes du langage verbal), ces derniers se combinant eux-mêmes en kinémorphes complexes (les équivalents des mots). Enfin, les kinémorphes complexes sont susceptibles d'arrangements syntaxiques pour former des sortes de phrases kinétiques. Dans ce système, les signes ne possèdent pas de signification standardisée a priori. Ils n'acquièrent une signification précise que dans une situation particulière. Le contenu sémantique d'un même signal corporel variera donc suivant le contexte kinétique et/ou extrakinétique. Ce modèle a été utilisé dans le domaine de la recherche sur les comportements de communication non verbale (cf. Harper & al., 1978). La critique centrale adressée à la position de Birdwhistell porte sur l'analogie formelle établie entre le comportement gestuel et le langage verbal. Pour Harper & al. (1978, p. 125), «l'hypothèse de base envisageant les signaux kinétiques comme un système de communication possédant une structure identique à celle du langage verbal n'est pas soutenable». Le langage verbal est un système doublement articulé (Martinet, 1970). Un premier niveau d'articulation est celui des *phonèmes*, trente-huit en français, recombinables à l'infini ou presque mais dont certaines combinaisons seulement sont exploitées par la langue. Le second niveau d'articulation est celui des *monèmes*, unités minimales de sens, utilisables en isolation (exemple: *main, soleil, à, hier*, etc.) ou en combinaison (exemple: *ensoleillé, fermier, batelier, menuisier*, etc.). L'analogie entre le langage gestuel et le langage verbal s'estompe à deux niveaux d'analyse: l'identification des unités de base et les règles de combinaison. D'une part, et à l'exception de quelques mouvements précis (par exemple: montrer du doigt, baisser les paupières), la grande majorité des signaux kinétiques humains sont de nature continue. Ils consistent en un ensemble de mouvements difficilement analysables dont aucun ne peut accéder au statut d'entités *discrètes* à l'instar des phonèmes du langage verbal. D'autre part, il n'existe actuellement aucune évidence permettant d'avancer que les mouvements sont susceptibles d'être groupés sur la base de règles fixant les normes de combinaison (Harper & al., 1978). Dans l'état actuel des connaissances, on ne peut donc considérer les signaux kinétiques accompagnant la communication verbale comme un système doublement articulé à l'image du système verbal, et ce contrairement à l'opinion initiale de Birdwhistell, opinion sur laquelle Birdwhistell lui-même semble être revenu (cf. Winkin, 1979).

On ne sait rien de la manière dont les signaux kinétiques interviennent dans la communication des sujets retardés mentaux, ni des types de gestes utilisés. Une recherche de Gutmann & Turnure (1979) fournit une voie d'approche pour l'étude des gestes modulant les actes de communication verbale. Ces auteurs observent les interactions verbales et non verbales survenant entre des enfants normaux (AC moyen du groupe d'enfants jeunes = 30 mois; AC moyen du groupe d'enfants âgés = 53 mois) et leurs mères en situations d'apprentissage. Ils distinguent trois catégories de gestes:

*1. Les gestes déictiques*: montrer de la main ou du doigt la localisation spatiale d'un objet ou d'un événement.

*2. Les gestes pantomimiques*: copie gestuelle ou mime d'un objet ou d'un événement. Par exemple: remplacer le mot «boire» par le geste consistant à lever l'avant-bras et la main et à mimer avec le pouce l'action d'ingurgiter un liquide.

*3. Les gestes sémantiques*, qui comprennent:
- *les modificateurs sémantiques*: ce sont des mouvements consistant en une modulation de l'énoncé verbal. Par exemple: dire «arrête», tout en levant l'avant-bras et la main, paume tournée vers l'auditeur;
- *les mouvements relationnels* des bras et des mains qui ajoutent de l'information à la communication verbale. Par exemple: l'énoncé verbal «c'est là en haut», accompagné d'un mouvement de la main indiquant la direction (main levée avec l'index tendu vers le haut).

Les gestes sémantiques sont plus complexes développementalement que les pantomimes et les gestes déictiques en ce sens que leur fréquence s'accroît avec l'âge des enfants et dépasse progressivement les fréquences des autres gestes utilisés dans la communication verbale. Les mères adaptent leurs gestes accompagnant le langage verbal en fonction, d'une part, du niveau développemental de leur enfant, et, d'autre part, du type de tâche servant de support à la communication verbale. Les tâches à composante descriptive (par exemple, descriptions d'images, d'objets ou d'événements survenant dans les situations d'apprentissage) font davantage appel aux gestes pantomimiques et sémantiques, tandis que les gestes déictiques sont plus fréquents dans les tâches de manipulation d'objets. En ce qui concerne l'adaptation des gestes maternels aux enfants, les résultats montrent que leur fréquence et leur complexité s'accroissent parallèlement au développement des capacités linguistiques des enfants. Les gestes pantomimiques et surtout sémantiques sont plus nombreux dans le comportement interactif des mères d'enfants plus âgés. Cette étude ne fournit malheureusement aucune information sur le développement des gestes accompagnant le langage verbal chez les enfants. Les seules indications dont on dispose à ce sujet émanent d'une recherche de Jancovic & al. (1975) montrant qu'entre 4 et 8 ans chez l'enfant normal, l'accroissement de la fréquence d'utilisation de gestes accompagnant le langage verbal procède avec l'augmentation en âge chronologique. Le type de gestes se modifie également en fonction de l'âge chronologique. Les enfants plus âgés produisent davantage de gestes sémantiques que les enfants plus jeunes.

Dans le domaine du handicap mental, deux recherches ont abordé l'observation des signaux kinétiques associés à la communication verbale. A partir de questionnaires remplis par des enseignants de classes spéciales pour enfants arriérés mentaux modérés et sévères (352 enfants ayant un QI inférieur à 50-55), Kellett (1976) montre que 18 % des enfants utilisent uniquement des gestes pour communiquer avec leurs enseignants; 12 % des enfants préfèrent utiliser des gestes alors qu'ils ont à leur disposition un répertoire verbal suffisant pour communiquer oralement; 30 % des sujets utilisent des gestes déictiques, c'est-à-dire développementalement moins élaborés, contre 14 % de sujets utilisant des gestes pantomimiques. Les résultats de cette étude descriptive ne permettent malheureusement pas d'établir une relation entre la capacité à utiliser une gestualité d'un type défini et le développement des sujets retardés. Berry & Marshall (1978) observent les interactions verbales et non verbales survenant entre 4 enfants arriérés mentaux (AC = 2 ans 11 mois à 4 ans 6 mois; AM = 1 an 2 mois à 2 ans 4 mois) placés en situation de jeu en la présence ou l'absence d'un adulte. On relève un accroissement de la fréquence d'émission de gestes, isolément ou en association avec le langage verbal, lorsque l'adulte participe aux jeux. Cette étude nous met sur la piste des caractéristiques du contexte communicatif qui ont une influence directe sur l'enrichissement (la redondance intermodale, pourrait-on dire) du message.

### E. L'occupation de l'espace

Le dernier domaine de l'étude du contexte paraverbal concerne la structuration et l'utilisation de l'espace dans les interactions entre personnes. Nous ne nous intéressons ici qu'aux aspects spatiaux proximaux des interactions, c'est-à-dire ceux impliquant un contact au moins visuel entre les partenaires de l'épisode interactif. La littérature sur le sujet est abondante (cf. Argyle, 1975, et Harper & al., 1978). Schématiquement, l'occupation de l'espace dans une situation de communication dépend de diverses variables contextuelles et personnelles. Il n'existe pas de règle stricte permettant de délimiter avec précision l'occupation de l'espace lors de la communication. Les variations de la proximité et de l'orientation spatiales influencent incontestablement la fréquence et le contenu des productions verbales et des signaux paraverbaux. Dans le domaine du handicap mental, nous nous trouvons également face à une absence quasi totale de données. Seules les observations de Rago (Rago, 1978; Rago & al., 1978) fournissent une première approche du phénomène. Rago s'intéresse à un aspect précis de l'occupation spatiale: *l'espace personnel*. Ce terme décrit un espace stable, hypothétiquement délimité, utilisé par chacun dans ses interactions avec autrui. Cet espace peut être mesuré chez une personne en demandant à une autre personne de s'approcher de la première en suivant divers trajets (de face, par l'arrière, à gauche, etc.). Les points d'arrêts des déplacements multidirectionnels indiquent les limites de l'espace personnel. L'aire ainsi décrite varie notablement selon les personnes et les cultures. Rago (1978) s'est attaché à décrire l'espace personnel d'adultes arriérés mentaux profonds institutionnalisés (AC moyen = 39 ans; AM moyen = 9 ans) en relation avec les comportements d'agression physique sur autrui. L'auteur décrit des limitations précises de l'espace pour chaque adulte. Toute introduction dans l'espace établi entraîne des réactions agressives. L'appropriation de l'espace personnel est un phénomène stable: la délimitation territoriale ne s'est pas modifiée au cours de l'observation qui a duré 19 mois. Toutefois, la liaison entre les territoires et les comportements agressifs dépend des conditions environnementales. Dans un milieu institutionnel restreint, où les adultes «doivent» rester des heures durant dans une même pièce, les territoires sont extrêmement réduits. Il en résulte une très haute fréquence de comportements agressifs. Par contre, lorsque le milieu institutionnel permet une plus grande mobilité d'un endroit à un autre, on observe une réduction significative des conduites agressives (Rago & al., 1978). L'éclatement de l'espace disponible n'entraîne pas de modifications dans la délimitation de l'espace personnel, mais bien dans l'induction des comportements agressifs. Cette étude demande évidemment à être reproduite et prolongée avec d'autres sujets arriérés mentaux, notamment des enfants, conjointement à une observation des conduites de communication verbale et non verbale survenant à l'intérieur et à l'extérieur des espaces personnels.

C'est seulement à partir de 1976 que l'on rencontre dans la littérature spécialisée les premières indications d'un intérêt pour l'étude du contexte non verbal des actes de communication en arriération mentale (Berry, 1976). Plus particulièrement, c'est l'introduction de l'approche éthologique dans le domaine du handicap mental (cf. chapitre 5) qui a suscité les premières descriptions d'actes non verbaux modulateurs du langage chez les sujets arriérés mentaux. Nous croyons, cependant, que cette approche ne peut suffire. Un ensemble de travaux expérimentaux doivent être menés parallèlement aux observations de type éthologique. Les rares études portant sur les expressions faciales illustrent la double orientation que doivent prendre les recherches. D'une part, il s'agit d'observer dans diverses situations, non seulement le répertoire expressif des mimiques faciales chez les sujets retardés mentaux et les modifications éventuelles de ce répertoire avec le développement. D'autre part, il est nécessaire d'aborder les capacité réceptives de ces mêmes sujets. Il n'est pas suffisant de pouvoir émettre des mimiques faciales, encore faut-il être capable d'en percevoir la signification chez l'interlocuteur. Pour aborder cet aspect, l'utilisation de schémas expérimentaux dans lesquels on contrôle certaines variables est indispensable. De même, l'articulation des mimiques faciales avec le langage verbal dans l'épisode interactif demande à la fois une observation éthologique et un ensemble de contrôles expérimentaux permettant de faire varier systématiquement certaines dimensions jugées pertinentes. Un raisonnement analogue peut être appliqué aux autres aspects du contexte paraverbal de la communication.

# ELEMENTS BIBLIOGRAPHIQUES

ARGYLE M., *Bodily communication*. Londres: Methuen, 1975.
ALEGRIA J., Le langage gestuel: analyse de sa structure et de son incidence sur le développement de l'enfant sourd. *Psychologica Belgica*, 1979, *19*, 1-18.
BERRY P., (Ed.) *Language and communication in the mentally handicapped*. Londres: Arnold, 1976.
BERRY P. & MARSHALL B., Social interactions and communication patterns in mentally retarded children. *American Journal of Mental Deficiency*, 1978, *83*, 44-51.
BIRDWHISTELL R., Toward analyzing american movement. In L. Witz (Ed.), Non verbal communication. New York: Oxford University Press, 1974.
BLISS C., *Semantography*. Sidney: Semantography Publications, 1965.
BRAINE M., The ontogeny of English phrase structure. The first phrase. *Language*, 1963, *39*, 1-14.
BROWN R., *A first language*. Cambridge, Massachusetts: Harvard University Press, 1973.
CARRIER J., Application of a non-speech language system with the severely language handicapped. In L.L. Lloyd (Ed.), *Communication assessment and intervention strategies*. Baltimore: University Park Press, 1976, pp. 523-548.
CARRIER J. & PEAK T., *Non-speech language initiation programme*. Lawrence, Kansas: Enterprises, 1975.
CLARK C. & WOODCOCK R., Graphic systems of communication. In L.L. Lloyd (Ed.), *Communication assessment and intervention strategies*. Baltimore: University Park Press, 1976, pp. 549-606.
COBBEN A., *Apprentissage du langage selon la procédure de Premack*. Mémoire de licence, Université de Liège, 1978.
FRISTOE M. & LLOYD L.L., Manual communication for the retarded and others with severe communication impairment: A resource list. *Mental Retardation*, 1977, *15*, 18-21.
GOULD J., Language development and non-verbal skills in severely mentally retarded children: An epidemiological study. *Journal of Mental Deficiency Research*, 1976, *20*, 129-146.
GUTMANN A. & TURNURE J., Mother's production of hand gesture while communicating with their preschool children under various task conditions. *Developmental Psychology*, 1979, *15*, 96-101.
HARPER R., WIENS A. & MATARAZZO J., *Non-verbal communication. The state of the art*. New York: Wiley, 1978.
HARRIS-VANDERHEIDEN D., BROWN D., MacKENZIE P., REINEN S. & SCHEIBEL C., Symbol communication for the mentally handicapped: An application of Bliss symbols as an alternative communication mode for non-vocal mentally retarded children with motoric impairment. *Mental Retardation*, 1975, *13*, 34-37.
HAWKINS J., Manual communication as an alternate mode of communication for retarded individuals. *Ohio Journal of Speech and Hearing*, 1976, *11*, 56-70.
HOBSON P. & DUNCAN P., Sign learning and retarded people. *Mental Retardation*, 1979, *17*, 33-37.
HOFFMEISTER R., *The development of demonstrative pronouns, locatives, and personal pronouns in the acquisition of American Sign Language by deaf children of deaf parents*. Thèse de doctorat, University of Minnesota, Minneapolis, Minnesota, 1978.
HUGHES J., Acquisition of a non-verbal «language» by aphasic children. *Cognition*, 1975, *3*, 41-55.

JANCOVIC M., DEVOE S. & WIENER M., Age-related changes in hand and arm movements as non-verbal communication. Some conceptualizations and an empirical exploration. *Child Development*, 1975, *46*, 922-928.
KELLET B., An initial survey of the language of ESN (S) children in Manchester: the results of a teachers' workshop. In P. Berry (Ed.), *Language and communication in the mentally handicapped*. Londres: Arnold, 1976, pp. 66-83.
KIERNAN C., Alternatives to speech: A review of research on manual and other forms of communication with the mentally handicapped and other non-communicating populations. *British Journal of Subnormality*, 1977, *23*, 8-26.
KOTKIN R., SIMPSON A. & DESANTO D., The effect of sign language on picture naming in two retarded girls possessing normal hearing. *Journal of Mental Deficiency Research*, 1978, *22*, 19-25.
LAMBERT J.L. & DEFAYS D., La compréhension d'expressions faciales chez des enfants arriérés mentaux et normaux. *Revue Suisse de Psychologie Pure et Appliquée*, 1978, *37*, 216-224.
LINVILLE S.E., Signed English: A language teaching technique with totally non-verbal, severely mentally retarded adolescents. *Language, Speech, and Hearing Services in Schools*, 1977, *8*, 170-175.
MARTINET A., *Eléments de linguistique*. Paris: Colin, 1970.
McNAUGHTON S. & KATES B., *Visual symbols: Communication system for the prereading physically handicapped child*. Communication présentée au congrès annuel de l'American Association on Mental Deficiency, Toronto, juin 1974.
McLEAN L. & McLEAN J., A language training programme for non-verbal autistic children. *Journal of Speech and Hearing Disorders*, 1974, *39*, 186-193.
MOORES D., Oral vs manual... «old prejudices die hard, but die they must». *American Annals of the Deaf*, 1970, *115*, 667-669.
MOORES D., Communication - Some unanswered questions and some unquestioned answers. In T. O'Rourke (Ed.), *Psycholinguistics and total communication*. Silver Spring, Maryland: Linstok Press, 1972.
MOORES D., *Educating the deaf. Psychology, principles, and practices*. Boston: Houghton Mifflin, 1978.
MOORES D., WEISS K. & GOODWIN M., Receptive abilities of deaf children's across five modes of communication. *Exceptional Children*, 1973, *39*, 22-28.
MOORES (Maestas y) J., Early linguistic environment: Interactions of deaf parents with their infants. In W. Stokoe & R. Kuschel (Eds), *A field guide to sign language research*. Silver Spring, Maryland: Linstok Press, 1980.
MOORES (Maestas y) J. & RONDAL J.A., Le premier environnement linguistique des enfants nés de parents sourds, *Enfance*, 1981, *4-5*, 245-252.
OLERON P., *Langage et développement mental*. Bruxelles: Dessart, 1972.
OLERON P., *Eléments de répertoire du langage gestuel des sourds-muets*. Paris: Centre National de la Recherche Scientifique, 1974.
OLERON P., *Le langage gestuel des sourds: syntaxe et communication*. Paris: Centre National de la Recherche Scientifique, 1978.
OLERON P., *L'enfant et l'acquisition du langage*. Paris: Presses Universitaires de France, 1979.
*ONTARIO CRIPPLED CHILDREN'S CENTRE BLISS PROJECT TEAM*. Ontario Crippled Children's Center, 1973.
PARKEL D., WHITE R. & WARNER H., Implications of the Yerkes technology for mentally retarded human subjects. In D. Rumbaugh (Ed.), *Language learning by a chimpanzee: the Lana Project*. New York: Academic Press, 1977, 273-283.
PREMACK D., A functional analysis of language. *Journal of the Experimental Analysis of Behavior*, 1970, *14*, 107-125.

PREMACK D., Language in chimpanzee? *Science*, 1971, *172*, 808-822.
PREMACK D. & PREMACK A.J., Teaching visual language to apes and language deficient persons. In R. Schiefelbusch & L.L. Lloyd (Eds.), *Language perspectives - Acquisition, retardation, and intervention*. Baltimore: University Park Press, 1974, pp. 347-376.
RAGO W., Stability of territorial and agressive behavior in profoundly mentally retarded institutionalized male adults. *American Journal of Mental Deficiency*, 1978, *82*, 494-498.
RAGO W., PARKER R. & CLELAND C., Effect of increased space on the social behavior of institutionalized profoundly retarded male adults. *American Journal of Mental Deficiency*, 1978, *82*, 554-558.
RONDAL J.A., Deaf children: language development and education. *Psychologica Belgica*, 1975, *15*, 63-74.
RONDAL J.A. & HOFFMEISTER R., Pour un apprentissage du langage gestuel par les retardés mentaux: une proposition. *Revue Belge de Psychologie et de Pédagogie*, 1975, *37*, 51-60.
RONDAL J.A. & HOFFMEISTER R., Sign language as an alternative language system for the mentally retarded. *Philippine Journal of Mental Health*, 1976, 7, 57-62.
RONDAL, J.A., HENROT F. & CHARLIER M., *Le langage des signes*. Bruxelles: Mardaga, 1985.
RUMBAUGH D., GILL T. & VON GLASERFELD E., Reading and sentence completion by a chimpanzee. *Science*, 1973, *182*, 731-733.
SCHIEFELBUSCH R., Language functions of retarded children. *Folia Phoniatrica*, 1969, *21*, 129-144.
SCHLESINGER H. & MEADOW K., *Deafness and mental health*. Final report, 1972. Department of Health, Education and Welfare, Washington, D.C.
SONG A., Acquisition and use of Blissymbols by severely mentally retarded adolescents. *Mental Retardation*, 1979, *17*, 253-255.
STOKOE W., *Sign language structure*. Washington, D.C.: Gallaudet College, 1960.
STOKOE W., *Semiotics and human sign languages*. La Haye: Mouton, 1972.
VANDERHEIDEN G. & HARRIS-VANDERHEIDEN D., Communication techniques and aids for the non-vocal severely handicapped. In L.L. Lloyd (Ed.), *Communication assessment and intervention strategies*. Baltimore: University Park Press, 1976, 607-652.
VELLETRI-GLASS A., GAZZANIGA M. & PREMACK D., Artificial language training in global aphasics. *Neuropsychologia*, 1973, *11*, 95-103.
WHELDALL K., Receptive language development in the mentally handicapped. In P. Berry (Ed.), *Language and communication in the mentally handicapped*. Londres: Arnold, 1976, pp. 36-55.
WILBUR R., The linguistics of manual systems. In L.L. Loyd (Ed.), *Communication assessment and intervention strategies*. Baltimore: University Park Press, 1976, pp. 423-500.
WINKIN Y., (Ed.) *La nouvelle communication*. Paris: Seuil, 1979.
WOODCOCK R., *The Rebus Reading Series*. Nashville: George Peabody College: Institute of Mental Retardation and Intellectual Development, 1965.

# Chapitre 7
# L'imitation verbale et non verbale chez l'enfant handicapé mental

**1. Le problème de l'imitation et le développement du langage**

Quelle que soit la conception que l'on se fait du langage, il est difficile de refuser à l'imitation un rôle dans le développement langagier. Jenkins & Palermo (1964), parlant de l'imitation en général et de l'imitation verbale en particulier, indiquent que l'enfant imite parce que la capacité d'imitation est une propriété fonctionnelle du système nerveux, parce qu'il est renforcé par les autres humains pour ses comportements imitatifs, parce que le fait de se comporter comme les autres socii a valeur de renforcement (secondaire), et enfin parce que les comportements imités acquièrent rapidement une valeur instrumentale.

Piaget (1968) s'est efforcé d'expliquer l'imitation en général. Il considère l'imitation comme un mécanisme central de l'acquisition du langage. Pour l'auteur genevois, on ne peut dissocier le comportement imitatif du fonctionnement général et notamment intellectuel du sujet. A mesure que l'enfant se développe, ses comportements imitatifs subissent une série de transformations. Piaget conceptualise *l'imitation comme un intermédiaire entre assimilation et accommodation*: «... l'imitation ne constitue jamais une conduite se suffisant à elle-même: elle résulte toujours, il est vrai, d'une accommodation spéciale au modèle proposé, mais c'est parce que le modèle est assimilé de près ou de loin à un schème propre, identique ou analogue, qu'il suscite cette accommodation imitative. Autrement dit, l'imitation est toujours un prolongement de l'intelligence, mais dans le sens d'une différenciation en fonction des modèles nouveaux : l'enfant imite un avion ou une tour, etc., parce qu'il en comprend la signification et il ne s'y intéresse que dans un rapport quelconque avec ses activités... » (1968, p. 75). Et plus loin : « Bref, l'imitation s'acquiert par une constante assimilation des modèles à des schèmes susceptibles de s'accommoder à eux » (p. 87).

L'aspect le plus intéressant du point de vue piagétien sur l'imitation est peut-être l'affirmation selon laquelle un individu à tout moment dans son développement ne peut imiter que les comportements pour lesquels il dispose déjà d'un schème, c'est-à-dire d'une connaissance abstraite, basée sur l'action, des propriétés de l'entité comportementale en question. En d'autres termes, une personne ne peut jamais imiter, selon Piaget, que les comportements qu'elle a commencé à *comprendre*. Un début de compréhension est une condition nécessaire de toute imitation au point de vue piagétien. Il est difficile de tester cette hypothèse en toute rigueur. Il peut sembler, cependant, que les principales données disponibles dans la littérature sur le caractère « progressif » des imitations enfantines dans le développement du langage (c'est-à-dire le fait que ces imitations semblent faire partie ou favoriser le développement linguistique) sont autant d'éléments qui vont dans le sens de l'hypothèse piagétienne appliquée au développement du langage (Fraser & al., 1963; Slobin, 1973; Ryan, 1973). On a remarqué, également (par exemple, Bloom & al., 1974) que les enfants en voie d'acquisition du langage n'imitent certains éléments et certaines structures du langage qu'à certains moments du développement et non à d'autres. Pour prendre un exemple grossier mais qui fera bien comprendre, les enfants ne cherchent pas en règle générale à imiter des énoncés à plusieurs mots alors qu'ils se trouvent toujours au stade des holophrases. De même, il ne cherchent pas à reproduire le marquage temporel intervenant au niveau du verbe et des adverbes dans le langage de l'adulte avant d'être arrivés à un stade où ils commencent à comprendre ces structures.

Si Piaget fournit une explication procédurale relativement abstraite de l'imitation en général et de son développement chez l'enfant, il ne donne par contre aucune indication sur les diverses composantes qui interviennent dans cette fonction. C'est ici précisément que les analyses de l'auteur américain Bandura (1980) prennent leur place. Bandura (1980) a finement analysé et discuté *les différents processus qui interviennent dans une catégorie générale de comportements et de fonctions comportementales qu'il nomme « l'apprentissage par observation »* et au sein de laquelle figure l'imitation. A l'encontre d'autres théoriciens behavioristes, comme Miller & Dollard (1941) ou Gewirtz (1971), qui tendent à ne voir dans l'imitation qu'une forme d'apprentissage comme une autre, Bandura en fait un cas particulier de l'apprentissage par observation qui doit être expliqué dans sa spécificité propre. Il distingue différentes composantes de l'apprentissage par observation qui portent sur les processus d'attention, de rétention, de reproduction motrice, et sur le composant motivationnel des comportements appris et imités, processus et composant pris en eux-mêmes et dans leurs interactions. Le Tableau 1 reprend cette analyse.

Nous ne pouvons entrer ici dans le détail du modèle componentiel de Bandura et encore moins reprendre et analyser les nombreuses données empiriques qui s'y rapportent. Le lecteur intéressé verra l'œuvre originale. Le Tableau 1 fournit cependant une sorte de relevé des différents points sur lesquels devrait porter une analyse exhaustive de l'imitation et de son développement chez l'enfant. Bandura (1980) analyse une série de données pertinentes qui concernent les sujets normaux. Une telle analyse reste entièrement à faire dans le cas des sujets handicapés mentaux.

Si Bandura (1980) fournit une importante analyse des processus en jeu dans l'apprentissage par observation et dans l'imitation, il reste encore quelques points importants à clarifier. Ces points portent sur *les aspects temporels et structuraux des comportements imitatifs*. Point de vue temporel, d'abord. On peut distinguer entre imitation *immédiate* et *médiate*, ou *différée*, d'un comportement modèle (ou modelé). L'imitation médiate pose un problème difficile, surtout si elle est notablement différée. Il peut être difficile, voire impossible, d'établir si le comportement en question est imité ou s'il a été produit spontanément par le sujet. La question renvoie en dernière analyse à ce qui se passe dans le système nerveux du sujet. Elle ne peut recevoir de réponse absolue à ce stade. On notera que le même problème se pose en fait, à strictement parler, pour l'imitation immédiate également. Il est toujours possible, en effet, de se demander en présence d'un comportement qui présente certaines analogies structurales avec le comportement du modèle, s'il est dûment original ou s'il a été copié à partir d'un modèle. La décision prise par l'observateur sur ce point constitue toujours une hypothèse. Cette hypothèse est considérée comme raisonnable s'il existe une parenté structurale entre le comportement modèle et le comportement du sujet et si le second est produit dans un intervalle de temps relativement court après l'occurrence du premier comportement (la durée du délai temporel étant parfois explicitée mais rarement discutée et justifiée dans les études pertinentes).

*Tableau 1*
Processus componentiels gouvernant l'apprentissage par observation dans l'analyse de la théorie de l'apprentissage social
(d'après Bandura, 1980; traduit par J.A. Rondal)

| | PROCESSUS ATTENTIONNELS | PROCESSUS RETENTIONNELS | PROCESSUS REPRODUCTIFS MOTEURS | PROCESSUS MOTIVATIONNELS | |
|---|---|---|---|---|---|
| Événements modelés → | *Stimuli modelants*<br>- Distinctivité<br>- Valeur affective<br><br>- Complexité<br>- Prévalence<br>- Valeur fonctionnelle<br><br>*Caractéristiques de l'observateur*<br>- Capacités sensorielles<br>- Niveau d'éveil<br>- Attente perceptuelle<br>- Renforcements antérieurs | - Codage symbolique<br>- Organisation cognitive<br><br>- Rappel moteur | - Capacités physiques<br>- Disponibilité des composantes des réponses<br><br>- Auto-observation des reproductions<br>- Précision et correction du feedback | - Renforcement extérieur<br>- Renforcement vicariant<br>- Auto-renforcement | → Performance |

Point de vue structural, ensuite. On peut distinguer entre *imitation exacte* (reproduction exacte du comportement du modèle ou reproduction du comportement modèle avec un degré d'exactitude jugé suffisant dans le contexte d'un travail déterminé) et *imitation «inexacte» ou partielle* (reproduction partielle du modèle, l'autre partie du comportement modèle étant soit imitée de façon incorrecte ou faisant défaut, par exemple, en langage, une imitation «viendra demain» pour «Il dit qu'il viendra demain»). Il existe encore un autre type d'imitation sur lequel nous reviendrons plus en détail plus loin. Il s'agit, en langage (mais rien n'oblige à confiner cette catégorie au domaine du langage), de *l'imitation dite «structurale»*. Dans ce type d'imitation, un sujet exposé à une variété de comportements présentant des caractéristiques communes abstrait ces caractéristiques et se met à produire des comportements originaux, c'est-à-dire non imités en eux-mêmes, mais reprenant les caractéristiques des comportements modelés. Par exemple, on expose des enfants qui ne produisent pas jusque-là de phrases passives à des échantillons de langage comportant un grand nombre d'énoncés à la voix passive. Les sujets se mettent ensuite à produire des phrases passives dans leur discours spontané. Aucune de ces phrases n'a été modelée telle quelle mais elles présentent toutes la caractéristique passive. Il y a imitation de la structure et non de topographie des énoncés modèles. La notion d'imitation structurale ou encore de *modelage abstrait* (Whitehurst & Novak, 1973; Brown, 1976, 1979; Bandura, 1980), qu'on pourrait aussi bien baptiser *imitation inductive*, n'est pas sans poser de délicats problèmes conceptuels et méthodologiques. S'agit-il encore d'imitation et si oui, ne doit-on pas considérer que toute l'entreprise de construction du langage par l'enfant procède de l'imitation structurale ou inductive? La réponse à ces questions nous entraînerait trop loin hors de notre sujet mais, de toute évidence, le problème posé est d'importance et mérite d'être signalé.

Qu'en est-il de l'imitation chez l'enfant normal considérée dans *une perspective développementale* et en ce qui concerne exclusivement le langage?

Les données disponibles (Rodd & Braine, 1970; Nelson, 1973; Moerk, 1975; Seitz & Stewart, 1975; Lord, 1975; Rondal, 1978a - cf. également Rondal, 1983a) indiquent que les répétitions spontanées, exactes ou partielles, immédiates ou dans un intervalle de quelques énoncés, du parler adulte par l'enfant augmentent en fréquence depuis environ un an d'âge jusqu'à peu près deux ans. Durant cet intervalle de temps, les imitations spontanées des énoncés parentaux peuvent représenter jusqu'à 50 % des productions enfantines. Après environ deux ans d'âge, la fréquence des imitations exactes ou partielles diminue rapidement jusqu'à devenir négligeable. On en a souvent conclu qu'un éventuel rôle de l'imitation du parler adulte dans le développement du langage est nécessairement restreint, au mieux, à une tranche d'âge comprise approximativement entre un an et deux ans. Les données mentionnées concernent des groupes d'enfants. Lorsqu'on examine les performances individuelles, on découvre l'existence d'une importante variation inter-individuelle en ce qui concerne la fréquence avec laquelle les enfants imitent le parler adulte pendant la période de temps définie ci-dessus et en ce qui concerne les types de modèles linguistiques imités. Bloom & al. (1974), par exemple, ont rapporté que certains parmi les enfants étudiés n'imitaient pratiquement pas le parler adulte, mais semblaient se développer normalement sur le plan linguistique, tandis que d'autres enfants variaient en ce qu'ils tendaient à imiter, soit préférentiellement des items lexicaux absents pour la plupart de leurs propres répertoires lexicaux, soit des tournures syntaxiques particulières et également nouvelles pour eux. Ces tendances individuelles ne se modifièrent pas pendant la durée de l'étude longitudinale de Bloom & al., c'est-à-dire pendant une vingtaine de mois. Ramer (1976) a également signalé d'importantes différences individuelles entre les enfants dans la tendance à imiter le parler adulte.

Est-ce à dire que l'imitation ne peut jouer qu'un rôle mineur dans le développement du langage ? Pas nécessairement. Nous avons suggéré ailleurs (Rondal, 1978b) que l'imitation du parler adulte par l'enfant (et d'une façon plus générale, l'imitation du parler des interlocuteurs qui sont plus avancées que lui sur le plan du maniement de la langue, que ces interlocuteurs soient adultes ou non) permet d'introduire dans le répertoire de l'enfant certains éléments articulatoires, lexicaux, et morpho-syntaxiques. On a signalé, en effet, que l'enfant entre 12 et 24 mois, particulièrement, à tendance en général à imiter ces aspects et composantes du langage adulte qui sont nouveaux pour lui, à en juger sur la base de son discours spontané, ou que l'enfant a seulement commencé à utiliser, souvent irrégulièrement, depuis peu de temps. L'imitation verbale chez l'enfant peut remplir simultanément une fonction «conversationnelle» (Winzemer & Valian, 1977; Rondal, 1983a). Dans ce rôle, l'imitation verbale sert à maintenir ouvertes l'interaction et la communication verbale avec l'adulte en fournissant à ce dernier autant d'accusés de réception à défaut de réponses plus élaborées, celles-ci devenant plus fréquentes à mesure que le développement linguistique procède, et notamment au-delà de 24 et 30 mois. Le caractère sélectif de l'imitation verbale chez l'enfant, dont nous avons parlé ci-dessus, suggère donc qu'à côté d'une fonction conversationnelle possible, l'imitation puisse jouer *un rôle d'amplification sélec-*

*tive* des nouvelles acquisitions linguistiques particulièrement à certains moments du développement linguistique, et notamment entre 12 et 14 ou 30 mois. La discussion qui précède ne peut prétendre, cependant, à attribuer à l'imitation un rôle autre qu'«important mais secondaire» dans l'acquisition du langage, le rôle moteur dans ce développement devant être attribué à un processus réellement constructif du code linguistique par l'enfant à partir des matériaux linguistiques et extra-linguistiques et de la base perceptivo-cognitive dont il dispose (Rondal, 1983a).

Cependant, la notion d'imitation structurale ou inductive, introduite plus haut, mais dont nous avons fait abstraction dans la discussion immédiatement précédente, replace le problème du rôle de l'imitation dans le développement du langage dans un éclairage différent. Cette notion dont on ne peut dire que la définition ni la base empirique soient satisfaisantes à l'heure actuelle repose sur une série de travaux, ceux de Whitehurst & Novak (1973) et de Brown (1976) notamment. Nous en avons fourni et illustré le principe plus haut. Elle s'inscrit, rappelons-le, dans le cadre de la problématique de l'apprentissage par observation tel que défini par Albert Bandura au sein de sa théorie de l'apprentissage social (Bandura, 1971, 1980). Désormais, la copie exacte ou même partielle du modèle n'est plus nécessaire pour que le comportement puisse être catégorisé comme imitatif. Il suffit que l'enfant reproduise dans ses énoncés la structure des énoncés modelés par l'adulte pour qu'on parle d'imitation structurale. Bien qu'on manque de données sur l'évolution de l'imitation structurale avec le temps chez l'enfant et sur les éventuelles différences inter-individuelles à ce point de vue, de même d'ailleurs que sur les relations que l'imitation structurale ou inductive peut entretenir avec la compréhension et la production du langage en général — carence bien compréhensibles compte tenu de la récence des développements théoriques discutés ici —, il est permis de penser avec Bandura (1980) que la notion d'imitation structurale relance le débat du rôle de l'imitation dans le développement du langage en permettant de dépasser l'objection majeure adressée par les psycholinguistes à l'imitation dans cette perspective, à savoir l'apparente limitation dans le temps de son usage dans l'évolution linguistique de l'enfant. Il reste, certes, à spécifier les conditions qui rendent compte de l'apprentissage par observation et notamment les conditions qui permettent et favorisent la saisie inductive et l'organisation des propriétés abstraites partagées par les comportements modelés, propriétés qui sont ensuite exploitées par le sujet pour l'organisation de ses propres productions dites alors imitatives.

C'est à ce point que les choses se compliquent, et elles se compliquent à un double point de vue. Premièrement, et comme nous l'avons annoncé plus haut, la problématique de l'imitation inductive rejoint la problématique fondamentale de la construction du langage par l'enfant, à savoir l'abstraction des propriétés structurales des énoncés dans le langage entendu et l'incorporation de ces propriétés en un système qui sert ensuite de base pour la production linguistique. En ce sens, le problème de l'imitation inductive se confond avec celui de l'acquisition du langage en général, ce qui ne simplifie pas les choses. Deuxièmement, en situation «naturelle» d'apprentissage du langage, c'est-à-dire lorsque l'enfant est exposé au langage entendu autour de lui et surtout au langage qui lui est adressé, il n'y a pas de saturation spécifique de ce langage en certaines structures linguistiques particulières, comme c'est le cas dans les procédures expérimentales d'apprentissage par observation. Par exemple, et bien qu'il existe de nombreuses et importantes simplifications et adaptations dans le langage parental adressé à l'enfant en voie d'acquisition du langage (Rondal, 1978a, 1983b), ce n'est pas le cas, pour autant que nous sachions, que les parents ou d'autres adultes se mettent à produire une majorité d'énoncés interrogatifs avec inversion de l'ordre canonique du sujet et du premier élément verbal (par exemple, «Quand passe le facteur?») ou une majorité de phrases à la voix passive à certains moments de l'évolution linguistique de l'enfant. Dès lors, on est renvoyé, en ce qui concerne le développement du langage envisagé en conditions naturelles, au caractère sélectif de l'imitation spontanée par l'enfant des productions linguistiques entendues autour de lui. La différence étant qu'il convient désormais d'élargir l'observation et d'analyser non seulement les relations qui existent entre les énoncés entendus par l'enfant et ceux qu'il produit sur le plan de la proximité formelle (topographique) mais aussi, et peut-être surtout, sur le plan de la proximité structurale.

Nous ne pouvons pousser plus avant cet intéressant débat, un débat qui ne fait que s'amorcer selon toute probabilité. Nous nous tournons, dans la suite du chapitre, vers les travaux menés sur le problème de l'imitation avec des sujets handicapés mentaux, travaux qui portent sur l'imitation verbale et non verbale, spontanée et provoquée, mais considérée au sens traditionnel, à l'exclusion donc de l'imitation inductive, cette dernière n'ayant pas été étudiée chez les sujets retardés.

## 2. L'imitation verbale spontanée chez les handicapés mentaux

Les données concernant l'imitation verbale spontanée chez les sujets arriérés mentaux sont peu nombreuses. A partir de l'analyse des interactions verbales survenant entre des enfants normaux et trisomiques 21, appariés pour la Longueur Moyenne de Production Verbale (LMPV), et leurs mères, Rondal (1976, 1978a) observe que les enfants trisomiques 21 présentent des pourcentages d'imitation spontanée des énoncés maternels inférieurs à ceux des enfants normaux. Cette tendance n'est cependant pas significative. Dans une seconde étude effectuée sur les données originales de Rondal (1976), Gutmann et Rondal (1979) analysent les imitations verbales spontanées d'enfants trisomiques 21 et d'enfants normaux appariés pour LMPV, en appliquant la catégorisation des réponses operantes décrite par Skinner (1957). Deux types de réponses échoïques (cf. chapitre 5) sont identifiées: *les réponses échoïques simples* — ce sont les répétitions exactes des productions verbales maternelles — et *les réponses échoïques modifiées* — ce sont les répétitions contenant des modifications des productions maternelles originales. Les auteurs n'enregistrent pas de différences entre les deux groupes d'enfants en ce qui concerne la production de réponses échoïques simples. Par contre, les enfants normaux produisent significativement plus de réponses échoïques modifiées que leurs pairs retardés mentaux. Cette supériorité des enfants normaux en termes de la fréquence d'émission de réponses échoïques modifiées s'observe à tous les niveaux de développement linguistique envisagés.

Une étude ultérieure de Rondal (1979) permet de préciser certains aspects du développement de l'imitation spontanée chez les enfants arriérés mentaux. Cette étude analyse en détail les données recueillies lors des interactions verbales survenant entre des enfants trisomiques 21 (AC = 3 ans 2 mois à 12 ans) et des enfants normaux (AC = 1 an 8 mois à 2 ans 8 mois) et leurs mères dans des situations quotidiennes. Les enfants sont appariés sur base du LMPV à trois niveaux de développement: niveau 1 (LMPV = 1.00 - 1.50), niveau 2 (LMPV = 1.75 - 2.25), niveau 3 (LMPV = 2.50 - 3.00). Le Tableau 2 indique les moyennes des réponses d'imitation spontanée des deux groupes d'enfants aux 3 niveaux de développement linguistique envisagés.

Bien que les enfants normaux tendent à produire plus de réponses d'imitation spontanée que les enfants trisomiques 21, cette différence n'est pas significative. Par contre, les résultats mettent en évidence un effet significatif de la variable niveau de développement linguistique sur la fréquence des réponses imitatives et ce à l'intérieur de chacun des deux groupes d'enfants. La fréquence des réponses imitatives diminue à mesure que le développement linguistique s'accroît. Cette tendance se vérifie tout particulièrement entre les niveaux 1 et 2 de LMPV.

*Tableau 2*
*Moyennes des réponses imitatives spontanées recueillies sur 200 énoncés verbaux dans les deux groupes d'enfants, aux trois niveaux de développement linguistique envisagés (Rondal, 1979)*

| Niveaux de développement | | Sujets | |
|---|---|---|---|
| Linguistique | LMPV | Trisomiques 21 | Normaux |
| 1 | 1.00 - 1.50 | 53.43 | 63.43 |
| 2 | 1.75 - 2.25 | 20.29 | 31.43 |
| 3 | 2.50 - 3.00 | 6.14 | 12.86 |

Le Tableau 3 présente l'analyse de la structure des réponses d'imitation spontanée. Ces résultats mettent principalement en évidence des différences liées au niveau de développement linguistique. C'est le cas, par exemple, de la longueur moyenne des réponses imitatives des enfants (index 2) et du nombre de déterminants (articles, démonstratifs, pronoms possessifs et indéfinis) (index 15), qui s'accroissent avec le niveau de langage. Inversement, la fréquence des noms (index 12) et des répétitions des questions maternelles commençant par «wh» (en anglais, les questions «What», «Which», «Who»; en français, les questions commençant par «Qu»; quel, quoi, qui, etc.) (index 9) décroît en fonction du niveau de développement linguistique. La seule différence dépendant de la variable groupe d'enfants a trait à la proportion de modificateurs (adverbes et adjectifs) (index 14). Les enfants trisomiques 21 imitent plus de modificateurs présents dans les énoncés verbaux maternels que les enfants normaux, mais uniquement aux niveaux 1 et 2 de LMPV.

Les résultats de cette étude diffèrent de ceux de Gutmann & Rondal (1979) portant sur l'analyse des réponses échoïques. Une considération méthodologique peut expliquer en partie les différences. Gutmann & Rondal (1979) ont basé leur analyse sur les 50 premiers énoncés verbaux produits par les enfants en interaction avec les mères. Dans la recherche présente, Rondal (1979) utilise 200 productions verbales enfantines. Il est plausible que le recueil de 50 productions verbales — constituant par ailleurs un échantillon fiable pour le calcul du LMPV (Rondal & Defays, 1978) soit insuffisant pour l'étude des imitations verbales spontanées des enfants aux niveaux de développement linguistiques envisagés.

*Tableau 3*
*Scores moyens des enfants aux différents index analysant la structure des réponses imitatives (Rondal, 1979)*

| Index | Sujets | |
|---|---|---|
| | Trisomiques 21 | Normaux |
| 1. Longueur moyenne des portions de productions maternelles précédant l'imitation. | | |
| Niveau de langage 1 | 1.87 | 2.23 |
| 2 | 1.68 | 2.30 |
| 3 | 1.37 | 1.45 |
| 2. Longueur moyenne des productions imitatives enfants. | | |
| Niveau de langage 1 | 1.26 | 1.20[1] |
| 2 | 1.75 | 1.76 |
| 3 | 2.23 | 1.89 |
| 3. Longueur moyenne des productions maternelles originales imitées. | | |
| Niveau de langage 1 | 3.43 | 3.76 |
| 2 | 3.65 | 4.72 |
| 3 | 4.09 | 3.62 |
| 4. Nombre moyen de mots ajoutés à la production maternelle originale. | | |
| Niveau de langage 1 | 0.29 | 1.86 |
| 2 | 0.43 | 1.00 |
| 3 | 1.00 | 0.57 |
| 5. Nombre moyen de mots supprimés de l'énoncé original. | | |
| Niveau de langage 1 | 1.29 | 1.57 |
| 2 | 0.71 | 2.00 |
| 3 | 0.71 | 0.29 |
| 6. Proportion de productions déclaratives, affirmatives et exclamatives imitées. | | |
| Niveau de langage 1 | 0.49 | 0.45 |
| 2 | 0.61 | 0.63 |
| 3 | 0.50 | 0.53 |
| 7. Proportion de productions déclaratives négatives imitées. | | |
| Niveau de langage 1 | 0.02 | 0.02 |
| 2 | 0.07 | 0.02 |
| 3 | 0.02 | 0.06 |
| 8. Proportion de questions Oui/Non. | | |
| Niveau de langage 1 | 0.19 | 0.27 |
| 2 | 0.26 | 0.28 |
| 3 | 0.31 | 0.25 |

9. Proportion de questions «Wh» (questions «Qu'»).

| | | |
|---|---|---|
| Niveau de langage 1 | 0.18 | 0.15[1] |
| 2 | 0.03 | 0.04 |
| 3 | 0.09 | 0.13 |

10. Proportion d'impératives.

| | | |
|---|---|---|
| Niveau de langage 1 | 0.12 | 0.13 |
| 2 | 0.04 | 0.05 |
| 3 | 0.09 | 0.02 |

11. Proportion de prépositions dans les imitations des enfants.

| | | |
|---|---|---|
| Niveau de langage 1 | 0.02 | 0.02 |
| 2 | 0.03 | 0.08 |
| 3 | 0.07 | 0.06 |

12. Proportion de noms (idem).

| | | |
|---|---|---|
| Niveau de langage 1 | 0.41 | 0.58[1 et 2] |
| 2 | 0.43 | 0.40 |
| 3 | 0.32 | 0.29 |

13. Proportion de verbes.

| | | |
|---|---|---|
| Niveau de langage 1 | 0.12 | 0.10 |
| 2 | 0.09 | 0.09 |
| 3 | 0.12 | 0.13 |

14. Proportion de modificateurs (adverbes et adjectifs).

| | | |
|---|---|---|
| Niveau de langage 1 | 0.26 | 0.12[2 et 3] |
| 2 | 0.29 | 0.17 |
| 3 | 0.15 | 0.20 |

15. Proportion de déterminants (articles, démonstratifs).

| | | |
|---|---|---|
| Niveau de langage 1 | 0.01 | 0.05[1] |
| 2 | 0.08 | 0.12 |
| 3 | 0.14 | 0.13 |

16. Proportion de conjonctions.

| | | |
|---|---|---|
| Niveau de langage 1 | 0.00 | 0.00 |
| 2 | 0.00 | 0.00 |
| 3 | 0.02 | 0.01 |

17. Proportion de pronoms personnels et interrogatifs.

| | | |
|---|---|---|
| Niveau de langage 1 | 0.10 | 0.07 |
| 2 | 0.05 | 0.07 |
| 3 | 0.09 | 0.12 |

18. Proportion d'interjections.

| | | |
|---|---|---|
| Niveau de langage 1 | 0.07 | 0.06 |
| 2 | 0.03 | 0.06 |
| 3 | 0.09 | 0.08 |

[1] Effet significatif de la variable niveau de langage.
[2] Effet significatif des variables type d'enfant X niveau de langage.
[3] Effet significatif de la variable type d'enfant.

## 3. L'imitation verbale provoquée chez les handicapées mentaux

L'imitation verbale provoquée consiste à faire répéter à un sujet des énoncés préalablement présentés par une autre personne. L'énoncé verbal est appelé *le modèle*. Les réponses imitatives du sujet sont évaluées selon leur degré de ressemblance au modèle. Le statut de l'imitation provoquée est différent de celui de l'imitation spontanée. Cette dernière se place dans une optique *interactive* et *développementale*. Elle permet d'étudier le rôle joué par l'imitation en tant que mécanisme d'acquisition du langage (Bloom & al., 1974). L'imitation provoquée, quant à elle, fait partie intégrante d'une démarche *interventionniste*, à la fois comme instrument d'évaluation et comme méthode d'apprentissage du langage. Ce second aspect sera analysé au chapitre 9. Nous nous attachons ici à cerner l'imitation provoquée en tant qu'instrument susceptible de fournir une information pertinente sur le niveau de développement linguistique des sujets arriérés mentaux.

Le fait de situer l'imitation provoquée parmi les méthodes d'évaluation du langage dépasse le simple cadre de la recherche d'instruments de diagnostic. Cette démarche pose en réalisé le problème des relations existant entre la production, l'imitation et la compréhension verbales. Bien que les relations entre ces différents aspects langagiers soient loin d'être clairement définies (cf. Miller, 1978), deux orientations de recherches tendent à justifier le fait de voir dans l'imitation provoquée un moyen de mieux connaître le développement linguistique des sujets arriérés mentaux. La première orientation émane des travaux réalisés chez les enfants normaux. C'est ainsi que Slobin & Welsh (1973) montrent que dans une tâche d'imitation provoquée, l'enfant tend à éliminer de ses productions les éléments qu'il n'a pas encore appris à maîtriser dans son discours spontané ou à remplacer les structures peu ou pas connues par des structures plus familières. De même, Menyuk (1969), Smith (1970) et Kuczaj & Maratsos (1975) apportent un support à la thèse selon laquelle l'imitation provoquée fournit des informations relatives à la fois à la compréhension et à la production de structures syntaxiques déterminées. La seconde orientation de recherches est fournie par les travaux de l'équipe de Peter Mittler, à Manchester, effectués chez des enfants arriérés mentaux (Berry, 1976 a et b; Berry & Foxen, 1975; Taylor & al., 1976; Berry & Taylor, 1976). Ces études ont montré qu'il existe des relations entre l'imitation provoquée et les phénomènes d'expression et de compréhension, ainsi qu'avec le niveau de vocabulaire. Cependant, le fait d'enregistrer une relation — attestée par un test statistique de corrélation — ne signifie pas que l'on explique cette relation. Avant d'accéder à ce niveau d'analyse, il est nécessaire de recueillir des données nombreuses sur les performances des sujets arriérés mentaux, enfants et adultes, mis en présence de tâches d'imitation provoquée. Notons que l'utilisation de l'imitation provoquée en tant qu'instrument d'évaluation du langage n'est pas limitée à la population retardée mentale. Schwartz & Daly (1978) administrent un test d'imitation provoquée avant et après une rééducation langagière chez des enfants normaux présentant divers troubles du langage. Le test se révèle un outil discriminatif permettant d'évaluer les résultats de l'intervention.

Préalablement à l'exposé des données disponibles, il est nécessaire de souligner un point méthodologique important. Si on souhaite aborder l'imitation provoquée sous l'angle d'une analyse des mécanismes linguistiques sous-tendant les énoncés verbaux, on ne peut se contenter d'un système de cotation des réponses en termes de succès et d'échecs globaux par rapport aux modèles présentés. *L'analyse des erreurs* produites par les sujets lors de l'imitation des modèles verbaux fournit une première indication sur les différentes formes de contrôle exercées sur les aspects syntaxiques et sémantiques des énoncés.

Le travail de Berry (1976c) représente la première tentative d'analyse linguistique des réponses d'enfants arriérés mentaux soumis à des tâches d'imitation provoquée. L'auteur présente à 108 enfants arriérés mentaux modérés et sévères (AC = 8 ans 4 mois à 14 ans 4 mois; âge de vocabulaire = 1 an 5 mois à 5 ans 1 mois) une tâche d'imitation provoquée composée de quatre sous-tests:

• *sous-test 1*: imitation de mots isolés.

• *sous-test 2*: imitation de phrases simples réparties en 4 niveaux:
   - niveau 1: phrases à deux mots (exemple: «man eat» — «homme mange»);
   - niveau 2: phrases à trois mots (exemple: «man eat cake» — «homme mange gâteau»);
   - niveau 3: phrases à cinq mots (exemple: «the man eating the cake» — «l'homme en train de manger le gâteau»);
   - niveau 4: phrases complètes (exemple: «the man is eating the cake» — «l'homme est en train de manger le gâteau»).

• *sous-test 3*: imitation de phrases complexes réparties en 4 niveaux:
   - niveau 1: phrases interrogatives (exemple: «is the man eating the cake?» — «l'homme mange-t-il le gâteau?»);
   - niveau 2: phrases négatives (exemple: «the man isn't eating the cake» — «l'homme ne mange pas le gâteau»);
   - niveau 3: phrases passives (exemple: «the cake is being eaten by the man» — «le gâteau est mangé par l'homme»);

— niveau 4 : phrases passives-négatives (exemple : «the cake isn't being eaten by the man» — «le gâteau n'est pas mangé par l'homme»).

• *sous-test 4* : imitations de chaînes de deux, trois et quatre mots (exemple : «girl cut cake knife» — «fille coupe gâteau couteau»).

La passation de l'épreuve est individuelle et la consigne suivante est donnée au sujet : «Répète ce que je dis». Les réponses des sujets sont analysées suivant des catégories d'erreurs ayant trait aux modifications apportées aux modèles verbaux.

Les principaux résultats sont les suivants :

*Imitation de mots isolés* : ce sous-test est réussi par 74,7 % des enfants.

*Imitation de phrases simples* : sur un plan général, l'accroissement de la complexité des phrases du niveau 1 au niveau 4 entraîne une diminution de la fréquence des réponses correctes. Aux niveaux 1 et 2, les erreurs se distribuent suivant deux axes : soit les réponses sont correctes, soit elles consistent en écholalies, c'est-à-dire en la répétition du dernier ou des deux derniers mots du modèle. Aux niveaux 3 et 4, la dispersion des types d'erreurs est plus importante. On enregistre à la fois un accroissement des réponses d'écholalie et de transformations des modèles menant, soit au maintien de la signification globale de la phrase (exemple : «the man eating the cake» est répété «man eating cake»), soit à une perte de signification (exemple : «the man is eating the cake» est répété «man eating»).

*Imitation de phrases complexes* : au niveau des phrases interrogatives et négatives, les résultats montrent que les sujets répètent ces modèles en les transformant en phrases actives déclaratives (exemple : «is the man eating the cake ?» est répété «the man is eating the cake»). Ces transformations d'un énoncé en une production syntaxiquement plus simple ne s'observent pas au niveau des phrases passives, dans lesquelles ce sont les erreurs de réduction du sens des énoncés qui sont les plus fréquentes (exemple : «that cake is being eaten by the man» est répété «the cake is eaten»). Si 74,7 % des sujets réussissent l'épreuve de répétition de mots simples, il n'y a plus que 8,6 % des sujets qui réussissent la répétition des phrases passives-négatives. Cela montre que l'augmentation de la complexité syntaxique et sémantique des items entraîne une réduction importante du nombre de répétitions correctes.

*Imitation de chaînes de mots* : seule la répétition de chaînes de 3 mots a pour effet de réduire le nombre de réponses correctes et d'accroître la fréquence des réponses d'écholalie.

Ce travail de Berry (1976c) montre qu'une épreuve d'imitation provoquée peut être utilisée chez des sujets arriérés mentaux comme instrument d'évaluation du langage. Les erreurs produites par les sujets sont des indicateurs des capacités de structuration des énoncés verbaux, à la fois sur les plans sémantique et syntaxique. En effet, l'accroissement de la complexité syntaxique et sémantique des modèles à répéter entraîne une augmentation de la fréquence des erreurs, ainsi qu'une diversification de celles-ci.

Rondal & al. (1980) ont repris en langue française le travail de Berry (1976c) tout en apportant certains développements dans la construction des sous-tests. Le but de l'étude est double. D'une part, il consiste en la construction d'une épreuve d'imitation provoquée susceptible d'être appliquée aux populations d'enfants arriérés modérés et sévères de langue française. D'autre part, la recherche compare les performances respectives de deux groupes d'enfants arriérés mentaux, à savoir des enfants trisomiques 21 et des sujets arriérés mentaux de même niveau développemental, non trisomiques 21. 38 enfants fréquentant des classes d'enseignement spécial sont répartis en deux groupes de 19 enfants chacun, le groupe *Enfants Trisomiques 21* (ET) (AC = 5 ans 2 mois à 12 ans 7 mois; QI = 40-49) et le *groupe Enfants Retardés Non Trisomiques 21* (ERNT) (AC = 5 ans à 12 ans 11 mois; QI = 41-53). Les deux groupes sont appariés sur la base de l'AC et du QI. L'épreuve d'imitation provoquée comprend 6 sous-tests contenant chacun 6 items. La description de l'épreuve (cf. Lambert & Sohier, 1977) et les catégories de réponses utilisées pour la correction sont présentées en détail au chapitre 8. La passation de l'épreuve est individuelle. On donne la consigne suivante: «Tu vas répéter après moi ce que je dis». L'analyse détaillée des réponses est résumée au Tableau 4. On y a combiné l'analyse des réponses aux sous-tests 1 et 2.

Le score global moyen traduit en pourcentage de réponses imitatives correctes est de 24,4 % pour le groupe ET et de 47,8 % pour le groupe ERNT. Cette différence est significative à $p \leq .01$ (Test U de Mann-Whitney, two-tailed). Les différences entre les deux groupes d'enfants sont également notables à chacun des sous-tests pour les pourcentages de réponses imitatives correctes (C) et de réponses imitatives avec prononciation déficiente (C−). Ces dernières sont plus fréquentes chez les enfants trisomiques 21, ce qui confirme les moins bonnes capacités articulatoires de ces sujets par rapport à des enfants arriérés mentaux d'étiologies autres ayant des AC et des QI équivalents. Les principaux résultats enregistrés au niveau des sous-tests sont les suivants:

**Tableau 4**

Analyse des réponses obtenues au test d'imitation verbale avec les enfants trisomiques 21 (ET) et les enfants retardés non trisomiques 21 (ERNT). Les données sont en pourcentages

| Catégorie de réponses | Sous-tests | | | | | | | | | |
|---|---|---|---|---|---|---|---|---|---|---|
| | 1 et 2 | | 3 | | 4 | | 5 | | 6 | |
| | ET | ERNT | ET | ERNT | ET | ERNT | ET | ERNT | ET | ERNT |
| C | 30,1 | 53 | 7,1 | 21,5 | 15 | 48,2 | 2,6 | 25,4 | 2,2 | 09,8 |
| C- | 28,8 | 18,4 | 1,4 | 6,9 | — | 0,8 | — | — | — | 0,6 |
| A | 0,4 | 0,8 | — | — | — | — | — | — | 0,7 | — |
| F | 1,7 | 8,2 | 5,7 | 14,5 | — | — | — | — | 1,5 | 7,2 |
| M | — | — | 0,7 | 0,6 | — | — | — | — | — | — |
| O | — | — | 4,2 | 2,7 | — | — | — | — | 15 | 11,1 |
| E | 24 | 10,6 | 34,2 | 20,1 | 33,6 | 14,9 | 40,3 | 10,5 | 36 | 19,7 |
| S1 | 11,3 | 4,9 | 10,7 | 4,8 | — | — | — | — | 9 | 7,2 |
| S2 | 3 | 1,6 | 9,2 | 10,4 | — | — | — | — | 12 | 21,7 |
| S3 | — | — | 15 | 13,1 | — | — | — | — | 13,5 | 11,1 |
| S4 | — | — | 9,2 | 3,4 | — | — | — | — | 4,5 | 4,6 |
| R | — | — | — | — | 27,4 | 19,2 | 21,9 | 42,9 | — | — |
| R- | — | — | — | — | 23 | 15,7 | 19,2 | 14,9 | — | — |
| R1 | 0,4 | 1,2 | 2,1 | 1,3 | 0,8 | 0,8 | 1,7 | — | 4,5 | 3,9 |
| CF | — | — | — | — | — | — | 14 | 6,1 | — | — |
| RO | — | — | — | — | — | — | — | — | 0,7 | 2,6 |

C : imitation correcte; C- : imitation correcte avec prononciation déficiente; A : absence d'imitation; F : imitation correcte avec addition d'un mot fonteur; M : imitation correcte avec addition d'un mot à contenu sémantique (substantif, verbe, adjectif); O : changement dans l'ordre des mots; E : écholalie; S1 : suppression du premier mot de l'énoncé modèle; S2 : suppression du second mot de l'énoncé modèle; S3 : suppression du troisième mot dans l'énoncé modèle quand deux mots sont présents dans l'énoncé imité; S4 : suppression du quatrième mot dans l'énoncé modèle quand les autres mots sont présents dans l'énoncé imité; R : suppression de mot(s) avec préservation du sens; R- : suppression de mot(s) avec perte de signification par rapport à l'énoncé modèle; R1 : répétition uniquement du premier mot de l'énoncé modèle; CF : modification du type syntaxique de la phrase; RO : replacement des mots incorrectement ordonnés dans l'énoncé modèle dans l'ordre correct; sous-test 1 : énoncés correctement ordonnés à 2 mots, type sujet-verbe; sous-test 2 : énoncés correctement ordonnés à 3 mots, type sujet-verbe-objet; sous-test 3 : énoncés correctement ordonnés à 4 mots, type sujet-verbe-objet-circonstanciel ou déterminatif; sous-test 4 : phrases grammaticales, type sujet-verbe-objet, simples actives, déclaratives affirmatives; sous-test 5 : phrases grammaticales, type S-V-O, simples actives, déclaratives négatives; sous-test 6 : énoncés incorrectement ordonnés à 4 mots.

*Imitation d'énoncés à 2 et 3 mots (sous-tests 1 et 2)* : la majorité des sujets peuvent imiter une suite de 2 et 3 mots. En dehors des réponses C−, la différence entre les deux groupes se situe surtout à un niveau : les enfants trisomiques 21 présentent 24 % de réponses écholaliques, soit environ le double des enfants non trisomiques 21.

*Imitation d'énoncés à 4 mots (sous-test 3)* : la répétition d'une chaîne de 4 mots entraîne la réduction du nombre de réponses correctes et une dispersion des erreurs. Le groupe ERNT présente plus de réponses F (addition de mots fonction) que le groupe ET. La proportion des réponses écholaliques est importante dans les deux groupes avec toutefois une prédominance chez les enfants trisomiques 21.

*Imitation de phrases complètes (sous-test 4)* : ce sous-test différencie nettement les deux groupes d'enfants. Dans le groupe ET, les réponses R, constituées par des omissions des verbes et des articles, et les réponses écholaliques (E) représentent 62,4 % du total des erreurs. Par contre, dans le groupe ERNT, la majorité des réponses sont des C. L'addition des articles entraîne donc une plus grande difficulté dans la tâche d'imitation. Une complexification syntaxique se traduit par une réduction du nombre de réponses correctes, soit par la réduction de l'énoncé, soit par la répétition du dernier ou des deux derniers mots. Il est intéressant de mettre en relation les résultats obtenus aux sous-tests 3 et 4. L'imitation d'énoncés composés de 4 mots non syntaxiquement reliés (sous-test 3) est plus complexe que l'imitation d'une phrase contenant 5 mots. Lorsque les mots sont reliés entre eux pour former une phrase, les sujets imitent, mais en omettant les articles et les mots de liaison. Lorsque les mots ne sont pas reliés entre eux, les sujets éprouvent davantage de difficultés pour imiter correctement.

*Imitation de phrases négatives (sous-test 5)* : dans le groupe ET, les réponses correctes sont quasiment absentes, la majorité des erreurs étant des réponses écholaliques. Dans le groupe ERNT, outre la présence de réponses correctes, on enregistre une majorité de réponses du type R, c'est-à-dire l'omission du « ne » de la négation. Dans le groupe ET, 14 % des erreurs sont des changements de forme, la négative devenant déclarative, contre 6,1 % dans le groupe ERNT.

*Chaîne de mots (sous-test 6)* : les résultats sont sensiblement identiques dans les deux groupes : les erreurs sont du type écholalie et RO, les sujets renversant l'ordre des mots proposés pour les remettre dans un ordre correspondant mieux aux séquences habituelles de la langue.

Les données de Rondal & al. (1980) présentent de nombreux points de convergence avec celles de Berry (1976c). L'accroissement de la difficulté syntaxique des énoncés par allongement des modèles entraîne une réduction du nombre de réponses correctes. Les types d'erreurs présents aux différents sous-tests sont des indicateurs de la manière dont les sujets traitent des énoncés verbaux en fonction de leurs capacités d'analyse syntaxique et sémantique. Un fait important à noter dans l'étude de Rondal & al. (1980) concerne les performances nettement moins bonnes des sujets trisomiques 21 à l'ensemble de la tâche d'imitation provoquée. Le nombre et la dispersion des types d'erreurs du groupe ET témoignent en faveur d'une moindre capacité des enfants trisomiques 21 à imiter verbalement. Ces données infirment une opinion généralement répandue dans la littérature qui consiste à prêter aux individus trisomiques 21 des capacités imitatives sortant de l'ordinaire (cf. Lambert & Rondal, 1980, pour une analyse des mythes attachés aux personnes trisomiques 21). Des résultats analogues sont rapportés par Silverstein & al. (1979) qui ne trouvent aucune supériorité chez des adultes trisomiques 21 par rapport à d'autres retardés non trisomiques 21, de QI et d'AC équivalents, dans des tâches imitatives gestuelles.

Rondal & al. (1980) ont mis en relation les résultats obtenus à l'épreuve d'imitation verbale avec d'autres indices et épreuves développementales comme l'AC des enfants, la Longueur Moyenne des Productions Verbales et la capacité articulatoire. Chez les sujets trisomiques 21, la corrélation entre l'AC et les résultats globaux à l'épreuve d'imitation est de .63. Elle est de .57 chez les sujets retardés non trisomiques 21. Ces deux résultats sont significatifs à $p \leq .2$ (two-tailed). Les corrélations observées entre les résultats à une épreuve d'articulation (Lambert & al., 1980) sont également élevées (groupe ET, corrélation de .82; groupe ERNT, corrélation de .80, toutes deux significatives à $p \leq .002$, two-tailed), attestant le rapport qui existe entre capacité articulatoire et imitation verbale. Les données les plus intéressantes sont fournies par les corrélations entre les résultats à l'imitation provoquée et l'indice LMPV. Le coefficient de corrélation s'établit à .73 pour les sujets trisomiques 21 et à .89 pour les sujets non trisomiques 21 (tous deux significatifs à $p \leq .002$, two-tailed). En d'autres termes, une meilleure capacité d'imiter des énoncés verbaux est étroitement associée à l'augmentation de la longueur des énoncés produits spontanément dans le cours du développement langagier des enfants. Une analyse plus fine des relations entre l'imitation provoquée et l'indice LMPV est fournie au Tableau 5, à partir d'une répartition de l'échantillon de 38 enfants en 3 sous-groupes selon LMPV (groupe 1: LMPV, 1.00 à 2.50; groupe 2: LMPV, 2.51 à 4.00; groupe 3: LMPV, supérieur à 4.00).

*Tableau 5*
*Pourcentages des différents types de réponses à l'épreuve d'imitation provoquée selon la longueur moyenne de production verbale (LMPV) caractéristique du langage spontané des sujets*

| LMPV | C et C− | E | S | CF | F | RO | R | R− |
|---|---|---|---|---|---|---|---|---|
| Groupe 1: LMPV 1.00 - 2.50 | 17.8 | 49 | 15.1 | 2.1 | 0.9 | 0.9 | 2.6 | 11.2 |
| Groupe 2: LMPV 2.51 - 4.00 | 30.1 | 22.4 | 18 | 2.8 | 3.8 | 3.8 | 13.9 | 4.8 |
| Groupe 3: LMPV > 4.00 | 56.9 | 1.5 | 16.6 | 0.3 | 8.2 | 3.8 | 11 | 1.3 |

Catégories de réponses : C et C− : réponses imitatives correctes avec ou sans défaut d'articulation; E : écholalie; S : suppression de mots; CF : changement de forme, au sous-test 5 uniquement — phrases grammaticales, type sujet-verbe-objet ou sujet-copule-attribut, simples actives déclaratives négatives —; F : imitation correcte avec addition d'un mot foncteur, RO : modification de l'ordre des mots; R : réduction sans perte de sens; R− : réduction avec perte de signification.

Le groupe 1 se caractérise par un plus grand nombre de réponses E et R−, le groupe 3 par un plus grand nombre de réponses C et C− et de réponses R. Le groupe 2 se situe entre les deux autres groupes à ces points de vue. Plus LMPV est élevé, plus les sujets ajoutent des mots fonction (réponses F) et tentent de renverser l'ordre des mots (réponses RO) là où il y a lieu de le faire. Cette répartition élective des types de réponses imitatives selon le niveau de développement linguistique attesté par LMPV confirme la pertinence de l'utilisation de l'imitation verbale provoquée comme moyen d'évaluation du langage des sujets arriérés mentaux modérés et sévères. Berry (1976 a, b et c) avait été le premier à suggérer une telle utilisation. Les données de Rondal & al. (1980) confirment le bien-fondé de cette démarche.

La présence de nombreuses réponses écholaliques, principalement dans les imitations des sujets trisomiques 21, peut trouver une explication à partir de l'hypothèse formulée par Carr & al., (1975) chez les enfants autistes. Pour ces auteurs, l'écholalie immédiate est un symptôme d'un manque prononcé de compréhension du message verbal. Etant donné que plusieurs études ont mis en évidence les problèmes de compréhension verbale présentés par les sujets trisomiques 21 (voir chapitre 3), cette hypothèse liant les réponses écholaliques aux troubles de la compréhension est plausible. Une meilleure connaissance des difficultés de compréhension verbale des sujets trisomiques 21 pourrait expliquer, du moins en partie, leurs faibles performances à l'épreuve d'imitation provoquée.

La reproduction de modèles verbaux telle qu'elle est fournie par des épreuves d'imitation provoquée ouvre des perspectives dans le domaine de l'arriération mentale, à la fois sur le plan théorique et au niveau pratique. On dispose là d'un moyen d'investigation du langage facile à utiliser avec des sujets retardés mentaux modérés et sévères. D'autre part, les possibilités de construction de modèles verbaux à imiter sont quasi infinies. La complexification syntaxique et sémantique des énoncés fournit un ensemble de données pertinentes à partir desquelles on peut évaluer la manière dont les sujets arriérés mentaux traitent un matériel verbal qui correspond à ou qui dépasse leurs capacités linguistiques.

### 4. Les relations entre l'imitation verbale et non verbale

On doit se demander si les caractéristiques présentées par les sujets arriérés mentaux modérés et sévères aux épreuves d'imitation verbale provoquée se retrouvent également dans les épreuves d'imitation non verbale. Cette question a une importance à la fois théorique et pratique Au niveau pratique, bon nombre d'apprentissages du langage chez les sujets arriérés mentaux commencent par des exercices d'imitation non verbale. Comme nous le verrons au chapitre 9, la procédure classique utilisée dans les programmes de conditionnement opérant consiste à apprendre aux sujets un répertoire imitatif gestuel, d'abord des gestes faisant intervenir la motricité générale, ensuite la motricité fine, puis à enchaîner avec l'imitation des sons et des mots. Ces méthodes reposent sur l'hypothèse selon laquelle l'imitation non verbale est plus simple, donc plus facile à apprendre que l'imitation verbale. Cependant, cette opinion n'est pas partagée par tous les auteurs. Pour certains, le passage par l'imitation non verbale est superflu. On préconise de commencer d'emblée par les apprentissages d'imitation verbale. Les différentes positions en présence sont abondamment décrites et analysées par Bricker & Bricker (1974), Guess & al. (1978) et Siegel & Spradlin (1978). Au niveau théorique, le problème posé est celui de la généralisation des apprentissages. Il s'agit d'établir si des acquits réalisés dans un domaine donné — l'imitation non verbale — ont un effet sur les apprentissages dans un autre domaine comportemental — l'imitation non verbale. Dans une revue des travaux portant sur la généralisation de l'imitation non verbale à l'imitation verbale, Garcia & DeHaven (1979) ne font mention que d'une seule étude ayant abordé cet aspect. Garcia & al. (1971) ont en fait montré que l'apprentissage d'un répertoire imitatif moteur facilite l'apprentissage d'autres réponses motrices, mais non des réponses verbales. Cette étude ne permet cependant pas d'écarter définitivement l'imitation motrice des programmes d'apprentissage du langage: l'absence de généralisation ne signifie pas que l'imitation motrice ne puisse jouer un rôle facilitateur dans l'acquisition d'un répertoire imitatif verbal, principalement chez les sujets retardés ne disposant pas au préalable d'un tel répertoire. En fait, il n'existe pas d'études où on ait systématiquement comparé les performances des sujets arriérés mentaux à des épreuves d'imitation provoquée verbales et non verbales.

Rondal & al. (1980) présentent à 21 enfants retardés mentaux modérés et sévères une épreuve d'imitation gestuelle contenant 3 sous-tests comprenant 6 items. Les sujets sélectionnés font partie de l'échantillon utilisé lors de l'étude sur l'imitation verbale provoquée résumée ci-dessus. Les sujets sont répartis en deux groupes: un groupe d'enfants trisomiques 21 (ET) comportant 11 sujets et un groupe d'enfants retardés non trisomiques 21 (ERNT) comportant 10 sujets. Il s'agit des sujets ayant obtenu les scores les plus faibles au test d'imitation verbale. Les 3 sous-tests correspondent à trois niveaux de difficulté des gestes à reproduire. Le sous-test 1 consiste en l'imitation de gestes à *une composante* (par exemple: lever un bras; ouvrir un livre). Le sous-test 2 comprend des séquences gestuelles à *deux composantes* (par exemple: se lever et mettre une main sur la tête; ouvrir une boîte et prendre une punaise). Le sous-test 3 consiste en séquences gestuelles à *trois composantes* (par exemple: prendre une chaise, la déposer au milieu de la pièce, et grimper dessus). La passation de l'épreuve est individuelle. Une grille d'analyse détaillée permet la cotation des réponses motrices en fonction du type d'erreurs produites.

Comme le montre le Tableau 6, l'épreuve est généralement bien réussie pour les deux premiers sous-tests, ce qui, incidemment, réduit son pouvoir discriminatif pour la population intéressée. En ce qui concerne le sous-test 2, le groupe ET présente une performance globale moins bonne que celle du groupe ERNT. Cette différence n'est toutefois pas significative. Il en est de même pour le sous-test 3. Les types d'erreurs prédominants sont les omissions d'une des composantes de la séquence à trois gestes. Aucun phénomène échopraxique n'est observé ici, contrairement aux réponses écholaliques obtenues à l'épreuve d'imitation verbale. D'une façon générale, les difficultés présentées par les sujets se situent dans l'imitation de séquences à trois gestes. Tous les sujets testés peuvent reproduire chaque geste pris individuellement. Ils sont également capables de produire des séquences compo-

*Tableau 6*
*Analyse des réponses obtenues au test d'imitation non verbale avec les enfants trisomiques 21 (ET) et les enfants retardés non trisomiques 21 (ERNT).*
Les données sont en pourcentages

| Catégories de réponses | Sous-tests | | | | | |
|---|---|---|---|---|---|---|
| | 1 ET | 1 ERNT | 2 ET | 2 ERNT | 3 ET | 3 ERNT |
| R | 98.3 | 98.3 | 83.3 | 90 | 55 | 60.6 |
| R– | 0.6 | 0.7 | | | | |
| 0 | | | 4.5 | | 7.2 | 3 |
| R–1 | | | 6 | | | |
| R–2 | | | 1.5 | | 1.4 | |
| R–3 | | | | | 1.4 | 6 |
| 01 | | | 3 | 3.3 | 7.2 | 10.2 |
| 02 | | | 1.5 | 6.6 | 17.3 | 9 |
| 03 | | | | | 10.1 | 10.2 |

R: imitation correcte; R–: imitation incorrecte, l'enfant effectuant un autre geste; 0: absence d'imitation; R–1: imitation incorrecte du premier geste dans les sous-tests à deux et à trois composantes: R–2: imitation incorrecte du second geste dans les sous-tests...; R–3: imitation incorrecte du troisième geste...; 01: absence du premier geste dans les sous-tests à deux et à 3 composantes; 02: absence du second geste dans les sous-tests...; 03: absence du troisième geste...; sous-test 1: une composante; sous-test 2: deux composantes; sous-test 3: trois composantes.

sées de trois gestes dans la vie courante. Cette étude ne permet pas de cerner le moment précis du processus imitatif auquel se situent les difficultés, à savoir si les problèmes ressortissent particulièrement à l'encodage ou à la transition entre la représentation de la séquence gestuelle et sa réalisation. Il y a là un domaine de recherches important en arriération mentale.

L'aspect le plus important des résultats consiste en l'absence de réponses échopraxiques chez les enfants dans l'imitation des séquences gestuelles. Cette donnée suggère, en accord avec l'hypothèse présentée plus haut, qu'il n'y a pas de difficultés de compréhension des gestes à imiter. Il faut faire appel à d'autres sources de limitations, comme par exemple des difficultés de mémoire immédiate (limitation applicable également dans le cas des imitations verbales), pour expliquer les performances des sujets dans l'imitation des séquences gestuelles.

L'épreuve d'imitation gestuelle provoquée est mieux réussie par la population concernée que l'épreuve d'imitation verbale. Cette observation semble justifier l'utilisation de l'imitation motrice préalablement à l'imitation verbale dans les programmes d'apprentissage langagier. Ceci ne signifie pas qu'il existe une relation structurale entre les deux formes d'imitation. En d'autres termes, le fait de considérer l'imitation motrice comme un prérequis pour la généralisation des performances aux épreuves d'imitation verbale demeure une hypothèse à contrôler. L'étude de Rondal & al. (1980) ne pose pas le problème d'une généralisation éventuelle entre les deux formes d'imitation, mais bien celui de leur difficulté respective pour des sujets arriérés mentaux. Chez des enfants et des adultes retardés ne possédant pas ou peu de comportements imitatifs, il est sans doute souhaitable de commencer les apprentissages verbaux imitatifs par des tâches simples à maîtriser, comme l'imitation de gestes. Cette phase permet de placer les comportements sous le contrôle de stimuli spécifiques à la situation d'apprentissage et de fournir aux sujets concernés un début de répertoire imitatif.

## ELEMENTS BIBLIOGRAPHIQUES

BANDURA A., *Psychological modeling: Conflicting theories*. Chicago: Aldine-Atherton, 1971.
BANDURA A., *L'apprentissage social* (traduit de l'américain par J.A. Rondal). Bruxelles: Mardaga, 1980.
BERRY P., Imitation of language by mentally handicapped children: a language assessment technique. In P. Berry (Ed.), *Language and communication in the mentally handicapped*. Londres: Arnold, 1976, pp. 56-65 (a).
BERRY P., Elicited imitation and assessment of abilities. *Language and Speech*, 1976, *19*, 363-373 (b).
BERRY P., Elicited imitation of language: some ESNS population characteristics. *Language and Speech*, 1976, *19*, 350-362 (c).
BERRY P. & FOXEN T., Imitation and comprehension of language in severe subnormality. *Language and Speech*, 1975, *18*, 195-203.
BERRY P. & TAYLOR J., Elicited imitation and production of language by severely subnormal children. *Language and Speech*, 1976, *19*, 160-172.
BLOOM L., HOOD L. & LIGHTBOWN P., Imitation in language development: If, when, and why. *Cognitive Psychology*, 1974, *6*, 380-420.
BRICKER W.A. & BRICKER D.D., An early language training strategy. In R.L. Schiefelbusch & L.L. Lloyd (Eds.), *Language perspective-acquisition, retardation and intervention*. Baltimore: University Park Press, 1974, pp. 431-468.
BROWN I., Jr. Role of referent concreteness in the acquisition of passive sentence comprehension through abstract modeling. *Journal of Experimental Child Psychology*, 1976, *22*, 185-199.

BROWN I., Jr. Language acquisition: linguistic structure and rule-governed behavior. In G. Witheburst & B. Zimmerman (Eds), *The functions of language and cognition.* New York: Academic Press, 1979, pp. 141-173.
CARR E., SCHREIBMAN L. & LOVAAS O.I., Control of echolalic speech in psychotic children. *Journal of Abnormal Child Psychology*, 1975, *3*, 331-338.
FRASER C., BELLUGI U. & BROWN R., Control of grammar in imitation, comprehension and production. *Journal of Verbal Learning and Behavior*, 1963, *2*, 121-131.
GARCIA E., BAER D.M. & FIRESTONE I., The development of generalized imitation within topographically determined boundaries. *Journal of Applied Behavior Analysis*, 1971, *4*, 101-113.
GARCIA E. & DEHAVEN E.D., Use of operant techniques in the establishment and generalization of language: A review and analysis. *American Journal of Mental Deficiency*, 1979, *84*, 169-178.
GEWIRTZ J., Conditional responding as a paradigm for observational imitative learning and vicarious reinforcement. In H. Reese (Ed.), *Advances in child development and behavior* (Vol. 6). New York: Academic Press, 1971, pp. 274-304.
GUESS D., SAILOR W. & BAER D.M., Children with limited language. In R.L. Schiefelbusch (Ed.), *Language intervention strategies.* Baltimore: University Park Press, 1978, pp. 101-144.
GUTMANN A. & RONDAL J.A., Verbal operants in mother's speech to nonretarded and Down's syndrome children matched for linguistic level. *American Journal of Mental Deficiency*, 1979, *83*, 446-452.
JENKINS J. & PALERMO D., Mediation processes and the acquisition of linguistic structures. In U. Bellugi & R. Brown (Eds), *The acquisition of language.* Chicago: The University of Chicago Press, 1964.
KUCZAJ S.A. & MARATSOS M.P., What a child *can* say before he *will*. *Merrill-Palmer Quarterly*, 1975, *21*, 89-111.
LAMBERT J.L. & SOHIER C., *Deux épreuves d'évaluation du langage adaptées aux élèves de l'enseignement spécial.* Université de Liège, Rapport de recherches, 1977.
LAMBERT J.L. & RONDAL J.A., *Le mongolisme.* Bruxelles: Mardaga, 1980.
LAMBERT J.L., RONDAL J.A. & SOHIER C., Analyse des troubles articulatoires chez des enfants retardés mentaux mongoliens et non mongoliens. *Bulletin d'Audiophonie*, 1980, *10*, 13-20.
LORD C., *Is talking to baby more than baby talk? A longitudinal study of the modification of linguistic input to young children.* Communication présentée au Congrès Bisannuel de la Society for Research in Child Development, Denver, Colorado, avril 1975.
MENYUK P., *Sentences children use.* Cambridge, Massachusetts: MIT Press, 1969.
MILLER J.F., Assessing children's language behavior. In R.L. Schiefelbusch (Ed.), *Bases of language intervention.* Baltimore: University Park Press, 1978, pp. 269-318.
MILLER N. & DOLLARD J., *Social learning and imitation.* New Haven, Connecticut: Yale University Press, 1941.
MOERK E., Verbal interaction between children and their mothers during the preschool years. *Development Psychology*, 1975, *11*, 788-794.
NELSON K., Structure and strategy in learning to talk. *Monographs of the Society for Research in Child Development*, 1973, *38*, 149.
PIAGET J., *La formation du symbole chez l'enfant.* Neuchâtel: Delachaux & Niestlé, 1968.
RAMER A., The function of imitation in child language. *Journal of Speech and Hearing Research*, 1976, *19*, 700-717.
RODD L. & BRAINE M., Children's imitations of syntactic constructions as a measure of linguistic competence. *Journal of Verbal Learning and Verbal Behavior*, 1970, *10*, 430-443.

RONDAL J.A., *Maternal speech to normal and Down's syndrome children matched for mean lenght of utterance*. Thèse doctorale, University of Minnesota, 1976.
RONDAL J.A., Maternal speech to normal and Down's syndrome children matched for mean lenght of utterance. In E. Meyers (Ed.), *Quality of life in profoundly retarded people: Research foundations for improvment*. Washington, D.C.: American Association for Mental Deficiency, 1978, pp. 193-265 (a).
RONDAL J.A., *Langage et éducation*. Bruxelles: Mardaga, 1978 (b).
RONDAL J.A., Spontaneous imitations in Down's syndrome children language development. Communication présentée au 5th International Congress of the International Association for the Scientific Study of Mental Deficiency. Jérusalem, Israël, août 1979.
RONDAL J.A. & DEFAYS D., Reliability of mean length of utterance as a function of simple size in early language development. *The Journal of Genetic Psychology*, 1978, *133*, 305-306.
RONDAL J.A., Le rôle de l'imitation dans l'acquisition du langage. *Rééducation Orthophonique*, 1983, *37*, 17-32 (a).
RONDAL J.A., *L'interaction adulte-enfant et la construction du langage*. Bruxelles: Mardaga, 1983 (b).
RONDAL J.A., LAMBERT J.L. & SOHIER C., L'imitation verbale et non verbale chez l'enfant retardé mental mongolien et non mongolien. *Enfance*, 1980, *3*, 121-145.
RYAN J., Interpretation and imitation in early language development. In R. Hinde & J. Hinde (Eds), *Constraints on learning. Limitations and predispositions*. New York: Academic Press, 1973, pp. 427-443.
SCHWARTZ A.H. & DALY D.A., Elicited imitation in language assessment: a tool for formulating and evaluating treatment programs. *Journal of Communication Disorders*, 1978, *11*, 25-35.
SEITZ S. & STEWART C., Imitations and expansions; Some developmental aspects of mother-child communications. *Developmental Psychology*, 1975, *11*, 763-768.
SIEGEL G.M. & SPRADLIN J.E., Programming for language and communication therapy. In R.L. Schiefelbusch (Ed.), *Language intervention strategies*. Baltimore: University Park Press, 1978, pp. 357-398.
SILVERSTEIN A.B., AGUILAR B.F., JACOBS L.J., LEVY J.E. & RUBENSTEIN D.M., Imitative behavior by Down's syndrome persons. *American Journal of Mental Deficiency*, 1979, *83*, 409-411.
SKINNER B.F., *Verbal behavior*. Englewood Cliffs, New Jersey: Prentice Hall, 1957.
SLOBIN D., Imitation and grammatical development. In M. Richards (Ed.), *The integration of the child in the social world*. Londres: Cambridge University Press, 1973, pp. 120-166.
SLOBIN D. & WELSH C., Elicited imitation as a research tool in development psycholinguistics. In C. Fergusson & D. Slobin (Eds.), *Studies of child language development*. New York: Holt, Rinehart and Winston, 1973, pp. 485-496.
SMITH C., An experimental approach to children's linguistic competence. In J. Hayes (Ed.), *Cognition and the development of language*. New York: Wiley, 1970, pp. 109-136.
TAYLOR J., BERRY P. & CONN P., A study of language learning through imitation. In P. Berry (Ed.), *Language and communication in the mentally handicapped*. Londres: Arnold, 1976, pp. 114-128.
WHITEHURST G. & NOVAK G., Modeling, imitation training and the acquisition of sentence phrases. *Journal of Experimental Child Psychology*, 1973, *16*, 332-345.
WINZEMER J. & VALIAN V., *When do children imitate? When necessary*. Communication présentée à la seconde Annual Boston Conference on Language Development, Boston, Massachusetts, octobre 1977.

# Chapitre 8
# Instruments d'évaluation

Les chapitres qui précèdent illustrent la diversité des problèmes rencontrés par les sujets handicapés mentaux dans l'acquisition et la maîtrise du langage. L'intervention langagière doit donc constituer l'objectif premier de toute démarche éducative. Cependant, préalablement à toute intervention, il est nécessaire de dresser un bilan complet des acquis et des déficits. C'est à la construction de ce bilan que se réfère l'évaluation. Elle consiste en la collecte systématique, l'organisation et l'interprétation des informations disponibles sur un individu à un moment donné de son développement. Dans le domaine qui nous intéresse ici, l'évaluation doit obéir à plusieurs principes. *Premièrement*, l'évaluation ne peut être considérée comme une finalité. Elle doit être résolument tournée vers l'intervention. C'est certainement dans le domaine du langage que ce principe central en arriération mentale prend toute sa signification (Lambert, 1978a). *Deuxièmement*, l'évaluation doit inclure toutes les composantes de l'organisation linguistique. *Troisièmement*, la construction d'une évaluation complète requiert une approche multidisciplinaire. Le bilan langagier est le point de rencontre obligé de plusieurs disciplines — psychologique, médicale, orthophonique, éducative — dont l'apport spécifique doit être intégré dans le tableau évaluatif général.

En écrivant ce chapitre, nous avons visé deux objectifs: présenter aux praticiens un aperçu des tendances actuelles en matière d'évaluation du langage et situer à la fois sur le plan théorique et pratique la pertinence de l'utilisation des instruments de testing chez les sujets arriérés mentaux.

## 1. L'examen de l'audition

Un prérequis à toute évaluation du langage est l'examen médical oto-rhino-laryngologique. Nous nous arrêterons au bilan de l'audition pour deux raisons. En premier lieu, l'incidence des troubles auditifs dans les populations de sujets arriérés mentaux est suffisamment élevée pour justifier l'attention particulière portée à l'étude de l'intégrité des capacités de perception du langage oral (cf. chapitre 1). En second lieu, des progrès considérables ont été réalisés durant les dernières années dans la mise au point de techniques d'examen auditif adaptées aux sujets retardés mentaux. Il est actuellement établi que l'évaluation auditive peut être réalisée chez les enfants normaux très jeunes, avant l'âge de 18 mois (Cox & Lloyd, 1976). A partir de l'âge de trois ans, les techniques de l'examen auditif classique ne posent généralement plus de problèmes avec ces mêmes enfants normaux. La situation est différente en ce qui concerne les enfants arriérés mentaux. En effet, la plupart des techniques d'audiométrie requièrent la participation active des sujets testés. L'attention, la compréhension des consignes verbales et la capacité d'émettre des gestes en réponse aux stimuli auditifs selon les consignes données sont des exigences préalables. Bon nombre de sujets arriérés mentaux, principalement les enfants, ne possèdent pas ou n'ont pas encore acquis les prérequis comportementaux leur permettant de participer à une évaluation audiométrique classique. Ces considérations ont amené les chercheurs à développer des procédures d'examen dites objectives, dans lesquelles la participation active et la démarche introspective requises des sujets sont fortement réduites, voire éliminées à toute fin pratique.

L'audiométrie est basée sur l'analyse des relations entre une stimulation sonore et les réponses de l'organisme. On peut diviser les techniques destinées à analyser ces relations selon deux critères: les conditions de stimulation et le mode de réponse de l'organisme. Sur la base des stimulations, on distingue *l'audiométrie tonale* et *l'audiométrie vocale*.

*L'audiométrie tonale.* Cette procédure utilise des sons purs de fréquences calibrées, délivrés par le canal aérien — via des écouteurs, par exemple — ou le canal osseux — au moyen d'un oscillateur généralement placé sur l'os mastoïdien. Les réponses exigées chez le sujet sont de nature comportementale ou réflexe. L'audiométrie tonale fournit des informations concernant les seuils de sensibilité auditive pour les différentes fréquences. Le Tableau 1 indique les relations entre les réponses aux sons purs et les estimations de la gravité des atteintes auditives.

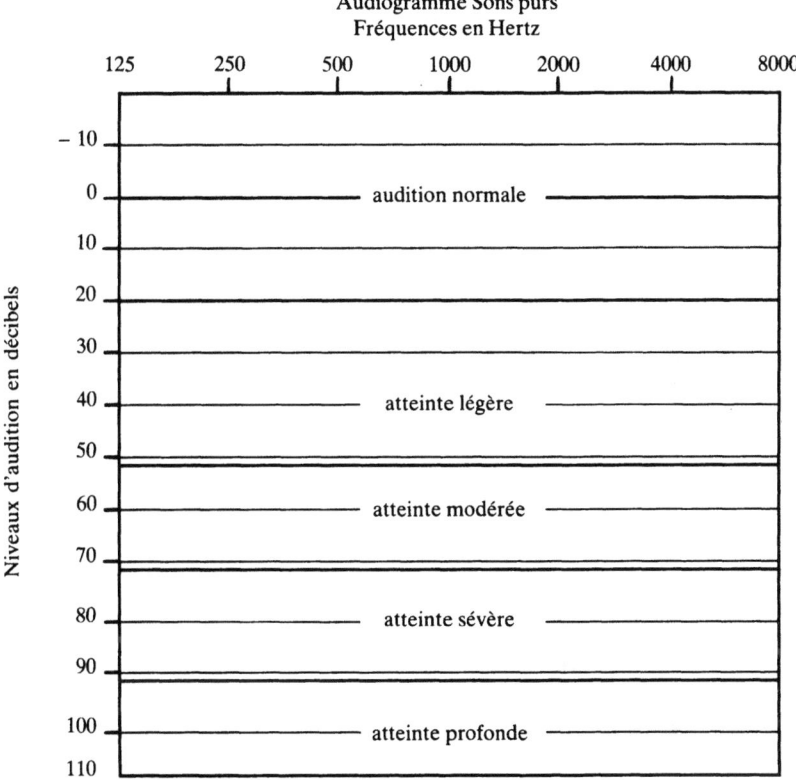

Tableau 1
Relations entre les réponses aux sons purs et la gravité des atteintes auditives
(d'après Cox & Lloyd, 1976)

L'audiométrie tonale permet également d'identifier les types de troubles auditifs : atteintes de conduction et/ou sensori-nerveuses.

*L'audiométrie vocale*. Au contraire de l'audiométrie tonale mesurant les réponses d'un individu à des stimuli de fréquences simples, l'audiométrie vocale est basée sur la gamme des fréquences de la parole humaine (approximativement 500 à 4.000 HZ). Différentes techniques sont utilisées avec les sujets arriérés mentaux. Elles permettent d'étudier, par exemple, le seuil de réaction aux sons du langage, le seuil de réception auditive (Weaver & al., 1979) et les capacités de discrimination entre les phonèmes de la langue (Niswander & Kelley, 1975).

En référence aux réponses de l'individu testé, deux types de procédures peuvent être identifiés : *les techniques comportementales* et *les techniques électrophysiologiques.* Notre propos est d'illustrer brièvement ces procédures puis d'en déterminer les avantages respectifs. Le lecteur désireux d'en savoir davantage sur les aspects techniques de ces méthodes d'examen se reportera aux travaux de Lloyd (1970) et de Cox & Lloyd (1976).

*Les techniques comportementales.* Ces procédures, encore dénommées techniques opérantes, sont basées sur les réponses volontaires des sujets testés. Diverses méthodes sont utilisées pour mettre en évidence la présence ou l'absence de réponses aux stimulations auditives, tonales ou vocales. Citons par exemple :

- Les échelles d'observation utilisables par les parents et les éducateurs comme première indication de la présence de problèmes d'audition chez les sujets handicapés (Reynolds & Reynolds, 1979).

- L'audiométrie ludique, dans laquelle on demande au sujet de réaliser une tâche motrice (jeu de construction, jeu sensori-moteur, etc.) uniquement en réponse à un stimulus sonore. On fait ensuite varier l'intensité et la hauteur du son.

- Les procédures faisant intervenir des renforcements visuels ou tangibles (Weaver & al., 1979; Cox & Lloyd, 1976). Le paradigme sur lequel se basent ces procédures est celui du conditionnement operant. On installe chez le sujet un apprentissage moteur en réponse à un stimulus auditif de haute intensité (70 db) à une fréquence de 500 HZ. Toute réalisation correcte de la tâche est renforcée. Dès que le sujet est sous le contrôle du stimulus, l'intensité et la fréquence du son sont progressivement modifiées. Généralement, on réduit l'intensité de 20 décibels. Cette procédure permet d'installer une généralisation de la réponse à un stimulus différent du stimulus original. Après cette phase de généralisation, l'examen audiométrique classique, de type tonal ou vocal, est introduit dans la procédure.

*Les techniques électrophysiologiques.* Ces procédures utilisent des réponses réflexes. Le répertoire comportemental limité de nombreux sujets arriérés mentaux sévères et profonds rend difficile tout examen faisant appel à des réponses volontaires. Le médecin a à sa disposition des techniques basées sur des comportements réflexes. Ces techniques commencent à être utilisées, mais uniquement dans des centres spécialisés. Leur coût et leur manipulation empêchent encore leur généralisation aux cliniques traditionnelles. Parmi ces techniques, citons :

- l'audiométrie par impédance (Givens & Seideman, 1977; Niswander & Ruth, 1977), mesurant le degré de mobilité de la membrane tympanique — ou tympanométrie — et de l'ensemble de l'oreille moyenne — le seuil de réflexe acoustique;

- l'audiométrie par réponse électrodermale, basée sur les modifications du réflexe psychogalvanique en réponse à une stimulation auditive;
- les potentiels évoqués : la mesure des modifications de l'activité électrique corticale en réponse à des sons purs ou vocaux;
- l'audiométrie faisant appel à des réponses provenant d'autres grands systèmes de l'organisme comme la respiration et la fréquence cardiaque;
- l'électrocochléographie mesurant l'activité neuronique de la cochlée et du nerf auditif.

L'utilisation préférentielle d'un type de procédure doit tenir compte de deux facteurs étroitement dépendants : la nature des stimuli auditifs et le niveau de développement des sujets testés. En ce qui concerne les stimuli, l'audiologiste est souvent placé devant un dilemme : utiliser des sons bien contrôlés, c'est-à-dire des sons purs, mais qui n'ont guère de signification fonctionnelle dans l'environnement du sujet, ou employer des sons plus familiers, les phonèmes, plus difficilement contrôlables. *Tout examen auditif doit en fait intégrer les deux approches.* Pour Lloyd (1970), un diagnostic ne peut se baser sur les seuls résultats des réponses à des sons situés dans de larges bandes de fréquences comme celles du langage. Ces données fournissent certainement la base pour des hypothèses de travail fructueuses. Les résultats concluants doivent dépendre toutefois, selon Lloyd, des réponses à des sons de fréquences contrôlées situés dans tout le spectre du champ auditif humain (0 à 20.000 HZ, en théorie).

Si les termes «sujet intestable» doivent être éliminés du vocabulaire de l'arriération mentale, il n'en demeure pas moins qu'il existe des individus chez qui l'évaluation auditive est rendue plus difficile que chez d'autres par les limitations du répertoire comportemental. Face à des enfants et à des adultes arriérés sévères et profonds, le problème du choix des méthodes est posé. Doivent-elles être comportementales ou électrophysiologiques ? Dans une analyse remarquable des *bénéfices respectifs* des deux types de méthodes, Cox & Lloyd (1976) estimaient que dans l'état actuel des recherches les procédures comportementales offrent des garanties supérieures aux techniques électrophysiologiques. A notre connaissance, rien n'est venu infirmer ce constat au cours des dernières années. L'utilisation des techniques électrophysiologiques est récente dans le domaine de l'arriération mentale. L'installation nécessaire et le haut niveau de spécialisation exigé pour leur application n'ont pas encore permis de cerner avec précision leur véritable champ d'application. Nous présentons ci-dessous le Tableau 2, qui résume les avantages des techniques comportementales.

*Tableau 2*
*Comparaisons entre les techniques comportementales et électrophysiologiques*
(d'après Cox & Lloyd, 1976)

| Critères | Techniques comportementales | Techniques électrophysiologiques |
|---|---|---|
| Fidélité : Marge du seuil | ± 5 db | 10-20 db |
| Validité | - mesure d'un degré d'intégration auditive<br>- mesure d'une relation fonctionnelle entre un sujet et son environnement | - mesure des réponses d'une partie du système auditif<br>- mesure de réflexes non directement fonctionnels |
| Résultats : Succès | - adaptable à tous les types de handicaps<br>- en cas d'échec dans l'application, la plupart des techniques électrophysiologiques ne fournissent pas davantage de résultats définitifs | - idem |
| Coût | - investissement en matériel et en personnel normal pour une clinique de moyenne importance | - investissement en matériel et en personnel très élevé |

## 2. L'examen phonologique

L'examen de la voix et de la parole chez les sujets arriérés mentaux comprend plusieurs étapes. La première étape est *l'examen médical des structures organiques de l'articulation* réalisé par un oto-rhino-laryngologiste. Outre la détection des déficiences auditives analysées précédemment, ce bilan permettra de mettre en évidence les malformations éventuelles de l'appareil bucco-laryngé responsables de certaines difficultés articulatoires. Les autres étapes sont du ressort du psychologue du langage et de l'orthophoniste — ou logopède. Nous envisageons quatre domaines indissociables pour l'investigation, chacun devant faire l'objet d'une analyse précise.

## A. La respiration

Etant donné la fréquence des difficultés des mécanismes de la soufflerie vocale, particulièrement importantes dans certains syndromes, les capacités respiratoires des sujets arriérés mentaux feront l'objet

d'un examen détaillé. L'évaluation s'attachera à décrire les caractéristiques des réponses suivantes:
- le volume d'inspiration et d'expiration;
- le contrôle du début d'expiration;
- le tonus musculaire de l'abdomen;
- les capacités de maintenir l'émission prolongée d'un son.

### B. *Les caractéristiques des sons*

Les sons se caractérisent par les propriétés suivantes: *l'intégrité* (fort-faible), *la durée* (long-bref), *la hauteur tonale* (grave-aigu), *le timbre* (impression acoustique) et *le rythme* (espacé-rapproché). Il existe une variété très large de techniques permettant l'examen de la perception des différentes caractéristiques des sons chez les sujets arriérés mentaux. Par exemple, le lecteur se référera avec profit aux exercices proposés par Le Boulch (1966) et Pick et Vayer (1965).

### C. *Les praxies bucco-faciales*

La mobilisation volontaire de la bouche et de la face sont des composantes de l'articulation. Etant donné les déficits de la motricité fine identifiables chez de nombreuses personnes arriérées mentales, enfants et adultes, l'évaluation phonétique doit inclure un examen des capacités d'émission des différentes réponses faisant intervenir le complexe musculaire bucco-facial. Cet examen peut se réaliser de deux manières:
- *par imitation*: l'évaluateur dit au sujet: «Fais comme moi», émet la réponse attendue — par exemple, gonfler les joues —, puis enregistre la réponse du sujet;
- *sur ordre*: l'évaluateur donne la consigne verbale — par exemple: «Gonfle tes joues» — et enregistre la réponse du sujet.

L'utilisation de la procédure d'imitation sera réservée aux sujets retardés présentant des difficultés de compréhension lexicale et/ou syntaxique.

Voici quelques exemples de réponses pouvant être utilisées dans l'examen des praxies bucco-faciales:
- ouvrir - fermer la bouche;
- tirer la langue, la diriger vers le haut, le bas, vers la gauche, la droite;
- gonfler les joues;
- serrer les lèvres;
- montrer les dents;
- poser la lèvre inférieure (supérieure) sur la lèvre supérieure (inférieure);

- siffler, siffler dans un sifflet;
- creuser les joues;
- sourire.

## D. *L'articulation*

L'examen des difficultés articulatoires peut se réaliser à partir des données suivantes :

*Le langage spontané* : on recueille un échantillon du langage des sujets placés dans des conditions de conversation sur des thèmes familiers, dans leur environnement habituel. Une étude de Goodman & Hammond (1977) montre que les enseignants spécialisés peuvent tirer profit de cette technique pour évaluer les difficultés de leurs élèves retardés mentaux.

*L'examen individuel* : celui-ci peut prendre deux formes :
- *la répétition* : l'évaluateur prononce un son ou un mot, puis demande au sujet de le répéter;
- *la dénomination* : l'évaluateur demande au sujet de nommer un objet ou une image.

*Le matériel utilisé*

Dans le cadre de l'examen individuel, plusieurs types de matériel sont utilisés afin de mettre en évidence les troubles articulatoires :

- *Les syllabes* : syllabes isolées contenant les différents phonèmes de la langue française.

- *Les logatomes* : syllabes sans signification (Launay & Borel-Maisonny, 1975). *Exemples* : esp - stur - erb; ortis - igzo - obju; mouko - favé - linou; rikapé - muronli - koguchi.

L'emploi des logatomes permet d'évaluer l'articulation en excluant les apprentissages préalables normalement impliqués dans la prononciation de mots connus ou déjà entendus.

- *Les mots* : on présente en répétition une liste de mots contenant les phonèmes à examiner en position initiale, médiane ou finale. Les mots qui se prêtent à une représentation graphique peuvent être utilisés dans une épreuve de dénomination. Le Tableau 3, repris à Rondal (1979) fournit une liste de syllabes et de mots utilisables à fin d'examen articulatoire.

*Tableau 3*
Liste de syllabes et de mots utilisables dans l'examen phonétique et phonologique
(d'après Rondal, 1979)

| Sons isolés | Syllabes | | Mots | | |
|---|---|---|---|---|---|
| p | pa | ap | pomme | opaque | tapp(e) |
| t | ta | at | tulipe | ôter | carott(e) |
| k | ka | ak | cave | coque | bac |
| r | ra | ar | râpe | arracher | terr(e) |
| l | la | al | lit | malle | fil |
| m | ma | am | mère | maman | ram(e) |
| n | na | an | nu | année | bonn(e) |
| gn | gna | agn | | agneau | dign(e) |
| v | va | av | vite | Viviane | viv(e) |
| ch | cha | ach | chemin | achat | bich(e) |
| b | ba | ab | bateau | bébé | cub(e) |
| d | da | ad | dés | dodu | salad(e) |
| g | ga | ag | gâteau | bogue | bagu(e) |
| s | sa | as | salade | assis | os |
| j | ja | aj | jeter | cage | ag(e) |
| z | za | az | zorro | zigzag | ros(e) |
| f | fa | af | fumer | affiche | gaff(e) |
| tr | tra | | train | intrépide | abattr(e) |
| pr | pra | | pris | appris | propr(e) |
| kr | kra | | cravate | accrû | cancr(e) |
| br | bra | | brave | abri | zèbr(e) |
| dr | dra | | drapeau | | tendr(e) |
| gr | gra | | grappe | agrafer | maigr(e) |
| bl | bla | | bleu | bible | tabl(e) |
| gl | gla | | glaner | iglou | aigl(e) |
| vr | vra | | vrac | ouvrir | couvr(e) |
| fr | fra | | frapper | offrir | chiffr(e) |

## *La description des troubles articulatoires*

On verra Borel-Maisonny (1975) et Hébert (1982) pour un exposé détaillé des troubles d'articulation portant sur les voyelles et les consonnes. Les informations fournies sont largement applicables aux sujets arriérés mentaux en raison du parallélisme indiqué au chapitre 1 entre le développement articulatoire chez ces sujets, malgré le décalage chronologique, et celui des sujets normaux.

Les niveaux d'analyse proposés par Borel-Maisonny et par Hébert restent cependant superficiels. Nous proposons de leur adjoindre une description qualitative des troubles en tenant compte des différents processus phonologiques impliqués. Le Tableau 4 reprend ces processus. Nous l'avons construit et adapté pour le français à partir des données de Dodd (1976) et d'Ingram (1976).

*Tableau 4*
*Description des troubles phonétiques et phonologiques*

*Processus portant sur la structure des syllabes*
1. Suppression de la consonne finale. Exemple : *canif - cani*.
2. Réduction des groupes consonnantiques :
   - réduction de la première consonne. Exemple : *brosses - rosse*.
   - réduction de la seconde consonne. Exemple : *brosse - bosse*.
3. Suppression de syllabes non accentuées. Exemple : *capable - capap*.
4. Répétition. Exemple : *pomme - popomme*.

*Processus d'assimilation*
1. Sonorisation d'une consonne précédant une voyelle. Exemple : *poule - boule*.
2. Assourdissement de consonnes sonores finales. Exemple : *cube - cup*.
3. Assimilation palatale. Par exemple, une consonne dentale est assimilée à une consonne palatale qui suit. Exemple : *taquin - caquin*.
4. Nasalisation d'une voyelle orale précédant une consonne nasale. Exemple : *signal - singnal*.
5. Assimilation labiale. Par exemple, une consonne dentale est assimilée à une labiale qui suit. Exemple : *tap' - pap'*.

*Processus de substitution*
1. Occlusivisation. Par exemple, une consonne constrictive est remplacée par une occlusive. Exemple : *soupe - toupe*.
2. Substitution d'une consonne antérieure à une consonne postérieure. Par exemple, une consonne palatale est substituée à une dentale. Exemple : *camion - tamion*.
3. Dénasalisation. Par exemple, une consonne nasale devient orale. Exemple : *marcher - barcher*.
4. Vocalisation : remplacement d'un groupe consonnantique par une voyelle. Exemple : *fleur - a'eur*.

*Problème méthodologique*

L'évaluation phonologique en arriération mentale pose un problème méthodologique en ce qui concerne le mode de mise en évidence des troubles, à savoir le choix d'une technique entre l'imitation et la dénomination. Dans les études réalisées chez des enfants normaux, Johnson & Somers (1978) et Anthony (1978) montrent que l'utilisation de l'imitation — on demande au sujet de répéter un mot — ou de la dénomination — le sujet nomme une image — induit des résultats différents selon les âges. Les enfants normaux âgés de 5 ans produisent plus d'erreurs d'articulation lors de l'imitation. La tendance est inversée chez les enfants normaux âgés de 6 ans : la procédure de dénomination entraîne un nombre d'erreurs d'articulation plus important. Ces auteurs interprètent leurs données comme suit : la présentation de l'imitation rend les enfants plus conscients du type de tâche exigé. Cette prise de conscience aurait des effets différents selon les âges. Chez les enfants plus jeunes, elle aboutirait à induire un effet d'inhibition, tandis que chez les enfants plus âgés elle jouerait un rôle facilitateur par l'accroissement de l'attention portée à la tâche. Bien que cette interprétation demeure purement spéculative, Johnson & Somers (1978) concluent que l'imitation doit être délaissée dans l'évaluation phonologique chez les enfants normaux au profit d'une procédure de *dénomination*.

A partir des données de Dodd (1976) et de Lambert & al. (1980), le problème semble se poser différemment en présence de sujets arriérés mentaux. Dodd (1976) rapporte que les enfants trisomiques 21 présentent moins d'erreurs d'articulation lorsqu'ils sont placés devant une procédure d'imitation. Cette différence (significative) ne se retrouve pas toutefois chez les enfants retardés non trisomiques 21, bien que dans cette population on observe également un nombre d'erreurs moins important lors de l'imitation. Sur le plan qualitatif, les troubles mis en évidence par les deux épreuves sont semblables. Lambert & al. (1980) enregistrent des différences significatives entre les deux procédures chez deux groupes d'enfants arriérés mentaux, trisomiques 21 et non trisomiques 21. Les différences vont dans le même sens : l'imitation est mieux réussie que la dénomination. En outre, la corrélation entre les troubles d'articulation enregistrés aux deux épreuves est égale à + .80 (significative), indiquant par là que l'analyse des troubles phonologiques peut s'effectuer indistinctement avec l'une ou l'autre épreuve. Il apparaît donc qu'il faut opérer une distinction entre deux aspects de l'évaluation articulatoire. Au plan quantitatif, la procédure d'imitation fournit des scores supérieurs à ceux enregistrés en dénomination. Sur le plan qualitatif, il n'y a pas de différence entre les types de troubles mis en évidence avec l'une ou l'autre procédure. Contrairement aux suggestions émises pour les enfants normaux par Johnson & Somers (1978), nous préconisons l'abandon des épreuves de dénomination au profit de la procédure d'imitation chez les sujets arriérés mentaux. Le test de dénomination est en réalité en bonne partie une épreuve de vocabulaire. Nombre d'enfants arriérés mentaux ayant un développement lexical retardé échouent à cette épreuve, non en raison des troubles articulatoires, mais à cause de leur incapacité à dénommer des objets ou des images. Au lieu d'évaluer leur développement phonologique, on teste surtout le niveau de vocabulaire expressif. De plus, l'échec dans la dénomination de plusieurs images ou objets contribue à renforcer une histoire comportementale d'échec et réduit ainsi la motivation à apprendre (Zigler, 1973; Lambert, 1978a). Pour ces raisons, *l'utilisation d'une épreuve d'imitation*, dans laquelle on met les sujets arriérés mentaux en présence de modèles verbaux, *est plus indiquée* pour évaluer les troubles d'articulation.

### 3. L'examen lexical

Dans l'évaluation du lexique, c'est-à-dire du vocabulaire, une distinction doit être opérée dès le départ entre les capacités de compréhension et de production. Nous avons discuté au cours des chapitres précédents de la pertinence de cette différenciation entre les deux aspects du langage. Face à des sujets arriérés mentaux, les praticiens sont souvent amenés à s'interroger sur la manière dont les individus comprennent et utilisent les mots.

#### A. *La compréhension*

Le test habituellement destiné à évaluer la compréhension lexicale consiste en une épreuve de désignation dans laquelle on demande au sujet de montrer parmi des objets ou des images celui ou celle nommé par l'évaluateur. Le prototype de ce genre d'épreuve est assurément le test américain *Peabody Picture Vocabulary Test* (Dunn, 1965) consistant à choisir parmi quatre images celle nommée par l'évaluateur. Ce test est utilisable également, selon son auteur, pour mesurer «l'intelligence verbale», fournissant par transformation un QI. Signalons ici les dangers de surestimation du QI auxquels on s'expose en transformant des notes de Quotient Verbal en QI (Wheldall & Jeffree, 1974). En effet, un score de Quotient Verbal obtenu à une épreuve comme le Peabody Picture Vocabulary Test est généralement supérieur à toutes les autres mesures des capacités des sujets retardés mentaux, étant donné l'âge chronologique atteint par ces sujets. Tout âge chronologique élevé accroît les probabilités d'exposition à divers environnements verbaux et, en conséquence, les capacités lexicales réceptives.

Il existe deux tests analogues en français. Ce sont :

- *Le Test de Vocabulaire Réceptif de Légé et Dague (1976)*, composé de 103 planches comportant chacune quatre dessins présentés de façon linéaire. Pour chacune des planches, on propose un mot au sujet, par exemple : «Montre-moi l'échelle», et on lui demande de désigner l'image illustrant ce mot. Le test est étalonné pour des enfants normaux âgés de 3 à 9 ans. Lors d'un travail préliminaire destiné à analyser les performances d'enfants arriérés mentaux modérés et sévères en compréhension lexicale, Lambert & Sohier (1978) ont présenté ce test à 32 enfants (AC moyen = 10 ans 6 mois; QI moyen = 48). L'épreuve est discriminative pour l'échantillon testé. Notons toutefois que le critère d'arrêt de l'épreuve proposé par les auteurs — 12 mauvaises réponses dans une séquence de 16 planches — peut être fastidieux pour certains enfants qui, multipliant les échecs successifs, se désintéressent alors de la tâche.

- *Le Test de Vocabulaire Actif et Passif de Deltour et Hupkens (1981).* Construit sur le modèle du Test de Vocabulaire Réceptif de Légé et Dague, il permet d'évaluer la compréhension de mots du vocabulaire courant. L'épreuve est actuellement standardisée pour les enfants normaux âgés de 3 ans à 5 ans et de 5 à 8 ans. Le test comprend également un versant expressif.

*Que mesurent les tests de compréhension lexicale?* En posant cette question, on aborde le domaine général de l'évaluation de la compréhension. La première difficulté engendrée par ce type d'épreuve est de trouver des référents visuels valables qui fournissent au sujet une quantité égale d'information (Mittler, 1974). Si l'enfant désigne l'image nommée par l'adulte, on peut supposer qu'il connaît le mot testé. Si au contraire l'enfant montre une autre image, on ne peut se prononcer sur les causes de l'échec. Les hypothèses suivantes doivent être prises en considération: l'enfant ne connaît pas le mot nommé; il ne peut effectuer les opérations visuelles requises pour examiner successivement chaque image; les mots sélectionnés et leurs référents ne font pas partie du répertoire habituel de l'enfant; l'écart entre le référent visuel et l'image est trop important; l'enfant ne peut intégrer la tâche de balayage visuel et le message verbal de l'adulte; ou encore l'enfant est attiré par une image possédant pour lui un contenu émotionnel particulier. Cette situation met en évidence notre ignorance actuelle des processus sous-tendant ce qui apparaît de prime abord comme une tâche extrêmement aisée. On n'a pas encore entamé l'étude systématique des différentes variables impliquées dans les épreuves de compréhension lexicale. Il convient de rester prudent dans l'utilisation de tests se proposant d'évaluer la compréhension. Les sources d'erreurs ne doivent pas être exagérées cependant; mais il faut déterminer si l'échec du sujet est dû à une mauvaise compréhension lexicale ou à l'intervention de variables additionnelles non contrôlées dans les épreuves habituelles.

## B. La production

### 1. La productivité lexicale

L'évaluation de l'étendue du vocabulaire de production se heurte à une limitation drastique. Il s'agit de l'impossibilité pratique dans laquelle on se trouve de dresser un inventaire *exhaustif* du vocabulaire expressif d'un sujet. Il n'est pas possible d'envisager des situations de testing dans lesquelles on demanderait au sujet de nommer l'ensemble des composantes du monde matériel. Quand bien même cette situation serait envisageable, il resterait à procéder à un enregistrement continu des émissions du sujet, vingt-quatre heures par jour pendant des jours et des jours. Cette limitation est cependant atténuée par le fait que le vocabulaire de production est quantitativement inférieur au vocabulaire de réception chez un même sujet. On comprend en effet plus de mots qu'on en utilise généralement dans son langage. Le rapport est toutefois difficile à quantifier. Dès lors, l'évaluation lexicale porte presque toujours sur le vocabulaire de réception.

### 2. La diversité lexicale

La diversité lexicale, c'est-à-dire le nombre de mots *différents* émis, est mesurée par un indice nommé *le T.T.R. ou Type-Token-Ratio*. Il s'agit d'un rapport (Ratio) entre le nombre de mots différents (Types) et le nombre total de mots produits (Token) dans un échantillon de langage. La diversité lexicale peut donc être représentée par cette formule :

$$\text{Indice de diversité lexicale (I.D.L.)} = \frac{\text{nombre de mots différents}}{\text{nombre total de mots émis}}$$

Un indice I.D.L. inférieur à .50 indique qu'un segment conversationnel contient un vocabulaire relativement limité dans son extension numérique. Un I.D.L. supérieur à .50 signale un vocabulaire plus différencié. L'obtention d'un indice de diversité lexicale est étroitement liée au contexte dans lequel les échantillons de langage sont recueillis. Que ce soit en milieu familial, scolaire ou institutionnel, la collecte d'un corpus langagier dépend d'un certain contexte. Un sujet peut fournir deux à trois cents énoncés verbaux pendant une heure, tout en ne variant pas le thème de la conversation. Dans ce cas, l'indice de diversité lexicale obtenu sera peu élevé, le sujet procédant à de nombreuses répétitions à l'intérieur d'un champ sémantique défini. La multiplication des contextes d'enregistrement des échantillons de langage est souhaitable lorsqu'elle peut être réalisée. Dans une étude sur la diversité lexicale des productions verbales de 32 enfants arriérés mentaux modérés et sévères, Lambert & Sohier (1977) montrent que l'I.D.L. n'est que très faiblement corrélé à d'autres mesures du langage comme le développement syntaxique (corrélation = + .37, non significative), l'imitation verbale (+ . 41, non significative) et le vocabulaire réceptif (+ .48, non significative). L'utilisation de l'indice de diversité lexicale à des fins d'évaluation *générale* du niveau de langage ne paraît donc pas adéquate. Par contre, l'I.D.L. peut être utilisé dans un processus d'évaluation continue, par exemple lorsqu'on compare l'évolution du langage d'un sujet avant et après un apprentissage verbal. Dans ces conditions, il est nécessaire de maintenir constant le contexte dans lequel s'effectue le recueil des productions verbales.

### 4. L'examen morpho-syntaxique

#### A. *Compréhension et production*

Dans une situation conversationnelle, de nombreux indices non verbaux peuvent aider à *la compréhension* du langage. La présence de ces stimuli additionnels que sont les mimiques faciales, les postures, les gestes, l'intonation et les éléments du contexte situationnel peut interférer dans l'évaluation des capacités du sujet à traiter spécifiquement le matériel linguistique. Un des buts du testing de la compréhension est de contrôler ou de neutraliser les indices para- ou extra-linguistiques. La compréhension du langage est un événement privé. Trois éléments sont important dans toute évaluation de la compréhension (Miller, 1978):

*1. La nature de la tâche.* Habituellement, deux types d'épreuves sont utilisés:
- *la désignation ou la description*: choisir parmi plusieurs stimuli visuels celui qui correspond le mieux à l'émission verbale de l'évaluateur;
- *la construction*: agir sur des éléments du monde matériel en réponse à des consignes verbales.

*2. La réponse exigée.* L'évaluateur doit requérir du sujet une ou plusieurs réponses démontrant de manière univoque la compréhension (ou la non-compréhension) du message linguistique.

*3. La spécification des stimuli.* Les variables suivantes doivent être prises en considération dans la mise au point des épreuves de compréhension: le vocabulaire, la longueur des phrases, la complexité syntaxique et les critères de réussite.

L'exemple suivant permet d'illustrer la complexité de l'interprétation d'une épreuve de compréhension. L'évaluateur dit au sujet: «*Donne-*

*moi la balle* ». La réussite ou l'échec à cet ordre dépendra des variables suivantes :

- l'intégrité des capacités auditives du sujet ;
- le contexte : balle présente ou absente, présente seule ou avec d'autres objets ;
- les signaux non verbaux émis par l'évaluateur : direction du regard, posture (bras tendu), geste (montrer la balle) ;
- les capacités du sujet de déchiffrer l'agencement syntaxique : un sujet peut répondre correctement à un ordre non grammatical (par exemple, « *la moi balle donne* ») en se basant uniquement sur des indications non verbales ou simplement lexicales (« *balle* », « *donne* ») ;
- les connaissances lexicales du sujet ;
- ses capacités de mémorisation à court terme.

L'évaluation de la compréhension même d'un ordre simple devra tenir compte de chacune de ces variables.

Le testing de *la production* se devra d'aller plus loin que le constat de ce que le sujet fait spontanément dans une situation donnée pour identifier ce qu'il est effectivement capable de faire (Miller, 1978). L'exemple suivant fera comprendre. Un enfant joue avec un animal en peluche ; il l'appelle par son nom, décrit les situations dans lesquelles il le fait évoluer, le gronde, le cajole, etc. L'enregistrement de l'échantillon de langage nous apprend ce que l'enfant fait effectivement dans une situation non dirigée. Si on désire évaluer ce que l'enfant est capable de faire, il est nécessaire d'arranger des situations conversationnelles destinées à produire des constructions verbales particulières. C'est ainsi que dans la première situation, l'enfant n'a peut-être jamais utilisé de forme interrogative dans ses émissions. Afin d'évaluer s'il est capable de produire ces formes, on lui dira : « Demande à l'animal comment il s'appelle », « Comment tu t'appelles ? », « Bien, maintenant, demande-lui où il habite », « Où tu habites ? », et ainsi de suite. Ce type d'évaluation permet d'analyser les constructions interrogatives que l'enfant est capable d'émettre. Le testing de la production doit tenir compte des deux conditions. « Ce que le sujet fait » est évalué dans une variété de situations langagières avec une diversité d'interlocuteurs. Evaluer « ce que le sujet est capable de faire » requiert la mise en place de situations spécifiques de testing dans lesquelles le sujet est amené à produire des constructions particulières.

L'examen morpho-syntaxique doit donc inclure l'évaluation de la compréhension et de la production à partir du schéma général présenté au Tableau 5.

*Tableau 5*
Quelques indications de catégories linguistiques pour l'examen de la compréhension
et de la production morpho-syntaxique
(d'après Rondal, 1978)

---

*Articles*  
Indéfinis  
Définis  
Accord en genre

Accord en nombre

*Noms et pronoms personnels*
*Copule et auxiliaires*
Copule est
auxiliaires être et avoir

*Flexions verbales marquant le temps du verbe*

*Prépositions et adverbes*
Prépositions marquant la possession
Prépositions de lieu (à, dans, sur...)
Prépositions de temps (avant, après...)
Prépositions d'instrumentation (avec, au moyen de...)
Adverbes de lieu (dedans, dessus...)
Adverbes de temps (hier, maintenant...)

*Coordination et subordination*
Coordination simple (et, puis, et là...)
Relatives et complétives
Circonstancielles de cause et de conséquence (parce que, alors...)
Circonstancielles de temps

*Marquage syntaxique des modalités du discours*
Impératives, déclaratives, affirmatives
Interrogatives basées sur l'intonation
Interrogatives avec mot interrogatif (qui, quoi, à qui, quel...)
Interrogatives avec renversement de l'ordre habituel sujet pronominal-verbe
Négatives
Interrogatives avec reprise de syntagme nominal sujet par un pronom (par exemple, «L'homme ne dort-il pas?»)
Passives

---

## B. L'évaluation de la compréhension

En langue française, on doit déplorer l'absence d'épreuves standardisées utilisables chez les sujets arriérés mentaux et destinées à évaluer la capacité à comprendre la morphologie et la syntaxe de la langue. En langue anglaise, il existe plusieurs épreuves permettant de tester la compréhension. Les plus connues sont:

- *le TACL (Test for Auditory Comprehension of Language) de Carrow (1973)*, permettant de mesurer la compréhension de diverses structures morphologiques par des procédures de choix en réponse à des émissions verbales de l'évaluateur;
- *le Northwestern Syntax Screening Test (Lee, 1971)*, dont la partie réceptive procède de la même manière que le TACL et peut être utilisée avec des sujets retardés mentaux modérés et sévères (Burns & al., 1975);
- *le SCT (Sentence Comprehension Test) de Hobsbaum & Mittler*

*(1971)*, adapté à une population d'enfants arriérés modérés et sévères (Mittler & al., 1974) et destiné à évaluer la compréhension de structures grammaticales. On demande au sujet de choisir parmi 4 dessins celui qui répond le mieux à l'énoncé verbal de l'évaluateur.

En français, on dispose de quelques épreuves non standardisées, issues des tests anglais, et adaptées aux règles de la langue française :

- *Le Test de Compréhension de Phrases (Lambert, 1978c)*. Il s'agit d'une adaptation partielle du SCT de Mittler & al. (1974). L'épreuve porte sur 7 types de phrases. Chaque phrase comprend 4 items. Chaque item contient 4 dessins. Les référents visuels varient de manière systématique afin d'illustrer plusieurs interprétations de la phrase. Par exemple, en réponse à la phrase «Le garçon mange la pomme», le sujet doit montrer le dessin correct en le choisissant parmi 4 dessins qui correspondent respectivement à : 1. la phrase correcte, 2. la modification du verbe «Le garçon lance la pomme», 3. la modification du sujet «La fille mange la pomme», et 4. la modification de l'objet «Le garçon mange la tartine». Les types de phrases étudiés sont les suivants : intransitive simple, transitive simple, intransitive avec un adjectif, négative intransitive, comparative, prépositionnelle et négative transitive. Une structure grammaticale est considérée comme comprise si le sujet donne au moins trois réponses correctes sur quatre pour un même type de phrase. Une description détaillée du test est présentée à l'annexe 1.

- *Le Test de Compréhension Verbale (Lambert, 1978b; Schittekatte, 1978)*. Ce test est une traduction et une adaptation en langue française de l'épreuve de compréhension d'ordres simples élaborée par Hedrick & Prather (1972). Le test est présenté sous sa forme expérimentale française à l'annexe 2.

Le test original a été construit essentiellement dans une optique développementale. Hedrick & Prather (1972) ont hiérarchisé, sur un échantillon de 80 enfants normaux âgés de 3 mois à 4 ans, des ordres simples à partir de trois catégories comportementales : la perception, la discrimination et la compréhension. Lambert (1978b) et Schittekatte (1978) ont adapté l'ensemble des épreuves en tenant compte de deux critères :

1. L'adéquation du testing à une population d'enfants arriérés mentaux modérés et sévères.
2. La recherche d'une hiérarchisation des sous-tests à l'intérieur de chaque épreuve.

Le test a été administré à 30 enfants arriérés mentaux (AC moyen

= 90 mois, dispersion = 71 à 148 mois; QI moyen = 48, dispersion = 28 à 65). Nous fournissons à l'annexe 2 les résultats enregistrés avec cette population en termes du nombre d'échecs aux différents sous-tests.

Ces deux épreuves sont fournies à titre indicatif. Leur adaptation définitive à diverses populations d'enfants et d'adultes arriérés mentaux exige une standardisation, à la fois avec des échantillons de sujets normaux et arriérés mentaux, et une analyse approfondie des items quant à leur pertinence morpho-syntaxique.

*C. L'évaluation de la production*

L'évaluation de la complexité morpho-syntaxique relative des productions verbales d'un sujet peut s'effectuer à partir de deux types de données: le langage spontané et l'administration d'épreuves standardisées.

*Les échantillons de langage spontané*
*1. Le LMPV*

L'indice global de développement syntaxique le plus utilisé en psycholinguistique développementale est *la Longueur Moyenne de Production Verbale* (LMPV), traduction du vocable anglais «Mean Length of Utterance» (MLU). Cet indice est utilisé chez le jeune enfant normal (Brown, 1973) et chez les arriérés mentaux (Rondal, 1978). Le LMPV est obtenu en comptant le nombre de monèmes présents dans un échantillon de langage spontané et en divisant ce nombre par le nombre d'énoncés. Jusqu'à 24 mois environ chez l'enfant normal, le LMPV peut être calculé indifféremment en nombre de monèmes ou en nombre de mots (Seitz et Stewart, 1975).

$$\text{LMPV} = \frac{\text{nombre de monèmes}}{\text{nombre d'énoncés}}$$

Le LMPV est un indice global de développement morpho-syntaxique. Les acquisitions morpho-syntaxiques se traduisent par un accroissement des énoncés en longueur. Le LMPV est un indice valable entre approximativement 1 et 4 ans d'âge chronologique chez l'enfant normal. Au-delà, il perd une partie de sa validité en tant qu'indicateur du développement syntaxique. A ce niveau, la longueur des énoncés n'est plus en relation directe avec leur complexité syntaxique. L'enfant dispose en effet d'opérations syntaxiques, les transformations notamment, qui lui permettent d'exprimer des énoncés plus complexes en moins de mots. Par exemple, la coordination et la subordination sont des opérations réduisant la longueur des énoncés. Ainsi, au lieu de dire: «Jean va à l'école, Annie va à l'école» (12 monèmes), l'enfant pourra dire: «Jean et Annie vont à l'école» (8 monèmes). Les retards qui caractérisent le développement du langage chez les sujets arriérés mentaux modérés et sévères permettent cependant d'utiliser adéquatement le LMPV jusqu'à des âges chronologiques avancés, soit au moins 8 - 10 ans (Rondal, 1978; Lambert & Sohier, 1979).

Pour les praticiens, le LMPV basé sur le décompte de monèmes reste un travail long, fastidieux et sujet à de nombreuses erreurs de cotation. A partir de plusieurs recherches menées sur le calcul du LMPV d'enfants normaux et arriérés mentaux, Lambert & Rondal (1980) proposent la démarche suivante:

1. Le calcul du LMPV peut se baser sur *100 énoncés* verbaux recueillis dans le langage spontané des enfants. Les gains de fiabilité au-delà de 100 énoncés sont faibles par rapport au coût en temps nécessaire pour mener à bien les calculs (Rondal & Defays, 1978). Etant donné que le LMPV varie selon le contexte dans lequel les énoncés sont recueillis, nous recommandons l'enregistrement d'échantillons de langage verbal durant des conversations libres, lors de séance d'orthophonie, dans le contexte scolaire ou extra-scolaire.

2. Le calcul du nombre de monèmes peut être remplacé par celui des *syllabes*. Le LMPV se calcule alors comme suit:

$$\text{LMPV} = \frac{\text{nombre de syllabes}}{\text{nombre d'énoncés}}$$

L'indice LMPV ainsi obtenu procède d'une entreprise aisée et est fortement corrélé au LMPV basé sur le décompte des monèmes (corrélation = + .98, Lambert & Sohier, 1979).

*En résumé*, le calcul du nombre de syllabes présentes dans 100 énoncés est une méthode fiable permettant d'obtenir un indice de développement syntaxique aisément utilisable par les praticiens. Le LMPV devrait faire partie intégrante de tout bilan langagier et psychologique chez les sujets arriérés mentaux, au même titre que l'Age Mental et le Quotient Intellectuel.

2. *Autres indices*

Outre le LMPV, tout échantillon de langage spontané peut être analysé morpho-syntaxiquement à partir d'une variété d'indices (Rondal, 1978):

A titre d'exemples:

- *La complexité d'une phrase*: rapport entre le nombre de verbes plus le nombre de subordonnées et le nombre total d'énoncés.

- *La longueur moyenne préverbale* : rapport entre le nombre de monèmes précédant le verbe principal de chaque phrase et le nombre de phrases.
- *Le nombre de modificateurs* : rapport entre le nombre d'adjectifs et d'adverbes et le nombre d'énoncés.
- *Le nombre de marqueurs de genre et de nombre.*
- *Les types de phrases* : proportion de phrases déclaratives, impéraves et interrogatives. Parmi les interrogatives, les questions pouvant recevoir une réponse par «oui» ou «non» (exemple : «Tu veux du chocolat?») ou une réponse plus complexe (exemple : «Que veux-tu faire?»), les interrogatives avec modification de l'intonation (exemple : «Tu viens?»), les questions posées au moyen de la locution «Est-ce que» ou d'un mot interrogatif (qui, quand, où, combien, que), soit encore au moyen de l'inversion de l'ordre habituel du syntagme nominal sujet et du premier élément verbal (exemple : «As-tu mangé?») et les constructions avec reprise du syntagme nominal sujet par un pronom placé après le premier élément verbal (exemple : «Pierre a-t-il fini ses devoirs?»).

Le choix par le chercheur et le praticien d'un ou plusieurs indices servant à l'analyse morpho-syntaxique dépend évidemment des objectifs spécifiques de l'évaluation.

*Les épreuves standardisées*

A la différence de l'anglais, il n'existe à notre connaissance, aucune épreuve standardisée permettant d'évaluer finement le développement morpho-syntaxique des sujets arriérés mentaux. Les tests anglais les plus utilisés sont :
- *le Northwestern Syntax Screening Test (Lee, 1971)* et sa partie expressive où on demande au sujet de décrire des images;
- *l'ITPA (Illinois Test of Psycholinguistic Abilities) (Pareskevopoulos et Kirk, 1969).*

L'ITPA est certainement l'épreuve ayant engendré le plus de travaux sur le développement linguistique des sujets arriérés mentaux. Bien que les différents sous-tests formant l'épreuve ne visent pas tous à évaluer la compétence morpho-syntaxique, il est utile de décrire l'ITPA en raison de sa fréquente utilisation dans les recherches de langue anglaise. L'ITPA contient 12 sous-tests. Chacun d'eux est censé mesurer une des fonctions ou capacités linguistiques de base identifiées par Osgood dans son schéma de la communication humaine (Osgood, 1957). Ce modèle distingue :
- deux canaux de communication : auditivo-vocal et visuo-moteur;

- trois processus : la réception, l'association et l'expression ;
- deux niveaux d'organisation du processus de communication : représentatif et automatique.

La description des sous-tests est fournie à l'annexe 3.

Bien que l'ITPA ait été l'objet de nombreuses critiques à la fois théoriques et méthodologiques (par exemple, Mittler, 1970 ; Burns, 1976), il présente cependant un certain intérêt pour l'étude du fonctionnement psycholinguistique des sujets retardés mentaux. Dans une revue des études ayant utilisé l'ITPA chez des sujets arriérés mentaux légers, modérés et sévères, Rondal (1977) souligne le fait que l'ensemble des recherches offre un tableau cohérent. Les sujets arriérés présentent avec régularité un déficit au niveau automatique-séquentiel du test, c'est-à-dire aux sous-tests 7, 8 et 9 (cfr. Annexe 3). Ensuite, les sujets retardés ont moins de difficultés dans les épreuves visuo-motrices que dans les épreuves auditivo-vocales. Enfin, les épreuves de codage moteur sont mieux réussies que les sous-tests qui mesurent la connaissance du système grammatical. Nul doute que l'ITPA puisse fournir un ensemble d'indications précieuses susceptibles d'orienter les chercheurs et les praticiens dans la création d'instruments d'évaluation morpho-syntaxique en français. On regrettera que ce test n'ait toujours pas été adapté en langue française.

### D. L'imitation provoquée

L'utilisation de l'imitation provoquée comme indice de développement des capacités de contrôle sur la syntaxe de la langue est un phénomène récent en arriération mentale. Ce sont les travaux de Berry (1976a ; 1976b) qui ont élevé l'imitation provoquée au rang d'épreuve psycholinguistique. L'imitation provoquée consiste à présenter au sujet un modèle verbal, puis à lui demander de répéter ce modèle. Lambert & Sohier (1977) ont adapté l'épreuve de Berry en langue française en y ajoutant un sous-test (sous-test 6) destiné à mesurer les capacités des sujets à ordonner des chaînes de mots. Les résultats de deux études (Lambert & Sohier, 1979 ; Rondal & al., 1980) ayant utilisé l'épreuve avec 50 enfants retardés modérés et sévères confirment les données de Berry, à savoir que l'imitation provoquée constitue un outil valide permettant d'évaluer les capacités linguistiques des sujets arriérés mentaux. L'analyse des erreurs présentes dans les imitations reflète la manière dont les sujets retardés, comme les sujets normaux, traitent psycholinguistiquement l'information verbale. L'épreuve d'imitation provoquée est présentée à l'annexe 4. Elle est fournie aux praticiens à titre expérimental. De son application à d'autres groupes de sujets arriérés mentaux dépendront sa standardisation et l'établissement de sa fiche métrique.

## 5. L'évaluation de la communication

A partir des analyses des techniques d'évaluation du langage effectuées par Siegel & Broen (1976) et Miller (1978) dont les conclusions sont encore valables actuellement, force est de constater qu'il n'existe aucune procédure standardisée permettant de mesurer les capacités de communication des sujets arriérés mentaux en situations langagières interpersonnelles. Les seules méthodes disponibles sont directement issues de la recherche et ont été décrites au chapitre 5. Ce n'est que récemment que les règles gouvernant l'utilisation du langage dans un contexte communicatif ont fait l'objet d'une attention particulière et d'un début de traitement systématique de la part des chercheurs. Ce courant comprend deux aspects: les fonctions de communication et les processus d'interactions ou mise en pratique de la compétence conversationnelle (Rees, 1978). La pragmatique langagière a été négligée jusqu'ici dans l'évaluation du langage. On ne peut qu'être d'accord avec Miller (1978, p. 289) lorsqu'il écrit: «L'évaluation des structures et des fonctions du langage au travers des processus de compréhension et de production devrait culminer dans la description des fonctions réalisées dans la communication en tenant compte du développement des capacités conversationnelles». On peut suggérer quelques directions de recherches pour la construction d'instruments adaptés à cet effet.

Les épreuves proposées par Dickson & Patterson (1979) se présentent sous la forme de jeux et d'activités destinés à apprendre à des enfants la communication référentielle, telle que décrite au chapitre 5. Les auteurs ont sélectionné un ensemble de jeux dits «de communication» et les ont analysés. Ces jeux peuvent être acquis ou construits par tout praticien. Le principe sous-tendant un jeu est le suivant: un sujet doit indiquer à un autre, qu'il ne voit pas ou avec lequel il est uniquement en communication verbale, la procédure et les stratégies à suivre pour accomplir une tâche déterminée (par exemple: dessiner un animal, construire une maison avec des briques en plastique, reproduire une séquence de motifs géométriques, etc.). Les critères d'évaluation des jeux sont au nombre de huit. Pour être adapté à l'apprentissage de la communication référentielle, un jeu doit:
1. Mettre l'accent sur la communication entre deux enfants ou à l'intérieur d'un petit groupe d'enfants.
2. Encourager la coopération enfantine.

3. Requérir un minimum de supervision de la part de l'adulte.
4. Permettre de mesurer le contenu de la communication.
5. Mettre en œuvre divers aspects de la communication, la compréhension et l'expression.
6. Permettre une cotation systématique des performances.
7. Permettre la communication sans un recours excessif à des capacités cognitives élaborées pour réussir le jeu.
8. Etre orienté vers un objectif éducatif explicite.

Ces critères peuvent servir de base à l'évaluation de matériels ludiques commercialisés dans le but d'accroître chez les enfants les capacités de communication verbale.

Pour les chercheurs et les praticiens souhaitant évaluer les comportements de communication survenant chez des arriérés mentaux placés dans divers environnements, il peut être utile de disposer de catégories d'évaluation. Le Tableau 6, que nous avons élaboré à partir des don-

*Tableau 6*
*Propositions pour l'évaluation de la communication*

*Les fonctions de la communication*
1. Donner de l'information
   A. Référence « C'est cela »
   B. Prédiction « Cela sera »
2. Obtenir de l'information
3. Décrire un événement
4. Amener l'auditeur à - faire quelque chose
                        - croire quelque chose
                        - ressentir quelque chose
5. Exprimer ses propres - intentions
                       - croyances
                       - sentiments
6. Indiquer comment la communication peut se poursuivre
7. Résoudre un problème

*Les interactions dans la communication*
1. Observation des capacités du sujet à:
   - prendre son tour dans la communication
   - initier un thème de communication
   - maintenir un thème de communication
   - changer de thème : quand? pourquoi?
2. Observation chez l'auditeur des réponses contingentes aux émissions du locuteur : réponses verbales et non verbales (regard, mimiques faciales, gestes, postures).
3. Observation chez le locuteur des réponses en réaction aux émissions verbales et non verbales de l'auditeur.

nées de Chapman (1975), Rondal (1978) et Miller (1978), fournit certaines orientations pour la démarche évaluative.

Nous avons envisagé les capacités de communication verbale. Il faut signaler qu'il n'existe à l'heure actuelle aucun instrument connu pour évaluer le développement des capacités communicatives non verbales chez les arriérés mentaux légers et modérés. Pour les arriérés mentaux sévères et profonds, Naor & Balthazar (1975) ont fourni une échelle d'observation des comportements conversationnels verbaux et non verbaux survenant en milieu institutionnel. Les items de l'échelle sont issus du test d'Evaluation du Comportement Adaptatif de Balthazar (1973), instrument utilisé aux Etats-Unis en arriération mentale et qui est une variante d'échelles d'évaluation du comportement adaptatif connues en français, comme le P.A.C. de Gunzburg ou l'Echelle de Comportement Adaptatif de Nihira & Leland (cf. Lambert, 1978a, pp. 141 à 148 pour une description des échelles). Le test de Balthazar devrait être traduit et adapté en langue française. *L'évaluation des comportements non verbaux en général reste un domaine peu exploré en arriération mentale.*

## 6. Synthèse

Le Tableau 7 reprend les différents aspects de l'évaluation du langage chez les arriérés mentaux.

*Tableau 7*
*L'évaluation du langage*

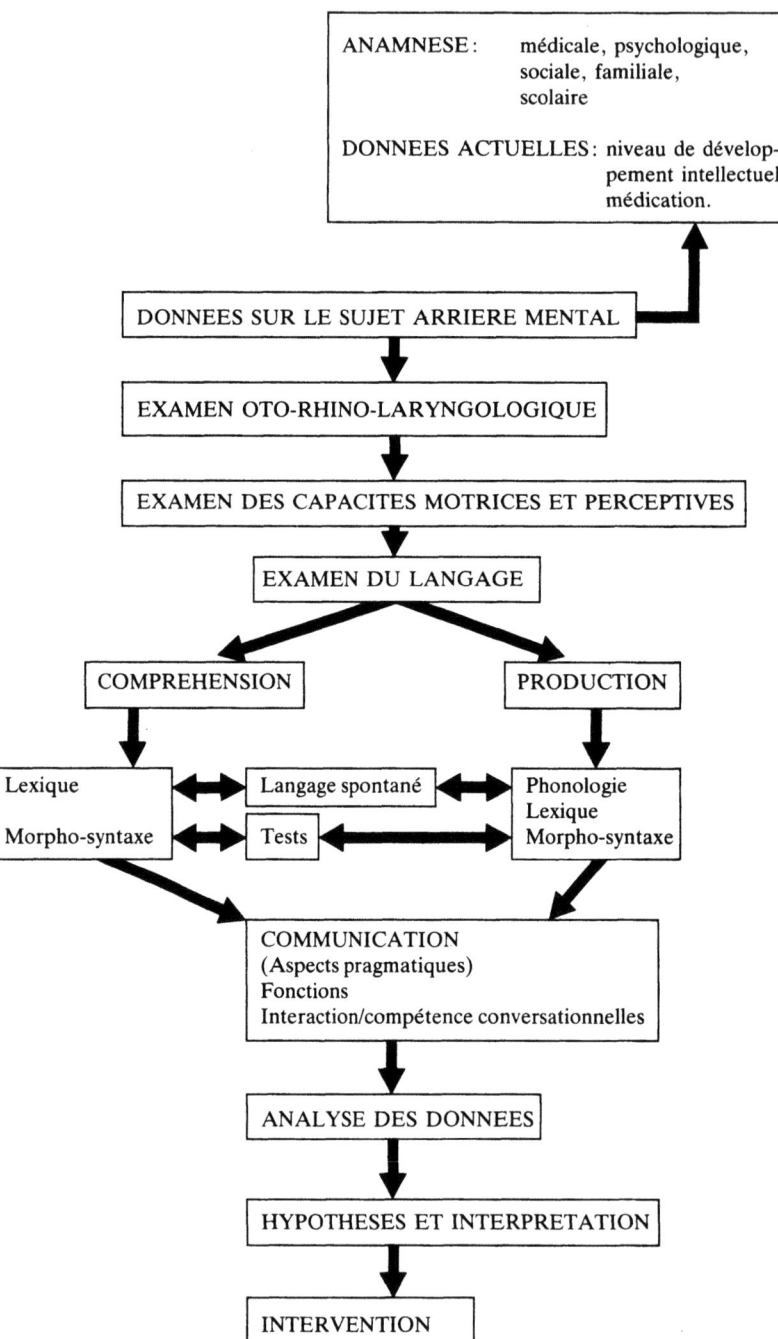

# ELEMENTS BIBLIOGRAPHIQUES

ANTHONY A., Spontaneous and repeated responses in articulation testing. *British Journal of Disorders of Communication*, 1978, *13*, 43-45.
BALTHAZAR E.E., *The Balthazar Scales of Adaptive Behavior. Section II: the Scales of Social Adaptation (BSAB-II)*. Palo Alto, Cal.: Consulting Psychologists Press, 1973.
BOREL-MAISONNY S., Troubles d'articulation. In C. Launay et S. Borel-Maisonny (sous la direction de), *Les troubles du langage, de la parole et de la voix chez l'enfant*. Paris: Masson, 1975, pp. 309-334.
BROWN R.A., *A first language: the early stages*. Cambridge, Mass.: Harvard University Press, 1973.
BURNS E., Effects of restricted sampling on ITPA scaled scores. *American Journal of Mental Deficiency*, 1976, *80*, 394-400.
CARROW E., *Test for auditory comprehension of language*. Austin, Texas: Urban Research Group, 1973.
CARROW E., *Carrow Elicited Language Inventory*. Austin, Texas: Learning Concepts, Inc., 1974.
CHAPMAN R., cité par J. Miller (cf. infra), 1975.
COX B.P. & LLOYD L.L., Audiologic considerations. In L.L. Lloyd (Ed.), *Communication assessment and intervention strategies*. Baltimore: University Park Press, 1976, pp. 123-194.
DELTOUR J.J. & HUPKENS D., *Test de Vocabulaire Actif et Passif pour enfants*. Braine-le-Château (Belgique): L'Application des Techniques Modernes, 1981.
DICKSON W.P. & PATTERSON J.H., *Criteria for evaluating curriculum materials which use referential communication activities to teach speaking and listening skills*. Wisconsin: Wisconsin Research and Development Center for Individualized Schooling. Working Paper N° 273, 1979.
DODD B., A comparison of the phonological systems of MA matched, normal, severely subnormal and Down's Syndrome children. *British Journal of Disorders of Communication*, 1976, *11*, 27-42.
DUNN L.M., *Peabody Picture Vocabulary Test*. Minnesota: American Guidance Service Inc., 1965.
GIVENS G.D. & SEIDEMAN M.F., Middle ear measurements in a difficult to test mentally retarded population. *Mental Retardation*, 1977, *15*, 40-42.
GOODMAN G. & HAMMOND B., An assessment of phonics knowledge in special education teachers. *Reading Horizons*, 1977, 17, 206-210.
HEBERT R., Troubles articulatoires, bégaiement et bredouillement. In J.A. Rondal & X. Seron (sous la direction de), *Troubles du langage*. Bruxelles: Mardaga, 1982, pp. 204-242.
HEDRICK D.L. & PRATHER E.M., A behavioral system for assessing Language development. In R.L. Schiefelbusch (Ed.), *Language of the mentally retarded*. Baltimore: University Park Press, 1972.
HOBSBAUM A. & MITTLER P., *Sentence Comprehension Test*. Manchester: Hester Adrian Research Centre, 1971.
INGRAM D., *Phonological disability in children*. London: Arnold, 1976.
JOHNSON S. & SOMERS H., Spontaneous and imitated responses in articulation testing. *British Journal of Disorders of Communication*, 1978, *13*, 2-11.
LAMBERT J.L., *Introduction à l'arriération mentale*. Bruxelles: Mardaga, 1978a.
LAMBERT J.L., *La compréhension verbale et non verbale chez les enfants arriérés mentaux modérés et sévères*. Université de Liège, Rapport de recherches, 1978b.

LAMBERT J.L., La compréhension de phrases chez des enfants arriérés mentaux. *Le Langage et l'Homme*, 1978, 38, 30-33, (c).
LAMBERT J.L. & SOHIER C., *Deux épreuves d'évaluation du langage adaptées aux élèves de l'enseignement spécial de Type 2*. Université de Liège, Rapport de recherches, 1977.
LAMBERT J.L. & SOHIER C., *Analyse du langage d'enfants arriérés mentaux modérés et sévères*. Université de Liège, Rapport de recherches, 1979.
LAMBERT J.L. & RONDAL J.A., A propos d'un indice de développement syntaxique chez les arriérés mentaux. *Le Langage et l'Homme*. 1980, *43*, 43-44.
LAMBERT J.L., RONDAL J.A. & SOHIER C., Analyse des troubles articulatoires chez des enfants arriérés mentaux. *Bulletin d'Audiophonologie*, 1980, *10*, 13-20.
LAUNAY C. & BOREL-MAISONNY S. (sous la direction de), *Les troubles du langage, de la parole et de la voix chez l'enfant*. Paris: Masson, 1975.
LE BOULCH J., *L'éducation par le mouvement*. Paris: Les Editions Sociales françaises, 1966.
LEE L.L., *Northwestern Syntax Screening Test*. Evanston, Ill.: Northwestern University Press, 1971.
LEGE Y. & DAGUE P., *Manuel d'application du test de vocabulaire en images*. Paris: Editions du Centre de Psychologie Appliquée, 1976.
LLOYD L.L., Audiologic aspects of mental retardation. In N.R. Ellis (Ed.), *International Review of Research in Mental Retardation*. New York: Academic Press, 1970, Vol. IV, pp. 311-374.
MILLER J.F., Assessing children's language behavior. In R.L. Schiefelbusch (Ed.), *Bases of Language Intervention*. Baltimore: University Park Press, 1978, pp. 269-318.
MITTLER P., The use of morphological rules by four year old children: an item analysis of the Auditory-Vocal Automatic test of the ITPA. *British Journal of Disorders of Communication*, 1970, 5, 99-109.
MITTLER P., Language and communication. In A.M. Clarke and A.D.B. Clarke (Eds), *Mental Deficiency, the changing outlook*. Londres: Methuen, 1974, pp. 527-591.
MITTLER P., JEFFREE D., WHELDALL K. & BERRY P., *Assessment and remediation of language comprehension and production in SSN children*. Final Report to the Social Science Research Council. Manchester: Hester Adrian Research Centre, 1974.
NAOR E.M. & BALTHAZAR E.E., Provision of a language index for severely and profoundly retarded individuals. *American Journal of Mental Deficiency*, 1975, 79, 717-725.
NISWANDER P.S. & KELLEY L.N., Comparison of speech discrimination in nonretarded and retarded listeners. *American Journal of Mental Deficiency*, 1975, 80, 217-222.
NISWANDER P.S. & RUTH R.A., Prediction of hearing sensitivity from acoustic reflexes in mentally retarded persons. *American Journal of Mental Deficiency*, 1977, 81, 474-481.
OSGOOD C., Motivational dynamic of language behavior. In M. Jones (Ed.), *Nebraska Symposium on Motivation*. Lincoln, Nebraska: University of Nebraska Press, 1957.
PARESKEVOPOULOS J. & KIRK S., *The development and psychometric characteristics of the revised Illinois Test of Psycholinguistic Abilities*. Urbana, Ill.: University of Illinois Press, 1969.
PICQ L. & VAYER P., *Education psycho-motrice et arriération mentale*. Paris: Doin, 1965.
REES N.S., Pragmatics of language. Applications to normal and disordered language development. In R.L. Schiefelbusch (Ed.), *Bases of Language Intervention*. Baltimore: Université Park Press, 1978, pp. 191-268.

REYNOLDS W.M. & REYNOLDS S., Prevalence of speech and hearing impairment of noninstitutionalized mentally retarded adults. *American Journal of Mental Deficiency*, 1979, *84*, 62-66.
RONDAL J.A., Développement du langage et retard mental: une revue des études ayant utilisé l'ITPA. *Psychologica Belgica*, 1977, *27*, 24-34.
RONDAL J.A., Maternal speech to normal and Down's syndrome children matched for Mean Length of Utterance. In C.E. Meyers (Ed.), *Quality of Life in severely and profoundly mentally retarded people: research foundations for improvement*. Washington, D.C.: American Association on Mental Deficiency, 1978, pp. 193-265.
RONDAL J.A., *Votre enfant apprend à parler*. Bruxelles: Mardaga, 1979.
RONDAL J.A. & DEFAYS D., Reliability of mean length utterance as a function of sample size in early language development. *The Journal of Genetic Psychology*, 1978, *133*, 305-306.
SCHITTEKATTE N., *Etude de la compréhension verbale et non verbale chez des enfants arriérés mentaux. Mise au point d'une échelle d'évaluation*. Université de Liège: Mémoire de Licence en Psychologie, 1978.
SEITZ C. & STEWART C., Imitations and expansions: some developmental aspects of mother-child communication. *Developmental Psychology*, 1975, *11*, 763-768.
SIEGEL G.M. & BROEN P.A., Language assessment. In L.L. Lloyd (Ed.), *Communication Assessment and Intervention Strategies*. Baltimore: University Park Press, 1976, pp. 73-122.
WEAVER N.J., WARDELL F.N. & MARTIN F.N., Comparison of tangibly reinforced speech-reception and pure-tone thresholds of mentally retarded children. *American Journal of Mental Deficiency*, 1979, *83*, 512-517.
WHELDALL K. & JEFFREE D., Criticisms regarding the use of the EPVT in subnormality research. *British Journal of Disorders of Communication*, 1974, *9*, 140-143.
ZIGLER E., Why retarded children do not perform up to the level of their ability. In R.M. Alb, H.D. Cortazzo and P.R. Toister (Eds), *Theories of Cognitive Development*. Coral Gables, Floride: University of Miami Press, 1973, pp. 13-36.

**Annexe 1. Test de compréhension de phrases. Forme expérimentale** (Lambert, 1978c)

Le test comprend 7 types de phrases. Chaque type de phrase comprend 4 items. Chaque item est formé de 4 dessins : un dessin représentant l'énoncé émis par l'évaluateur et trois dessins contenant chacun une modification de l'énoncé correct. La réponse correcte est indiqué par le signe (+).

*I. Intransitive simple*

| | | |
|---|---|---|
| le chien boit | le monsieur court (+) | la fille tombe (+) | le bébé joue |
| le chat boit | la dame court | le garçon tombe | le bébé dort (+) |
| le chien court | le monsieur est assis | la fille court | le bébé boit |
| le chien dort (+) | le monsieur est couché | la fille est assise | le monsieur dort |

*II. Transitive simple*

| | | |
|---|---|---|
| le garçon mange une pomme (+) | le garçon ouvre la boîte (+) | le chat mord la balle (+) | le garçon lit le journal (+) |
| le garçon lance la pomme | la fille ouvre la boîte | le chat mord la pantoufle | le garçon déchire le journal |
| la fille mange une pomme | le garçon soulève la boîte | le garçon lance la balle | le garçon lit un livre |
| le garçon mange une tartine | le garçon ouvre la porte | le chien mord la balle | la fille lit le journal |

*III. Intransitive avec un adjectif*

| | | |
|---|---|---|
| le cheval noir court (+) | le grand chien marche (+) | le mouton blanc boit (+) | le gros garçon rit (+) |
| le chien noir court | le petit chien marche | le mouton blanc dort | la grosse fille rit |
| le cheval blanc court | le grand chien dort | le mouton noir boit | le gros garçon pleure |
| le cheval noir mange | le grand chat marche | le chat blanc boit | le garçon mince rit |

*IV. Négative intransitive.* Le stimulus verbal émis par l'évaluateur est indiqué entre parenthèses

| | | | |
|---|---|---|---|
| (la fille ne pleure pas) | (le garçon ne court pas) | (le cheval ne boit pas) | (le garçon ne mange pas) |
| la fille rit (+) | le garçon est immobile (+) | le cheval est immobile (+) | le garçon est immobile (+) |
| le garçon rit | le garçon court | le cheval boit | le garçon mange |
| le garçon pleure | la fille est immobile | le chien boit | la fille est immobile |
| la fille pleure | la fille court | le chien est immobile | la fille mange |

*V. Négative transitive.* Le stimulus verbal émis par l'évaluateur est indiqué entre parenthèses

(le garçon n'ouvre pas la porte)  (le garçon ne casse pas le vase)  (la fille ne prend pas la balle)
le garçon est à côté de la porte (+)  le garçon est à côté du vase (+)  la fille est à côté de la balle (+)
le garçon ouvre la porte  la fille est à côté du vase  la fille prend la balle
le garçon est à côté d'une boîte  la fille casse le vase  le garçon est à côté de la balle
la fille est à côté de la porte  le garçon casse le vase  le garçon prend balle

(la fille ne lave pas la poupée)
la fille est à côté de la poupée (+)
le garçon est à côté de la poupée
la fille lave la poupée
le garçon lave la poupée

*VI. Comparative.* Le stimulus verbal est le suivant : « Montre-moi le (la) plus gros(se) » ou « le plus grand »

un petit vélo (+)  une grosse pomme (+)  un gros chien (+)  un petit cheval (+)
une petite auto  une petite pomme  une petite chien  un grand cheval
une grosse auto  une grosse balle  un gros chat  une petite vache
un grand vélo  une petite balle  un petit chat  une grande vache

*VII. Prépositionnelle*

la poupée est sur la chaise (+)  le chien est en dessous du fauteuil (+)  la bouteille est sur l'armoire (+)
la poupée est sur la table  le chien est sur le fauteuil  la bouteille est sur la table
l'auto est sur la chaise  le chien est à côté du fauteuil  la bouteille est à côté de la table
la poupée est en dessous de la chaise  le chat est sur le fauteuil  le verre est sur l'armoire

la cuillère est à côté de l'assiette (+)
la cuillère est sur l'assiette
la cuillère est dans l'assiette
la fourchette est sur l'assiette

**Annexe 2. Epreuve de compréhension verbale. Forme expérimentale**
(Lambert, 1978b; Schittekatte, 1978)

1. L'examinateur est approximativement à 90 cm en face de l'enfant et dit: «Hé là!» au moment où l'enfant ne regarde pas vers lui.

L'item comporte deux essais.

Réponse attendue: l'enfant regarde ou sourit.

2. L'examinateur se trouve approximativement à 90 cm de l'enfant dans un angle de 90° et dit: «Regarde ici» au moment où l'enfant regarde devant lui. Les deux oreilles sont testées:
a) Oreille gauche.
b) Oreille droite.

Réponse attendue: l'enfant se tourne vers l'examinateur.

3. Réaction au bruit.

Au hasard, deux bruits (papier cellophane-hochet) sont présentés à approximativement 90 cm de l'enfant dans un angle de 135°, au moment où l'enfant regarde devant lui. Les deux oreilles sont testées.
a) Papier cellophane - oreille gauche.
b) Hochet - oreille gauche.
c) Papier cellophane - oreille droite.
d) Hochet - oreille droite.

Réponse attendue: l'enfant tourne la tête du côté du bruit.

4. L'enfant dont l'attention se porte sur un jouet réagit-il lorsque l'examinateur l'appelle par son prénom?

Cet item a été administré à un moment favorable au cours des épreuves de manipulations.

5. L'enfant répond-t-il de façon appropriée à l'ordre:
«Viens».
«Viens ici».
«Viens ici» + geste.

Cet item a été posé après l'item 18. Alors que l'enfant se trouve éloigné de la table où se tient l'examinateur.

6. Touchant l'un des trois objets, placés devant lui (tasse, cuillère, soulier), l'enfant réagit-il de façon appropriée à l'interdiction:
«Ne touche pas».
«Prénom + ne touche pas».

Cet item a généralement été administré en fin d'épreuve étant donné son caractère frustrant.

7. Vocabulaire réceptif: on demande à l'enfant soit de montrer les différents items présentés sous formes d'images (b, d, e, f3) ou sous forme tridimensionnelle (a, g, f4), soit d'exécuter certaines actions de manipulation ou d'automanipulation requises par les items (c, f1, f2, f5, g):
  a) Jouets: poupée, voiture, livre, balle, bloc, madame.
  b) Vêtements: souliers, chaussettes, blouse, bas, pantalon, robe.
  c) Verbes: viens, donne, prends, frappe, lance (pour les quatre derniers items, l'objet de l'action doit être connu de l'enfant).
  d) Objets: ciseaux, marteau, brosse, scie, seau.
  e) Eléments extérieurs: arbres, fleurs, rivière, eau, oiseau, chien.
  f) Mots descriptifs: vite et lentement, fort et doucement, vieux et jeunes, court et long, dur et mou.
    1. Marche vite (cf. item 18).
       Marche lentement.
    2. Frappe fort (un petit morceau de bois est présenté à l'enfant).
       Frappe doucement.
    3. Voilà deux madames, montre-moi celle qui est vieille.
       Montre-moi celle qui est jeune.
       Voilà deux monsieurs, montre-moi celui qui est vieux.
       Montre-moi celui qui est jeune.
    4. Voilà deux crayons, montre-moi celui qui est long.
       Montre-moi celui qui est court.
       Voilà deux cuillères, montre-moi celle qui est longue.
       Montre-moi celle qui est courte.
    5. Cherche celui qui est dur (cf. item 25).
  g) Possession: un bloc rouge est donné à l'enfant en déclarant: « Je te donne un bloc, c'est ton bloc et voilà le mien, c'est mon bloc ».
     On lui demande ensuite:

«Montre ton bloc».           Montre ma cuillère.
«Montre mon bloc».           Montre ta cuillère.
«Donne-moi le tien».         Prends la mienne.
«Prends le mien».            Donne-moi la tienne.
On répète l'item avec une cuillère.

8. Tend les objets sur demande avec composante gestuelle. Trois objets sont placés devant l'enfant: une balle, une voiture, une poupée, lorsque l'enfant touche l'un des objets, l'examinateur demande:
   « Donne-le moi » + composante gestuelle.
   « Prénom + donne-le moi » + composante gestuelle.

9. Réponse à quatre ordres différents. Une voiture et une feuille de papier (10 cm × 8 cm) sont placés devant l'enfant. L'examinateur demande:
  a) « Prends la voiture ».
  b) 1. « Mets-la sur le papier ».
     2. « Mets-la sur le papier » + composante gestuelle.
  c) « Donne-la moi ».
  d) « Montre la lumière ». (Lumière allumée dans la pièce).

10. Réponse à un mot spécifique. Une tasse, une cuillère, un soulier sont placés devant l'enfant. Lorsque l'enfant touche l'un des objets, l'examinateur demande de lui montrer l'un des deux autres objets.

11. Désignation d'objets sur demande. Six objets sont placés devant l'enfant dans l'ordre suivant: poupée, chaise, clé, arbre, boîte, chaussettes; l'examinateur demande à l'enfant de lui montrer les objets dans l'ordre suivant:
a) La chaise.
b) Les chaussettes.
c) La clé.
d) La boîte.
e) Les arbres.
f) La poupée.

12. Désignation des parties du visage. Montre-moi...
a) Ton nez.
b) Tes yeux.
c) Tes cheveux.
d) Ta bouche.
e) Tes oreilles.

13. L'enfant répond de façon appropriée à:
a) «Assieds-toi»        et/ou   «Lève-toi».
b) «Prénom + assieds-toi» et/ou «Prénom + lève-toi»
c) «Assieds-toi + geste» et/ou  «Lève-toi + geste».

14. Répond aux ordres contenant sur, dans, à côté, en-dessous. L'examinateur place deux boîtes sur la table (l'une présentant son ouverture vers l'enfant, l'autre présentant son ouverture vers l'examinateur) et donne un bloc à l'enfant en demandant:
a) «Mets le bloc sur une boîte».
b) «Mets le bloc dans une boîte».
c) «Mets le bloc à côté d'une boîte».
d) «Mets le bloc en dessous d'une boîte».

15. Réponse à l'ordre:
a) «Fais au revoir».
b) «Fais au revoir» + geste.

16. Comprend: une, une de plus, tout (ou le reste). Une boîte (ouverte vers le haut) et 6 cuillères sont placées devant l'enfant. L'examinateur demande:
a) 1. «Mets une cuillère dans la boîte».
   2. + geste.
b) «Mets-en une de plus».
c) «Mets les toutes ou mets-y le reste».

17. Différence entre la / les - une / des. Une boîte et quatre petites voitures sont placées devant l'enfant. L'examinateur demande:

a) «Mets la voiture dans la boîte».
b) «Mets les voitures dans la boîte».

Les quatre voitures sont remplacées par quatre cuillères:
c) «Mets des cuillères dans la boîte».
d) 1. «Mets une cuillère dans la boîte».
    2. + geste.

18. Différence entre vite / lentement. L'examinateur demande à l'enfant de se lever et lui donne la consigne suivante:
a) «Marche un peu».
b) «Marche vite».
c) «Marche lentement».

19. Compréhension de mots. Quatre images sont présentées à l'enfant dans l'ordre suivant: livre, cuisinière, souliers, pipe. L'examinateur demande:
a) «Montre-moi avec quoi maman fait la cuisine».
b) «Montre-moi ce qu'on met aux pieds».
c) «Montre-moi ce qu'on lit».

20. Ordres requérant 1 action et 2 objets. Cinq objets sont placés devant l'enfant dans l'ordre suivant: balle, cuillère, soulier, tasse, chien. L'examinateur demande:
a) «Donne-moi la tasse et la cuillère».
b) «Donne-moi la tasse et la balle».«
c) «Donne-moi le soulier et le chien».

21. Discrimination de trois bruits. L'examinateur utilise une clochette, un hochet et du papier cellophane cachés derrière un écran. Il fait du bruit avec l'un des trois objets puis retire l'écran et demande à l'enfant de montrer l'objet qui a fait le bruit ou de retrouver le bruit.
a) Sonnette.
b) Hochet.
c) Papier cellophane.

Avant le deuxième essai, l'examinateur fait une démonstration de chaque bruit devant l'enfant.

22. Ordres requérant 2 actions et 2 objets. Cinq objets sont placés devant l'enfant dans l'ordre suivant: cuillère, chien, balle, soulier, tasse. L'examinateur demande:
a) «Porte la tasse à ta bouche et donne-moi la balle».
b) «Prends la cuillère en main et retourne la tasse».
c) «Donne-moi le chien et mets le soulier à terre».

23. Différenciation entre grand et petit. L'examinateur présente successivement:
a) Une petite et une grande voiture avec la consigne: «Montre-moi la grande voiture».

b) Une petite et une grande bougie avec la consigne: «Montre-moi la petite bougie».
c) Une petite et une grande balle avec la consigne: «Montre-moi la petite balle».

24. Désignation des couleurs. Six blocs de couleur sont groupés au hasard devant l'enfant en veillant à ce qu'aucun ne soit caché par un autre. L'examinateur demande de montrer le bloc...

a) orange  
b) violet  
c) bleu  
d) jaune  
e) vert  
f) rouge

25. Différenciation dur/mou - rêche/lisse. Trois paires de formes géométriques sont successivement présentées à l'enfant.

a) Dur/mou.
La forme molle étant toujours placée à la droite de l'examinateur, ce dernier demande successivement:
«Montre-moi celui qui est 1. dur (cercles)
2. mou (triangles)
3. mou (carrés)
b) Lisse/rêche.
«Montre-moi celui qui est 1. rêche ou qui gratte (cercles)
2. lisse ou qui glisse bien (triangles)
3. rêche ou qui gratte (carrés).

26. Désignation des pièces de monnaie. Les quatre pièces de monnaie sont présentées groupées au hasard. L'examinateur demande:
«Montre-moi la pièce de a) 50 centimes»
b) 1 fr.»
c) 5 fr.»
d) 10 fr.»

27. Ordres requérant 3 actions et 3 objets. Six objets sont présentés dans l'ordre suivant: tasse, cuillère, balle, soulier, chien, livre. L'examinateur demande:

a) «Porte la tasse à ta bouche, donne-moi la balle et ouvre le livre».
b) «Prends la cuillère en main, retourne la tasse et mets le chien sur le livre».
c) «Mets la cuillère sur le livre, mets le chien à terre et donne-moi la tasse».

28. Réponse aux nombres. Onze cuillères présentées avec les consignes suivantes:

a) «Donne-moi 3 cuillères».
b) «Donne-moi 4 cuillères».
c) «Donne-moi 6 cuillères».
d) «Donne-moi 7 cuillères».
e) «Donne-moi 10 cuillères».

| Nombre d'erreurs | Numéros des sous-test |
|---|---|
| 0 | 1, 2a, 2b, 3a, 3c, 3b, 3d, 4, 6, 5, 10, 11a, 13 |
| 1 | 7a, 9d, 9c, 15b, 12d, 18a |
| 2 | 8, 11c, 11f, 12c, 12e |
| 3 | 7c, 9b, 11d, 12a, 1a, 9a |
| 4 | 11e, 12b, 21b |
| 5 | 11b, 14b, 15a, 19b |
| 6 | |
| 7 | 20c, 18b, 21a, 21c, 17c, 23 |
| 8 | 19c |
| 9 | 17b, 20a |
| 10 | 7d, 16a, 7e, 20b |
| 11 | 16b |
| 12 | 17a |
| 13 | 7b, 14a |
| 14 | 16c, 18c |
| 15 | 7g |
| 16 | |
| 17 | 25a, 17d |
| 18 | |
| 19 | 24d, 24e, 7f |
| 20 | 24a |
| 21 | 24b, 25b, 24f |
| 22 | 22b |
| 23 | 14c, 22a, 22c, 24c |
| 24 | 26a, 27c, 27a |
| 25 | 14d, 28a |
| 26 | 26d |
| 27 | 26c, 27b, 28b |
| 28 | 26b |
| 29 | |
| 30 | 28c, 28d, 28e |

**Annexe 3. Description de l'Illinois Test of Psycholinguistic Abilities (Rondal, 1977).**

*Sub-test 1 - Auditory Decoding*

Le sujet se voit poser une série de questions du type «Do bicycles drink?». Il doit répondre par «yes» ou «no». Les réponses gestuelles sont également acceptées.

*Sub-test 2 - Visual Decoding*

Le sujet est prié de choisir parmi quatre images celle qui est en relation de sens avec une image présentée auparavant (par exemple, l'image d'un couteau et celle d'un canif) et soustraite ensuite à la vue du sujet.

*Sub-test 3 - Auditory Association*

Il s'agit d'un test d'analogies utilisant la technique des phrases à compléter (par exemple, «Father is big, baby is...»).

*Sub-test 4 - Visual Motor Association*

On présente une image au sujet qui doit choisir parmi quatre images celle qui lui paraît être le plus en rapport avec l'image témoin (celle-ci reste visible pendant l'épreuve de choix).

*Sub-test 5 - Vocal Encoding*

Le sujet est prié de dire ce qu'il sait à propos d'une série d'objets familiers qu'on lui montre. Le score est établi d'après le nombre de concepts énumérés.

*Sub-test 6 - Motor Encoding*

Epreuve similaire à la précédente mais le sujet doit recourir à des gestes pour expliquer l'usage des objets familiers qui lui sont présentés.

*Sub-test 7 - Auditory Vocal Automatic (ou Grammatical Closure)*

On montre une image au sujet qui doit ensuite compléter la seconde d'une série de deux phrases en procédant selon les règles morphologiques et syntaxiques de la langue (par exemple, «Here is a hat. Here are two...»).

*Sub-test 8 - Auditory Sequencing (ou Visual Sequential Memory)*

Il s'agit d'un test de répétition de nombres (contenant de deux à huit chiffres) présentés à un rythme de deux nombres par seconde. Le sujet a droit à deux essais avant qu'une erreur soit enregistrée.

*Sub-test 9 - Visual Motor Sequencing*

Le sujet doit remettre en ordre une série d'images ou de formes géométriques préalablement présentées dans le bon ordre et ensuite mises en désordre.

*Sub-test 10 - Visual Closure*

Le sujet se voit présenté successivement quatre dispositifs où figurent une quinzaine d'objets plus ou moins cachés. Il doit en 30 secondes découvrir ceux des objets qui sont les mêmes qu'un objet donné.

*Sub-test 11 - Auditory Closure*

On présente successivement 30 items de difficultés variable. Chaque item consiste en deux sons ou groupes de sons, auxquels il faut ajouter ou entre lesquels il faut intégrer un ou deux autres sons pour produire un mot complet et ayant un sens (par exemples, «airpla/,tele/ one, type/ iter»).

*Sub-test 12 - Sound Blending*

Assez semblable au précédent, ce sub-test exige du sujet qu'il réorganise différente parties d'un mot de façon à reconstituer le mot. Aux niveaux supérieurs du sub-test, des mots vides mais correspondant aux exigences phonologiques de la langue sont présentés.

INSTRUMENTS D'EVALUATION 249

*Annexe 3 (suite)*
Profils typiques de sujets arriérés mentaux modérés, trisomiques 21 et non trisomiques, obtenus à l'ITPA (Cfr. Rondal, 1977)

——— non trisomiques 21
------- trisomiques 21

**Annexe 4. L'épreuve d'imitation provoquée. Forme expérimentale**
(Lambert & Sohier, 1977; Rondal, Lambert & Sohier, 1980)

*N.B.* Les cotations des réponses sont données pour l'ensemble des sous-tests. Certaines cotations ne s'appliquent qu'à un sous-test. Dans ce cas, le numéro du sous-test est indiqué entre parenthèses.

L'épreuve doit être administrée individuellement, en trois sessions séparées par un intervalle minimal d'un jour. Les sous-tests sont proposés dans l'ordre suivant: session 1: sous-tests 1 et 5; session 2: 2 et 3; session 3: 4 et 6.

*Sous-test 1. Emission de deux mots*

chat boit
garçon mange
papa lit
fille prépare
cheval saute
je prends

*Sous-test 2. Emission de trois mots*

chat boit lait
garçon mange pomme
papa lit journal
fille prépare dîner
cheval saute barrière
je prends livre

*Sous-test 3. Emission de quatre mots.*

chat boit lait assiette
garçon coupe pomme couteau
chien mange os jardin
balle casse fenêtre maison
je prends crayon mallette
feuille tombe arbre cour

*Sous-test 4. Phrases simples déclaratives affirmatives*

le chat boit le lait
le garçon mange la pomme
papa lit le journal
la fille prépare le dîner
le cheval saute la barrière
je prends le livre

*Sous-test 5. Phrases simples déclaratives négatives*

la balle n'est pas rouge
la table n'est pas propre
je ne mange pas la pomme
luc ne va pas à l'école

papa ne fume pas la pipe
le garçon ne lance pas la pierre

*Sous-test 6. Chaînes de quatre mots*
assiette boit lait chat
couteau garçon pomme coupe
mange chien jardin os
fenêtre balle maison casse
mallette je crayon prends
feuille cour arbre tombe

*Cotation des réponses*

C+ = imitation correcte.
C− = imitation correcte avec prononciation déficiente.
A   = absence d'imitation.
F   = imitation correcte avec addition d'un mot foncteur (article, copule, auxiliaire, préposition).
M   = imitation correcte avec addition d'un mot à contenu sémantique (substantif, verbe, adjectif qualificatif).
O   = changement dans l'ordre des mots.
E   = écholalie : répétition uniquement du dernier mots ou des deux derniers mots de l'énoncé modèle.
S1  = suppression du premier mot de l'énoncé modèle dans l'énoncé imité.
S2  = suppression du second mot de l'énoncé modèle.
S3  = suppression du troisième mot de l'énoncé modèle quand deux mots sont présents dans l'énoncé imité.
S4  = suppression du quatrième mot dans l'énoncé modèle quand les autres mots sont présents dans l'énoncé imité.
R   = suppression de mot(s) dans l'énoncé imité (réduction) avec préservation du sens (par exemple : «chat boit lait» pour «le chat boit le lait»).
R− = suppression de mot(s) dans l'énoncé imité (réduction) avec perte de signification par rapport à l'énoncé modèle (exemple : «lait» ou «le lait» pour «le chat boit le lait»).
R1  = répétition uniquement du premier mot de l'énoncé modèle.
CF = modification dans le type syntaxique de la phrase (sous-test 5) (par exemple : le modèle simple actif déclaratif négatif devient affirmatif).
RO = les mots incorrectement ordonnées dans l'énoncé modèle sont replacés dans l'ordre correct (par exemple : «assiette boit lait chat» pour «chat boit lait assiette»).

# Chapitre 9
# Principes et techniques d'intervention

Les 20 dernières années ont vu la mise au point d'une pléthore de programmes d'intervention langagière destinés aux enfants et aux adolescents retardés mentaux (cf. Fristoe, 1975). Le nombre des tentatives faites témoigne de la vivacité et de la richesse du secteur. Plutôt que de reprendre les différents programmes, ce qui serait fastidieux, et en fait difficilement possible, nous nous efforçons au sein de ce dernier chapitre d'envisager les principales orientations conceptuelles et techniques actuelles en cette matière et d'en discuter les problèmes majeurs. Pour plus de détails sur les programmes d'intervention ou pour une information exhaustive sur les procédures employées, le lecteur se reportera aux sources originales dont nous fournissons les références.

Les grands points couverts dans ce chapitre concernent respectivement la notion d'une période critique pour l'acquisition d'un premier langage avec les implications qu'une telle notion comporte pour les sujets handicapés mentaux, les principes d'une intervention précoce et précocissime tels que prônés par l'auteur de ce livre, les principes et les moyens à disposition pour favoriser le développement lexical et le développement morpho-syntaxique chez les sujets retardés, particulièrement les retardés modérés et sévères, les principes d'une intervention communicative totale, la notion d'une intervention langagière continue, qui vient compléter celle d'intervention précoce et précocissime, et enfin le problème du caractère ponctuel ou développemental à donner à l'intervention langagière.

## 1. La notion d'une période critique

Existe-t-il une période critique pour l'acquisition d'un premier langage ? Et d'abord, que faut-il entendre par là ?

La notion de période critique est empruntée à l'éthologie. Elle concerne sensu stricto une période relativement courte (jours ou semaines) après la naissance au cours de laquelle l'organisme effectue certains apprentissages nécessaires pour son développement personnel et social. Passé cette période, les apprentissages en question deviennent extrêmement difficiles voire impossibles. Tout semble se passer comme si son système nerveux ayant évolué, l'organisme ne peut plus bénéficier de certaines associations spécifiques proposées par le milieu. Chez un grand nombre d'espèces d'oiseaux nidifuges (c'est-à-dire dont les jeunes sont capables de s'éloigner du nid dès la sortie de l'œuf), on peut prouver qu'il y a imprégnation sur la mère (normalement) pendant les premières heures qui suivent la naissance. L'oisillon présente des conduites caractéristiques d'orientation vers et de poursuite de la mère (Lorenz, 1935). La période critique pour cet apprentissage (qui assure en quelque sorte l'intégration sociale et sexuelle du jeune oiseau puisque, à travers la mère, c'est le congénère qui est reconnu et fixé) ne dure que quelques dizaines d'heures (environ 72 heures chez le caneton - Hess, 1958).

On a généralisé la notion de période critique à l'espèce humaine, notamment en ce qui concerne le développement de l'attachement entre parent et enfant, particulièrement entre mère et enfant (cf. Maccoby & Masters, 1970), et le développement d'un premier langage (Lenneberg, 1967). Le terme est dans ce cas utilisé de façon métaphorique car on ne peut prouver que les deux exigences définitionnelles de la notion de période critique y sont satisfaites, à savoir 1) l'apprentissage intervient pendant une période de temps strictement déterminée et relativement courte, et 2) passé cette période, l'apprentissage ne peut plus intervenir. On préfère parfois au terme de «période critique» chez l'humain, celui de «période sensible» pour les raisons avancées ci-dessus (par exemple: Connolly, 1972). Mais cette substitution de label ne change évidemment rien à la nature du problème.

D'après Lenneberg (1967), le développement du langage est principalement lié à la maturation du système nerveux et à des apprentissages autoprogrammés. A la puberté, tout se passe comme si le cerveau atteignait sa structure neurophysiologique définitive. On peut trouver des indices des changements structuraux qui culminent à ce moment dans les modifications morphologiques, biochimiques et électro-encéphalographiques du cerveau et de l'activité cérébrale à la puberté. Une fois survenues ces modifications, il s'ensuivrait, toujours selon Lenneberg, une diminution de la plasticité fonctionnelle du système nerveux central dont une des conséquences est que les acquisitions linguistiques de base non intervenues alors ne pourraient plus intervenir dans la suite. Le langage ainsi déficient le serait pour le reste de l'existence (Lenneberg, 1967, p. 158). Nous avons discuté ailleurs en détail (Rondal, 1975) l'hypothèse de Lenneberg telle qu'appliquée au développement du langage dans les populations d'individus retardés mentaux. Nous en avons signalé la fragilité sur le plan du raisonnement ainsi que l'absence de base empirique au niveau des données psycholinguistiques. Il n'est pas indispensable de revenir sur cette discussion car la problématique d'une période critique pour le développement linguistique s'est considérablement modifiée depuis l'apparition de plusieurs travaux sur le développement de la dominance cérébrale en matière de langage.

L'argument majeur invoqué par Lenneberg (1967) pour fixer à la puberté la fin de la période critique pour l'acquisition d'un premier langage concerne la spécialisation hémisphérique, c'est-à-dire la dominance d'un hémisphère cérébral (le gauche chez la plupart des gens, y compris une proportion respectable de gauchers manuels) sur l'autre pour ce qui est du contrôle cortical des fonctions langagières. Or, on sait maintenant que la spécialisation hémisphérique pour les fonctions langagières intervient plus tôt. Elle est déjà bien amorcée vers 4 ou 5 ans et n'est pas loin d'être terminée vers 7 ou 8 ans (Kimura, 1963; Krashen, 1973; Molfese & al., 1975; cf. Seron, 1977; Van Hout & Seron, 1983, pour des revues de la littérature). Dès lors, la notion d'une période critique pour le développement du langage qui serait principalement associée avec le processus de la spécialisation hémisphérique pour le langage semble remise en question. On connaît en effet les importants développements linguistiques qui interviennent après 5 et 6 ans chez l'enfant normal (cf. par exemple, Chomsky, 1969; Palermo & Molfese, 1972; Rondal, 1978a). Il existe une recherche sur le développement de la spécialisation hémisphérique chez les sujets trisomiques 21 entre 7 et 19 ans (Sommers & Starkley, 1977). Les auteurs n'observent qu'une faible dominance cérébrale gauche chez ces sujets par rapport à un groupe contrôle de jeunes enfants normaux. La dominance est plus marquée chez les sujets trisomiques 21 disposant d'un langage plus développé que chez les autres sujets trisomiques 21. En partant d'observations de ce type, on pourrait avancer l'hypothèse suivante. S'il existe une période critique ou une période sensible pour le développement du langage, qui soit en rapport avec la spécialisation hémisphérique pour le fonctionnement langagier, cette période s'étend pour les sujets trisomiques 21 sur une période nettement plus longue que pour les sujets normaux. Ou encore, elle est potentiellement infinie (au moins jusqu'à ce qu'une détérioration physiologique commence à se manifester), ce qui revient à dire qu'elle n'existe pas pour ces sujets.

On doit se demander, d'une façon générale, s'il existe une période critique pour le développement du langage. Si la réponse hypothétique est positive, il convient de la nuancer immédiatement selon les différentes composantes du système langagier (phonologique, sémantique, pragmatique, morphologique, syntaxe) qui, on le sait, ne se développent pas simultanément ni à un rythme semblable. Il faudrait, en toute rigueur, définir des périodes critiques particulières pour les différentes composantes du système linguistique. Cela complique considérablement le problème et n'a pas été envisagé jusqu'ici. Il est peut-être plus économique de se dispenser, au moins provisoirement, d'un concept aussi vague. On verra cependant Krashen (1975) et Van Hout & Seron (1983) pour un point de vue plus favorable — mais à nos yeux peu convaincant — quant à l'hypothèse d'une période critique pour le développement du langage.

Il existe un certain nombre de données qui vont à l'encontre de l'hypothèse d'une période critique pour le développement d'un premier langage, formulée selon les indications temporelles fournies par Lenneberg (1967). Le cas de «Genie», une jeune adolescente découverte en Californie en 1970, ayant vécu jusque-là en complète isolation et ne présentant aucun langage au moment de sa découverte, est connu (Curtiss, 1977). Genie a fait l'objet d'un entraînement linguistique intensif pendant plusieurs années, mené par une équipe multidisciplinaire de l'Université de Californie, à Los Angeles. Le rapport de Curtiss (1977) indique clairement qu'elle a pu acquérir un langage qui répond aux critères définitionnels des langages humains même si le niveau atteint ne correspond pas à celui des personnes de son âge. Le problème majeur avec ce type de cas (qui rappelle évidemment celui des «enfants sauvages») est qu'on reste dans l'ignorance totale de l'équipement neurophysiologique et psychologique (intellectuel, par exemple) de départ. Cette difficulté rend problématique toute interprétation fine des développements ou des «non-développements» intervenus dans la suite.

Dans un autre domaine, celui de l'éducation langagière (orale et/ou gestuelle) des enfants et des adolescents sourds, plusieurs spécialistes comme les Drs U. Bellugi-Klima et S. Quigley, respectivement au Salk Institute, San Diego, et à l'Université d'Illinois à Urbana-Champaign, déclarent n'avoir relevé aucun plateau dans le développement linguistique des sourds au cours de l'adolescence (U. Bellugi-Klima, communication personnelle, 1974; S. Quigley, communication personnelle, 1974; Quigley & al., 1974; Power & Quigley, 1973). Les sujets sourds acquièrent « normalement » les structures du langage gestuel et/ou oral et écrit qu'on leur propose dans le courant de l'adolescence. Il ne peut s'agir d'acquisitions mineures puisqu'elles concernent, dans les travaux de Quigley et de ses associés, par exemple, des structures comme la voie passive, les énoncés négatifs et interrogatifs, et la compréhension de certains procédés de relativisation, comme l'auto-enchâssement.

En ce qui concerne les sujets retardés mentaux, les données pertinentes sont très insuffisantes. Swann & Mittler (1976) ont remis un questionnaire portant sur la prononciation et les capacités linguistiques productives et réceptives élémentaires aux enseignants d'un groupe de plus de 1.000 enfants et adolescents retardés âgés de 2 à 19 ans. Chaque sujet se vit également administrer un test de vocabulaire réceptif, l'English Peabody Picture Vocabulary Test. La plus grande partie des sujets résidaient à domicile (environ 18 % vivaient en institution) et leur handicap mental était qualifié de sévère. Sur la base des données obtenues, les auteurs croient pouvoir signaler une période de développement linguistique relativement « rapide » entre 3 et 6 ans, après quoi la croissance langagière se ralentit considérablement (*mais perdure*) jusqu'à la fin de l'adolescence. L'indication de Swann & Mittler est intéressante. La recherche des auteurs anglais appelle cependant trois commentaires. Premièrement, il s'agit d'une enquête menée au moyen de questions posées aux enseignants et non du recueil direct de données linguistiques auprès des sujets handicapés, sauf pour le vocabulaire réceptif. On connaît les limites de ce type de technique. Deuxièmement, les questions posées par les auteurs étaient relativement peu nombreuses, ce qui diminue la sensibilité du questionnaire. Elles ne portaient, en outre, que sur des aspects très limités de l'éventail des capacités linguistiques (comme la production des énoncés à deux et à trois mots, la production d'énoncés pertinents quant au sens et au contexte mais grammaticalement incorrects, et la production de phrases grammaticalement incorrectes). Enfin, troisièmement, lorsqu'on examine attentivement les graphiques fournis par Swann & Mittler, on peut observer une croissance lexicale et syntaxique « renouvelée » entrer 15 et 19 ans, croissance dont, curieusement, les auteurs ne font pas mention dans la discussion de leurs données. Certes, les sujets comparés de cette façon ne sont pas les mêmes et on ne peut parler de croissance linguistique qu'à titre hypothétique, en supposant que le développement de chaque sujet pris en particulier se conforme aux courbes mises en évidence au moyen de comparaisons transversales.

Mais l'observation vaut la peine d'être signalée. L'étude s'arrêtant à 19 ans, on ne peut savoir si le mouvement ainsi dessiné à partir de 15 ans se poursuit ensuite ou si on atteint alors un plateau définitif dans le développement linguistique.

Lambert & Rondal (1980) fournissent des informations pertinentes sur ce dernier point en documentant une série d'aspects formels et fonctionnels du langage des sujets arriérés mentaux modérés et sévères, trisomiques 21 et non trisomiques 21, entre 20 et 30 ans approximativement (cf. chapitre 3). Si on compare la longueur moyenne des productions verbales produites par bon nombre de ces sujets avec les données en provenance de la littérature concernant les enfants retardés jusqu'à 12 ou 13 ans, on est amené à faire l'hypothèse d'une croissance linguistique entre 12 ou 13 ans et 30 ans environ chez les sujets retardés. Il ne peut s'agir que d'une hypothèse à ce stade. En effet, les données comparatives portent sur des sujets différents. On ne pourra prouver l'hypothèse ainsi formulée qu'au moyen d'études longitudinales. Il faut signaler, à ce propos, l'observation de Seagoe (1965) qui a relevé des progrès notables sur les plans lexicaux et morpho-syntaxiques chez un sujet trisomique 21 mâle entre 14 et 30 ans. L'environnement familial du sujet était exceptionnel, bien qu'atypique (le sujet vivait, en effet, avec son père et une tutrice), en ce qu'il poussait sans cesse l'enfant, l'adolescent, et puis l'adulte à de nouvelles acquisitions et réalisations cognitives et linguistiques. Le rapport de Seagoe reste malheureusement fort anecdotique et il est souvent difficile de se faire une idée précise des accomplissements du sujet de même que des procédés et habitudes éducatives de l'entourage. Mais il s'agit indiscutablement d'une indication importante et qui va dans le sens discuté ci-dessus.

En l'absence de données plus définitives sur la question d'une période critique pour l'acquisition d'un premier langage et d'informations plus précises sur les implications d'une telle notion pour le problème du développement du langage chez les sujets handicapés mentaux, il convient d'*adopter une attitude ouverte en matière d'intervention*. L'intervention précoce est préférable, et de loin. Cependant, *il n'y a à l'heure actuelle aucune raison sérieuse de penser que des progrès importants ne peuvent être accomplis par les adolescents et les jeunes adultes retardés en matière de langage, particulièrement si on se donne la peine d'intervenir systématiquement pour favoriser leur développement*. Et c'est là une considération qui devrait retenir particulièrement l'attention de l'éducateur et de l'enseignant.

## 2. Intervention précoce et précocissime

C'est seulement à partir de 1970 que la notion d'intervention précoce a été introduite dans le domaine de l'arriération mentale. Jusque-là, le rôle essentiel joué par les premières années de la vie dans le développement de l'enfant arriéré mental avait été sous-estimé, voire ignoré (Lambert, 1978). En langage, l'intervention précoce doit être basée sur les principes suivants : commencer très tôt et se poursuivre durant les premières années de la vie, inclure le milieu familial, et être de nature développementale, c'est-à-dire utiliser les données en provenance du développement linguistique des enfants normaux. Après avoir explicité chacun de ces principes, nous présentons des illustrations de programmes d'intervention précoce dans le domaine spécifique du développement langagier.

### A. Les bases de l'intervention précoce

*Principe 1. L'intervention précoce doit commencer très tôt et se poursuivre durant les premières années de la vie*

Bien qu'il existe un consensus parmi les professionnels et les parents sur la nécessité d'entreprendre l'apprentissage du langage très tôt dans la vie de l'enfant arriéré mental, aucune définition précise des termes «très tôt» n'a été proposée jusqu'ici (Rondal, 1978). Selon les programmes, «précoce» recouvre des périodes allant de 2 à 5 ou 6 ans. Actuellement, les données disponibles dans la littérature spécialisée sont suffisamment bien établies pour avancer que l'intervention précoce devrait débuter idéalement *dès les premiers mois de la vie* d'un enfant arriéré mental. Cette démarche n'est évidemment possible que dans les cas où l'étiologie du handicap mental est connue dès la naissance. Les syndromes organiques détectables dès la naissance représentent plus de 50 % des enfants arriérés mentaux modérés et sévères (Lambert, 1978). Parmi ceux-ci, les enfants trisomiques 21 forment à eux seuls 25 à 30 % de l'échantillon (Lambert et Rondal, 1980). Pour les autres cas, où l'étiologie est incertaine ou encore demande de nombreux examens pour être confirmée, l'intervention précoce devrait débuter dès qu'il y a apparition d'un retard dans le développement. Cette intervention ne peut s'arrêter après un ou deux ans. On suggère qu'elle se poursuive jusqu'au moment où l'enfant est scolarisé en milieu scolaire spécial ou intégré, soit habituellement vers l'âge de 5 ou 6 ans.

Les fondements d'une intervention précocissime découlent des connaissances rassemblées au cours des quinze dernières années sur l'importance des deux premières années de la vie pour le développement de l'enfant, et en particulier pour le développement du langage chez l'enfant normal. Les données principales ayant trait à ce domaine et disponibles actuellement sont les suivantes (Rondal, 1978):

- Les capacités de l'enfant normal à percevoir et à discriminer les sons de la langue sont très élaborées, dès les premiers mois de la vie (Eimas & al., 1971).

- La structure fondamentale des échanges conversationnels survenant ultérieurement dans le développement est présente dès la première année de la vie (Bateson, 1975). Ces échanges entre le jeune enfant et l'adulte ont reçu le nom de préconversation (cf. chapitre 5).

- La découverte des prérequis linguistiques (par exemple, Bruner, 1975) a montré que le langage ne «surgissait» pas spontanément du babillage, mais impliquait, au contraire, l'existence d'un contexte communicatif, affectif, et interpersonnel notamment, au cours de la première année.

- Les relations entre le babillage et le développement phonologique ultérieur suggèrent, contrairement à une opinion prévalente jusqu'ici (Jacobson, 1969), que le babillage prépare le terrain pour l'acquisition des phonèmes de la langue.

- L'apprentissage du langage par le jeune enfant doit être envisagé dans le contexte du développement cognitif général. En particulier, la période sensori-motrice couvrant, dans la théorie piagétienne, les deux premières années de la vie, est considérée comme très importante pour les premiers développements langagiers. C'est en apprenant que les objets et les personnes ont une existence permanente et que ces objets et ces personnes interagissent de diverses façons, que l'enfant construit progressivement la base sémantique de ses productions langagières.

Ces données soulignent l'importance des deux premières années de vie pour l'acquisition du langage et justifient la notion d'une intervention précocissime en arriération mentale.

*Principe 2. L'intervention précoce doit inclure le milieu familial*

On dispose actuellement de données définitives consacrant l'importance jouée par l'intégration du milieu familial dans les programmes d'intervention précoce. Tous les résultats enregistrés dans la littérature spécialisée démontrent à suffisance que les progrès réalisés par les jeunes enfants arriérés mentaux sont supérieurs lorsque les parents, et plus particulièrement la mère, participent activement aux apprentissages. Une telle approche permet de dépasser un des écueils fondamentaux de l'apprentissage chez les enfants arriérés mentaux, à savoir les difficultés éprouvées par ces sujets pour généraliser les acquis d'un milieu à un autre. En incluant le milieu familial dans l'apprentissage, la généralisation est plus aisée, les sujets faisant leurs acquisitions dans leur cadre habituel de vie (par exemple, Spangler & al., 1976; Ludlow & Allen, 1979). L'intégration des parents dans les procédures d'apprentissage peut revêtir des formes diverses (cf. Lambert & Rondal, 1980, pour une revue des différents modèles proposés pour la trisomie 21). Nous verrons plus loin comment de tels programmes peuvent être implantés, principalement avec les travaux de MacDonald (1975) et Rynders & Horrobin (1975).

*Principe 3. L'intervention précoce doit être de nature développementale*

On dispose actuellement d'informations suffisantes pour avancer que le modèle d'intervention précoce en arriération mentale peut être basé sur les informations en provenance du développement du langage chez l'enfant normal. Il faut toutefois signaler qu'il s'agit là plus d'une hypothèse de travail que d'une certitude absolue. En effet, le modèle développemental normal peut convenir durant les trois ou quatre premières années du développement. Cette période est en effet la plus richement documentée chez l'enfant normal. Au-delà, les informations concernant le développement psycholinguistique de l'enfant normal sont encore incomplètes et ne permettent pas une description des dernières phases d'acquisition. En fait, l'adoption d'un modèle développemental procède actuellement de plusieurs travaux touchant chacun un domaine spécifique du développement langagier. Un programme d'intervention précoce complet, intégrant les différents aspects du développement prélinguistique, cognitif et linguistique des premières années de la vie de l'enfant normal reste encore à construire.

Pour être menée à bien, une telle démarche requiert quatre étapes principales (Rondal, 1978b):
1. La collecte de données relatives au développement prélinguistique et linguistique précoce des enfants normaux.
2. La collecte de données correspondantes chez les enfants arriérés mentaux, dès la mise en évidence d'un retard développemental.
3. La comparaison systématique des deux types de données et la mise en évidence du moment à partir duquel, et pour quels domaines du langage, il existe des différences dans les développements linguistiques des enfants normaux et retardés mentaux.
4. L'utilisation de ces informations pour créer et implanter des programmes d'apprentissage langagier destinés à réduire, autant que possible, ou à éliminer les déficits dès le moment de leur apparition.

Actuellement, nos connaissances sur la nature et le moment précis d'apparition des déficits langagiers chez les jeunes enfants arriérés mentaux sont très restreintes. Au cours des chapitres précédents, nous avons relevé les données disponibles :

- Les types de sons produits dans le babillage des jeunes enfants trisomiques 21 sont semblables à ceux enregistrés chez les jeunes enfants normaux (Smith, 1977). Il ne semble pas qu'il soit nécessaire de modifier le babillage des enfants trisomiques 21 en lui-même.

- Par contre, les comportements prélinguistiques des jeunes enfants trisomiques 21 diffèrent nettement de ceux des jeunes enfants normaux (Jones, 1977). Trois domaines de l'organisation comportementale sont potentiellement déficitaires chez les enfants trisomiques 21 : la réactivité dans l'interaction avec la mère, la référence oculaire et l'attention conjointe, et la structuration de la prise de tours dans les épisodes préconversationnels (cf. chapitre 5).

- L'apparition du premier vocabulaire est très retardée chez ces mêmes enfants trisomiques 21 (cf. chapitre 2). Etant donné que le début du langage expressif semble lié au développement du concept de l'objet et de la représentation mentale chez l'enfant normal, toute intervention au niveau du premier langage doit se centrer préalablement sur le développement cognitif sensori-moteur.

- L'articulation est généralement très déficiente chez les enfants retardés mentaux modérés et sévères. Tout programme d'intervention précoce doit également inclure cette dimension.

### B. *Exemples de programmes*

A partir des programmes d'intervention langagière précoce proposés par Bricker & Bricker (1974) et McLean & Snyder (1978), on peut proposer les objectifs d'apprentissage suivants :

1. Communication vocale, préconversation et référence.
2. Développement du concept d'objet et représentation mentale.
3. Vocabulaire réceptif.
4. Vocabulaire expressif.
5. Articulation.
6. Développement lexical subséquent.

Les points 3 et 4 feront l'objet d'illustrations détaillées dans la section consacrée au développement lexical.

*La communication vocale, la préconversation et la référence*

Dès le premier mois de la vie d'un enfant retardé mental, l'intervention doit se centrer sur les aspects des comportements préconversationnels susceptibles d'être déficitaires, à savoir, sur la base des connaissances disponibles actuellement, la fréquence des vocalisations dirigées vers le partenaire social, l'apprentissage de la prise de tours dans les échanges conversationnels et l'attention conjointe ou référence oculaire. Les techniques du conditionnement operant (Skinner, 1969) ou de l'apprentissage instrumental (Staats, 1970, 1975) apparaissent les plus appropriées pour installer rapidement les comportements souhaités. Wiegerink & al. (1974) ont introduit avec succès une procédure operante destinée à accroître la fréquence des vocalisations sociales chez des enfants âgés de 11 à 22 mois. L'intervention était menée dans le milieu familial des enfants, chaque enfant participant à des sessions quotidiennes d'une durée de 10 minutes, pendant un mois. L'agent renforçateur était soit une personne familière de l'enfant, soit un adulte non familier, l'expérimentateur. Toute vocalisation de l'enfant dirigée vers un partenaire social adulte était suivie immédiatement d'un renforcement social, un sourire, une caresse et une production verbale «Très bien», suivie du nom de l'enfant. Les résultats montrent que les vocalisations peuvent être placées sous le contrôle des renforcements, c'est-à-dire que leur fréquence peut varier en fonction des contingences de renforcement en vigueur, et que les adultes familiers ou non familiers ont une efficacité analogue en tant qu'agents renforçateurs. Une technique semblable peut être utilisée pour apprendre aux enfants à prendre leur tour dans les échanges conversationnels et à développer des comportements d'attention conjointe et de référence oculaire. Le paradigme général du conditionnement operant développé dans le domaine de l'arriération mentale (cf. Lambert, 1978, pour un exposé détaillé des techniques disponibles) peut s'appliquer, par exemple, à la prise de tours. Une réponse de prise de tours peut être définie comme tout comportement présenté par un enfant en réponse directe à une action ou une vocalisation de l'adulte. La production de cette réponse est d'abord non vocale: l'enfant réagissant à un comportement de l'adulte par une réponse motrice définie (par exemple, tourner la tête, bouger le corps, agiter les jambes) est renforcé socialement. Dès la stabilisation d'une haute fréquence de ce type de réponse, il sera possible de développer des réponses de prise de tours vocales, toujours en utilisant un modèle operant. De même, l'attention conjointe et la référence oculaire peuvent être installées par des techniques de renforcement. La littérature spécialisée comporte des programmes d'apprentissage utilisables pour développer des comportements de ce type (par exemple, Bricker & Bricker, 1974; Scheuerman & al., 1974; Lambert, 1978) chez des enfants retardés mentaux modérés sévères et profonds. L'intégration de ces procédures dans les programmes d'intervention précoce ne nécessite que quelques aménagements mineurs prenant en considération l'âge des enfants et les conditions de stimulation et de renforcement présentes dans le cadre habituel de vie des enfants.

*Le développement du concept d'objet et la représentation mentale*

A la suite des travaux de Wohlhueter & Sindberg (1975) sur les stades de l'acquisition de la permanence de l'objet chez les enfants arriérés mentaux modérés et sévères, plusieurs études expérimentales ont montré que cette permanence pouvait être apprise chez ces mêmes enfants (Robinson, 1974; Brassell & Dunst, 1976, 1978). Nous présentons ci-dessous la structuration des conduites nécessaires pour l'acquisition du concept d'objet et la représentation mentale. Il s'agit d'un extrait d'un programme d'apprentissage incluant l'ensemble du développement cognitif, moteur et langagier, destiné à l'intervention précoce en arriération mentale (Lambert, 1979; Franck, 1980). Le modèle a été construit à partir des travaux expérimentaux de Uzgiris & Hunt (1975) chez le jeune enfant normal et de Brassell & Dunst (1978) et Kiernan & Jones (1976) chez les sujets arriérés mentaux modérés, sévères et profonds.

Le Tableau 1 présente le schéma général des conduites dans lequel

*Tableau 1*
*Schéma général des comportements amenant au concept de l'objet permanent*

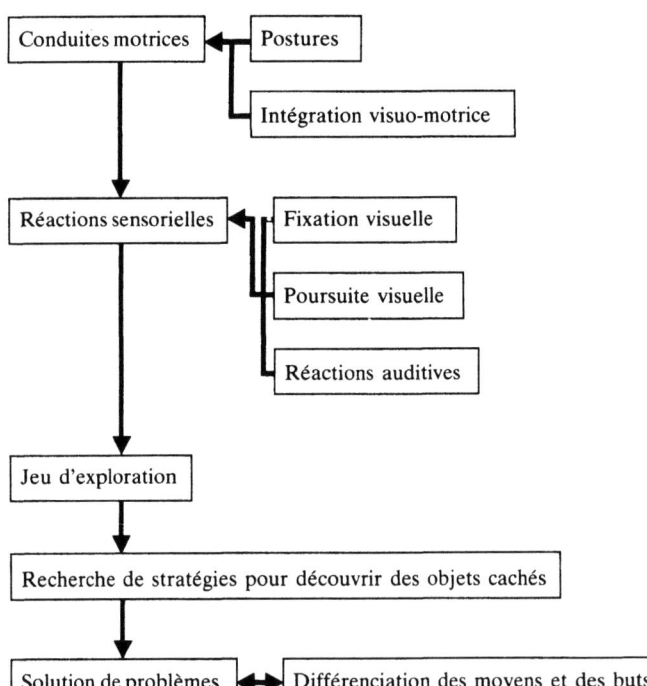

s'inscrit le développement du concept d'objet. Le Tableau 2 indique la hiérarchisation des conduites de poursuite visuelle, un prérequis au développement de la permanence de l'objet. Le Tableau 3 présente la hiérarchisation des stratégies destinées à retrouver un objet caché, une des composantes cognitives inclues dans l'acquisition de la représentation mentale.

*Tableau 2*
*Hiérarchisation des conduites de poursuite visuelle*

*L'enfant:*
1. Suit des yeux un objet se déplaçant dans son champ visuel.
2. Suit des yeux (sans participation de la tête) un objet se déplaçant horizontalement dans son champ visuel.
3. Suit des yeux (sans participation de la tête) un objet se déplaçant verticalement dans son champ visuel.
4. Suit des yeux (sans participation de la tête) un objet se déplaçant suivant un cercle dans son champ visuel.
5. Suit des yeux (sans participation de la tête) un objet se déplaçant suivant une trajectoire irrégulière dans son champ visuel.
6. Suit des yeux avec participation de la tête un objet qui se déplace dans son champ visuel.
7. Suit des yeux et de la tête un objet qui est poussé vers lui sur une surface plane (sol, table).
8. Suit de la tête et des yeux une personne qui se déplace dans son champ visuel.
9. Suit des yeux un objet qui vient se cacher derrière un écran; modifie sa position: tourne la tête, se penche, tend le cou, etc.
10. Regarde un objet et le suit le long d'une trajectoire qui amène l'objet à passer derrière lui. Tourne la tête du côté où l'objet va réapparaître.
11. Idem 10, mais c'est une personne qui se déplace et passe derrière lui.
12. Suit un objet qui se déplace rapidement devant lui: ne peut suivre l'objet des yeux, mais parvient à le retrouver après quelques essais.
13. Suit des yeux un objet; l'objet est ensuite déplacé lentement derrière un écran. L'enfant retrouve l'objet après son passage derrière l'écran.
14. Explore visuellement l'endroit où un objet a disparu de sa vue (l'objet est resté derrière l'écran).
15. Suit un objet qui tombe derrière un écran.
16. Se déplace pour retrouver un objet qui est tombé.
17. Un objet est déplacé derrière un écran; l'enfant porte son regard vers l'endroit où l'objet réapparaîtrait s'il poursuivait son mouvement.
18. Lance une balle en l'air et la suit des yeux durant toute sa trajectoire.

*Tableau 3*
*Hiérarchisation des stratégies destinées à retrouver un objet caché*

---

*L'enfant:*
1. Ajuste la position de son corps de telle sorte qu'il peut suivre un objet se déplaçant derrière un écran.
2. Ajuste sa position de telle sorte qu'il peut voir réapparaître un objet qui se place lentement derrière un écran.
3. Suit des yeux un objet qui se déplace rapidement, perd l'objet, puis parvient à le retrouver avec les yeux.
4. Explore l'endroit où un objet a disparu.
5. Explore l'endroit où un objet devrait réapparaître.
6. Un objet est caché partiellement derrière un écran: l'enfant retrouve l'objet (exemple: une poupée est recouverte d'un drap, excepté une jambe ou un bras qui reste visible).
7. Suit un objet qui se déplace derrière lui.
8. Suit une personne qui se déplace derrière lui.
9. Retrouve un objet caché en dessous d'un écran (commencer par une friandise ou un jouet particulièrement intéressant pour l'enfant).
10. Retrouve un objet caché en dessous d'un des deux écrans disposés devant lui. *Note:* Dans les conduites 6, 9 et 10, l'enfant doit voir l'objet, puis doit voir l'adulte qui est en train de cacher l'objet. L'ensemble de la situation est donc entièrement visible pour l'enfant.
11. Retrouve un objet qu'il voit cacher en dessous d'un des trois écrans disposés devant lui. *Note:* comme écrans, utiliser des serviettes de couleurs différentes, pas trop grandes afin qu'elles ne puissent empêcher l'enfant d'atteindre l'objet.
12. L'adulte prend un objet en main et le montre à l'enfant. L'adulte dépose ensuite l'objet en dessous d'un des écrans, puis montre sa main vide à l'enfant. L'enfant cherche l'objet en dessous d'un des deux écrans. La recherche peut se faire au hasard.
13. Idem 12, mais avec trois écrans.
14. L'adulte présente un objet dans sa paume. Il referme sa main, puis la passe en dessous d'un écran. Il montre sa main à l'enfant: l'objet est toujours présent. L'adulte recommence ensuite le même processus et passe la main en dessous du second écran où il dispose l'objet. Il montre sa main vide à l'enfant. L'enfant cherche l'objet en dessous du second écran.
15. Idem 14, mais l'objet n'est pas déposé par l'adulte. L'adulte ne montre pas l'objet dans sa main après avoir accompli le trajet. L'enfant cherche en dessous des trois écrans, ne trouve pas l'objet, puis fixe son attention sur l'adulte et réclame l'objet.
16. L'enfant peut ouvrir une boîte.
17. L'enfant ouvre une boîte pour chercher un objet qu'il a vu cacher.
18. L'enfant cherche ou demande à sa manière un objet qui n'est pas présent. Ce n'est pas la disparition de l'objet qui entraîne la recherche, mais le simple fait que l'objet est absent.
19. L'enfant joue à cacher et à retrouver ses jouets.

L'énumération des conduites présentées aux Tableaux 2 et 3 a deux fonctions dans un programme d'intervention précoce. En premier lieu, la hiérarchisation comportementale a une fonction d'*évaluation*. Il s'agit de situer le développement d'un enfant arriéré mental sur le continuum des conduites envisagées. La seconde fonction concerne *l'intervention*. La hiérarchisation des conduites est ordinale, c'est-à-dire que l'acquisition d'un comportement exige l'apprentissage préalable des comportements qui le précèdent sur le continuum. Un comportement non encore acquis constitue un objectif d'apprentissage. La description des conduites est faite de manière à pouvoir organiser une situation d'apprentissage qui convienne à n'importe quel milieu. Le choix des objets, les consignes et le système motivationnel en vigueur sont laissés à la discrétion des parents selon les exigences spécifiques du milieu familial. L'acquisition des stratégies de recherche d'un objet caché, comme d'ailleurs l'ensemble des autres apprentissages, se réalise toujours dans un contexte ludique. Les expériences réalisées à ce jour montrent que les parents d'enfants arriérés mentaux bénéficiant de l'assistance des professionnels et, moyennant une formation appropriée, sont à même d'apprendre efficacement à leur enfant retardé les conduites cognitives et langagières désirées (cf. Lambert & Rondal, 1980, pour un exposé des méthodes de formation des parents dans le domaine de l'intervention précoce).

*L'articulation*

L'éducation phonatoire et articulatoire doit être intégrée dans tout programme d'intervention précoce. Habituellement, l'éducation ou la rééducation de la parole chez les enfants retardés n'intervient guère avant l'entrée en scolarité obligatoire. Or, à cet âge, nombre de troubles d'articulation sont déjà présents chez la plupart des enfants retardés modérés et sévères. Un enrichissement sonore et vocal de l'environnement du tout jeune enfant arriéré mental (basé sur les travaux de Friedlander, 1970, et de Glenn & al., 1980), ainsi qu'un entraînement systématique des vocalisations peuvent prendre place dès la première année. Assez curieusement, il n'existe que peu de programmes systématiques permettant de favoriser l'apprentissage de l'articulation chez les jeunes enfants retardés. De tels programmes doivent être élaborés à partir de trois axes : la sensibilisation aux caractéristiques des sons, l'éducation de la voix et l'apprentissage de la prononciation des phonèmes.

*L'éducation de la voix* passe d'abord par le contrôle de la respiration. L'entraînement respiratoire peut trouver sa place dans tout programme d'acquisition des réponses motrices (par exemple, Bricker & al., 1977;

Kiernan & Jones, 1976). Lors des séances de gymnastique chez le tout jeune enfant retardé, on doit s'efforcer de développer le tonus des muscles abdominaux et intercostaux afin de permettre un meilleur contrôle du passage de l'air à l'expiration et à l'inspiration. De même, la coordination des différentes masses musculaires fera l'objet d'une attention particulière lors des séances de kinésithérapie afin d'assurer un bon réglage de la respiration et du débit de la parole. Dans tous les cas, on veillera à intégrer directement les parents dans le processus d'intervention afin que les exercices démontrés par les professionnels puissent être poursuivis quotidiennement dans le milieu familial.

*La sensibilisation aux caractéristiques des sons*, c'est-à-dire l'intensité, la durée, la hauteur tonale, le timbre et le rythme, peut se réaliser très précocement, par un agencement judicieux de l'environnement familial. Appliqué aux productions vocales de l'enfant lui-même, cet entraînement vise à l'éducation de la voix et ne pourra prendre place que lorsque l'enfant disposera d'un bagage suffisant de vocalisations et de mots. Appliqué aux sons produits par l'entourage de l'enfant, cet entraînement permet de sensibiliser l'enfant aux sons produits autour de lui et de renforcer la capacité de discrimination auditive et la mémoire auditive. Dans un ouvrage particulièrement recommandé à tous les professionnels intéressés par l'apprentissage du langage chez les jeunes enfants retardés mentaux, Jeffree et McConkey (1978) proposent un ensemble d'exercices aisément applicables dans n'importe quel milieu familial et destinés à accroître la réactivité aux propriétés des sons. Pour l'intensité des sons, par exemple, on fait prendre conscience à l'enfant des différences d'intensité en lui parlant à voix basse, à voix haute, en jouant d'un instrument de musique avec douceur, avec force, ou encore en frappant un jouet ou une surface avec force ou avec douceur. Pour le rythme, on sensibilisera les jeunes enfants à l'ordre des bruits et des sons vocaux et non vocaux de façon à renforcer l'attention auditive pour les séquences de bruits et de sons. D'une manière générale, l'amplification des sources sonores du milieu habituel de vie de l'enfant devra être assurée, cela afin de réduire les effets d'éventuels déficits auditifs et d'accroître l'intérêt de l'enfant pour les bruits et les sons du langage.

*L'apprentissage de la prononciation des phonèmes* est la dernière étape dans l'éducation de la parole. Il est évidemment prématuré de commencer un tel apprentissage avant que l'enfant ne possède un répertoire suffisant de mots. Il est néanmoins nécessaire d'attirer l'attention sur l'importance qu'il y a à intégrer dans un programme d'intervention les rudiments d'une éducation de la prononciation des phonèmes. L'intelligibilité ultérieure du discours des sujets arriérés mentaux dépendra en grande partie de l'intégrité des processus d'articulation. Parmi les programmes d'entraînement présentés dans la littérature, celui développé par McLean (1976) est assurément un des plus intéressants parce qu'il envisage l'éducation de l'articulation sous l'angle spécifique de l'intelligibilité du langage. McLean distingue cinq prérequis comportementaux hiérarchisés, devant être installés avant toute intervention proprement dite au niveau du système des phonèmes. Ces prérequis sont les suivants:

1. Le renforcement de toutes les vocalisations et l'accroissement de leur fréquence.
2. L'éducation progressive de la motricité fine incluant les mécanismes articulatoires intégrés dans ces activités, comme le mâchonnement, la succion et la déglutition.
3. L'expansion du répertoire vocal de l'enfant par le modelage de réponses simples consistant en changements de hauteur dans la prononciation des voyelles.
4. L'imitation de réponses vocales incluant les combinaisons suivantes: une consonne + une voyelle, une voyelle + une consonne + une voyelle, avec des variations dans la hauteur tonale et le rythme de prononciation.
5. Le développement d'un répertoire relativement constant de mots. C'est lors de cette cinquième étape que peut prendre place l'éducation phonologique proprement dite.

McLean distingue quatre stratégies destinées à fixer les objectifs d'apprentissage des phonèmes:

*Stratégie 1.* Fixer comme objectif le développement complet d'au moins un phonème dans chaque *mode* d'articulation (exemples: consonnes orales, nasales, constrictives, occlusives).

*Stratégie 2.* Lorsqu'un phonème a été développé dans un mode d'articulation donné, fixer comme objectif l'acquisition d'un second phonème se situant également dans le même mode, mais dont le *lieu* d'articulation est différent du premier. La procédure habituelle est de faire varier le lieu d'articulation de l'avant de la bouche vers l'arrière (exemple: pour les occlusives, apprendre à prononcer la labiale *p*, puis l'alvéolaire *t*, et enfin la vélaire *k*, celle-ci étant la consonne la plus postérieure de la série).

*Stratégie 3.* Au fur et à mesure que les phonèmes sont correctement prononcés, fixer comme objectif l'apprentissage des contrastes entre les consonnes sourdes et sonores (exemple: pour les occlusives, le contraste entre la sourde *p* et la sonore *b*).

*Stratégie 4.* Lorsque plusieurs phonèmes sont disponibles dans chaque mode articulatoire, y compris l'acquisition du contraste sourd-sonore, fixer comme objectif l'élargissement du répertoire phonémique en incluant progressivement les autres phonèmes.

Lorsque la stratégie générale a été établie, l'intervention doit porter sur les détails spécifiques de l'articulation. On fait progressivement prendre conscience à l'enfant de la position de la langue dans la bouche, du mouvement des lèvres, du degré d'ouverture de la bouche, et des vibrations ou de l'absence de vibration des cordes vocales lors de l'articulation des différents phonèmes. Les procédures utilisables pour ces apprentissages font partie de l'arsenal des moyens orthophoniques habituels. Outre le fait de sensibiliser très tôt le milieu familial à l'importance du développement articulatoire, les professionnels doivent inclure les parents et, si possible, les proches de l'enfant arriéré mental dans la démarche d'intervention. Cette condition garantit seule la généralisation des acquis réalisés durant les séances de rééducation aux autres contextes d'utilisation des phonèmes.

Le développement des programmes d'intervention précoce utilisables par les parents et les professionnels est un domaine en pleine expansion dans les pays anglo-saxons. En langue française, le mouvement est plus lent à démarrer. Les manuels d'intervention précoce mis au point par Lambert & al. (1981) et surtout par Rondal (1985b) représentent les premières démarches visant à intégrer l'acquisition du langage dans une perspective développementale chez les jeunes enfants retardés mentaux.

### 3. Favoriser le développement lexical

Nous avons documenté dans les chapitres précédents, et particulièrement au chapitre 2, les importants retards et les problèmes présentés par les sujets handicapés mentaux en ce qui concerne l'apparition des premiers mots et le développement du vocabulaire dans ses aspects réceptif et expressif. Le chapitre 2 contient également une discussion détaillée portant sur les causes possibles et probables de ces difficultés. Nous avons insisté à plusieurs reprises (et encore à la section précédente) sur l'importance d'un certain nombre de prérequis pour le développement du vocabulaire, comme la notion d'objet permanent. Nous n'y reviendrons pas.

Il est une autre série de démarches préalables à toute intervention langagière (et partant lexicale) qu'il faut rappeler malgré le caractère évident de leur nécessité. On vérifiera ou on fera vérifier *l'état de la musculature orale et associée* (mobilisation du larynx, mobilité de la langue, muscles buccaux et péri-buccaux), *l'état de la musculature de l'avant-bras et de la main et la motricité fine manuelle*. Si l'enfant ne dispose pas de *comportements d'indication* (montrer de la main, pointer du doigt), il conviendra de les lui faire apprendre avant toute forme d'intervention. On vérifiera de même, ou on fera vérifier, *l'audition de l'enfant*. Si ce dernier porte une *prothèse auditive*, on en fera tester le bon fonctionnement. On vérifiera également la *vision*. Il est indispensable, enfin, d'interroger les parents sur *l'histoire vocale et verbale* de l'enfant, c'est-à-dire d'obtenir une information aussi précise que possible sur les sons, les syllabes, les mots qu'il a appris à prononcer, et les mots qu'il comprend, et sur *ses capacités imitatives* (Que peut-il imiter? Qu'imite-t-il spontanément?). Sailor & al. (1980) fournissent un certain nombre d'informations complémentaires sur ces démarches préalables à l'intervention proprement dite. Le lecteur intéressé consultera cette source avec profit.

Une fois, les vérifications menées à bien et les informations de base obtenues, et dès que les prérequis dont nous avons parlé sont mis en place, l'apprentissage intensif d'un *vocabulaire de réception*, dans un premier temps, et ensuite d'un *vocabulaire de production* est indiqué.

Parmi un éventail de techniques disponibles (Fristoe, 1975), nous avons choisi de présenter à fin d'illustration une technique particulière mise au point et testée par les auteurs américains W. et D. Bricker et la modification subséquente de cette technique par D. Bricker pour favoriser l'apprentissage d'un répertoire de *vocabulaire réceptif*. Cette technique a été appliquée à des sujets retardés mentaux modérés et sévères. Elle fait appel, de même que nombre d'autres techniques disponibles, aux principes généraux du conditionnement operant (cf. Skinner, 1969; Richelle, 1966) ou de l'apprentissage instrumental (Staats, 1970, 1975), et notamment au renforcement de façon à soutenir la motivation des sujets retardés en cours d'apprentissage (on verra également Lambert, 1978, sur ce point). Ces procédures posent le double problème de la généralisation des apprentissages en dehors de la situation expérimentale et de leur insertion dans la séquence du développement linguistique. Nous abordons plus spécifiquement ces deux questions dans la dernière section du chapitre.

Bricker & Bricker (1971) ont entrepris de faire apprendre un répertoire de mots fonctionnels (c'est-à-dire pertinents pour les milieux de vie des sujets) à un groupe de sujets retardés mentaux âgés chronologiquement de 9 à 14 ans environ. Le Tableau 4 résume la procédure utilisée.

*Tableau 4*
*Technique de Bricker & Bricker pour l'apprentissage d'un répertoire réceptif de mots de vocabulaire fonctionnels (d'après Bricker & Bricker, 1971)*

*Stimuli:*

25 objets répliques miniatures (jouets) d'objets réels et communs dans les milieux de vie des enfants.

*Items lexicaux à apprendre*

| Aliments | Personnes | Véhicules | Vêtements | Ustensiles |
|---|---|---|---|---|
| Pomme | Homme | Voiture | Chemise | Cuillère |
| Banane | Femme | Autobus | Chapeau | Fourchette |
| Crême glacée | Bébé | Tracteur | Pantalon | Assiette |
| Lait | Fille | Vélo | Chaussette | Tasse |
| Orange | Garçon | Camion | Costume | Verre |

*Renforcements:*
- Soit des jetons à échanger en fin de session contre une récompense.
- Soit divers renforcements alimentaires (bonbon, etc.).
- En outre, l'expérimentateur fait suivre chaque réponse correcte de «bien», et chaque réponse incorrecte de «non».

*Procédure:*

Il s'agit d'un apprentissage discriminatif lexical. L'enfant doit choisir pour chaque paire de stimuli présentée en succession le stimulus qui correspond à l'item verbal fourni par l'expérimentateur. La consigne est «Prends le (la)...» suivi du nom de l'objet à choisir. On poursuit l'apprentissage jusqu'à ce qu'un maximum de réponses correctes soient produites, soit en représentant la même paire d'objets et la même consigne en succession directe, soit (ce qui est moins fastidieux) en assurant un roulement dans la présentation des paires d'objets à discriminer sur la base de l'étiquette verbale.

*Suggestion:*

L'amplification du niveau d'intensité sonore lors de la présentation des itemps verbaux est susceptible d'accélérer le rythme des apprentissages.

Les Bricker suggèrent que le fait d'amplifier acoustiquement la présentation de la consigne verbale et particulièrement le nom de l'objet aide notablement l'enfant retardé (dont l'audition est dans les limites de la normale) à apprendre plus rapidement les mots de vocabulaire. Ils n'ont pas étudié expérimentalement, cependant, l'incidence du niveau sonore de présentation des labels verbaux sur la rapidité et la solidité des apprentissages lexicaux. Bien que les exemples repris ci-dessus, et le travail des Bricker, concernent uniquement l'apprentissage des substantifs, les principes de la procédure sont transposables pour l'apprentissage d'autres classes formelles comme les adjectifs et les verbes à condition que les référents des mots en question soient aisément matérialisables. On est beaucoup plus limité, évidemment, lorsqu'il s'agit de faire apprendre des mots dont les contenus sémantiques ne peuvent être (facilement) concrétisés.

Bien qu'efficace avec une bonne partie des sujets, la technique d'apprentissage discriminatif lexical mise au point par Bricker & Bricker (1971) ne put réussir à faire apprendre le répertoire lexical proposé à tous les sujets, certains d'entre ceux-ci (fonctionnant à un niveau social et intellectuel inférieur à celui des autres sujets) ne pouvant effectuer les apprentissages proposés en dépit d'un nombre élevé de répétitions et de reprises.

Poursuivant l'étude du problème, Diane Bricker (1972) a montré qu'on pouvait accroître notablement l'efficacité de la procédure d'apprentissage préalablement mise au point en entraînant les enfants à produire un geste symbolique en présence de l'objet au moment où on leur présente le label verbal à apprendre, geste et label verbal devant partager un même rapport sémantique. Le Tableau 5 résume la procédure suivie par D. Bricker pour apprendre un répertoire passif de mots de vocabulaire à un groupe de sujets retardés âgés d'environ 12 ans et vivant en institution.

Le temps total mis pour l'apprentissage du répertoire de mots variait entre une heure et demie et plus de 8 heures selon les sujets, mais tous apparemment arrivèrent au bout de la tâche proposée. Il est donc probable que la technique modifiée utilisée par D. Bricker possède une efficacité supérieure à la première procédure particulièrement pour les sujets retardés qui présentent le plus de difficultés dans l'apprentissage lexical. La technique modifiée de Bricker est basée, on l'aura sans doute noté, sur la notion de médiation telle que développée par Osgood (1953). Les gestes y jouent, en effet, un rôle de médiateur entre l'objet (le référent extérieur) et le label verbal, concrétisant donc, si on peut dire, un rapport qui reste habituellement purement mental, d'où sans doute l'effet facilitateur obtenu dans l'apprentissage lexical.

*Tableau 5*
*Technique de D. Bricker pour l'apprentissage d'un répertoire réceptif de mots de vocabulaire (d'après Bricker, 1972)*

---

*Stimuli:*
30 objets réels ou répliques miniatures (jouets) d'objets réels.

*Items lexicaux à apprendre*
Rateau, gomme, croix, cinq, détergent, manche (à balai), poussette, cœur, tenaille, hache, triangle, crochet, cigogne, ustensile (de ménage), arc, deux, commode, échelle, équerre, bougie, banjo, casque, interrupteur, veston, dix, cafetière, tulipe, harpe, lunettes, moustache.

*Renforcements:*
Cf. Tableau 1 selon Bricker & Bricker (1971).

*Procédure:*
En gros semblable à celle de Bricker & Bricker (1971) — Tableau 1 —, sauf en ce qui concerne l'organisation de la démarche d'apprentissage. Celle-ci se décompose en trois phases:

1. *Entraînement à imiter gestuellement:* On entraîne le sujet à imiter une série de gestes symboliques déterminés à l'avance, correspondant aux mots à apprendre (par exemple, le geste de verser du liquide dans un récipient, le mouvement consistant à abattre un arbre, etc.).

2. *Entraînement à associer mot et geste:* On entraîne le sujet à produire le geste symbolique précédemment appris en réponse à la production du mot de vocabulaire correspondant (par exemple, le geste de verser du liquide dans un récipient en réponse au mot «cafetière»; le geste consistant à abattre un arbre en réponse au mot «hache», etc.).

3. *Entraînement à associer objet et geste:* Les sujets sont entraînés à produire le geste symbolique correct à la présentation de l'objet tridimensionnel correspondant.

*Prolongement possible de la procédure de Bricker (1972) pour passer à l'entraînement d'un vocabulaire expressif:*

4. *Entraînement à associer objet, geste et mot:* Les sujets sont entraînés à produire le geste symbolique et ensuite (ou en même temps) le mot lors de la présentation de l'objet correspondant.

5. *Elimination progressive (fading) du geste:* On entraîne progressivement les sujets à produire uniquement le mot en réponse à la présentation de l'objet correspondant.

6. *Généralisation des acquisitions en dehors de la situation expérimentale.*

---

Sur le plan de l'entraînement du *vocabulaire expressif*, la plupart des techniques disponibles se situent également dans un cadre du conditionnement operant ou de l'apprentissage instrumental. Elles privilégient l'utilisation de l'imitation dans la démarche d'apprentissage. En règle générale, le sujet est prié d'imiter le mot produit par le rééducateur à la présentation de l'objet ou lors de la survenue de l'événement qui sert de référent externe au terme choisi. Il en vient, dans la suite de la procédure, à produire spontanément le mot à la présentation de l'objet ou lors de la survenue de l'événement en question. Une problématique non entièrement résolue à l'heure actuelle, concerne la nécessité ou non du détour par l'entraînement à l'imitation gestuelle avant de passer (avec un minimum de capacité articulatoire, il va de soi, cette dernière capacité devant être développée au préalable si elle fait défaut ou si elle n'est pas suffisante; cf. la section précédente) à l'imitation vocale et verbale. Divers programmes (par exemple, Kent, 1974) proposent un entraînement systématique de l'imitation gestuelle avant de passer à l'apprentissage (par imitation) des répertoires verbaux. On manque, certes, de données comparatives pour établir en toute rigueur quelle technique ou combinaison de techniques est la plus efficace à ce point de vue à un niveau de handicap mental déterminé. Cependant, notre opinion est, en ce qui concerne les sujets retardés modérés et surtout sévères, que le détour par l'entraînement à l'imitation gestuelle est souhaitable. Cette opinion se base, notamment, sur une recherche menée sur l'imitation verbale et non verbale (gestuelle) avec un groupe de sujets retardés modérés et sévères trisomiques 21 et non trisomiques 21 (Rondal & al., 1980). Cette étude montre que les sujets retardés éprouvent moins de difficulté à imiter des gestes et des séquences organisées de gestes que des mots et des séquences de mots organisées ou non. D'une façon générale, l'introduction des gestes dans la démarche d'intervention, que ce soit au niveau lexical ou à un autre niveau de l'intervention langagière, débouche sur la perspective communicative totale en matière d'intervention, une perspective développée à la section 5 du présent chapitre.

On notera qu'il est aisé de prolonger la procédure utilisée par Bricker (1972) pour faire succéder à l'entraînement du vocabulaire réceptif l'utilisation expressive des mêmes mots désormais compris. Le Tableau 5 reprend (dans sa partie inférieure) les étapes supplémentaires proposés (par nous) à cet effet. Il importe, évidemment, que les mots choisis pour figurer sur les listes à apprendre soient des termes ayant valeur fonctionnelle directe pour le sujet retardé. Il ne peut, dès lors, y avoir de liste universelle des mots de vocabulaire à faire apprendre bien que les divers milieux fassent sans doute usage d'un vocabulaire de base commun. La généralisation des acquisitions réceptives et surtout expressives en dehors du laboratoire ou de la situation de rééducation passe évidemment par les milieux de vie du sujet retardé. Elle inclut idéalement la participation de la famille et des proches de l'enfant. C'est à ceux-ci qu'il incombe de favoriser l'utilisation en milieu de vie des termes qui ont fait l'objet des séances d'apprentissage afin d'assurer la stabilisation de ces termes dans le fonctionnement linguistique de l'enfant et leur utilisation dans le milieu, ce qui constitue le but ultime, et le seul but en fait, de la démarche d'intervention. Pour ce faire, il est indispensable que la famille, et les proches le cas échéant, soient tenus au courant dans le détail des acquisitions lexicales proposées à l'enfant en cours d'intervention et des progrès effectués au cours des séances d'apprentissage.

### 4. Favoriser le développement morpho-syntaxique

Dès qu'un répertoire lexical minimum est installé, se pose le problème d'entraîner les enfants à composer des énoncés à plusieurs mots. De tels énoncés répondent à des règles combinatoires précises qu'il faut faire apprendre. Ils impliquent également un marquage morphologique grammatical particulier de certains éléments du langage (marquage du pluriel, accord en genre et en nombre entre adjectif et substantif, accord en nombre entre sujet et verbe, marquage du verbe pour le temps et l'aspect, etc.).

L'entraînement des sujets retardés mentaux sur le plan de la morpho-syntaxe doit se faire selon plusieurs dimensions et nous considérerons ces différentes dimensions séparément dans ce qui suit. Il faut distinguer *la base sémantique structurale des énoncés, les premières combinaisons à deux et trois mots, l'expansion subséquente de ces énoncés plus longs et en phrases, l'entraînement de la compréhension et de la formulation des différents types de phrases selon les fonctions langagières poursuivies*, et *les marquages morpho-syntaxiques ponctuels*. Ces dimensions peuvent faire l'objet, et ont fait l'objet dans la plupart des cas, de tentatives diverses d'intervention effectuées dans le cadre général du conditionnement operant, même si parfois l'application des principes operant se réduit à la distribution de renforcements positifs physiques (alimentaires ou autres) et sociaux (sourire, approbation verbale, etc.) à la suite des réponses définies comme bonnes. Ces principes sont connus. Nous n'y reviendrons pas dans cette section, préférant nous centrer sur les aspects plus spécifiquement psycholinguistiques des programmes d'intervention envisagés.

### A. *Mettre en place la base sémantique structurale du langage*

Il importe dans cette perspective de favoriser la réalisation consciente chez l'enfant des relations les plus habituelles entre les objets et les personnes entre elles et entre les objets entre eux. On s'efforcera, en d'autres termes, de rendre l'enfant plus conscient des propriétés rationnelles de base de son environnement physique et humain et des intersections entre ces deux types d'environnement. Un tel objectif peut être atteint au moyen de séances de jeux dirigés avec l'enfant à la maison. La tâche de l'adulte est d'attirer l'attention de l'enfant sur les éléments saillants de l'environnement et le réseau de relations dans lesquelles ils s'inscrivent et s'appréhendent en utilisant des moyens verbaux et non verbaux. On n'exigera pas de productions verbales de l'enfant au cours de ces séances si ce n'est la répétition des mots de vocabulaire désignant les objets et les relations identifiées, mots produits et proposés par l'adulte ou la production par l'enfant des mots connus lorsque le référent extérieur est manipulé ou apparaît dans le champ d'activité. Mais il n'est pas souhaitable que trop de temps soit perdu au cours de ces activités à faire verbaliser l'enfant à tout propos et à tout prix. L'essentiel est de sensibiliser l'enfant aux propriétés, notamment relationnelles, des objets et des personnes, le tout dans une ambiance de jeu avec verbalisations de préférence discontinues de la part de l'adulte. Voici quelques-uns des moyens verbaux et non verbaux utilisables à cette fin. Le lecteur intéressé verra Rondal (1978b, 1985b) et (Lambert & al., 1981) pour d'autres indications et exemples dans la même ligne de procédure.

- Désigner du doigt les objets familiers et les nommer en indiquant verbalement et non verbalement à l'enfant *leur endroit ou localisation habituelle, leur usage principal*, et *leur propriétaire ou utilisateur habituel*. Par exemple, «Regarde, voici l'auto de papa», «C'est le sac de maman», «C'est pour manger», «C'est chaud», etc.

- *Sensibiliser l'enfant aux propriétés et aux caractéristiques des objets en commençant par les plus saillants* (par rapport à son niveau de développement perceptuel et conceptuel) en verbalisant concomitamment. Par exemple, sensibiliser l'enfant à la température élevée («chaud») du café ou de l'eau mise à bouillir, au contact rugueux de telle surface, etc.

- Amener l'enfant à observer et à réaliser *les effets des différentes actions que l'on exécute sur divers objets*. Par exemple, lorsqu'on lâche un objet, il tombe. On peut frapper, frotter, plier, déplier, briser, déboîter, réemboîter certains objets, etc., en se servant de ses mains ou d'autres objets comme *instruments*.

- Sensibiliser l'enfant aux *fonctions des objets, à leur utilisation*, tout en verbalisant brièvement (l'objectif n'est pas ici un entraînement à la compréhension ou à la production de phrases et d'énoncés longs et nous pensons qu'il faut savoir sérier difficultés et objectifs d'intervention si on veut être efficace).

Ce faisant, et de nombreuses variantes et ajouts sont aisément imaginables dans le cadre général que nous venons de délimiter, on entraînera l'enfant à mieux saisir et à se représenter plus clairement son univers immédiat selon le découpage qui correspond à la base sémantique du langage et notamment les notions d'agent, d'action, d'instrument, de location, de possession, de bénéfice, d'accompagnement, d'attribution, etc., qui sous-tendent les énoncés à plusieurs mots.

*B. Favoriser la compréhension et ensuite la production des énoncés à deux et trois mots et l'expansion de ces énoncés en énoncés plus longs*

L'entraînement à *la compréhension* des énoncés simples contenant deux, trois ou quatre mots s'inscrit assez facilement dans le sillage des activités de jeu dirigé présentées à la rubrique précédente. Nous ne nous étendrons pas sur cet aspect sinon pour en signaler toute l'importance.

Sur le plan de *la production verbale*, il s'agit d'entraîner l'enfant à combiner plusieurs mots en un énoncé organisé progressivement selon les règles de la langue en matière d'ordre des mots (nous nous référons ici, évidemment, aux langues française et anglaise particulièrement qui, comme on sait, font un très large usage de l'ordre séquentiel des mots dans les énoncés pour exprimer en structure de surface les relations de sens). Plusieurs auteurs, dont Jeffrey & al. (1973) et Willbrand (1977), ont entraîné avec succès de jeunes enfants retardés ou non retardés mentaux mais gravement déficients au plan du développement linguistique à passer de productions verbales limitées essentiellement à un mot (holophrases) à des productions contenant plusieurs mots. Sur cette base, et sur la base du travail de Whitehurst (1972) avec de jeunes enfants normaux, on peut recommander la procédure suivante :

- Attendre jusqu'à ce que l'enfant dispose d'un vocabulaire actif d'une vingtaine de mots.

- Se baser sur *l'imitation*. On présente la construction à deux mots à l'enfant de façon à ce qu'il l'imite. On procède ensuite, lorsque ce premier résultat est atteint et consolidé, à *l'expansion* des énoncés à un mot de l'enfant en énoncés à plusieurs mots. Si par exemple, l'enfant produit spontanément «biscuit» ou quelque chose du genre, on allongera cette production en quelque chose comme «Tu vois le biscuit!», susceptible d'être imité par l'enfant (au besoin on «forcera» l'imitation, et on renforcera soigneusement la production verbale imitée), le tout couplé avec force manipulations et désignations de l'objet.

- Sélectionner un petit groupe de *mots de base* (dits techniquement « mots-pivots », pivots parce qu'ils servent de charnière pour la production d'énoncés contenant plusieurs mots; cf. ci-dessous), comme certains verbes « vois, regarde, veux, donne », etc.), certains noms (se rapportant aux objets et aux personnes avec qui l'enfant joue le plus souvent ou est en relation étroite), certains adverbes, prépositions ou participes (par exemple, « encore, a plus, parti, voilà », etc.). Etre prêt à exploiter tout mot-pivot produit spontanément par l'enfant.

- Amener l'enfant à *imiter* des combinaisons de deux mots incluant un mot-pivot autour duquel on fait varier l'autre ou les autres mots (cf. Tableau 6). On renforcera toute production imitée ou spontanée de ce type avec un morceau de biscuit ou toute autre forme de renforcement alimentaire, au début, au moyen d'un sourire ou d'une tape amicale sur le ventre ou sur le dos. On passera ensuite au renforcement intermittent des mêmes productions mais on cessera pendant tout ce temps de renforcer spécifiquement les productions verbales qui ne comportent qu'un seul mot.

- Lorsque les productions spontanées à deux mots deviennent plus fréquentes, on reprend la même procédure mais en assurant cette fois la promotion des *énoncés à trois et à quatre mots*, et ainsi de suite pour un allongement progressif du discours.

*Tableau 6*
Exemples d'énoncés-pivots (le mot pivot est en italique)

| | |
|---|---|
| *Au-revoir* maman | Auto *est-là* |
| *Au-revoir* papa | Papa *est-là* |
| *Au-revoir* mammy | Maman *est-là* |
| etc. | etc. |
| *A-plus* papa (c'est-à-dire « Papa est parti », « Papa n'est pas là ») | *Parti* papa |
| | *Parti* maman |
| *A-plus* bonbon | *Parti* bébé |
| *A-plus* lapin | *Parti* lapin |
| *A-plus* manger | *Parti* bonbon |
| etc. | etc. |
| Auto *à-moi* | *Boum* bateau (« Le bateau est tombé ») |
| Ballon *à-moi* | *Boum* auto |
| Clé *à-moi* | *Boum* bébé |
| Bonbon *à-moi* | *Boum* papa |
| etc. | etc. |

On peut pousser le programme plus loin en s'inspirant des mêmes principes. Bricker & al. (1976) — on verra aussi Brinker & Bricker, 1980, et Waryas & Stremel-Campbell, 1978, sur ce point — ont mis au point un programme d'entraînement progressif à l'utilisation de petites phrases (donc comportant obligatoirement un sujet et un verbe) pour les enfants retardés modérés et sévères. On part des relations sémantiques de base et on entraîne par modelage, imitation et renforcement différentiel la production par l'enfant de phrases simples actives déclaratives affirmatives contenant un sujet, un verbe et un objet direct ou un sujet, une copule, et un attribut du sujet (par exemple et respectivement, «Le lapin croque la carotte» et «Le lapin est tout blanc»). Ces propositions sont ensuite progressivement développées de façon à inclure d'autres éléments comme les épithètes, les adjectifs et les pronoms possessifs et démonstratifs, les diverses prépositions et adverbes, et en premier lieu ceux qui fournissent des indications spatiales et temporelles. On avance ainsi, étape par étape, vers des formes d'expression plus élaborées.

Il importe, et nous y insistons souvent, *de ne pas perdre de vue la dimension fonctionnelle du travail d'intervention* au profit d'un formalisme grammatical excessif et déplacé. Les mots, les expressions, et les phrases apprises aux enfants doivent avoir une utilité et un sens dans l'environnement immédiat.

### C. *Entraîner à la compréhension et à la formulation des différents types structuraux de phrases*

L'entraînement linguistique ne peut évidemment s'arrêter à la production de phrases simples actives déclaratives affirmatives. Il existe d'autres types structuraux de phrases comme *les déclaratives négatives, les interrogatives, les exclamatives, les impératives*, et, sur le plan de la voix, *les passives.*

Parmi les phrases interrogatives, on distinguera entre celles du type «Pierre vient?», où la fonction interrogative de l'énoncé est convoyée à l'interlocuteur au moyen de l'intonation montante sur la dernière partie de la phrase; «Pierre vient-il?», illustrant un procédé mixte basée sur l'intonation et la reprise pronominale du sujet en position post-verbale; «Est-ce que Pierre vient?» où la fonction interrogative est signalée par une locution verbale «Est-ce que» suivie d'un énoncé déclaratif; «Que fait Pierre?», «Où est Pierre», «Quand est-ce que Pierre vient?», «Quand Pierre vient-il?», «Sais-tu si Pierre vient?», etc., où la fonction interrogative est signalée (notamment) par l'emploi d'un pronom, d'un adjectif, ou d'un adverbe interrogatif. Toujours parmi les phrases interrogatives, on peut encore distinguer entre celles qui exigent une réponse minimale «oui» ou «non» (par exemple, «Pierre vient-il?») et celles qui spécifient dans leur libellé le type de réponse demandée (par exemple, «Quand Pierre vient-il?», une question à laquelle il est obligatoire de fournir une information de nature temporelle, obligation spécifiée dans l'énoncé par l'emploi de l'adverbe interrogatif temporel «quand»).

En ce qui concerne les phrases passives, on peut distinguer entre les passives complètes (par exemple, «Le médicament a été prescrit par le médecin») et les passives tronquées qui n'expriment pas le sujet logique en structure de surface (par exemple, «Un médicament lui a été prescrit»), et, d'un point de vue sémantique, entre les passives réversibles (où les rôles d'agent et de patient sont réversibles pour deux référents donnés, par exemple, «Le garçon est poussé par la fille») et les passives non réversibles (par exemple, «La voiture est poussée par le garçon»).

Les différents types de phrases correspondent aux différentes fonctions reconnues du langage, d'où l'intérêt, dans une perspective pratique, de pouvoir les formuler adéquatement. Le Tableau 7 reprend les principales fonctions du langage. Nous distinguons deux «macro-fonctions», à savoir *les fonctions idéique-représentationnelle et interpersonnelle-conative (ou de contrôle)*. Ces deux macro-fonctions recouvrent l'éventail des fonctions habituellement proposées (par exemple, Halliday, 1975).

En ce qui concerne la voix, la fonction principale des phrases passives est *stylistique*. Ce type de phrase permet, en effet, d'attirer spécialement l'attention de l'interlocuteur sur la nouvelle information fournie dans la phrase (en plaçant cette dernière en tête de phrase — mise en évidence) alors qu'habituellement l'information nouvelle est prédiquée et donc placée dans la seconde partie de la phrase (Costermans, 1981). Les notions d'information nouvelle et ancienne (cf., par exemple, Chafe, 1970) renvoient soit à ce que l'interlocuteur a pu apprendre dans le cours de l'échange discursif avec le locuteur, soit aux connaissances dont l'interlocuteur disposait dès avant l'échange discursif avec le locuteur. Si nous reprenons, toujours à titre d'exemple, la phrase passive qui figure ci-dessus «Le garçon est poussé par la fille», on peut admettre dans les limites du présent exposé que la procédure de passivisation répond à un objectif stylistique qui vise à mettre en évidence la «victime», c'est-à-dire «le garçon». La phrase passive en question est donc proche, à ce point de vue fonctionnel, d'un énoncé du type «C'est LE GARÇON (accentuation) qui a été poussé par la fille» ou du type «La fille a poussé LE GARÇON» (idem), si on veut bien supposer que l'information nouvelle dans ce cas concerne le patient de l'action exprimée par le verbe et l'information ancienne l'agent de cette même action. (On verra notamment Hupert & Costermans, 1976, pour une discussion approfondie du rôle du passif dans les langues française et anglaise).

*Tableau 7*
*Les principales fonctions du langage et leur correspondance (non exclusive) avec les différents types structuraux de phrases*

---

*Macro-fonctions:*

1. *Idéique-représentationelle* (sous-fonctions: re-présentation de la réalité réelle ou imaginaire — créativité —, traitement de l'information, échange d'information, conceptualisation).
2. *Interpersonnelle-conative (ou de contrôle)* (sous-fonctions: contrôle de soi et contrôle d'autrui).

*Correspondance entre ces fonctions et les divers types de phrases:*

*Fonction idéique-représentationnelle:*

- *phrases déclaratives*
- *phrases exclamatives*
- *phrases interrogatives*

*Fonction conative:*

- *phrases impératives*
- *requêtes* (autres qu'impératives et exprimées selon des modalités déclaratives, exclamatives ou interrogatives — par exemple, «Il fait froid ici» — déclaratif ou exclamatif — prononcé à l'adresse d'un interlocuteur se trouvant à portée d'une fenêtre ouverte dans une pièce; et «Pouvez-vous fermer cette fenêtre?» produit dans la même situation).

---

Les divers types de phrase que nous avons répertoriés peuvent être appris par modelage, imitation, et renforcement différentiel en utilisant les techniques du conditionnement operant ou de l'apprentissage instrumental (cf. par exemple, Ruder, 1978 et Waryas & Stremel-Campbell, 1978). Il est également important, certes, d'apprendre à l'enfant à répondre correctement aux énoncés qui lui sont adressés et donc à pouvoir jouer son rôle d'interlocuteur. Spindler Barton (1970) a proposé un programme d'entraînement orienté dans ce sens. On y apprend à l'enfant à se centrer sur l'élément clé d'énoncés interrogatifs appelant une réponse autre que «oui» ou «non» (c'est-à-dire l'adjectif, le pronom, ou l'adverbe interrogatif — en liaison, certes, avec le reste de l'énoncé) et à bâtir une réponse pertinente à partir de là. La réponse est ensuite allongée selon une procédure similaire à celle que nous avons décrite plus haut pour passer des énoncés à deux mots à des énoncés plus longs.

Il n'est nullement nécessaire, à ce stade, d'apprendre formellement à l'enfant l'usage de l'impératif et des énoncés exclamatifs. L'impératif ne requiert au minimum qu'un seul mot (le verbe conjugué de façon appropriée), ce qui nous renvoie à l'entraînement des productions verbales à un seul mot et à leur expansion subséquente en énoncés plus longs. De même, la production des énoncés et des phrases exclamatives est affaire d'intonation et d'accentuation. Les enfants produisent spontanément de tels énoncés dès les tout premiers moments du développement du langage.

On déconseillera de perdre trop de temps à tenter de faire produire des structures passives par l'enfant retardé mental modéré et sévère. On sait (Rondal, 1978a) que ces structures représentent moins de 5 % de l'ensemble des productions des locuteurs adultes. Il ne paraît donc nullement nécessaire d'entraîner systématiquement les sujets retardés à produire de telles phrases, d'autant plus que leur fonction stylistique, mentionnée plus haut, peut être parfaitement remplie en recourant à d'autres moyens (paraverbaux et/ou non verbaux, notamment), moyens à l'utilisation desquels il est plus aisé d'encourager et d'entraîner les sujets retardés qu'à la production (relativement complexe) des formes passives. (Voir aussi Rondal, 1985b).

## D. *Favoriser les marquages morpho-syntaxiques*

Il existe des tentatives expérimentales d'entraînement à certains marquages morpho-syntaxiques avec des sujets retardés modérés et sévères basées également sur l'emploi des techniques opérantes ou instrumentales et qui ont rencontré le succès (on verra Garcia & DeHaven, 1974; Graham, 1976; et Waryas & Stremel-Campbell, 1978, pour des revues de cette littérature). Par exemple, Baer et ses collaborateurs (Baer & al., 1967; Guess, 1969; Guess & al., 1968) ont établi des comportements imitatifs verbaux chez des enfants retardés et s'en sont servis pour leur apprendre à marquer le pluriel des mots dans leur langage spontané. Wheeler & Sulzer (1970) ont établi de la même façon l'usage productif de certains morphèmes dans le langage d'un enfant retardé âgé de 8 ans. L'enfant qui n'utilisait spontanément jusque-là aucun article, auxiliaire et participe apprit à utiliser ces éléments et donc à rendre son expression verbale plus précise et mieux adaptée à la communication. Smeets & Striefel (1976) ont également entraîné un groupe d'adultes retardés mentaux sévères à faire usage de l'article devant le nom et à généraliser cet usage en dehors du répertoire expérimental. Baer & Guess (1973) ont appris à trois sujets retardés mentaux sévères âgés respectivement de 7 ans et demi, 12 et 13 ans à dériver le nom à partir du verbe en ajoutant à la racine verbale le suffixe nominal approprié (par exemple, pêcher - pêcheur). Les mêmes auteurs (1971) ont entraîné avec succès un petit groupe de sujets retardés modérés et sévères à discriminer et à comprendre les formes adjectivales, comparatives et superlatives d'une série d'adjectifs (par exemple, simple - simpler - simplest). Schumaker & Sherman (1970) ont appris à un petit groupe de sujets retardés modérés âgés de 14 à 18 ans à employer les inflexions verbales appropriées pour conjuguer correctement une série de verbes aux temps présent et passé. Lutzker & Sherman (1974) ont entraîné trois sujets retardés modérés âgés respectivement de 6, 12 et 32 ans à accorder en nombre le sujet et la copule de phrases simples actives déclaratives affirmatives (à un sujet au singulier correspond l'utilisation de la copule «is», par exemple, «The car is green»; à un sujet au pluriel correspond la copule «are», par exemple, «The cars are green»). Ils ont procédé également par modelage, imitation verbale, et renforcement différentiel. De même, Pothier & al. (1974) ont montré avec un groupe d'enfants retardés modérés et sévères âgés d'environ 6 ans qu'un entraînement d'une durée de 6 mois portant sur la compréhension des requêtes verbales aboutissait, pour tous les enfants, à améliorer singulièrement leurs capacités linguistiques réceptives mais aussi leurs capacités expressives, notamment dans le chef de l'identification verbale des objets et de la qualité et de la pertinence des réponses verbales.

Certes, de nombreux problèmes restent à résoudre dans cette approche. Il n'est pas aisé, par exemple, d'assurer la généralisation des apprentissages aux formes non apprises, non plus que la généralisation de l'utilisation des formes apprises au cours des séances de travail au langage spontané produit en situation naturelle.

On verra sur ces points les suggestions de Stokes & Baer (1977) relativement à une technologie de la généralisation des apprentissages et le texte de Guess & al. (1978) sur le même sujet. Nous traitons du problème à la section 7 du présent chapitre. Nous y envisageons également la nécessaire intégration des interventions ponctuelles du type de celles présentées ici dans un cadrage développemental.

## 5. Principes d'une intervention communicative totale

Nous avons fait mention au chapitre 6 de quelques études visant à utiliser simultanément le langage gestuel et le langage oral pour tenter de favoriser les premiers développements communicatifs chez des sujets handicapés mentaux sévères et profonds. Cette approche est connue maintenant sous le nom d'intervention communicative totale. Le premier principe en étant qu'il faut exposer le sujet handicapé sévère et profond à un environnement communicatif et symbolique enrichi (au moins deux systèmes de communication : l'un visuo-moteur, le langage gestuel, l'autre auditivo-verbal, le langage oral) et donc *plus stimulant*. Le second principe stipulant que le passage par le geste, c'est-à-dire la production du geste simultanément avec le mot, permet au premier de jouer un rôle d'entraînement, pour ainsi dire, vis-à-vis des productions orales. L'enfant ou l'adolescent retardé non verbal est plus sensible dans un premier temps aux comportements gestuels de l'interlocuteur et a davantage tendance à les reproduire que les comportements verbaux, mais les deux types de comportements se trouvant associés en permanence dans ce type d'intervention, *les comportements gestuels favorisent la compréhension verbale et en viennent à stimuler la production des éléments verbaux associés*. On peut alors se concentrer davantage sur ceux-ci et faire progresser la rééducation dans ce sens. Brookner & Murphy (1975) rapportent une intervention communicative totale avec un adolescent retardé mental sévère jusque-là non verbal mais entendant correctement. Cet adolescent fut placé dans un programme de communication totale après deux ans de vains efforts pour tenter de lui faire acquérir un répertoire de base en langage oral. L'intervention communicative totale combinait les gestes et la parole avec en plus des activités de déchiffrage graphique et de reproduction de symboles écrits. En l'espace de quelques mois, on put amener ce sujet à comprendre et à produire une centaine de mots produits au moyen de signes gestuels, écrits, ou encore parlés. De même, Kopchick & al. (1975) — voir aussi Kopchick & Lloyd, 1976 — ont procédé par tranches de ce qu'ils appellent «24 heures de communication totale» dans un environnement institutionnel pour favoriser les premiers développements communicatifs avec un groupe d'enfants retardés sévères et profonds non verbaux. La procédure consistait à entraîner le staff de l'institution à s'exprimer avec les enfants à la fois gestuellement et oralement. Au bout de 6 mois, les enfants avaient acquis un répertoire de mots et de signes et commençaient à former des énoncés verbaux composés de deux mots et quelques fois davantage.

Rondal & Hoffmeister (1975, 1976) ont suggéré qu'on applique les principes de la communication totale pour favoriser le développement du langage oral dans ses aspects réceptifs et productifs chez les enfants retardés modérés et sévères, *même si ces derniers ont déjà commencé à s'exprimer sur le mode oral.* La proposition est donc originale par rapport à l'application de la même technologie à des sujets complètement non verbaux. La proposition n'a pas été soumise à l'épreuve des faits. Les bénéfices prédits par les auteurs restent donc à ce stade simples hypothèses. A défaut de données empiriques, *des arguments théoriques* peuvent être avancés. La théorie soviétique de l'importance des réafférences motrices pour la régulation de l'activité corticale, particulièrement linguistique, fournit la base psycho-physiologique à partir de laquelle on peut attendre des formes de langage gestuel et oral qu'elles interagissent positivement. Selon Sokolov (1967), les afférences kinesthésiques en provenance de l'articulation des mots (à voix haute ou en parole intérieure, à condition que cette dernière soit suffisamment rendue en périphérie), renforcées par la formation réticulaire et le thalamus, déterminent une activation corticale spécifique et non spécifique. L'activation corticale spécifique consiste en une facilitation et une régulation des opérations centrales de sélection et de combinaison des unités verbales (Zhinkin, 1968). Cette fonction d'activation corticale a été documentée dans la littérature expérimentale soviétique et américaine. On verra Sokolov (1972), McGuigan (1966), McGuigan & Schoonover (1973), et Locke (1970) pour des revues de cette littérature. Bien qu'on ait surtout insisté sur l'importance des kinesthésies verbales, il n'y a rien dans la théorie qui oblige à restreindre la fonction d'activation kinesthésique corticale aux afférences en provenance des organes de la parole. L'analyseur moteur intègre également d'autres types de kinesthésies (Luria, 1966; Sokolov, 1967). Parmi celles-ci, les influx réafférents déterminés par les gestes, et notamment par les gestes symboliques, de par les relations qu'ils entretiennent avec la pensée verbale, semblent indiqués pour jouer un rôle dans l'activité régulatrice corticale non spécifique et spécifique. Sur cette base, il est raisonnable d'attendre des mots et des gestes qu'ils entrent dans un processus d'activation réciproque, ce qui semble bien démontré par les travaux mentionnés plus haut dans cette section et certains des travaux revus au chapitre 6, qui se situent dans la même veine.

*Les avantages éducatifs* du système proposé sont les suivants. Le langage gestuel peut constituer un intéressant système de communication adjoint au système verbal pour les sujets qui rencontrent de sérieuses difficultés dans l'utilisation du langage parlé. Le fait de fournir d'emblée aux sujets retardés modérés et sévères la possibilité de disposer d'un système de gestes symboliques faciliterait sans doute leurs communication et permettrait une plus grande expression. On doit s'attendre également à ce que cela favorise le développement du langage oral. Il y a plusieurs raisons pour justifier cette espérance. Le langage gestuel (cf. Stokoe, 1971, 1972; Moores, 1978; Rondal, Henrot et Charlier, 1985) présente plusieurs intéressantes caractéristiques qui en font un système intermédiaire sur un continuum de complexité structurale. Comparée à celle du langage oral, la structure grammaticale du langage gestuel est plus simple, avec une prédominance de phrases courtes, déclaratives, arrangées dans un ordre qui tend à reproduire l'ordre des événements signifiés. Il dispose de moins de mots «fonction» (prépositions, conjonctions, articles, auxiliaires, etc.) que le langage oral. De plus, le langage gestuel permet davantage de duplications et de répétitions comparé au langage oral. Le langage gestuel permettrait également aux sujets retardés de se soustraire, au moins temporairement, aux difficultés morphologiques grammaticales du langage oral puisque le langage gestuel ne pratique pas ou peu l'inflexion.

Il est raisonnable de penser que la maîtrise d'un langage gestuel aboutirait à fournir à l'enfant retardé une compétence linguistique de base qui pourrait servir de point de départ et de support pour la suite du développement grammatical en langage oral, ce dernier restant, *il va de soi*, l'objectif majeur.

Comme le langage gestuel jouerait à titre de système adjoint dans une perspective interventionnelle communicative totale, il est essentiel, évidemment, qu'il soit appris en même temps que le langage oral. Dans la plupart des cas, le retard mental ne peut être prédit à la naissance. Même si c'était possible, les parents devraient être préparés à utiliser le langage gestuel et le langage oral en parallèle dès le début de l'existence de l'enfant retardé. Il importerait donc qu'à côté de l'enseignement du langage gestuel aux sujets retardés, ce même système de communication soit offert à titre d'option et soit encouragé dans les programmes scolaires des sujets normaux.

## 6. Principes d'intervention continue

### A. *Eléments de description*

Le développement des programmes d'intervention langagière en arriération mentale a connu un essor considérable au cours de la dernière décennie. Deux questions se posent: que faut-il apprendre et comment apprendre ? La première question se réfère au *contenu et aux objectifs* de l'intervention, la seconde question aux *méthodes* utilisées. Le présent chapitre illustre divers aspects des programmes d'intervention langagière tels qu'on les conçoit aujourd'hui: l'installation d'une communication non verbale, les prérequis cognitifs, le rôle de l'imitation, l'apprentissage lexical et morpho-syntaxique. Préoccupés par la définition des contenus et le choix des méthodologies, les chercheurs ont négligé, jusqu'il y a peu, deux autres questions cruciales: qui apprend aux sujets arriérés mentaux et dans quel(s) milieu(x)? (MacDonald, 1975). On peut distinguer deux types de milieux: d'une part, *le milieu d'apprentissage*, lieu privilégié de l'intervention, dans lequel les thérapeutes et autres professionnels installent des comportements verbaux chez des individus pris séparément, au moyen d'un arsenal de techniques spécialisées; d'autre part, *les milieux réels de vie et de communication* des sujets retardés mentaux. Ces milieux naturels n'ont guère reçu, jusqu'à récemment, l'attention des chercheurs. On estimait en effet qu'il était suffisant de placer l'enfant retardé dans «un bain de langage» — et autres métaphores «mouillées» non autrement définies — pour soutenir ses progrès en dehors des séances individuelles de rééducation.

L'implantation accrue des programmes d'intervention dans divers environnements et l'intérêt récent porté en psycholinguistique à la fonction pragmatique du langage (cf. chapitre 5) ont amené une révision des conceptions traditionnelles séparant, dans l'intervention, le milieu d'apprentissage du milieu habituel de vie. Actuellement, ces deux environnements se confondent dans une perspective unitaire et fonctionnelle: l'intervention langagière en arriération mentale consistera désormais à doter les sujets retardés mentaux, enfants et adultes, d'un répertoire de comportements verbaux et non verbaux leur permettant de s'exprimer au mieux de leurs possibilités dans les différents milieux où ils évoluent, et de comprendre les exigences verbales de ces milieux. L'élargissement de la notion d'intervention a entraîné deux modifications importantes de la situation de rééducation. Premièrement, l'éducation langagière ne se ramène plus simplement à une série d'épisodes dans la vie du sujet retardé mental, épisodes de durées plus ou moins longues pendant lesquels un(e) spécialiste en rééducation du langage lui apprend un certain nombre de conduites verbales. L'intervention n'est plus limitée à une seule situation. C'est l'ensemble des milieux dans lesquels évoluent les sujets arriérés mentaux qui deviennent les lieux d'apprentissage (Hart & Rogers-Warren, 1978). Deuxièmement, l'éclatement de la notion de milieu entraîne nécessairement l'introduction d'autres personnes que le spécialiste en rééducation dans l'univers éducatif du sujet retardé. C'est l'ensemble des personnes vivant avec les individus arriérés qui vont jouer, en proportions variables, le rôle d'agent d'apprentissage (McLean & Snyder-McLean, 1978). C'est ainsi que selon l'âge de la personne handicapée et suivant son cadre réel de vie, les parents, la fratrie, les enseignants d'écoles spéciales, les enfants normaux dans les écoles intégrées, ou les éducateurs en institution, interviendront dans le processus de rééducation.

La notion d'intervention *continue* implique la prise en considération des variables suivantes dans la construction des programmes d'apprentissage: 1) le sujet arriéré mental, 2) les personnes en relation avec le sujet retardé, 3) les milieux, 4) la généralisation des acquis réalisés en un milieu déterminé aux autres milieux et contextes de vie. Le Tableau 8 présente schématiquement les principales relations entre ces variables.

*Tableau 8*
*Variables à prendre en considération dans les programmes d'intervention continue*

---

*1. Le sujet arriéré mental*
  - Mode de communication utilisé
  - Contenu référentiel de la communication
  - Utilisation de la communication
  - Développement des capacités d'interactions

*2. Les personnes en relation avec le sujet arriéré mental*
  - Connaissance des méthodes d'observation
  - Connaissance des méthodes d'évaluation
  - Connaissance des techniques d'apprentissage

*3. L'aménagement du milieu d'apprentissage*

*4. La généralisation des acquisitions aux autres milieux de vie*

---

*1. Le sujet arriéré mental*

MacDonald (1980), dans un schéma d'intervention visant la communication chez l'enfant retardé, distingue plusieurs composantes des actes communicatifs devant être intégrées dans tout programme d'apprentissage continu:

- *Le mode de communication*, non verbal et/ou verbal, ayant une valeur fonctionnelle pour le sujet et susceptible d'être compris dans les différents milieux de vie.

- *Le contenu référentiel*, c'est-à-dire la détermination d'unités langagières ayant une valeur fonctionnelle pour le sujet. Ce contenu doit être déterminé à partir de deux éléments : la motivation du sujet pour les actes communicatifs et les occasions qui lui sont fournies pour communiquer.

- *L'utilisation de la communication* : pourquoi le sujet communique-t-il ? Le sujet retardé mental doit pouvoir utiliser le langage dans un but d'expression personnelle et d'adaptation sociale.

- *Le développement des capacités d'interaction* : l'intégration sociale et l'initiative, la possibilité d'adapter son langage au langage des interlocuteurs, et l'acquisition d'un ensemble de compétences directement liées à l'acte de communication lui-même (prise de tours, enchaînement conversationnel, stratégies d'autocorrection, etc.).

2. *Les personnes en relation avec le sujet retardé*

Les parents, la frâtrie, les enseignants, les éducateurs et, en fait, toute personne évoluant dans l'univers du sujet arriéré mental, sont des agents potentiels d'intervention. Idéalement, ces personnes doivent pouvoir évaluer le sujet retardé du point de vue langage et communication, et lui apprendre à mieux communiquer et à mieux parler :

- *L'évaluation.* L'évolution des idées sur l'éducation des sujets retardés mentaux a favorisé l'utilisation des techniques d'évaluation par des personnes qui en avaient été écartées jusque-là sous le prétexte qu'elles n'étaient pas spécialisées dans le domaine (Lambert, 1978). On dispose actuellement d'un arsenal de techniques d'évaluation susceptibles d'être utilisées par toutes les personnes en contact avec les sujets retardés. De nombreux programmes d'intervention incluent maintenant les parents, les enseignants et les éducateurs dans le processus d'évaluation du langage des sujets retardés (par exemple, Ludlow & Allen, 1979; Wheman & Garrett, 1978; Mitchell, 1980). Les spécialistes ont un double rôle à jouer dans le processus : premièrement, former les personnes qui font partie de l'entourage des sujets retardés mentaux et, une fois cette formation à l'évaluation terminée, assurer la supervision de la démarche évaluative.

- *La rééducation elle-même.* L'introduction de l'entourage social des sujets arriérés dans la démarche d'intervention sous-entend que les personnes de l'entourage soient en mesure de mener à bien les apprentissages langagiers. Cette compétence concerne l'acquisition de méthodes d'observation et de techniques d'apprentissage. Le rôle des spécialistes est prépondérant. Après avoir mené à bien leur formation, les spécialistes doivent assurer la supervision des personnes en contact avec les sujets retardés. Cette supervision peut prendre diverses formes, selon les contextes éducatifs et socio-économiques dans lesquels elle est implantée (cf. Lambert & Rondal, 1980, pour une description des modalités de formation des parents et des enseignants concernés).

*3. L'aménagement du milieu*

Le milieu dans lequel prend place l'intervention doit permettre non seulement l'apprentissage des conduites langagières, mais également le maintien de ces conduites dans le temps. La création d'un environnement favorable à l'apprentissage dépend, en premier lieu, des capacités communicatives des sujets retardés mentaux. L'évaluation des individus retardés est particulièrement importante dans la mesure où elle permet de situer leurs acquis et leurs faiblesses et, en conséquence, de construire un milieu adapté. Les aménagements pratiques (disposition des locaux, nombre d'enfants ou d'adultes présents par séance de travail, choix du matériel éducatif, etc.) sont surbordonnés à deux conditions: la détermination des objectifs d'intervention et la formation des agents éducatifs.

*4. La généralisation des acquisitions*

Pour être fonctionnelle sur le plan de la communication, toute acquisition réalisée dans un milieu doit pouvoir être utilisée dans un autre milieu. Dans le domaine des apprentissages humains, et le langage n'échappe pas à cette constatation, il apparaît que bon nombre de comportements appris dans un milieu donné ne se généralisent pas automatiquement à d'autres environnements (cf. la revue présentée par Siegel & Spradlin, 1978). Le problème de la généralisation, ou du transfert, des acquisitions doit être abordé principalement chez les sujets arriérés modérés et sévères. Ces derniers présentent des différences importantes par rapport aux sujets normaux quant à la capacité de transférer des apprentissages d'un contexte à l'autre. Différentes solutions ont été proposées au problème de la généralisation des apprentissages chez les sujets retardés (Guess & al., 1978; Siegel & Spradlin, 1978; Rogers-Warren & al., 1978). Elles se résument en une phrase: la généralisation est grandement facilitée si le langage appris par les sujets retardés a valeur fonctionnelle. Traditionnellement, l'intervention langagière était située dans un contexte physique et social restreint. D'autre part, l'utilisation de modèles d'intervention ponctuels (cf. ce chapitre, section 7) limitait l'apprentissage à un ou deux comportements spécifiques. Ces deux caractéristiques concouraient à rendre particulièrement difficile la généralisation des acquisitions. Les tendances actuelles en matière d'intervention, alliant l'introduction des apprentissages dans les milieux habituels de vie des sujets retardés mentaux à l'utilisation de modèles développementaux basés sur les connaissances actuelles en psycholinguistique développementale, permettent de minimiser les difficultés rencontrées par les sujets retardés à transférer leurs nouvelles compétences d'un environnement à un autre. Le développement du lieu traditionnel d'intervention — le local de rééducation avec sa situation duelle, le thérapeute et le patient — vers le milieu réel de vie des sujets arriérés mentaux favorise le transfert naturel des acquisitions. Trois grandes solutions sont proposées, à condition évidemment que la formation et la supervision des personnes inclues dans les programmes soient assurées par des spécialistes: soit le programme d'intervention est directement implanté dans le milieu familial, c'est le cas pour les enfants d'âge préscolaire (Shearer & Shearer, 1972; Lambert, 1979; Rondal, 1985b), soit l'intervention est pratiquée à la fois dans un centre, avec la participation directe des enseignants, et dans la famille (Rynders & Horrobin, 1975), soit encore les apprentissages se déroulent exclusivement dans un centre, avec participation active des parents à raison d'un jour par semaine (par exemple, Hayden & Dmitriev, 1975). Dans les deux derniers cas, le centre fournit un environnement répondant aux exigences développementales des sujets retardés mentaux et fonctionne sur le modèle d'une classe spéciale dotée d'un personnel hautement qualifié dans le domaine du handicap mental à la fois sur les plans théorique et pratique.

### B. *Quelques modèles d'intervention*

L'idée de transplanter le cadre traditionnel de l'intervention dans le milieu naturel des sujets retardés mentaux est relativement récente et découle des travaux menés sur l'adaptation des divers milieux, le milieu familial notamment, aux possibilités linguistiques des individus retardés (cf. chapitre 5).

C'est l'intervention en milieu familial qui a reçu le plus d'attention. Le caractère approprié de l'environnement linguistique maternel pour l'acquisition et le développement du langage chez les jeunes enfants retardés mentaux modérés et sévères n'exclut nullement l'idée d'une intervention supplémentaire dans le milieu familial visant à *optimaliser* éventuellement l'apport de ce milieu au développement linguistique des enfants (Rondal, 1977). MacDonald & al. (1974) et MacDonald (1975) ont tenté d'améliorer le langage d'enfants trisomiques 21, âgés de 3 à 5 ans, et ne produisant jusque-là que des énoncés à un mot, en demandant aux mères d'assister et de participer activement à des séances de rééducation menées par un thérapeute. Dans la seconde partie de l'étude, les mères devaient continuer à domicile les pratiques éducatives démontrées par le thérapeute. Seitz & Hoekenga (1974) ont également demandé à des mères d'enfants retardés d'observer pendant un certain temps le rééducateur en situation d'apprentissage verbal avec l'enfant. Les mères devaient ensuite se substituer au rééducateur dans la dernière partie du programme de travail. Contrairement à MacDonald & al., Seitz & Hoekenga ne fournirent que peu d'informations aux mères sur les objectifs poursuivis et sur la manière dont le programme d'entraînement au langage devait être mené. Rynders & Horrobin (1975) ont enseigné à des mères de jeunes enfants trisomiques 21 à utiliser des jouets et divers mots durant les activités de toilettage et de jeu avec leurs enfants. Toutes ces études rapportent des résultats positifs. Il est parfaitement possible d'entraîner des mères et de leur confier ensuite des responsabilités de «rééducateur adjoint», puis de «rééducateur indépendant». Les enfants ayant participé aux études en question démontrèrent des progrès importants et durables dans le domaine du développement du langage, contrairement aux sujets contrôle, lesquels ne firent aucun progrès comparable pendant le même intervalle de temps. Ces résultats indiquent qu'il est possible d'agir sur l'environnement familial de façon à en optimaliser les effets sur le développement linguistique de l'enfant retardé mental.

Une étude de Cheseldine & McConkey (1979) apporte des informations précieuses sur la manière dont le milieu familial peut servir d'agent d'intervention. Ces auteurs ont travaillé avec un groupe de parents d'enfants, trisomiques 21 (AC moyen = 5 ans 2 mois) se trouvant au stade des productions verbales à un mot. Les parents furent priés de tenter d'amener leur enfant à utiliser un maximum d'énoncés à deux mots comprenant un nom et un verbe (par exemple, «poupée - boire», «auto - partir»). Cheseldine & McConkey ne fournirent aucune indication aux parents sur la façon de mener à bien les apprentissages. Un matériel de jeu approprié fut mis à leur disposition (comprenant poupées, briques en plastique, autos, etc.). Le père et la mère devaient diriger chacun un minimum de 4 sessions d'apprentissage, d'une durée de 10 minutes chacune, pendant deux semaines, le tout au sein de la famille. Au bout du temps alloué, 5 familles sur 9 atteignirent l'objectif fixé. Les autres familles échouèrent dans leurs tentatives. L'analyse du langage parental adressé aux enfants durant les séances d'apprentissage a permis de mettre en évidence des stratégies différentes utilisées par les deux groupes de parents. Les parents «efficaces» modifièrent leur langage pour le rendre plus simple et adapté à l'objectif fixé. Ils modelèrent directement les chaînes de deux mots en insistant sur le verbe (par exemple, en produisant l'énoncé «poupée - boire», tout en amenant l'enfant à faire boire la poupée). Les parents ayant échoué dans l'apprentissage ne modifièrent guère leur langage en interagissant avec l'enfant. Ils procédèrent surtout par des questions posées à l'enfant, lui demandant de reproduire fidèlement les productions parentales (par exemple, «Qu'est-ce qui est parti?» ou «Dis à la poupée de boire»). Les stratégies efficaces semblent donc celles qui consistent à modeler clairement les mots-cibles dans des phrases simples, sans exiger de l'enfant qu'il les répète immédiatement et correctement. Les questions parentales semblent moins efficaces pour atteindre l'objectif fixé dans la mesure où elles n'aboutissent généralement qu'à la production d'un seul mot par l'enfant. Cheseldine et McConkey entreprirent ensuite d'amener les parents «moins efficaces» à utiliser les stratégies des parents «efficaces». Les premiers purent alors atteindre l'objectif établi initialement. Cette recherche montre que les interventions parentales en matière d'apprentissage du langage sont plus efficaces si l'on indique les procédures à suivre, bien que certains parents sont parfaitement à mêmes d'arriver à la bonne pratique, spontanément ou par tâtonnements. L'aide aux parents nécessite évidemment qu'on détermine à l'avance les stratégies efficaces pour favoriser le développement du langage chez les enfants retardés. Certaines de ces stratégies commencent à être connues et les recherches menées depuis plusieurs années sur le développement psycholinguistique normal et retardé offrent des suggestions importantes sur ce point (cf. Rondal, 1983, 1985a).

Mitchell (1980) propose une technique d'analyse des interactions parents - enfants retardés mentaux dans des situations d'apprentissage discriminatif. La technique, mise au point à partir de l'observation de huit dyades parents - enfants trisomiques 21 (AC moyen = 5 ans 4 mois), comprend 5 catégories de codage destinées à caractériser les interactions survenant entre les parents et les enfants. Le Tableau 9 présente ces catégories avec, pour chacune d'entre elles, les types de conduites possibles. Le tableau peut servir de point de départ pour la construction d'un instrument d'évaluation des interactions en situations dyadiques et, en même temps, de guide pour la création d'un environnement structuré d'apprentissage du langage en milieu familial.

*Tableau 9*
*Catégories d'interactions dans les situations dyadiques parents-enfants retardés mentaux*
*(d'après Mitchell, 1980)*

---

**A. Types d'actes communicatifs**

1. *Les opportunités de réponses:* tentatives effectuées par un membre de la dyade pour influencer ou contrôler le comportement de l'autre membre:
   A. *Commandes:* « Dis-moi quelle est cette couleur ».
   B. *Requêtes:* « Peux-tu mettre cet objet là ».
   C. *Questions:* - *questions fermées:* « Est-ce rouge ou jaune? ».
       - *questions ouvertes:* « Qu'allons-nous faire? ».
   D. *Assertions:* « C'est un cube bleu ».

2. *Les réponses:* effectuées suite à une opportunité de réponse fournie par un des interlocuteurs:
   A. *Assertions LR:* où L est le locuteur et R, le récepteur. Ce type d'assertion est, par exemple, le second élément de la séquence suivante:
   Parent: « Où est le cube bleu? ».
   Enfant: « *Là* » (montre le cube bleu).
   B. *Assertions LRL:* feedback donné par le locuteur à la réponse du récepteur. Par exemple, le troisième élément de la séquence suivante:
   suivant: « Où est le cube bleu? ».
   Enfant: « Là ».
   Parent: « *Très bien* ».

**B. La description du contexte:** caractérisation de la situation d'apprentissage (matériel, lieu, consignes, objectifs de l'apprentissage, type de manipulations demandées, etc.).

**C. Mode de communication**
Description du mode utilisé par les interlocuteurs:
1. *Mode verbal seul.*
2. *Mode non verbal seul.*
3. *Combinaison du mode verbal et du mode non verbal:* par exemple, le parent demande « Quelle est la couleur de ce cube? », tout en montrant le cube du doigt.

**D. Structure des opportunités de réponses fournies par les parents:**
1. *Acte verbal seul*, sans manipulation de matériel: les parents disent à l'enfant ce qu'il doit faire, le questionnent, etc.
2. *Référence au contexte:* verbalisation avec accompagnement gestuel; par exemple: « Tu mets ce cube sur celui-là », en montrant le cube à déplacer.
3. *Modelage:* verbalisation et démonstration de l'action à produire.
4. *Intervention directe:* verbalisation et aide physique dans la réalisation de la tâche.
5. *Réalisation à la place de l'enfant:* verbalisation et réalisation de la tâche par les parents.

**E. Degré de correspondance entre les réponses des interlocuteurs:** analyse de la qualité des relations entre une réponse fournie par un membre de la dyade et la production verbale préalable de l'autre membre de la dyade.
1. *Correspondance totale:* la réponse est correcte ou appropriée.
2. *Correspondance partielle:* la réponse est partiellement correcte; par exemple: en

réponse à l'invitation «Montre-moi les cubes bleus», l'enfant ne montre qu'un cube.
3. *Erreur:* réponse incorrecte ou refus de suivre un suggestion verbale.
4. *Feedback:* information verbale et/ou non verbale produite par un des membres de la dyade après la réponse fournie par l'autre membre:

   a) *Feedback positif univoque:* «C'est juste, c'est le cube rouge».
   b) *Feedback positif équivoque:* «C'est presque çà».
   c) *Feedback neutre:* reconnaissance de la performance, mais sans information claire sur le degré de correspondance: «Hum, Hum», «Oui», «D'accord».
   d) *Feedback négatif:* «Ce n'est pas juste».

A notre connaissance, la recherche de Rychtarik & Bornstein (1979) reste, jusqu'ici, la seule ayant abordé *l'apprentissage* de conduites conversationnelles chez des adultes arriérés mentaux. Les auteurs apprennent à trois adultes retardés modérés (AC moyen + 25 ans; QI moyen = 55) à développer trois conduites conversationnelles à partir de l'observation de conversations entre adultes normaux présentées au moyen d'un vidéo. Les conduites visées sont les suivantes: le contact oculaire avec l'interlocuteur, la production de questions visant à maintenir le contact dans la conversation — requêtes («Parlez-moi de cela»), questions factuelles («Depuis combien de temps êtes-vous ici?»), et suggestions ou demandes de clarification («Vraiment?») — et la production de feedbacks positifs — approbations verbales indiquant soit l'acquiescement, soit la compréhension du message du locuteur. Après 3 sessions d'observation d'une demi-heure chacune, les sujets arriérés sont placés en situation d'apprentissage pendant 12 sessions d'une durée de 30 minutes. Deux des adultes retardés accroissent significativement la production des conduites conversationnelles visées par l'apprentissage et cette amélioration se généralise à plusieurs interlocuteurs. Par contre, on n'observe aucune modification de la compétence conversationnelle dans le chef des autres conduites qui constituaient l'objet spécifique de l'apprentissage. On ne peut évidemment conclure à partir d'une seule étude. Il est nécessaire de multiplier ce type de recherche en plaçant les adultes retardés dans leurs conditions habituelles de vie. On signalera à ce sujet que l'étude des compétences communicatives des adultes arriérés mentaux en situations naturelles de communication reste un domaine peu exploré malgré son importance pratique.

## 7. Utilité et limites des interventions ponctuelles

L'intervention langagière dans le domaine du handicap mental a été dominée durant de nombreuses années par une approche étroitement empirique. Cette orientation se caractérise par l'absence de référence à un modèle théorique du développement psycholinguistique et par la mise en place de situations ponctuelles d'intervention destinées à remédier à des aspects langagiers spécifiques. Ces dernières années ont vu apparaître dans la littérature spécialisée une controverse entre les tenants des thèses empiristes et les psycholinguistes développementalistes. Pour ces derniers, l'intervention langagière chez les sujets arriérés mentaux doit se baser sur les informations disponibles sur le développement linguistique des sujets arriérés et des sujets normaux. Cette démarche implique également que les assises cognitives du langage soient prises en considération dans la conception des programmes d'apprentissage. Plutôt que de centrer leur intervention sur des aspects ponctuels du répertoire verbal, les développementalistes construisent des programmes dans lesquels les règles et les usages du langage sont enseignés à partir d'exemples soigneusement sélectionnés (par exemple, Bricker & Bricker, 1974; Snyder & McLean, 1976). Les partisans des modèles ponctuels, principalement représentés par le courant de la «modification du comportement» issu du conditionnement operant skinnérien (Skinner, 1969) ou de l'apprentissage instrumental (Staats, 1970, 1975), estiment quant à eux qu'une démarche développementale n'est pas nécessaire à strictement parler pour mettre au point des programmes d'apprentissage fonctionnels (par exemple, Guess & al., 1978; Wetherby & Striefel, 1978). Pour ces chercheurs, l'analyse des déficiences langagières permet de poser un ensemble d'objectifs spécifiques d'intervention qui peuvent être structuralement reliés ou non. Dans cette optique, les relations structurales et développementales entre les différents aspects du langage sont un objet d'étude séparé dont on peut faire l'économie pourvu que les modèles ponctuels soient efficaces.

La grande majorité des méthodes ponctuelles issues du conditionnement operant ou de l'apprentissage instrumental peuvent être groupées autour de quatre thèmes: l'imitation, le langage fonctionnel, les classes de réponses, et la généralisation des réponses. Nous avons traité de l'imitation et de la généralisation des réponses dans les chapitres précédents. L'apprentissage d'un langage fonctionnel est centré sur l'accroissement du répertoire lexical (Guess & al., 1974; Sulzbacher & Costello, 1970) et l'installation de réponses verbales aux questions et requêtes formulées par l'environnement social (par exemple, Sherman, 1965). Le lecteur verra Lambert (1978) pour une description détaillée d'exemples de programmes ponctuels portant sur ces domaines. Les classes de réponses se réfèrent à ce que les psycholinguistes appellent l'utilisation des règles. Dans la terminologie du conditionnement operant ou de l'apprentissage instrumental, la notion de classe de réponses renvoie au résultat d'une manipulation expérimentale : si une procédure d'apprentissage modifie certains éléments spécifiques d'une classe de réponses, les autres éléments seront affectés également. Guess & al. (1968) ont installé par imitation la production des morphèmes du pluriel dans le répertoire verbal d'enfants retardés mentaux sévères. L'apprentissage consistait à renforcer la dénomination plurale d'objets présentés par paires. Après l'apprentissage, les sujets étaient capables d'utiliser la forme du pluriel avec de nouveaux objets n'ayant jamais été inclus dans la procédure d'apprentissage. Sur le plan de la syntaxe, Wheeler & Sulzer (1970) ont montré que des enfants arriérés modérés pouvaient produire, après apprentissage, des phrases comprenant un sujet, un verbe et un objet, autres que celles ayant fait l'objet d'une acquisition par une procédure systématique de renforcement positif. Le point central sur lequel se basent les modèles ponctuels est l'analyse des contingences de renforcement devant être installées pour mener à bien l'intervention, à la fois en situation d'apprentissage et dans l'environnement habituel des sujets.

L'opposition entre les approches développementales et ponctuelles peut se résumer dans la réponse apportée par chaque courant à la question suivante : « Quel comportement faut-il apprendre en premier lieu à un sujet pour obtenir une modification comportementale optimale ? » (Brinker & Bricker, 1980). Pour les développementalistes, la réponse sera : « Apprendre les prérequis comportementaux identifiables à partir des connaissances issues du développement ». Par contre, les tenants des modèles ponctuels répondront généralement : « Il suffit de procéder à une analyse de la tâche à apprendre et d'identifier les conditions de stimulation et de renforcement dans lesquelles s'inscrit le comportement à installer ». La plupart des modèles ponctuels adoptent donc une attitude résolument a-théorique. La congruence du schéma d'intervention est évaluée uniquement selon son efficacité et son utilité fonctionnelle. Cette démarche empirique amène à retenir les programmes d'intervention efficaces et à remplacer ou à modifier ceux qui ne produisent pas les effets désirés.

L'utilisation des modèles ponctuels visant à l'apprentissage du langage chez les sujets arriérés mentaux a fourni, dans l'ensemble, des résultats positifs. Leur efficacité ne peut être niée et ils occupent incontestablement une place de choix dans l'arsenal des techniques disponibles pour installer ou améliorer le comportement verbal des individus. Rejeter les approches ponctuelles sous prétexte qu'elles ne sont pas basées sur une théorie développementale, c'est éliminer quatre-vingts pour cent des travaux à date portant sur l'apprentissage du langage chez les sujets arriérés mentaux. Les revues de Siegel &

Spradlin (1978) et de Guess & al. (1978) témoignent de l'essor considérable pris au cours des années par les démarches d'intervention ponctuelle (cf. également la section 4 du présent chapitre). Il ne peut donc être question de nier l'utilité de ces méthodes mais d'argumenter en faveur de leur insertion dans une optique plus large, une optique résolument développementale.

La position sensiblement a-théorique caractéristique des modèles ponctuels se base sur une série de résultats qui, à première vue, semblent minimiser l'importance des thèses développementalistes dans la conception des programmes d'apprentissage verbal chez les sujets retardés mentaux. Ainsi, Garcia & al. (1971) ont montré que l'acquisition d'un répertoire imitatif gestuel n'a pas ou peu d'effets sur un apprentissage imitatif verbal ultérieur. De même, Guess & Baer (1973) n'ont observé aucune généralisation des aspects réceptifs aux aspects productifs dans l'apprentissage du marquage morphologique du pluriel. Un sujet qui comprend la différence entre un cheval et des chevaux n'utilise pas nécessairement cette distinction morphologique dans son langage productif. (On verra cependant Pothier & al., 1974, pour un point de vue et des données empiriques allant en sens inverse). Le versant productif doit faire l'objet d'un apprentissage séparé. Assez curieusement, ce type de données a été utilisé pour rejeter l'approche développementale, les auteurs indiquant que, puisqu'il n'y a pas nécessairement généralisation entre les aspects réceptifs et productifs du comportement langagier, il doit en être de même pour toutes les autres composantes de ce comportement. L'absence de généralisation a été considérée comme une preuve a posteriori de l'absence de dépendance structurale et fonctionnelle entre des domaines comportementaux voisins et a abouti à minimiser la pertinence des thèses développementales qui font des relations structurales et fonctionnelles entre les divers aspects du langage, le cœur même des programmes d'intervention. Les tenants des modèles ponctuels ont en fait confondu deux phénomènes différents: la généralisation et l'interdépendance développementale des comportements (Brincker & Bricker, 1980). Si l'apprentissage d'un comportement A se généralise spontanément à l'apprentissage d'un comportement B, cela signifie que les comportements A et B font partie d'une même classe de réponses. Cela n'implique nullement que A et B sont structuralement et fonctionnellement interdépendants. Inversement, le fait de montrer que l'acquisition d'une réponse de compréhension verbale ne se généralise pas à la production verbale de cette même réponse ne signifie pas que la compréhension et la production sont des phénomènes indépendants, mais bien qu'ils portent sur des classes différentes de réponses.

Un second aspect inhérent aux programmes d'intervention ponctuels est critiquable sur le plan théorique. Il s'agit du postulat de l'équipotentialité des réponses à acquérir. Les approches ponctuelles abordent en effet l'apprentissage du langage sous un angle strictement fonctionnel. Il s'agit de faire acquérir à un sujet les comportements lui permettant de répondre aux exigences immédiates de son environnement. Cette démarche n'implique guère la prise en compte de la succession dans le temps développemental des structures linguistiques. Celles-ci sont envisagées comme théoriquement équipotentielles, c'est-à-dire comme possédant la même valeur d'adaptation pour l'individu. Ainsi, selon les contextes, on apprendra à un sujet des réponses d'imitation verbale, on élargira son répertoire lexical, ou encore on l'amènera à produire des énoncés comprenant sujet, verbe et objet. Une telle manœuvre va à l'encontre des indications fournies par la psychologie et la psycholinguistique. Il est évident que les divers comportements ne se situent pas tous au même niveau de difficulté pour un individu donné. Les conduites sont hiérarchisées dans un ordre développemental. Dans le domaine linguistique, un point essentiel à comprendre concerne l'organisation développementale des différentes composantes et sous-composantes du langage.

Si les méthodes empiriques, particulièrement illustrées dans les modèles ponctuels d'intervention, ont apporté des résultats incontestables dans l'apprentissage du langage chez les sujets arriérés mentaux, elles comportent également des limitations qui grèvent leur efficacité. L'intervention langagière ne peut, en fait, être conceptualisée utilement sans référence au développement. Il importe de comprendre non seulement comment s'installent et se maintiennent les comportements, mais également comment se structurent et interagissent les différents éléments du répertoire langagier. En arriération mentale, l'intervention langagière doit reposer sur une approche développementale. Cette démarche doit définir, dans un premier temps, les similitudes et les différences entre le développement verbal des sujets normaux et celui des sujets arriérés mentaux. Nous avons montré, tout au long de cet ouvrage, l'importance de la référence développementale pour la compréhension des mécanismes d'acquisition et de fonctionnement du langage chez les sujets retardés mentaux. Dans le domaine de l'intervention, les méthodes empiriques et ponctuelles ne peuvent avoir de portée véritable que dans la mesure où elles s'intègrent dans une perspective développementale.

# ELEMENTS BIBLIOGRAPHIQUES

BAER D. & GUESS D., Receptive training of adjectival inflexions in mental retardates. *Journal of Applied Behavior Analysis*, 1971, *4*, 129-139.

BAER D. & GUESS D., Teaching productive noun suffixes to severely retarded children. *American Journal of Mental Deficiency*, 1973, *77*, 498-505.

BAER D., PETERSON R. & SHERMAN J., The development of imitation by reinforcing behavioral similitary to a model. *Journal of the Experimental Analysis of Behavior*, 1967, *10*, 405-416.

BATESON M., Mother-infant exchanges: the epigenesis of conversational interaction. In D. Aaronson & R. Rieber (Eds), *Developmental psycholinguistic and communication disorders*. New York: New York Academy of Sciences, 1975.

BELLUGI-KLIMA U., *Communication personnelle*. The Salk Institute, San Diego, California, décembre 1974.

BRASSELL W.R. & DUNST C.J., Comparaison of two sets for fostering the development of the object construct. *American Journal of Mental Deficiency*, 1976, *80*, 523-528.

BRASSELL W.R. & DUNST C.J., Fostering the object construct: large scale intervention with handicapped infants. *American Journal of Mental Deficiency*, 1978, *82*, 507-510.

BRICKER D., Imitative sign training as a facilitator of word-object association with low-functioning children. *American Journal of Mental Deficiency*, 1972, 76, 509-516.

BRICKER W.A. & BRICKER D.D., An early language training strategy. In R.L. Schiefelbusch & L.L. Lloyd (Eds), *Language perspectives: acquisition, retardation and intervention*. Baltimore: University Park Press, 1974, pp. 431-468.

BRICKER W. & BRICKER D., Development of receptive vocabulary in severely retarded children. *American Journal of Mental Deficiency*, 1971, *75*, 599-605.

BRICKER D., DAVIS J., WAHLIN L. & EVANS J., *A motor training program for the developementally young*. Mailman center for Child Development. Miami: University of Miami, 1977.

BRICKER D., RUDER D. & VINCENT L., An intervention strategy for language deficient children. In N. Haring & Schiefelbusch (Eds), *Teaching special children*. New York: MacGraw-Hill, 1976.

BRINKER R. & BRICKER D., Teaching a first language: building complex structures from simpler components. In J. Hogg & P. Mittler (Eds), *Advances in Mental handicap research* (vol. 1). New York: Wiley, 1980, pp. 197-224.

BROOKNER S. & MURPHY N., The use of a total communication approach with a nondeaf child: A case study. *Language, Speech and Hearing Services in Schools*, 1975, *6*, 131-139.

BRUNER J., *On prelinguistic prerequisities of speech*. Oxford University, 1975.

CHAFE W., *Meaning and the structure of langage*. Chicago: The University of Chicago Press, 1970.

CHESELDINE S. & McCONKEY R., Parental speech to young Down's syndrome children: an intervention study. *American Journal of Mental Deficiency*, 1979, *83*, 612-620.

CHOMSKY C., *The acquisition of syntax in children from 5 to 10*. Cambridge, Massachusetts: The M.I.T. Press, 1969.

CONNOLLY K., Learning and the concept of critical period in infancy. *Developmental Medecine and Child Neurology*, 1972, *14*, 705-714.

COSTERMANS J., *Psychologie du langage*. Bruxelles: Mardaga, 1981.

CURTISS S., *Genie. A psycholinguistic study of a modern-day « wild child »*. New York: Academic Press, 1977.

EIMAS P., SIQUELAND E., JUSCZYK K.P. & VIGORITO J., Speech perception in infants. *Science*, 1971, *171*, 303-306.
FRANCK I., *Manuels pour la formation des parents et de jeunes enfants mongoliens. Etude expérimentale.* Mémoire de Licence, Université de Liège, 1980.
FRIEDLANDER B.Z., Receptive langage development in infancy: issues and problems. *Merril-Palmer Quartely*, 1970, *16*, 7-51.
FRISTOE M., *Langage intervention systems for the retarded: A catalog of original structured langage programs in the use in the U.S.* Montgomery, Alabama: Department of Education, 1975.
GARCIA E. & DEHAVEN E., Use of operant techniques in the establishment and generalization of language: A review and analysis. *American Journal of Mental Deficiency*, 1974, *79*, 169-178.
GARCIA E., BAER D.M. & FIRESTONE I., The development of generalized imitation within topographically determined boundaries. *Journal of Applied Behavior Analysis*, 1971, *4*, 101-113.
GLENN S.M., CUNNINGHAM C.C. & JOYCE P.F., *The evaluation of an automated system for the assessment and study of speech perception in infants with Down's syndrome.* Manuscrit, University of Manchester, Hester Adrian Research Centre, 1980.
GUESS D., A function analysis of receptive language and productive speech: acquisition of the plural porpheme. *Journal of Applied Behavior Analysis*, 1969, *2*, 55-64.
GUESS D. & BAER D.M., An analysis of individual differences in generalization between receptive and productive language in retarded children. *Journal of Applied Behavior Analysis*, 1973, *6*, 311-329.
GUESS D., SAILOR W., RUTHERFORD G. & BAER D., An experimental analysis of linguistic development: the productive use of the plural morpheme. *Journal of Applied Behavior Analysis*, 1968, *1*, 297-306.
GUESS D., SAILOR W. & BAER D.M., To teach language to retarded children. In R.L. Schiefelbusch & L.L. Lloyd (Eds), *Language perspectives: acquisitions, retardation and intervention.* Baltimore: University Park Press, 1974, pp. 529-563.
GUESS D., SAILOR W. & BAER D.M., Children with limited language. In R.L. Schifelbusch (Ed.), *Language intervention strategies.* Baltimore: University Park Press, 1978, pp. 101-144.
GUESS D., KEOG W. & SAILOR W., Generalization of speech and language behavior: measurement and training tactics. In R. Schiefelbusch (Ed.), *Bases of language intervention.* Baltimore: University Park Press, 1978, pp. 373-396.
GRAHAM L., Language programming and intervention. In L.L. Lloyd (Ed.), *Communication assessment and intervention strategies.* Baltimore: University Park Press, 1976, pp. 371-422.
HALLIDAY M., *Learning how to mean.* Londres: Arnold, 1975.
HART B. & ROGERS-WARREN A., A milieu approach to teaching language. In R.L. Schiefelbusch (Ed.), *Language intervention strategies.* Baltimore: University Park Press, 1978, pp. 193-235.
HAYDEN A.H. & DMITRIEV V., The multidisciplinary Preschool Program for Down's syndrome children at the University of Washington Model Preschool Center. In B.Z. Friedlander G.M., Sterritt & G.E. Kirk (Eds), *Exceptional infant* (Vol. 3): *Assessment and intervention.* New York: Brunner/Mazel, 1975, pp. 193-221.
HESS E., Imprinting in animals. *Science*, 1958, *158*, 81-86.
HUPET M. & COSTERMANS J., Un passif pour quoi faire? *La linguistique*, 1976, *12*, 3-26.
JACOBSON R., *Langage enfantin et aphasie.* Paris: Editions de Minuit, 1969.
JEFFREE D. & McCONKEY R., *Let me speak.* Londres: Condor Book, 1978.

JEFFREE D., WHELDALL K. & MITTLER P., Facilitating two-word utterances in two Down's syndrome boys. *American Journal of Mental Deficiency*, 1973, *78*, 117-122.
JONES D., Mother-child communication with pre-linguistic Down's syndrome mand normal infants. In H.R. Schaffer (Ed.), *Infant interaction*. New York: Academic Press, 1977.
KENT L., *Language acquisition programm for the severely retarded*. Illinois: Research Press, 1974.
KIERNAN C. & JONES M., *The behavior assessment battery*. Londres: Institute of Education, 1976.
KIMURA D., Speech lateralization in young children as determined by an auditory test. *Journal of Comparative Physiological Psychology*, 1963, *56*, 899-902.
KOPCHICK G. & LLOYD L.L., Total communication for the severely language impaired: A 24-Hours approach. In L.L. Lloyd (Ed.), *Communication assessment and intervention strategies*. Baltimore: University Park Press, 1976, pp. 501-522.
KOPCHICK G., ROMBACH D. & SMILOVITZ R., A total communication environment in an institution. *Mental Retardation*, 1975, *13*, 22-23.
KRASHEN S., Lateralization, language learning, and the critical period. Some new evidence. *Language learning*, 1973, *23*, 63-74.
KRASHEN S., The critical period for language acquisition and its possible bases. In D. Aaronson & Rieber (Eds), *Annals of the New York Academy of Sciences*. New York: Academy of Sciences, 1975, vol. 263, pp. 211-224.
LAMBERT J.L., *Introduction à l'arriération mentale*. Bruxelles: Mardaga, 1978.
LAMBERT J.L., *La formation de parents d'enfants mongoliens. I. La mise au point d'un séminaire*. Université de Liège, Rapport de Recherches, 1979.
LAMBERT J.L., *La formation de parents d'enfants mongoliens. II. Résultats de séminaires de formation*. Manuscrit, Université de Liège, 1979.
LAMBERT J.L. & RONDAL J.A., *Le mongolisme*. Bruxelles: Mardaga, 1980.
LAMBERT J.L. & RONDAL J.A., *The language of Down's syndrome adults. Some preliminary data*. Communication presentée à l'International Conference on Down's Syndrome organisée par le I.A.M.E.R. Madrid, novembre 1980.
LAMBERT J.L., FRANCK I. & RONDAL J.A., *Manuels pour la formation de parents d'enfants arriérés mentaux à l'intervention précoce*. Manuscrit, Université de Liège, 1981.
LENNEBERG E., *Biological foundations of language*. New York: Wiley, 1967.
LUDLOW J.R. & ALLEN L.M., The effect of early intervention and pre-school stimulus on the development of the Down's syndrome child. *Journal of Mental Deficiency Research*, 1979, *23*, 29-44.
LOCKE J., Subvocal speech and speech. *American Speech and Hearing Association Report*, 1970, *12*, 7-14.
LORENZ K., Der Kumpan in der Umwelt des Vogels. *Journal of Ornithology*, 1935, *83*, 596-607.
LURIA A.R., *Higher cortical functions in man*. New York: Consultants Bureau, 1966.
LUTZKER J. & SHERMAN J., Producing generative sentence usage by imitation and reinforcement procedures. *Journal of Applied Behavior Analysis*, 1974, *7*, 447-460.
MACCOBY E. & MASTERS J., Attachment and dependency, in P. Mussen (Ed.), *Carmichael's Manual of child psychology*. New York: Wiley, 1970, pp. 73-158.
MacDONALD J., BLOTT J., GORDON K., SPIEGEL B. & HARTMAN M., An experimental parent-assisted treatment program for preschool language delayed children. *Journal of Speech and Hearing Disorders*, 1974, *39*, 395-415.
MacDONALD J.D., Environmental language intervention: programs for establishing initial communication in handicapped children. In F. Withrow & C. Nygren (Eds),

*Language and the handicapped learner: curricula, programs and media.* Columbus, ohio; Merrill, 1975.
MacDONALD J.D., *A communication model for language intervention with severely language-delayed children.* Communication présentée au 104th Annual Meeting of the American Association on Mental Deficiency, San Francisco, mai 1980.
McGUIGAN, F.J., *Thinking: Studies of covert language process.* New York: Appleton-Century-Crofts, 1966.
McGUIGAN F.J. & SCHOONOVER R., (Eds), *The psychophysiology of thinking.* New York: Academic Press, 1973.
McLEAN J.E., Articulation. In L.L. Lloyd (Ed.), *Communication assessment and intervention strategies.* Baltimore: University Park Press, 1976, 325-370.
McLEAN J.E. & SNYDER L.K., *A transactional approach to early language training.* Columbus, Ohio: Merrill, 1978.
MITCHELL D.R., Down's syndrome children in structured dyadic communication situations with their parents. In J. Hogg & P.J. Mittler (Eds), *Advances in mental handicap research (Vol. 1).* New York: Wiley, 1980, pp. 161-194.
MOLFEESE D., FREEMAN R. & PALERMO D., The ontogenesy of brain lateralization for speech and nonspeech stimuli. *Brain and Language*, 1975, *2*, 356-368.
MOORES D., *Educating the deaf.* Boston: Houghton-Mifflin, 1978.
OSGOOD C., *Method and theory in experimental psychology.* New York: Oxford University Press, 1953.
PALERMO D. & MOLFESE D., Language acquisition from age five onward. *Psychological Bulletin,* 1972, *78,* 409-528.
POTHIER P., MORRISON D. & GORMAN F., Effects of receptive language training on receptive and expressive language development. *Journal of Abnormal Child Psychology*, 1974, *2*, 153-164.
POWER D. & QUIGLEY S., Deaf children's acquisition of the passive voice. *Journal of Speech and Hearing Research*, 1973, *16*, 5-11.
QUIGLEY S., *Communication personnelle.* Institute for Research on Exceptional Children, University of Illinois at Urbana-Champaign, novembre 1974.
QUIGLEY S., SMITH N. & WILBUR R., Comprehension of relativized sentences by deaf students. *Journal of Speech and Hearing Research,* 1974, *17*, 325-341.
RICHELLE M., *Le conditionnement operant.* Neuchâtel: Delachaux & Niestlé, 1966.
ROBINSON C., Error pattern in level 4 and level 5 object permanence training. *American Journal of Mental Deficiency*, 1974, *78,* 389-396.
ROGERS-WARREN A., WARREN S.F. & OWEN M.M., *Measurement and analysis of generalized language usage: a baseline report.* Communication présentée au 102d Annual Meeting of the American Association on Mental Deficiency, Denver, mai 19, 1978.
RONDAL J.A., Développement du langage et retard mental: Une revue critique de la littérature en langue anglaise. *L'Année Psychologique,* 1975, *75*, 513-547.
RONDAL J.A., Environnement linguistique maternel et retard mental. *Enfance,* 1977, *1,* 37-48.
RONDAL J.A., *Langage et éducation.* Bruxelles: Mardaga, 1978 (a).
RONDAL J.A., Early language intervention in severely and moderately retarded children. In A. Fink (Ed.), *International perspectives on special education.* Reston, Virginia: The Council for Exceptional Children, 1978, pp. 169-174 (b).
RONDAL J.A., *L'interaction adulte-enfant et la construction du langage.* Bruxelles: Mardaga, 1983.
RONDAL J.A., *Adult-child interaction and the process of language acquisition.* New York: Praeger Press, 1985(a).

RONDAL J.A., *Le développement du langage chez l'enfant trisomique 21. Manuel pratique d'aide et d'intervention*. Manuscrit, Université de Liège, 1985(b)
RONDAL J.A., HENROT F. & CHARLIER M., *Le langage des signes*. Bruxelles: Mardaga, 1985.
RONDAL J.A. & HOFFMEISTER R., Pour un apprentissage du langage gestuel par les retardés mentaux: une proposition. *Revue Belge de Psychologie et de Pédagogie*, 1975, *37*, 51-60.
RONDAL J.A. & HOFFMEISTER R., Sign language as an alternative language system for the mentally retarded. *Philippine Journal of Mental Health*, 1976, *7*, 57-62.
RONDAL J.A., LAMBERT J.L. & SOHIER C., L'imitation verbale et non verbale chez l'enfant retardé mental mongolien et non mongolien. *Enfance*, 1980, *3*, 107-122.
RUDER K., Planning and programming for language intervention. In R. Schiefelbusch (Ed.), *Bases of language intervention*. Baltimore: University Park Press, 1978, pp. 319-372.
RYCHTARIK R.G. & BORNSTEIN P.H., Training conversational skills in mentally retarded adults: a multiple baseline analysis. *Mental Retardation*, 1979, *17*, 289-293.
RYNDERS J. & HORROBIN M., Project EDGE: the University of Minnesota communication stimulation program for Down's syndrome infants. In B. Friedlander, G. Sterritt & G. Kirk (Eds), *Exceptional infants: assessment and intervention* (Vol. 3). New York: Brunner/Mazel, 1975, pp. 173-192.
SAILOR W., GOETZ L., SCHULER A., UTLEY B. & BALDWIN M., Language and the severely handicapped: Deciding what to teach to whom. In D. Bricker (Ed.), *New developments in special education*. New York: Jossey-Bass, 1980.
SCHEUERMAN N., CARTWRIGHT S., YORK R., LOWRY P. & BROWN L., Teaching young severely handicapped students to follow verbal directions. *The Journal of Special Education*, 1974, *8*, 223-236.
SCHUMAKER J. & SHERMAN J., Training generative verb usage by imitation and reinforcement procedures. *Journal of Applied Behavior Analysis*, 1970, *3*, 273-287.
SEAGOE M., Verbal development in a mongoloid. *Exceptional Children*, 1965, *31*, 269-275.
SEITZ S. & HOEKENGA R., Modeling as a training tool for retarded children and their parents. *Mental Retardation*, 1974, *12*, 28-31.
SERON X., L'aphasie de l'enfant. Quelques questions sans réponse. *Enfance*, 1977, 2-4, 249-270.
SHEARER D.E. & SHEARER M.S., The Portage Project: a model for early childhood education. *Exceptional Children*, 1972, *39*, 210-217.
SHERMAN J.A., Use of reinforcement and imitation to reinstate verbal behavior in mute psychotics. *Journal of Abnormal Psychology*, 1965, *70*, 155-164.
SIEGEL G.M. & SPRADLIN J.E., Programming for language and communication therapy. In R.L. Schiefelbusch (Ed.), *Language intervention strategies*. Baltimore: University Park Press, 1978, pp. 357-398.
SKINNER B.F., *Contingencies of reinforcement: A theoretical analysis*. New York: Appleton-Century-Crofts, 1969.
SMEETS P. & STRIEFEL S., Training the generative usage of article-noun responses in severely retarded males. *The journal for Mental Deficiency Research*, 1976, *20*, 121-127.
SMITH B., *Phonological development in Down's syndrome children*. Communication présentée au Synposium «Language development in Down's syndrome children», 85th Annual Convention of the American Psychological Association, San Francisco, août 1977.

SNYDER L.K. & McLEAN J.E., Deficient acquisition strategies: a proposed conceptual framework for analyzing severe language deficiency. *American Journal of Mental Deficiency*, 1976, *81*, 338-349.

SOKOLOV A.N., Speech-motor afferentation and the problem of brain mechanisms of thought. *Voprosy Psikkology*, 1967, *13*, 41-54.

SOKOLOV A.N., *Inner speech and thought*. New York: Plenum Press, 1972.

SOMMERS R. & STARKLEY K., Dichotic verbal processing in Down's syndrome having qualitively different speech and language skills. *American Journal of Mental Deficiency*, 1977, *82*, 440-453.

SPANGLER P.F., MARTIN-SMITH P. & ROSEN M., The effects of a language training program upon language deficient pre-school age children. *The British Journal of Mental Subnormality*, 1976, *22*, 86-92.

SPINDLER BARTON E., Inappropriate speech in a severely retarded child: A case study in language conditioning and generalization. *Journal of Applied Behavior Analysis*, 1970, *3*, 299-307.

STAATS A.W., *Child learning, intelligence and personality*. New York: Harper and Row, 1970.

STAATS A.W., *Social behaviorism*. Homewood, Ill.: The Dorsey Press, 1975.

STOKES T. & BAER D., An implicit technology of generalization. *Journal of Applied Behavior Analysis*, 1977, *10*, 349-367.

STOKOE W., *The study of sign language*. Silver Spring, Maryland: National Association of the Deaf, 1971.

STOKOE W., *Semiotics and human sign language*. La Haye: Mouton, 1972.

SULZBACHER S.I. & COSTELLO J.M., A behavior strategy for language training of a child with autistic behavior. *Journal of Speech and Hearing Disorders*, 1970, *35*, 256-276.

SWANN W. & MITTLER P., Language abilities of ESN (S) pupils. *Special Education Forward Trend*, 1976, *13*, 24-27.

UZGIRIS I.C. & HUNT J., McV. *Assessment in infancy*. Urbana: University of Illinois Press, 1975.

VAN HOUT F. & SERON X., *L'aphasie de l'enfant*. Bruxelles: Mardaga, 1983.

WARYAS C.L. & STREMEL-CAMPBELL K., Grammatical approach for the language delayed child. In R. Schiefelbusch (Ed.), *Language intervention strategies*. Baltimore: University Park Press, 1978, pp. 145-192.

WEHMAN P. & GARRETT S., Language instruction with severely, profoundly, and multi-handicapped students: two years of data. *Mental Retardation*, 1978, *16*, 410-412.

WETHERBY B. & STRIEFEL S., Application of miniature linguistic system or matrix-training procedures. In R.L. Schiefelbusch (Ed.), *Language intervention strategies*. Baltimore: University Park Press, 1978, pp. 317-356.

WHEELER A. & SULZER B., Operant training and generalization of a verbal responses forms in a speech-deficient child. *Journal of Applied Behavior Analysis*, 1970, *3*, 139-147.

WHITEHURST G., Production of novel and grammatical utterances by young children. *Journal of Experimental Child Psychology*, 1972, *13*, 502-515.

WOLHUETER M.J. & SINDBERG R.M., Longitudinal development of object permanence in mentally retarded children: an exploratory study. *American Journal of Mental Deficiency*, 1975, *79*, 513-518.

WIEGERINK R., JARRIS C., SIMEONSSON R. & PEARSON M., Social stimulation of vocalizations in delayed infants: familiar and novel agent. *Child Development*, 1974, *45*, 866-872.

WILLBRAND M.L., Psycholinguistic theory and therapy for initiating two word utterances. *British Journal of Communication Disorders*, 1977, *121*, 37-46.

ZHINKIN N., *Mechanisms of speech*. La Haye: Mouton, 1968.

# Conclusions

Le domaine couvert dans cet ouvrage est vaste et certains points sont encore inexplorés ou presque. Il subit, en outre, et bien normalement, l'influence des secteurs qui le recoupent, à savoir, notamment, l'étude générale du handicap mental, la psycholinguistique, et notamment la psycholinguistique développementale, et la psychologie de l'enfant et du développement. Ces secteurs sont eux-mêmes en expansion. Le tout, de ce fait, dégage une impression de grand dynamisme mais aussi, corollairement, d'instabilité, au sens où les données s'accumulent rapidement en même temps que les hypothèses et propositions théoriques se succèdent, sans qu'il y ait toujours assez de temps pour les vérifier et les développer avant que le courant principal de la recherche se tourne vers des intérêts connexes mais différents. D'où la nécessité d'un ouvrage du type de celui-ci qui s'efforce de faire le point, à la fois empiriquement et théoriquement, sur l'évolution du domaine à un moment du temps et tente de faire apprécier au lecteur toute la diversité et la richesse des analyses entreprises, une diversité dont les non-spécialistes ne peuvent se faire une idée facilement étant donné la dispersion habituelle des publications techniques et la relative rareté des bons ouvrages de vulgarisation, particulièrement en langue française.

Quels développements empiriques, théoriques, et appliqués peut-on attendre dans les années qui viennent dans le domaine qui nous occupe ?

Sur *un plan purement quantitatif*, il n'y a aucune raison de supposer que l'expansion de la recherche et des travaux pertinents, dont nous avons fait mention dans l'introduction, doive se restreindre dans les prochaines années. Le mouvement est soutenu. Il devrait continuer.

Le fait notoire des dernières années dans le domaine de l'étude du langage et de la communication chez les handicapés mentaux est la *diversification* des problématiques et des recherches. Cette diversification apparaît clairement si on compare, par exemple, notre précédent travail de revue sur la littérature spécialisée en langue anglaise (Rondal, 1975) avec le présent ouvrage. Une telle diversification est certes un bon signe. Elle témoigne de l'enrichissement thématique, factuel, et technique intervenu ou en train d'intervenir dans le domaine.

Etant donné cette diversification, quels aspects de la problématique générale devrait-on s'attendre à voir évoluer particulièrement dans les prochaines années ? Il est certes toujours hasardeux de chercheur à prédire le futur. Mais la spéculation est permise et elle est moins gratuite lorsqu'elle s'appuie sur une connaissance approfondie des développements passés et des réalisations présentes dans un domaine.

Il nous semble que les dimensions *fonctionnelle* et *interventionniste* devraient recevoir une attention toute particulière et constituer les sous-domaines dans lesquels les progrès les plus marquants seront accomplis dans le futur.

Nous avons souligné les carences de l'approche fonctionnelle en ce qui concerne le langage et la communication chez les sujets handicapés mentaux. On ignore tout ou presque du détail de l'utilisation des formes verbales et du contexte extralinguistique chez ces sujets *dans leurs milieux de vie*, et des *fonctions* sociales et communicatives remplies par leurs comportements verbaux et non verbaux. C'est à partir de cette réalité sociale du langage et des manifestations communicatives paraverbales et non verbales qu'il convient d'analyser et de situer les caractéristiques formelles (phonologiques, sémantiques, et morpho-syntaxiques) du langage produit et du langage compris et non l'inverse comme on a tenté de le faire à peu près exclusivement jusqu'il y a peu.

Il ne suffit pas, évidemment, de décrire et d'expliquer les comportements communicatifs et langagiers des sujets handicapés mentaux, il faut encore (et surtout) *être capable d'intervenir efficacement* pour améliorer la situation. Certes, il n'est pas raisonnable de supposer, quelle que soit la nature de la démarche d'intervention, que les sujets handicapés mentaux puissent arriver finalement au niveau des sujets normaux en ce qui concerne le langage et la communication. Cela n'est pas possible en raison des limitations intrinsèques et irréversibles de leur potentiel psycho-physiologique.

Les démarches d'intervention répondent essentiellement à deux séries de caractéristiques. *Premièrement*, il y a la question du *financement* et de *l'organisation* de l'intervention sur une échelle limitée ou à plus grand rayon d'action. Le nombre de choses qu'on peut faire dans un intervalle de temps donné, la qualité, et la durée de l'intervention dépendent en premier lieu, et de toute évidence, des fonds monétaires à disposition. Ceux-ci, à leur tour, sont alloués sur une base substantielle à peu près uniquement par les pouvoirs publics responsables. On touche là aux aspects socio-politiques et juridiques de l'aide et de l'intervention avec les sujets handicapés mentaux. Les fonds monétaires disponibles à cette fin sont en quantités extrêmement limitées, ce qui rend les démarches d'intervention (par exemple, l'intervention précoce, l'assistance et l'encadrement des parents, les tentatives visant à la communication totale) difficiles à mener pendant une période de temps suffisamment longue avec un personnel dûment qualifié. Il y va pourtant de l'avenir de tout un secteur et beaucoup plus encore de la vie présente et future de milliers d'individus handicapés. Plusieurs Etats américains ont promulgué des *lois* stipulant *le droit à l'éducation* pour toute personne y compris les sujets handicapés (quel que soit le handicap encouru). Le mot «éducation» dans ce contexte légal prend toute sa signification. Les nouvelles lois et leur mise en application pratique visent précisément à assurer à chaque sujet handicapé, non seulement la garantie d'une protection, d'une garderie, et la satisfaction des besoins physiologiques élémentaires — ce qui est le cas dans les pays industrialisés depuis plusieurs décennies —, mais encore la garantie d'un *milieu éducatif scolaire (et post-scolaire)* organisé aux mieux des connaissances techniques disponibles de façon à *favoriser le développement personnel de ces sujets jusqu'au maximum de leurs possibilités*. Les parents et les associations de handicapés et de parents de sujets handicapés dans nos pays devraient certes s'efforcer d'obtenir la mise au point et l'application d'une législation de ce type, à partir de laquelle une véritable politique compréhensive de l'intervention pourrait être développée.

*Secondement*, il y a la question de *la technologie de l'intervention*. Celle-ci dépend du *savoir* accumulé à un moment déterminé et des moyens techniques disponibles en fonction de ce savoir (et évidemment des moyens financiers et matériels à discrétion). Le chapitre 9, sur les principes et les techniques d'intervention, a montré la diversité qui s'est introduite dans ce secteur, en contraste avec le centrage presque exclusif sur l'application relativement stéréotypée des principes du conditionnement operant ou instrumental jusqu'il y a seulement quelques années. Il n'y a aucune raison de penser que la mise en application de ces derniers principes doive cesser dans un avenir proche. Mais il existe, à présent, d'autres orientations combinables avec l'approche operante ou applicables séparément selon la nature et les objectifs spécifiques de la démarche d'intervention que l'on veut mettre en application et les sujets auxquels elle est destinée. Les principales orientations apparues récemment en matière d'intervention concernent *l'intervention précoce, l'intervention continue, l'intervention communicative totale*, et l'établissement de liens plus étroits entre les études développementales chez l'enfant retardé et non retardé (et notamment, certes, les études psycholinguistiques) et la démarche d'intervention, dite alors *développementale* par opposition aux interventions plus ponctuelles qui ont caractérisé les approches précédentes, sans oublier évidemment le puissant mouvement qui pousse à présent les démarches d'intervention à *donner aux parents une importance de plus en plus grande dans le processus d'éducation et de rééducation communicative et linguistique* de leurs enfants retardés.

Ces derniers types d'intervention, précoce, communicative totale, développementale, et parentale-associée ne s'opposent évidemment pas — les principes de précocité et d'implication parentale étant applicables à toute forme d'intervention. Elles sont susceptibles d'être développées et intensifiées dans les prochaines années pour une plus grande et plus durable efficacité de l'intervention communicative et langagière avec les sujets handicapés mentaux. Cela ne signifie nullement que les principes issus des théories du conditionnement ont cessé d'être pertinents et que les interventions basées exclusivement sur ces principes sont complètement passées de mode. Les principes du conditionnement sont applicables avec succès, en théorie, au moins à titre de composante de toute démarche d'intervention. Il n'y a pas incompatibilité entre cette technique et celles mentionnées ci-dessus d'inspiration plus récente.

Si on cherche, le cas échéant, à intégrer l'approche opérante ou instrumentale aux autres techniques d'intervention, la première cesse d'être une fin en soi, ce qu'elle a peut-être trop été par le passé, pour devenir un moyen (parmi d'autres) au service d'une fin plus générale, à savoir la mise au point d'une technologie diversifiée et écologiquement valide d'intervention langagière au service des personnes handicapées mentales (une technologie qui doit s'inscrire, comme nous l'avons rappelé, dans le cadre d'une politique cohérente du handicap mental).

Nous disposons d'un savoir certain, malgré les nombreuses interrogations qui subsistent, et d'une technologie qui semble avoir fait ses premières preuves. Qu'attendons-nous pour en faire profiter ceux, nombreux, qui en ont un cruel besoin ?

## ELEMENT BIBLIOGRAPHIQUE

RONDAL J.A., Développement du langage et retard mental: une revue critique de la littérature en langue anglaise. *L'Année Psychologique*, 1975, *75*, 513-547.

# Table des matières

| | |
|---|---|
| INTRODUCTION | 7 |
| Eléments bibliographiques | 13 |
| CHAPITRE 1. ASPECTS PHONETIQUES ET PHONOLOGIQUES | 15 |
| 1. *Contraintes anatomo-physiologiques* | 16 |
|    A. Malformations et dysfonctionnements | 16 |
|    B. Les troubles du rythme de la parole | 19 |
|    C. Les troubles de l'audition | 20 |
| 2. *Le développement phonétique* | 24 |
| 3. *Le développement phonologique* | 26 |
|    A. Données sur le développement phonologique normal | 27 |
|    B. Données sur le développement phonologique des arriérés mentaux | 32 |
|    Eléments bibliographiques | 37 |
| CHAPITRE 2. ASPECTS SEMANTIQUES LEXICAUX | 39 |
| 1. *Aspects quantitatifs du développement lexical* | 40 |
| 2. *Aspects grammaticaux de l'organisation lexicale* | 43 |
| 3. *Aspects cognitivo-sémantiques du développement lexical* | 45 |
| 4. *Aspects fonctionnels du développement lexical* | 51 |
| 5. *Comment expliquer le retard marqué des enfants arriérés mentaux dans le développement lexical ?* | 51 |
|    Eléments bibliographiques | 58 |

CHAPITRE 3. ASPECTS SYNTAXIQUES, SEMANTIQUES STRUCTURAUX ET MORPHOLOGIQUES ........................... 63

1. *Aspects syntaxiques* ...................................... 64
   La compréhension des aspects syntaxiques ................... 71
   Les fonctions du langage chez les sujets retardés mentaux ........... 79
2. *Aspects sémantiques structuraux* ........................... 82
3. *Aspects morphologiques* ................................. 85
4. *Le langage des retardés mentaux adultes* ...................... 90
   Eléments bibliographiques ................................ 94


CHAPITRE 4. LE PROBLEME DELAI-DIFFERENCE ............. 101

1. *Difficultés conceptuelles et méthodologiques liées au problème délai-différence* ................................................... 103
   A. La notion de retard mental ............................. 103
   B. La notion de développement normal du langage ............... 104
   C. La notion de retard de développement du langage ............. 105
   D. Les notions de délai et de différence: nécessité de reformuler le problème ................................................ 105
   E. Le caractère incomplet du développement linguistique chez les sujets retardés ............................................... 107
   F. La question délai-différence devrait être étudiée de façon longitudinale . 107
   G. La procédure d'appariement entre les sujets normaux et les sujets retardés ................................................ 108
      1. L'appariement selon l'âge chronologique ................. 108
      2. L'appariement selon l'âge mental ...................... 108
      3. L'appariement selon d'autres mesures du développement cognitif .. 110
      4. L'appariement selon le niveau de développement linguistique .... 111
2. *Les données empiriques* ................................. 113
   A. Développement phonétique et phonologique ................ 113
   B. Développement lexical ................................. 113
   C. Développement sémantique structural .................... 119
   D. Développement morphologique ........................ 121
   E. Développement syntaxique ............................ 121
3. *Conclusions* ........................................ 122
   Eléments bibliographiques ............................... 124


CHAPITRE 5. COMMUNICATION ET INTERACTIONS VERBALES .. 129

1. *L'environnement linguistique familial* ....................... 132
   A. La communication vocale et paravocale ................... 132
   B. La communication verbale ............................ 133
2. *L'environnement linguistique éducatif* ...................... 140
   A. Le milieu institutionnel .............................. 141
   B. Le milieu scolaire .................................. 143
   C. Les enfants normaux comme «enseignants associés» ........... 147
3. *Les interactions verbales entre sujets arriérés mentaux* ............ 148
   Eléments bibliographiques ............................... 156

## CHAPITRE 6. COMMUNICATION ET INTERACTIONS NON VERBALES ................................................. 161

1. *Quelques distinctions* ......................................... 161
2. *Le langage gestuel et les autres systèmes non verbaux de communication* .. 163
3. *Le contexte paraverbal de la communication* ..................... 171
   - A. Les accompagnants vocaux du langage ...................... 171
   - B. Les expressions faciales ................................. 173
   - C. Le regard ............................................. 176
   - D. Les postures et les gestes .............................. 176
   - E. L'occupation de l'espace ................................ 180
   - Eléments bibliographiques ................................. 182

## CHAPITRE 7. L'IMITATION VERBALE ET NON VERBALE CHEZ L'ENFANT HANDICAPE MENTAL ........................ 185

1. *Le problème de l'imitation et le développement du langage* ........... 185
2. *L'imitation verbale spontanée chez les handicapés mentaux* ........... 193
3. *L'imitation verbale provoquée chez les handicapés mentaux* ........... 197
4. *Les relations entre l'imitation verbale et non verbale* ................ 205
   - Eléments bibliographiques ................................. 208

## CHAPITRE 8. INSTRUMENTS D'EVALUATION ................ 211

1. *L'examen de l'audition* ..................................... 212
2. *L'examen phonologique* .................................... 216
   - A. La respiration ......................................... 216
   - B. Les caractéristiques des sons ............................ 217
   - C. Les praxies bucco-faciales .............................. 217
   - D. L'articulation ......................................... 218
3. *L'examen lexical* .......................................... 222
   - A. La compréhension ..................................... 222
   - B. La production ......................................... 224
4. *L'examen morpho-syntaxique* ............................... 225
   - A. Compréhension et production ........................... 225
   - B. L'évaluation de la compréhension ....................... 227
   - C. L'évaluation de la production .......................... 229
   - D. L'imitation provoquée ................................. 232
5. *L'évaluation de la communication* ............................ 233
6. *Synthèse* ................................................. 235
   - Eléments bibliographiques ................................. 237
   - Annexes ................................................. 240

## CHAPITRE 9. PRINCIPES ET TECHNIQUES D'INTERVENTION ..... 253

1. *La notion d'une période critique* ............................. 254
2. *Intervention précoce et précocissime* ......................... 259
   - A. Les bases de l'intervention précoce ...................... 259
   - B. Exemples de programmes ............................... 262
     - La communication vocale, la préconversation et la référence ........ 262
     - Le développement du concept d'objet et la représentation mentale ... 264
     - L'articulation ......................................... 267

3. *Favoriser le développement lexical* .......................... 270
4. *Favoriser le développement morpho-syntaxique* ................. 276
   A. Mettre en place la base sémantique structurale du langage ........ 276
   B. Favoriser la compréhension et ensuite la production des énoncés à deux et trois mots et l'expansion de ces énoncés en énoncés plus longs .... 278
   C. Entraîner à la compréhension et à la formulation des différents types structuraux de phrases ................................ 280
   D. Favoriser les marquages morpho-syntaxiques ................. 283
5. *Principes d'une intervention communicative totale* ................ 285
6. *Principes d'intervention continue* ........................... 287
   A. Eléments de description ............................... 287
   B. Quelques modèles d'intervention ......................... 292
7. *Utilité et limites des interventions ponctuelles* .................... 296
   Eléments bibliographiques ............................... 301

CONCLUSIONS ........................................ 307
   Elément bibliographique ................................ 311

# PSYCHOLOGIE ET SCIENCES HUMAINES
*collection publiée sous la direction de MARC RICHELLE*

1 Dr Paul Chauchard: LA MAITRISE DE SOI, 9ᵉ éd.
5 François Duyckaerts: LA FORMATION DU LIEN SEXUEL, 9ᵉ éd.
7 Paul-A. Osterrieth: FAIRE DES ADULTES, 16ᵉ éd.
9 Daniel Widlöcher: L'INTERPRETATION DES DESSINS D'ENFANTS, 9ᵉ éd.
11 Berthe Reymond-Rivier: LE DEVELOPPEMENT SOCIAL DE L'ENFANT ET DE L'ADOLESCENT, 9ᵉ éd.
12 Maurice Dongier: NEVROSES ET TROUBLES PSYCHOSOMATIQUES, 7ᵉ éd.
15 Roger Mucchielli: INTRODUCTION A LA PSYCHOLOGIE STRUCTURALE, 3ᵉ éd.
16 Claude Köhler: JEUNES DEFICIENTS MENTAUX, 4ᵉ éd.
21 Dr P. Geissmann et Dr R. Durand: LES METHODES DE RELAXATION, 4ᵉ éd.
22 H. T. Klinkhamer-Steketée: PSYCHOTHERAPIE PAR LE JEU, 3ᵉ éd.
23 Louis Corman: L'EXAMEN PSYCHOLOGIQUE D'UN ENFANT, 3ᵉ éd.
24 Marc Richelle: POURQUOI LES PSYCHOLOGUES?, 6ᵉ éd.
25 Lucien Israel: LE MEDECIN FACE AU MALADE, 5ᵉ éd.
26 Francine Robaye-Geelen: L'ENFANT AU CERVEAU BLESSE, 2ᵉ éd.
27 B.F. Skinner: LA REVOLUTION SCIENTIFIQUE DE L'ENSEIGNEMENT, 3ᵉ éd.
28 Colette Durieu: LA REEDUCATION DES APHASIQUES
29 J.C. Ruwet: ETHOLOGIE: BIOLOGIE DU COMPORTEMENT, 3ᵉ éd.
30 Eugénie De Keyser: ART ET MESURE DE L'ESPACE
32 Ernest Natalis: CARREFOURS PSYCHOPEDAGOGIQUES
33 E. Hartmann: BIOLOGIE DU REVE
34 Georges Bastin: DICTIONNAIRE DE LA PSYCHOLOGIE SEXUELLE
35 Louis Corman: PSYCHO-PATHOLOGIE DE LA RIVALITE FRATERNELLE
36 Dr G. Varenne: L'ABUS DES DROGUES
37 Christian Debuyst, Julienne Joos: L'ENFANT ET L'ADOLESCENT VOLEURS
38 B.-F. Skinner: L'ANALYSE EXPERIMENTALE DU COMPORTEMENT, 2ᵉ éd.
39 D.J. West: HOMOSEXUALITE
40 R. Droz et M. Rahmy: LIRE PIAGET, 3ᵉ éd.
41 José M.R. Delgado: LE CONDITIONNEMENT DU CERVEAU ET LA LIBERTE DE L'ESPRIT
42 Denis Szabo, Denis Gagné, Alice Parizeau: L'ADOLESCENT ET LA SOCIETE, 2ᵉ éd.
43 Pierre Oléron: LANGAGE ET DEVELOPPEMENT MENTAL, 2ᵉ éd.
44 Roger Mucchielli: ANALYSE EXISTENTIELLE ET PSYCHOTHERAPIE PHENOMENO-STRUCTURALE
45 Gertrud L. Wyatt: LA RELATION MERE-ENFANT ET L'ACQUISITION DU LANGAGE, 2ᵉ éd.
46 Dr Etienne De Greeff: AMOUR ET CRIMES D'AMOUR
47 Louis Corman: L'EDUCATION ECLAIREE PAR LA PSYCHANALYSE
48 Jean-Claude Benoit et Mario Berta: L'ACTIVATION PSYCHOTHERAPIQUE
49 T. Ayllon et N. Azrin: TRAITEMENT COMPORTEMENTAL EN INSTITUTION PSYCHIATRIQUE
50 G. Rucquoy: LA CONSULTATION CONJUGALE
51 R. Titone: LE BILINGUISME PRECOCE
52 G. Kellens: BANQUEROUTE ET BANQUEROUTIERS
53 François Duyckaerts: CONSCIENCE ET PRISE DE CONSCIENCE
54 Jacques Launay, Jacques Levine et Gilbert Maurey: LE REVE EVEILLE-DIRIGE ET L'INCONSCIENT
55 Alain Lieury: LA MEMOIRE
56 Louis Corman: NARCISSISME ET FRUSTRATION D'AMOUR
57 E. Hartmann: LES FONCTIONS DU SOMMEIL

58 Jean-Marie Paisse: L'UNIVERS SYMBOLIQUE DE L'ENFANT ARRIERE MENTAL
59 Jacques Van Rillaer: L'AGRESSIVITE HUMAINE
60 Georges Mounin: LINGUISTIQUE ET TRADUCTION
61 Jérôme Kagan: COMPRENDRE L'ENFANT
62 Michael S. Gazzaniga: LE CERVEAU DEDOUBLE
63 Paul Cazayus: L'APHASIE
64 X. Seron, J.L. Lambert, M. Van der Linden: LA MODIFICATION DU COMPORTEMENT
65 W. Huber: INTRODUCTION A LA PSYCHOLOGIE DE LA PERSONNALITE, 2ᵉ éd.
66 Emile Meurice: PSYCHIATRIE ET VIE SOCIALE
67 J. Château, H. Gratiot-Alphandéry, R. Doron et P. Cazayus: LES GRANDES PSYCHOLOGIES MODERNES
68 P. Sifnéos: PSYCHOTHERAPIE BREVE ET CRISE EMOTIONNELLE
69 Marc Richelle: B.F. SKINNER OU LE PERIL BEHAVIORISTE
70 J.P. Bronckart: THEORIES DU LANGAGE
71 Anika Lemaire: JACQUES LACAN, 2ᵉ éd. revue et augmentée
72 J.L. Lambert: INTRODUCTION A L'ARRIERATION MENTALE
73 T.G.R. Bower: DEVELOPPEMENT PSYCHOLOGIQUE DE LA PREMIERE ENFANCE
74 J. Rondal: LANGAGE ET EDUCATION
75 Sheila Kitzinger: PREPARER A L'ACCOUCHEMENT
76 Ovide Fontaine: INTRODUCTION AUX THERAPIES COMPORTEMENTALES
77 Jacques-Philippe Leyens: PSYCHOLOGIE SOCIALE, 2ᵉ éd.
78 Jean Rondal: VOTRE ENFANT APPREND A PARLER
79 Michel Legrand: LE TEST DE SZONDI
80 H.J. Eysenck: LA NEVROSE ET VOUS
81 Albert Demaret: ETHOLOGIE ET PSYCHIATRIE
82 Jean-Luc Lambert et Jean A. Rondal: LE MONGOLISME
83 Albert Bandura: L'APPRENTISSAGE SOCIAL
84 Xavier Seron: APHASIE ET NEUROPSYCHOLOGIE
85 Roger Rondeau: LES GROUPES EN CRISE?
86 J. Danset-Léger: L'ENFANT ET LES IMAGES DE LA LITTERATURE ENFANTINE
87 Herbert S. Terrace: NIM, UN CHIMPANZE QUI A APPRIS LE LANGAGE GESTUEL
88 Roger Gilbert: BON POUR ENSEIGNER?
89 Wing, Cooper et Sartorius: GUIDE POUR UN EXAMEN PSYCHIATRIQUE
90 Jean Costermans: PSYCHOLOGIE DU LANGAGE
91 Françoise Macar: LE TEMPS, PERSPECTIVES PSYCHOPHYSIOLOGIQUES
92 Jacques Van Rillaer: LES ILLUSIONS DE LA PSYCHANALYSE, 2ᵉ éd.
93 Alain Lieury: LES PROCEDES MNEMOTECHNIQUES
94 Georges Thinès: PHENOMENOLOGIE ET SCIENCE DU COMPORTEMENT
95 Rudolph Schaffer: COMPORTEMENT MATERNEL
96 Daniel Stern: MERE ET ENFANT, LES PREMIERES RELATIONS
97 R. Kempe & C. Kempe: L'ENFANCE TORTUREE
98 Jean-Luc Lambert: ENSEIGNEMENT SPECIAL ET HANDICAP MENTAL
99 Jean Morval: INTRODUCTION A LA PSYCHOLOGIE DE L'ENVIRONNEMENT
100 Pierre Oleron et al.: SAVOIRS ET SAVOIR-FAIRE PSYCHOLOGIQUES CHEZ L'ENFANT
101 Bernard I. Murstein: STYLES DE VIE INTIME
102 Rondal/Lambert/Chipman: PSYCHOLINGUISTIQUE ET HANDICAP MENTAL
103 Brédart/Rondal: L'ANALYSE DU LANGAGE CHEZ L'ENFANT
104 David Malan: PSYCHODYNAMIQUE ET PSYCHOTHERAPIE INDIVIDUELLE
105 Philippe Muller: WAGNER PAR SES REVES

106 John Eccles: LE MYSTERE HUMAIN
107 Xavier Seron: REEDUQUER LE CERVEAU
108 Moreau/Richelle: L'ACQUISITION DU LANGAGE
109 Georges Nizard: ANALYSE TRANSACTIONNELLE ET SOIN INFIRMIER
110 Howard Gardner: GRIBOUILLAGES ET DESSINS D'ENFANTS, LEUR SIGNIFICATION
111 Wilson/Otto: LA FEMME MODERNE ET L'ALCOOL
112 Edwards: DESSINER GRACE AU CERVEAU DROIT
113 Rondal: L'INTERACTION ADULTE-ENFANT
114 Blancheteau: L'APPRENTISSAGE CHEZ L'ANIMAL
115 Boutin: FORMATION ET DEVELOPPEMENTS
116 Húsen: L'ECOLE EN QUESTION
117 Ferrero/Besse: L'ENFANT ET SES COMPLEXES
118 R. Bruyer: LE VISAGE ET L'EXPRESSION FACIALE
119 J.P. Leyens: SOMMES-NOUS TOUS DES PSYCHOLOGUES?
120 J. Château: L'INTELLIGENCE OU LES INTELLIGENCES?
121 M. Claes: L'EXPERIENCE ADOLESCENTE
122 J. Hayes et P. Nutman: COMPRENDRE LES CHOMEURS
123 S. Sturdivant: LES FEMMES ET LA PSYCHOTHERAPIE
124 A. Pomerleau et G. Malcuit: L'ENFANT ET SON ENVIRONNEMENT
125 A. Van Hout et X. Seron: L'APHASIE DE L'ENFANT
126 A. Vergote: RELIGION, FOI, INCROYANCE
127 Sivadon/Fernandez-Zoïla: TEMPS DE TRAVAIL, TEMPS DE VIVRE
128 Born: JEUNES DEVIANTS OU DELINQUANTS JUVENILES?
129 Hamers/Blanc: BILINGUALITE ET BILINGUISME
130 Legrand: PSYCHANALYSE, SCIENCE, SOCIETE
131 Le Camus: PRATIQUES PSYCHOMOTRICES
132 Lars Fredén: ASPECTS PSYCHOSOCIAUX DE LA DEPRESSION
133 Mount: LA FAMILLE SUBVERSIVE
134 Magerotte: MANUEL D'EDUCATION COMPORTEMENTALE CLINIQUE
135 Dailly / Moscato: LATERALISATION ET LATERALITE CHEZ L'ENFANT
136 Bonnet / Tamine-Gardes: QUAND L'ENFANT PARLE DU LANGAGE
137 Bruyer: LES SCIENCES HUMAINES ET LES DROITS DE L'HOMME
138 Taulelle: L'ENFANT A LA RENCONTRE DU LANGAGE
139 de Boucaud: PSYCHOLOGIE DE L'ENFANT ASTHMATIQUE
140 Duruz: NARCISSE EN QUETE DE SOI
141 Feyereisen / de Lannoy: PSYCHOLOGIE DU GESTE
142 Florin et Al.: LE LANGAGE A L'ECOLE MATERNELLE

*Hors collection*

Paisse: PSYCHOPEDAGOGIE DE LA LUCIDITE
Paisse: ESSENCE DU PLATONISME
Collectif: SYSTEME AMDP
Boulangé/Lambert: LES AUTRES, L'EXPRESSION ARTISTIQUE CHEZ LES HANDICAPES MENTAUX

*Manuels et Traités*

2 Thinès: PSYCHOLOGIE DES ANIMAUX
3 Paulus: LA FONCTION SYMBOLIQUE ET LE LANGAGE
4 Richelle: L'ACQUISITION DU LANGAGE
5 Paulus: REFLEXES-EMOTIONS-INSTINCTS
  Droz-Richelle: MANUEL DE PSYCHOLOGIE
  Hurtig-Rondal: MANUEL DE PSYCHOLOGIE DE L'ENFANT (Tome 1)
  Hurtig-Rondal: MANUEL DE PSYCHOLOGIE DE L'ENFANT (Tome 2)
  Hurtig-Rondal: MANUEL DE PSYCHOLOGIE DE L'ENFANT (Tome 3)

Rondal-Seron: LES TROUBLES DU LANGAGE (DIAGNOSTIC ET REEDUCATION)
Fontaine/Cottraux/Ladouceur: CLINIQUES DE THERAPIE COMPORTEMENTALE

*Philosophie et langage*

Anscombre/Ducrot: L'ARGUMENTATION DANS LA LANGUE
Maingueneau: GENESES DU DISCOURS
Casebeer: HERMANN HESSE
Dominicy: LA NAISSANCE DE LA GRAMMAIRE MODERNE
Borillo: INFORMATIQUE POUR LES SCIENCES DE L'HOMME